Paris
1787

rèvecoeur, Michel - Guillaume Jean, dit Saint Jean de

Lettres d'un cultivateur américain adressées à W.S. ... on, Esq., depuis l'année 1770 jusqu'en 1786

Tome 3

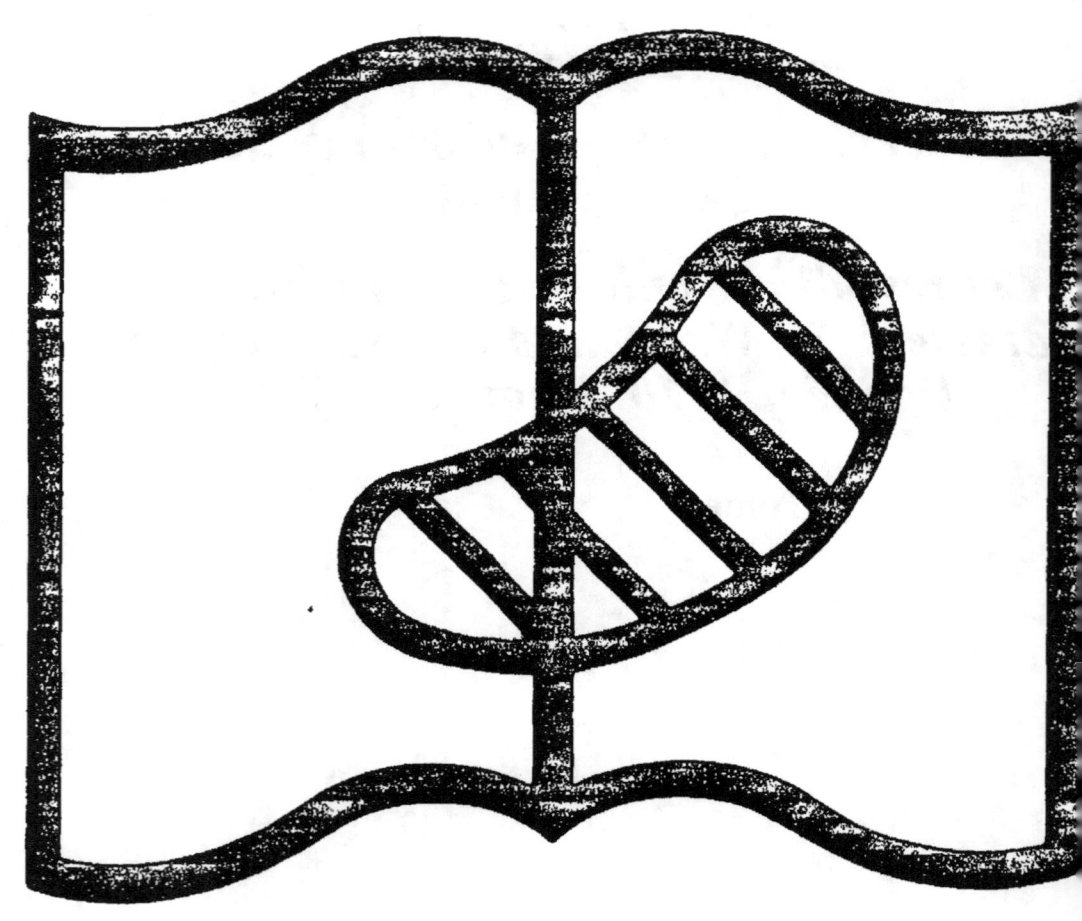

Symbole applicable
pour tout, ou partie
des documents microfilmés

Original illisible

NF Z 43-120-10

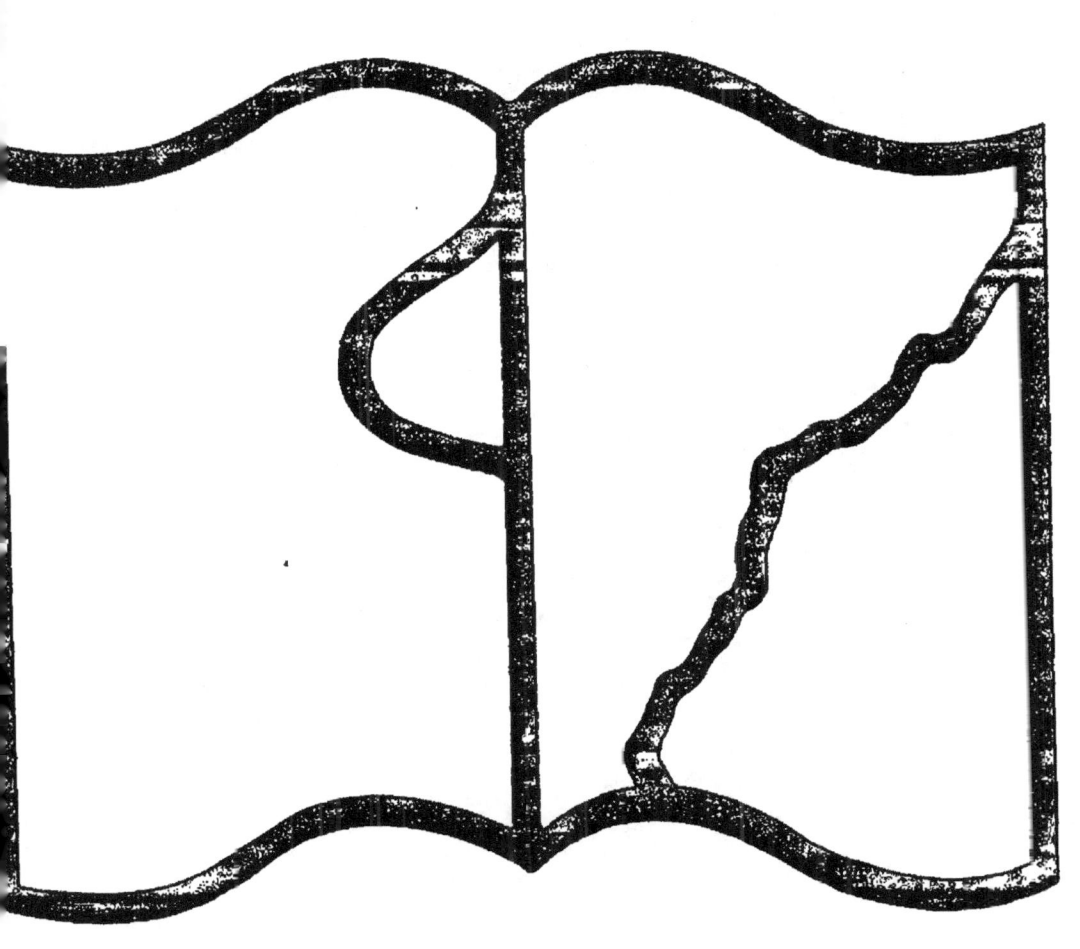

Symbole applicable
pour tout, ou partie
des documents microfilmés

Texte détérioré — reliure défectueuse

NF Z 43-120-11

16
37169 (3)

48+5

D° 01626

LETTRES
D'UN CULTIVATEUR
AMÉRICAIN
addreßées à Wm S...on Esqr
depuis l'Année 1770 jusqu'en 1786.
PAR M. St JOHN
DE CREVE CŒUR
Traduites de l'Anglois

Keen feelings inspire resistless thoughts

TOME III.

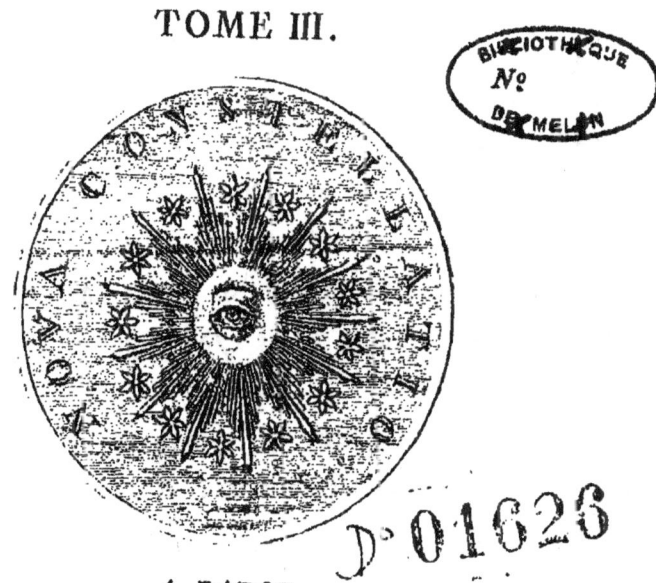

A PARIS

Chez Cuchet Libraire, Rue et Hôtel Serpente.

1787.

LETTRES

D'UN CULTIVATEUR

AMÉRICAIN,

ADRESSÉES A W. S. ÉCUYER.

Boston, le 28 Mars 1784.

Après avoir été détenu trois mois dans les prisons Angloises de New-York, j'obtins la permission d'aller en Irlande, d'où, bientôt après, je passai à Londres; de cette Capitale, je m'embarquai pour Ostende. Enfin j'arrivai sous le toît paternel le 2 Août 1781, après vingt-sept ans d'absence—.

Peu de jours après, — j'appris que cinq Étrangers avoient débarqué d'une Nacelle de seize pieds de long, à un village voisin sur le bord de la mer (1). — Une impulsion secrette excitant

---

(1) Le village de Verr.
Tome III.

A

soudainement ma curiosité, me força d'y aller avec Ally (1), que j'avois amené de New-York avec moi, & qui avoit partagé & contribué à adoucir une partie des malheurs de son père —.

Ces cinq Personnes appartenoient à la Marine Américaine ; — ils avoient étés pris deux ans auparavant, sur le vaisseau du Congrès *le Protecteur*, — & avoient étés détenus depuis, dans le Château *de Forton*, auprès *de Portsmouth* —.

Après les avoir reçus sur le rivage, comme des amis & des compatriotes, je les conduisis chez mon père, où je n'oubliai rien pour les convaincre qu'ils avoient abordé sur une terre hospitalière & alliée (2), — & pour faire naître dans leurs cœurs la douce espérance de revoir leur Patrie. — Je les fit habiller, je leur procurai les secours dont ils avoient besoin, & je louai une bonne voiture pour les conduire à *l'Orient*, — d'où nous avions appris qu'un vaisseau Américain devoit faire voile pour Boston —.

---

(1) Enfant de neuf ans.

(2) Leurs noms étoient George Little, Lieutenans *du Protecteur*.

Clement Lémon, } Lieutenans de Marine.
Samuel Wales,

Alexandre Story, deuxième Lieutenant *du Protecteur*.
John Collins, Garde-Marine.

Depuis mon départ de New-York, je n'avois reçu aucunes nouvelles de ma famille, malgré toutes les lettres que j'avois écrites, — & les précautions que j'avois prises; — ce silence m'affligeoit profondément. — Quelquefois agité par des pressentimens funestes, je m'imaginois que tout étoit perdu; — dans d'autres momens, je me flattois que la guerre & tous les soupçons qu'elle occasionne, étoient la cause qui empêchoit les réponses de me parvenir. — Flatté d'une circonstance aussi favorable, j'écrivis à ma femme, — au Gouverneur de l'état; — au Shérif — & à tous mes amis du Comté *d'Orange*. — Je suppliai ces cinq personnes, au nom de la cause pour laquelle nous avions tant souffert, — non-seulement de se charger de mes lettres, mais de les envoyer à leur destination. — « Nous sommes Marins, me
» répondirent-ils, peut-être recevrons-nous des
» ordres du Congrès de remonter sur ses vaisseaux, aussi-tôt que nous serons arrivés : — nous
» vous conseillons de les adresser à M. Gustave
» Fellowes, qui est le parent de l'un de nous (1).
» — C'est un brave & digne homme : — écrivez-
» lui, croyez que nous lui recommanderons le
» soin de vos lettres, avec le même zèle que
» vous nous en avez montré ici, & soyez sûr

---

(1) Du Lieutenant George Little.

» qu'elles ne peuvent pas être remises en meil-
» leures mains ».

Je suivis leur avis, sans me flatter cependant qu'un Étranger, qui n'avoit jamais entendu parler de moi, & qui demeuroit à cent vingt lieues du Comté d'*Orange* (1), voulût prendre beaucoup de peine pour les envoyer à leurs destinations. — Prévoyant la décadence du papier monnoie, j'envoyai à ma femme une lettre de change, dont je me flattois que le montant en or & en argent, pourroit lui être très-utile, & par un heureux pressentiment, je la passai à l'ordre de Gustave Fellowes; ces cinq Officiers Américains partirent de l'Orient au mois d'Octobre 1781 —.

Non-seulement j'eus la douleur de ne recevoir aucune réponse à mes lettres; — je n'eus même la consolation d'apprendre leur heureuse arrivée à Boston, (après quarante-un jours de traversée) qu'au mois de Décembre 1783 —.

Dix-huit mois après leur départ, le Ministre de la Marine (2) ayant bien voulu me nommer Consul de France à New-York, j'arrivai dans cette

―――――

(1) Dans l'état de New-York, de l'autre côté des Montagnes, appelées *Highlands*.

(2) Le même à qui la France doit la construction du Port de Cherbourg, la nouvelle Ordonnance de la Marine, &c. &c. &c.

ville le 19. Novembre de la même année (1), cinq jours avant que les troupes Angloises eussent quitté cette ville, qui pendant sept ans avoit été le centre de leur puissance —.

Aussi-tôt que j'y fus débarqué, je cherchai parmi les Habitans, ceux que j'avois connus autrefois, auxquels je demandai, avec les accens de la plus vive inquiétude, des nouvelles de ma famille; — un noir pressentiment m'annonçoit le fatal secret qu'ils alloient me révèler, & mon cœur en palpitoit d'avance —. " Votre maison » est brûlée, me répondirent-ils, — votre femme » n'existe plus, — un étranger est venu réclamer » vos enfans, & les a emmenés avec lui, nous ne » savons où — ".

Les détails de cette horrible catastrophe, me frappèrent comme un coup de foudre; — ma profonde & muette affliction, concentrée dans mon ame, arrêta toutes mes forces. — Je serois tombé dans la rue, si je n'eusse été supporté par mon digne ami W^m. Seton (2), se doutant que j'étois à bord du vaisseau François qui venoit de mouiller devant la ville, il étoit venu me cher-

―――――――――――――――――

(1) 1783.

2) Le même qui en devenant une de mes cautions, procura mon élargissement & la liberté de passer en Irlande.

cher pour me conduire chez lui. — Je le suivis avec difficulté, — l'esprit absorbé dans la plus profonde affliction. — Mais permettez que je tire un voile sur ce lugubre tableau, — qu'il me suffise de vous dire, que pour comble de désolation & de malheur, je fus dix sept jours avant d'apprendre que mes enfans étoient à *Boston*, à cent vingt lieues de distance, — & dans la maison d'un inconnu, devenu mon ami, je ne pouvois comprendre par quels moyens —.

Il faut que le principe de la vie dans certaines constitutions, soit puissamment attaché au corps qu'il anime, pour qu'une secousse aussi violente n'ait pu les désunir —.

Au milieu des pertes dont ma destinée venoit de m'accabler, je ressentis cependant quelque lueur de consolation, en apprenant que mes enfans vivoient, & étoient sous le toît d'un homme généreux & humain, — eux qui avoient été si long-tems les objets de tant de rêves, de conjectures & d'inquiétudes —.

Je ne pus partir pour les aller voir comme je le désirois ardemment; je me trouvai enchaîné non seulement par l'état d'affoiblissement dans lequel j'étois réduit, mais aussi par les rigueurs de l'hiver le plus sévère (1) qu'on eût vu depuis

―――――――――――

(1) L'iver de 1783 à 1784.

cinquante ans ; — une couche de neige de quatre pieds de profondeur, mettoit un obstacle invincible aux voyages. — Je ne saurois vous peindre combien ma vive impatience, irritée par toutes ces circonstances, augmentoit encore les afflictions de mon esprit & les peines de mon corps —.

Aussi-tôt que les chemins furent praticables, je partis en traineau pour revoir ces chers débris de ma famille, de qui les malheurs de la guerre m'avoient séparé depuis l'année 1779. — Il me tardoit aussi de résoudre ce singulier problème d'humanité, & de serrer dans mes mains celles de cet ami inconnu, à qui j'avois des obligations aussi extraordinaires —.

Plus j'approchois de *Boston*, & plus distinctement mes enfans se présentoient à mon imagination ; il me sembloit les voir & les reconnoître ; mais telle étoit la foiblesse de mes organes & la débilité de mes nerfs, que je n'avois pas la force de jouir, même en imagination, du bonheur que m'avoit réservé ma destinée ; — le désir violent de les revoir & de les embrasser, me convulsoit & m'agitoit, presqu'autant que la crainte de les avoir perdus.—

Le jour tomboit lorsque j'arrivai à *Boston* ; je pris les informations nécessaires —. Bientôt je découvre la rue, — la maison dans laquelle respiroit ce que j'avois de plus cher sur ce continent ;

— ce fut ce moment où l'ombre de leur mère sembla m'accompagner & se réjouir, que ses enfans, dont la mort l'avoit cruellement séparée au milien des horreurs & des désolations de la guerre, alloient revoir un père qui les aimoit tendrement —.

Je frappe à la porte, je demande, avec des lèvres tremblantes, si ce n'étoit point la maison de Gustave Fellowes, — & si les enfans de *** n'y étoient pas —.

Oui, me répondit-on, ils y sont; — & à l'aspect de mon air agité, j'ai su depuis qu'on devina aisément que j'étois leur père; — j'entre dans le sallon. — A l'instant je reconnu ma fille, qui travailloit à côté de la maîtresse de la maison; — à peine eut-elle jeté ses yeux sur moi, qu'elle pâlit, les ferma, & baissa la tête. — « Ma chère
» *Fanny*, lui dis-je, en l'embrassant? — Voici
» ton père, à qui le ciel a permis de te revoir
» après quatre ans de séparation, — & qui a
» bonheur de te retrouver sous ce toît de l'hu-
» manité & de la générosité » —.

Bientôt après arriva mon cher petit *Louis* que je reconnus par sa ressemblance avec son grand-père; — car il avoit à peine trois ans quand je fus obligé de le quitter; — je l'embrassai, je le serrai dans mes bras paternels, — & le prenant sur mes genoux, — je m'assis à côté de ma fille, qui bientôt après se ranimant, manifesta la joie de son cœur, par les caresses de la tendresse & de l'affection ; — que de questions ne me fit-elle pas sur les malheurs que j'avois éprouvés, sur mon séjour en France, sur la commission dont j'avois été honoré, &c. Quant à moi je n'osai lui en faire une, tant je craignois de diminuer quelque chose du sentiment précieux que m'inspiroit la vue de ces chers enfans —.

« Il y a environ quatre mois, me dit-elle,
» que lisant la gazette, j'y vis sous l'article de
» Londres, qu'une personne portant ton nom,
» anciennement Cultivateur dans le Comté
» *d'Orange*, venoit d'être nommé Consul de
» France, à New-York ; — la gazette me tomba
» des mains, j'appelai M. Fellowes, pour éclair-
» cir mes doutes ; — juge, mon père, de la joie
» de ta fille, quand elle fut assurée que tu exis-
» tois, & que c'étoit bien toi dont il étoit ques-
» tion ; toi dont je n'avois pas entendu parler
» depuis près de deux ans ; je coupai ce morceau
» précieux, — je le mis dans mon porte-feuille ;
» — tiens — le voici, — & aujourd'hui je te
» revois & je t'embrasse : — le Ciel en soit
» béni — ».

« Dieu créateur des cœurs, qui pour adoucir
» les maux de cette vie, donna à l'homme, de-
» venu père, cet amour & cette sympathie puis-

» sante qui l'attache à ses enfans & lui fait trou-
» ver son plus grand bonheur dans celui qu'il
» leur procure, tu sais si mon ame ne partagea
» pas avec toi ce moment précieux qu'il avoit
» acheté si cher, en contemplant ses enfans que
» ta bonté avoit si manifestement protégés : — tu
» sais si elle n'osa pas s'élancer vers toi & im-
» plorer pour eux la continuation de ta protec-
» tion divine ; — accepte de nouveau mes actions
» de graces, daigne les entendre & les recevoir.
» — Mais les accens des foibles mortels peuvent-
» ils parvenir jusqu'au pied de ton Trône, — Être
» incompréhensible » ?

Quel jour, quelle époque dans ma vie ! — Après en avoir consacré les premiers momens à élever mon ame vers le Ciel, à la nature, à la joie paternelle, — je m'adressai à ce frère, à cet ami nouveau que la providence avoit procuré à mes enfans, dans les jours de leurs calamités; — je serrai ses mains dans les miennes avec toutes l'énergie du silence, de l'attendrissement & de la reconnoissance. — J'allai ensuite embrasser sa digne femme, & caresser tous ses enfans (car la famille entière étoit accourue dans le sallon, à la nouvelle que le père de *Fanny* venoit d'arriver) —.

Je vous l'avoue, en voyant les miens vêtus, traités, aimés, considérés comme ceux de cette maison, les accens de la reconnoissance ne purent se manifester que par mes larmes. — Le premier mouvement de ce sentiment devint supérieur au pouvoir de l'expression, — & fut même pendant quelque tems, comme absorbé dans la grandeur de mon étonnement. — Enfin, accablé par les fatigues du voyage, — épuisé par le plaisir douloureux & les pénibles souvenirs que cette longue scène m'avoit inspirés, — je me retirai pour méditer à mon aise & rêver dans l'obscurité de ma chambre, à tout ce que je venois de voir & de sentir —.

« Me voilà, me dis-je à moi-même, sous le
» toît d'un homme devenu, par une chaîne d'évé-
» nemens les plus extraordinaires, le vice-gérent
» d'une providence protectrice, le sauveur de
» mes enfans; — mon frère le plus cher, & le plus
» précieux de mes amis ; & nous ne nous con-
» noissions pas —.

» La cruelle mort avoit enlevé leur mère;
» — les malheurs de la guerre avoient forcé leur
» père en Europe; — le flambeau des Sauvages
» avoit réduit en cendres la maison paternelle;
» — la subsistance qu'il leur avoit laissée, avoit
» été détruite; — cet homme est venu à leur se-
» cours, — il les a conduits sous son toît, & les
» a placés parmi les siens; — quel singulier en-
» chaînement d'un foible bien, fait par moi aux
» Concitoyens de Gustave Fellowes sur les côtes

» de Normandie ; & des services inappréciables
» rendus par lui à ces deux foibles créatures.
» —Un saint effroi, involontairement, vint ajou-
» ter dans ce moment un nouveau charme au
» plaisir que m'inspirèrent toutes ces réflexions :
» —béni soit, me dis-je, la destinée qui con-
» duisit, sur ces côtes, ces cinq Américains
» échappés des prisons d'Angleterre. — C'est
» d'eux d'où provient la source de ce grand bien-
» fait ; —bénie soit la cause secrette & inscrutable
» qui a présidé à ce tissu merveilleux de circons-
» tances — ».

Dès le matin mes enfans vinrent me voir & m'embrasser ; — il y avoit plus de quatre ans que je n'avois joui de ce bonheur, qui auroit été bien plus grand encore, si mon cher Ally, que j'avois laissé en France, eût été avec nous —.

Quels détails affreux, — quelle description terrible ma fille ne me fit-elle pas, de tous les malheurs de la guerre auquel notre canton avoit été exposé, de la mort de sa pauvre mère, — de l'incendie de notre maison, — de la destruction de nos bestiaux, ainsi que de toutes les ressources de l'abondance qui, de mon tems, avoient environné le toît paternel. — Quelle peinture elle me fit de la pénurie, des calamités & des privations de toutes espèces auxquelles son petit frère *Philippe Louis* & elle avoient été exposés chez un de nos voisins, dont la maison (1) n'avoit point été brûlée, il est vrai, mais qui, comme les autres, avoit presque tout perdu —.

Le déjeûné étant prêt, mes enfans me quittèrent, & bientôt je les suivis. — Quel fut mon étonnement, en entrant dans le sallon, lorsque je vis ma fille assise sur les genoux du digne G.... F...., qui étoit occupé à lui attacher les cheveux : « — ceci est ma tâche journalière, me dit-il, » — j'aime à lui rendre ces petits services, ainsi » qu'à mes autres enfans; je la traite & je l'aime » comme un des miens. — Je ne me répens point » de ce que j'ai fait, car depuis qu'ils sont ici, » pas un nuage n'a interrompu la paix qui y » règne; — au contraire, ma femme & moi nous » nous sommes apperçus depuis long-tems, qu'en » devenant plus nombreux, nous étions devenus » plus heureux — ».

Ce foible échantillon de la conduite de ce bon père, n'est, mon ami, qu'une légère esquisse de l'union & du bonheur de cette famille; — bonheur qu'on trouve dans presque toutes les maisons Américaines. — Aussi-tôt que Gustave Fellowes apperçoit que sa femme ou quelques-unes de ses filles sont plus tristes qu'à l'ordinaire, — les accens du violon se font entendre; alors il

---

(1) A Chester.

les prend par la main & danse avec elles ; — c'est sur-tout le soir qu'il imagine ces petites parties, où souvent les filles & les jeunes gens du voisinage sont invités. — A l'image de ce bonheur domestique, il faut joindre celui de l'ordre, de l'économie, de la propreté & de l'industrie : telle est la famille au sein de laquelle la Providence, par les voies les plus extraordinaires, a daigné conduire mes enfans, & avec laquelle je suis depuis deux mois —.

« Au nom de Dieu dites-moi, homme par
» excellence, lui demandai-je un jour ? — Dites-
» moi qui a pu vous déterminer à entreprendre
» un voyage aussi long, au milieu de la guerre,
» pour porter à une famille étrangère, dont vous
» ignoriez le sort, les lettres d'une personne que
» vous ne connoissiez pas, & dont vous n'aviez
» jamais entendu parler avant l'arrivée de vos
» cinq Compatriotes ? — Quels motifs surna-
» turels ont pu vous engager à prendre pitié de
» mes enfans, à être touché de leur malheureuse
» situation & à les amener ici, sans savoir si
» j'existois & si je serois jamais en état de vous
» rembourser vos avances »? — Qu'y a-t-il donc d'extraordinaire dans tout ceci, me répondit-il ?
« — Ce fut votre générosité envers nos infortunés
» Compatriotes, échappés des prisons d'Angle-
» terre ; ce fut la lettre qu'ils me remirent de

» votre part, dont la lecture fit sur mon ame un
» effet bien singulier; — ce fut la confiance que
» vous me marquâtes, en passant votre lettre de
» change à mon ordre; ce fut le désir de faire le
» bien pour le bien ; que sais-je, je pourrois plus
» aisément vous donner une idée de l'impulsion
» qui m'excita, que des motifs qui me détermi-
» nèrent. — Mais mon cher ami, lui dis-je?
» — la mesure n'étoit pas égale; — ce que j'avois
» fait pour vos Compatriotes sur les côtes de
» Normandie, étoit simple & naturel. Je ne pou-
» vois pas moins faire; je ne me déplaçai pas
» je ne voyageai pas comme vous sur la neige,
» à travers les frimats, à cent vingt lieues de chez
» moi. —Vous fîtes tout ce qui étoit nécessaire,
» me répondit-il; vous prîtes ces braves gens par
» la main, — vous leur parûtes comme un ange
» tutélaire envoyé à leur secours; — vous parliez
» leur langue; — vous veniez de leurs pays;
» — vous fîtes renaître dans leur cœurs la douce
» espérance de revoir leurs parens : — ils trou-
» vèrent en vous, sans qu'ils pussent s'en flatter,
» — un ami & un protecteur : — vous les con-
» duisîtes sous le toît de votre père. — Je ne
» saurois vous peindre, comme ils me l'ont fait,
» la joie soudaine, la vive sensation que votre
» apparence sur ce rivage étranger, fit sur leurs
» esprits abattus; —vous avez rendu à leurs

» pères, cinq enfans qu'ils croyoient morts ;
» — à leurs femmes, cinq maris dont elles
» n'avoient pas entendu parler depuis long-tems ;
» — à notre ville, cinq Citoyens utiles, — & à
» notre patrie, cinq braves Officiers : — que
» pouviez - vous faire davantage, &c. — ?

Par reconnoissance, ainsi que par respect pour ce digne G.... F...., je ne puis me dispenser de vous transmettre la traduction de la lettre qu'il m'écrivit aussi-tôt que mes enfans furent arrivés chez lui, — & qui après avoir été envoyée en Angleterre, — & avoir passé par je ne sais combien de mains, — me fut enfin délivrée dix-sept jours après que les Anglois eurent abandonné la ville de New-York, & toutes les lettres qu'ils laissèrent dans le bureau de la poste —.

Cette cruelle lacune forme un espace de près de deux ans. — Quelle consolation cette lettre ne m'eût-elle pas procurée, si je l'eusse reçue pendant mon séjour en France! — elle auroit contribué à dissiper cette noire mélancolie, — cette profonde inquiétude, qui sans cesse me suivoit, — & sans cesse enveloppoit mon ame, même au milieu des bontés & de la bienveillance inattendue d'un grand nombre de Protecteurs que la Providence m'avoit procurés pendant mon séjour dans ce Royaume —.

Tant que je vivrai, j'en conserverai religieusement

ment l'original, — & par mon testament, j'ai spécialement ordonné à mes enfans de la considérer comme une relique précieuse, — comme un monument d'humanité & de générosité sans exemple, — comme le sceau d'une providence protectrice, à qui deux d'entr'eux doivent leur conservation & leur vie, — & moi, le bonheur de les avoir retrouvés —.

Boston, 17 Décembre 1781.

» J'ai reçu votre lettre du 29 Septembre, par
» les cinq Officiers du vaisseau le *Protecteur* : la
» lecture attentive que j'en fis, votre empresse-
» ment d'aller à leur secours, les services impor-
» tans que vous leur avez rendus, firent une si
» profonde impression sur mon esprit, que je
» pris sur le champ toutes les mesures nécessaires
» pour obtenir quelqu'information de l'état de
» votre famille ; — mes soins furent inutiles.
» — La guerre ayant interrompu presque toutes
» les communications. — Quand je vis cela, je
» formai la résolution d'aller moi-même dans le
» Comté *d'Orange*. — Je le dis à ma femme qui
» approuva mon dessein — ».

« Cela n'est que trop juste, me dit-elle ?
» — La famille de ce bon Compatriote est peut-
» être dans la peine & l'affliction. — Les Sauvages

Tome III.   B

» & les Anglois ont commis, dit-on, beaucoup
» de ravages dans ce canton; — mon ami, fai-
» sons pour les siens, en Amérique, ce qu'il a
» fait pour les nôtres sur les côtes de Normandie.
» — Sept jours après mon départ, j'eus le bon-
» heur de rencontrer sur le bord de la rivière
» d'*Hudson*, — le Shériff du Comté *d'Orange* (1),
» qui, comme Colonel de Milice, occupoit, avec
» son régiment, les casernes de *Fishkill* (2).
» — La lettre que je lui remis de votre part,
» étoit la première qu'il eût reçue depuis que
» vous aviez quitté les Prisons de New-York :
» — il me fit cent questions sur votre sort, sur
» celui d'Ally, sur l'état de votre famille, vos
» malheurs, &c. — J'appris bientôt la mort de
» votre femme & l'état déplorable dans lequel
» étoient réduits vos enfans, par la devastation
» des Sauvages & la disette, qui en avoit été la
» conséquence : — mon esprit en frissonna d'hor-
» reur. — Je formai sur le champ la résolution
» de les arracher de ce malheureux endroit,
» — de les conduire à Boston, & de les élever avec
» les miens —.

» Heureusement la neige étoit profonde & les

―――――――――――――――――――――

(1) Jessé Woodhull, Ecuyer.

(2) Bel établissement à quelque distance de la rivière *d'Hudson*.

» chemins bien battus. — Le Shérif approuva
» ma résolution : — vous ne pouvez, me dit-il,
» rendre un plus grand service à mon ancien ami
» & bon voisin Saint-J.....; les Sauvages & la
» guerre ont détruit toutes nos écoles, & Dieu
» sait comment nous instruirons nos enfans.
» — Dès ce moment je ne m'occupai plus que
» des moyens de les transporter à *Boston* aussi
» commodément qu'il me seroit possible, & sur-
» tout de les bien vêtir. — Heureusement ma
» femme y avoit pourvu avant mon départ;
» — car tout étoit si ruiné, que je n'aurois pu
» trouver, dans tout le Comté *d'Orange*, ni
» étoffes, ni Flanelles convenables —.

» Depuis qu'ils sont avec nous, nous en avons
» pris le même soin que des nôtres, ils sont de
» bons enfans; nous avons heureusement un
» garçon & une fille de l'âge des vôtres, avec
» lesquels ils vivent dans l'union la plus parfaite.
» — Je ne fais aucune distinction ni pour l'habil-
» lement ni pour l'éducation, excepté que nous
» donnons souvent la préférence aux vôtres,
» comme en ayant plus besoin, & ayant été
» plus malheureux. — Ma femme & moi nous
» les avons reçus comme des enfans que nous
» avions perdus & que nous avons retrouvés:
» — si j'étois assez infortuné pour ne jamais

B ij

» entendre parler de vous, — nous les traiterons
» & les éleverons comme les nôtres —.

» Ne fachant point quels font les principes
» religieux que vous leur avez donnés, je les
» ménerai à l'église avec ma famille, & ils y
» offriront à Dieu le même culte que nous —. Si
» vous recevez celle-ci, vous nous informerez
» de vos intentions fur ce fujet, croyez que nous
» nous y conformerons avec plaifir —.

» Avant de quitter le Shériff *Jeffé Woodhull*,
» qui m'avoit conduit chez lui; je m'informai
» quelles avoient pu être les dépenfes de vos
» enfans depuis la mort de leur mère; j'offris de
» dépofer entre fes mains quarante guinés. — Il
» ne voulut point les recevoir, & il m'affura que
» la vente de quelques chevaux & beftiaux échap-
» pés à la deftruction, avoient produit une fomme
» fuffifante pour fubvenir à leur entretien, qui,
» a en juger par l'état déplorable dans lequel je
» les trouvai, ne pouvoit pas en effet avoir été
» grand'chofe —.

» Quant à votre plantation & à vos terres, je
» lui ai confeillé de ne jamais permettre qu'elles
» fuffent vendues, avant d'avoir obtenu votre
» confentement. — J'ai reçu le montant de la
» lettre de change; — je l'employerai pour le
» bien de vos enfans; — je vous adrefferai une

» copie de cette lettre, par toutes les occasions,
» jufqu'à ce que j'aie reçu votre réponfe &c. » —.

GUSTAVE FELLOWES.

Voici ce que ma fille me raconta dans le cours des différentes co ve ations que j'eus avec elle —:

« Il étoit tems, mon père, que la providence
» divine jetaffe fur mon petit frère *Philippe*
» *Lewis* & fur moi, un regard favorable. — Quand
» M. G..... Fellowes arriva, nous n'avions ni
» bas ni fouliers; — nous étions prefque nuds,
» & il faifoit bien froid; — les autres enfans du
» voifinage étoient dans le même état : mon petit
» frère (1), comme étant plus jeune, fentoit
» moins le malheur de fa fituation, quoiqu'il en
» pleuroit fouvent; — mais moi (2) qui me rap-
» peloit bien tous tes tendres foins & ceux de ma
» pauvre mère; — moi qui avoit été ta vigne
» chérie; — comme je gémiffois quand j'y pen-
» fois, & j'y penfois fouvent; — J.... D....
» & fa femme ne connoiffant point cet étranger
» qui venoit nous réclamer, firent tout ce qu'ils
» purent pour nous perfuader de demeurer avec

---

(1) Il avoit cinq ans alors, aujourd'hui il en a neuf.
(2) Elle avoit neuf ans, aujourd'hui elle en a treize.

« eux ; — ils parvinrent à effrayer mon petit
» frère, qui se mit à pleurer, disant qu'il ne
» vouloit pas aller avec cet étranger. — Nous ne
» pouvons pas être plus malheureux, leur dis-je,
» que nous le sommes, — pourquoi voudriez-
» vous nous garder ? — Vous n'avez rien à nous
» donner, à peine pouvez-vous subvenir à vos
» propres besoins ; — puisque cet homme est
» venu de si loin, c'est qu'il nous veut du bien,
» c'est peut-être Dieu qui nous l'envoie —.

» Je me le rappele bien encore ; — j'entrai
» dans le traineau de cet étranger, avec le plus
» vif empressement, parce que j'allois quitter un
» canton ou j'avois perdu ma mère, & ou j'avois
» souffert & vu tant de calamités. — M. F....,
» fut obligé d'arracher mon petit frère *Philippe*
» *Louis*, qui pleuroit, des bras de la femme de
» J.... D.... qui pleuroit aussi —.

» Ah, mon père, que les vêtemens qu'avoit
» apportés cet homme de Dieu, — étoient bons
» & chauds ; — comme je tressaillis, quand je les
» passai ! — J'ai su depuis que sa digne épouse,
» ma tendre mère adoptive, qui, je crois, étoit
» inspirée, lui en avoit fait naître l'idée —.

» Tu n'aurois pas été plus attentif, mon père,
» que ne le fut ce digne homme, pendant tout
» le voyage. — Quand nous devions traverser
» une grande rivière sur la glace, (ce qu'il savoit

» me causer les frayeurs les plus vives), il nous
» racontoit toujours quelqu'histoire, pour abré-
» ger le tems & nous distraire —.

» En passant par *Hartford* (1), plusieurs de ses
» amis lui demandèrent qui il avoit avec lui dans
» son traineau ? — Ce sont, répondit-il, deux
» enfans que j'avois perdus & que je viens de
» retrouver ; je les mène à *Boston*, où ma femme
» leur fera bientôt oublier tout ce qu'ils ont
» souffert ; — nous en avons déjà sept, & ces
» deux petits *retrouvés* feront neuf. (Ce furent
» ses propres paroles) —.

» Aussi-tôt que nous fumes arrivés ici, je me
» sentis inspirée d'appeler ces dignes personnes
» du nom de père & de mère, & leurs enfans,
» de celui de frères & de sœurs, — & je dis à
» *Louis* d'en faire autant —.

» Le lendemain les voisins, les parens & les
» amis de cette bonne famille, vinrent nous
» voir & nous féliciter ; ils me firent raconter
» tous nos malheurs ; — je vis la compassion
» peinte sur leur visages. — Ah, mon père !
» comme je me trouvai bien au milieu de tous
» ces bonnes gens. — Comme j'écoutai tout ce
» qu'ils nous disoient pour nous consoler !

----

(1) Capitale de l'état de Connecticut.

» — Comme je goutai le bonheur d'être plainte,
» — vêtue chaudement, — d'avoir à manger
» quand j'avois faim, & sur-tout de ne plus
» craindre les Sauvages. — *Louis* se mit à rire dès
» qu'il arriva ; — je le grondai bien d'avoir pleuré
» à *Chester* (1), & d'avoir voulu y rester, — on
» me mit à coucher dès la première nuit avec
» Abigail, la fille aînée de la maison, qui avoit
» à peu près mon âge : — c'est la complaisance
» & la douceur même, je l'aime comme ma
» propre sœur ; — on mit mon frère *Louis* à
» coucher avec le petit Gustave (2), — qui n'avoit
» que cinq mois plus que lui. — Le lendemain
» de notre arrivée, ma bonne mère adoptive
» nous peigna, & nous fit habiller comme les
» autres ; — les larmes m'en vinrent aux yeux
» de surprise & de joie, — & après être bien
» remis de toutes nos fatigues, nous fûmes en-
» voyés tous ensemble à l'école —.

» Non-seulement madame Fellowes nous
» peignoit & nous habilloit elle-même tous les
» matins, mais à table elle nous faisoit mettre à
» côté d'elle, nous offrant toujours ce qu'il y
» avoit de meilleur, disant : — ces pauvres en-

―――――――――――

(1) L'endroit où ces enfans habitèrent après la mort de leur mère.

(2) Fils de M. Fellowes.

» fans ils ont tant fouffert, qu'il faut en avoir
» plus de foin que des nôtres. — Quand elle for-
» toit, elle me préféroit fouvent à ma bonne
» fœur *Abigaïl*; fur-tout lorfqu'il étoit queftion
» de parties de mer, — ou d'aller à *l'Ifle du Châ-*
» *teau,* — à *Roxbury,* — *Cambridge,* — *Dor-*
» *chefter,* — Plaines de la Jamaïque (1), &c.
» — Ma fœur qui eft la bonté même, loin d'en
» être jaloufe, en étoit au contraire bien aife;
» — elle faifoit ce petit facrifice avec plaifir.
» Souvent même je lui ai entendu dire : — ma
» mère, prenez *Fanny* avec vous, je refterai
» volontiers à la maifon, pour prendre foin des
» petits enfans; — elle a plus befoin de s'égayer
» & de s'amufer que moi. — La bonne & chère
» fille, embraffe-là mon père, quand elle viendra
» dans la chambre, — c'eft ta vigne fauvage qui
» t'en prie —.

» Depuis que je fuis devenue plus grande,
» j'ai refufé ces préférences, & nous fortons
» actuellement chacune à notre tour ; — & fou-
» vent enfemble. — Nous avons de tems en tems
» de petites parties de danfes dans la maifon,
» où dans le voifinage; — j'ai fait connoiffance
» avec plufieurs filles que j'aime, & dont je fuis
» tendrement aimée; — quand je fuis incom-

---

(1) Endroits charmans dans les environs de Bofton.

» modée, elles ne me laissent jamais seule; —elles
» apportent leurs ouvrages, & viennent passer la
» journée avec moi, j'en fais autant quand elles
» sont malades. — En grandissant je me suis
» rendue utile à ma mère; — depuis près de dix-
» huit mois, je lui aide tous les matins, ainsi
» que ma sœur, à laver & habiller les jeunes
» enfans; —& à les envoyer à l'école.—Elle m'a
» appris à coudre, à tricotter, à filer, à repasser,
» à faire le pain, un peu de cuisine, &c. — Ma
» sœur & moi, nous entrons dans tous les détails,
» nous diminuons autant qu'il est possible la tâche
» de notre bonne mère; — elle accoucha il y a
» environ huit mois, j'ai été la marraine de sa
» petite fille, à laquelle on a donné mon nom (1),
» ainsi qu'à un *Vaisseau Baleinier*, qui est parti
» depuis deux mois pour les *Côtes du Brésil*.
» —Que je serois heureuse de le voir revenir bien
» chargé d'huile! — Quand la petite *Fanny* sera
» sevrée, je compte la prendre à moi seule, la
» mettre à coucher avec moi, & en avoir un
» soin exclusif. — De façon qu'elle ne sera plus
» à charge à sa Mère. — Mon Père, je te prie
» de la regarder dès aujourd'hui comme ta

––––––––––––––––––––––––––––––––––––

(1) Le compliment le plus flatteur qu'on puisse faire à quelqu'un, c'est de donner son nom & sur-nom, comme nom de baptême à un enfant.

» petite Fille : — avec plaisir, ma chère *Fanny*,
» lui dis-je — ?

» Tout ce que tu viens de me raconter, est-il
» bien vrai ? — Tous ces détails peuvent ils être
» possibles ? — Ce long enchaînement de géné-
» rosité, de bonté, d'hospitalité, tient plutôt du
» miracle que du cours ordinaire des choses.
» — Tout ceci ne ressemble point à la conduite
» des hommes. — Oui, c'est celle d'une main
» protectrice quoiqu'invisible. — Bénissons-en
» ensemble l'heureuse influence. — Mais qui
» suis-je, que sommes-nous — !

» S'il étoit permis aux foibles humains de
» remonter à la source des causes premières,
» d'où découlent les événemens qui les affligent,
» où les touchent, je te dirois, ma Fille, que
» l'origine, le commencement de tout ceci, est
» dû au hasard inconcevable, qui conduisit sur
» les côtes de Normandie, les cinq Américains,
» que tu as vus dernièrement : — Oui, tout ceci
» est dû à ce hasard mistérieux & unique, qui,
» sans boussole, à l'aide d'un mauvais drap les
» amena à travers un bras de mer de soixante-dix
» lieues dans un frêle bâteau de seize pieds de
» quille, vers l'endroit le plus voisin de celui
» où je demeurois : — J'étois la seule personne
» dans toute cette grande Province, qui pusse
» s'intéresser aussi vivement à leur sort ; — puisque

» j'arrivois de leur pays,— où comme eux j'avois
» souffert pendant plusieurs années pour la même
» cause ; — s'ils eussent abordé sur nos rivages
» dix lieues plus haut, ou dix lieues plus bas, il
» est très-probable que je n'aurois jamais entendu
» parler d'eux. — Versons ensemble des larmes
» de joie, de plaisir, & de reconnoissance : c'est
» tout ce que nous pouvons faire. — Viens que
» je t'embrasse ma chère *Fanny*, — & toi aussi
» mon petit *Philippe Louis* —.

» Qu'est-ce que cette miniature montée en
» or que je vois pendue à ton col, lui deman-
» dai-je ? — N'en sois point scandalisé, me
» répondit-elle ? — C'est le portrait de mon
» Père adoptif, qu'il me donna, il y a huit
» mois; — Je ne le porte pas comme un orne-
» ment, mais comme une preuve de sa tendresse
» pour moi. — Loin d'en être scandalisé, lui
» dis-je; je suis pénétré d'un sentiment nouveau,
» en voyant que tu aimes à te parer de la ressem-
» blance d'un homme qui d'inconnu & d'étranger
» est devenu ton protecteur, & ton ami, & qui
» te compte au nombre des siens. — Pour ajouter
» encore aux marques de ta reconnoissance, je
» veux y joindre le portrait de sa digne épouse,
» la meilleure des femmes, & la plus tendre des
» mères : — Promets-moi, devant Dieu, que
» tu ne sortiras jamais sans les porter tous les

» deux. — Tous les deux font également chers à
» mon cœur, répondit-elle : — Je te le promets,
» mon père, devant Dieu, qui nous entend :
» peu de temps après j'exécutai ce petit projet,
» & je présentai en outre, celui de ma fille à sa
» sœur adoptive, & celui de cette bonne sœur à
» ma chère *Fanny*—.

» Je crains, me dit-elle un matin, de t'avoir
» déplu hier au soir ; — qui, toi m'avoir déplu.
» — Comment cela pourroit-il être ? — Tu
» n'en pourrois pas même concevoir l'intention.
» —N'es-tu pas persuadée que j'aime mieux mon
» père *Fellowes* que toi. — D'où cette idée peut-
» elle te venir, ma chère fille : — L'amour
» paternel ne connoit pas la jalousie, sois tran-
» quille ; — & si même cela pouvoit être, je te
» le pardonnerois. — En effet, G. F......s t'a
» rendu de plus grands services que moi. — Il
» est venu de cent vingt lieues t'arracher du sein
» de la misère, sans te connoître, & moi ton
» père, je ne t'ai pas entendue. —Le soin que j'ai
» pris de ton enfance ; le plaisir que je prenois
» de te porter à l'école, de te placer sur ma
» charrue, n'étoit que l'effet d'un sentiment
» naturel & irrésistible. — C'étoit l'épanchement
» d'un fleuve vers la pente douce d'une prairie
» voisine, mais les services que ton père adoptif
» t'a rendus !

Le dimanche après mon arrivée j'accompagnai mes enfans à l'église voisine, avec toute cette bonne famille. » — Je suis comblée de joie, me » dit tout bas ma fille. — Nos voisins qui m'ont » si souvent parlé de toi ; qui se sont aussi sincé- » rèment intéressés à ton sort, & au mien, qui » ont marqué tant de joie, quand ils ont appris » ton retour, vont être bien édifiés de voir le » père & les enfans, adorer avec eux (1), & » porter ensemble aux pieds du trône de l'Éter- » nel, leurs prières, & leurs actions de grâce. — Cette réflexion me toucha bien sensiblement. — Je ne le fus pas moins de l'espèce de sensation, que ma présence dans l'église fit sur ces bonnes gens ; plusieurs personnes jetèrent les yeux sur moi, & semblèrent me considérer avec une grande attention. — J'entendis quelques-unes de celles qui étoient dans le banc voisin, qui se disoient : — *Voilà le père de Fanny.* — Je m'aperçus aussi, combien ma fille jouissoit de cette marque publique d'intérêt. — Croyez-moi, l'amour propre n'entra pour rien dans le sentiment que j'éprouvai. — Je vous avoue cependant que j'en fus très-flatté : — la sensibilité, la bienveillance, l'attention touchante de tant de personnes qui m'étoient inconnues, fut comme un

---

(1) Expression particulière à la ville de Boston.

doux breuvage, qui charma, qui éleva mon ame sans l'énivrer.

Quelle fut ma surprise, lorsqu'en sortant M. *Fellowes* me présenta les cinq Américains, dont je vous ai parlé, qui, ayant appris que je devois aller à cette église, y étoient venus exprès pour m'y voir. — Une foule de citoyens s'approchèrent de moi, me serrèrent les mains, me félicitèrent sur mon heureux retour, sur mon bonheur d'avoir retrouvé mes enfans en aussi bonnes mains, &c. — » C'est à ce digne homme
» votre concitoyen, leur répondis-je, c'est à
» lui, à qui je dois tout cela; c'est à la provi-
» dence divine, qui l'a intéressé au sort de ces
» enfans, sans avoir connu leur père. — Je vous
» prends tous à témoins que jamais je n'oublierai
» cette action généreuse, & que tant que je
» vivrai, le nom de *Fellowes* me sera cher —.

Pour rendre ce jour plus mémorable encore, ce digne homme invita ces cinq Américains à dîner avec plusieurs de ses voisins —.

Ainsi se passèrent les premiers momens de mon séjour à Boston: — j'en ai abrégé mille détails, qui ne peuvent intéresser qu'un père, dont la tendresse pour ses enfans a été si souvent tourmentée, agitée, & déchirée par les cruelles circonstances, dans lesquelles la guerre, & tous ses malheurs l'ont entraîné.

Adieu SAINT-JOHN.

Boston, 10 Novembre 1783.

Personne ici ne pouvant me dire où vous êtes, j'ai l'honneur de vous adresser ma lettre à Paris, d'où je vois que vous avez écrit à l'auteur du courier de l'Europe ; — j'espère que celle-ci vous parviendra ; — je l'écris avec l'intention de vous donner des nouvelles de vos chers enfans. — Malheureusement je n'ai appris leur arrivée ici que depuis quelques jours ; — par monsieur le Comte de *Wégiersky*, qui voyage comme *Platon* ; — ce jeune Seigneur Polonais, en ayant entendu parler avec des détails intéressans, m'a proposé de l'accompagner chez M. *Fellowes*, où ils sont —.

Arrivés chez ce digne homme, nous fûmes introduits dans une salle fort propre, où nous vîmes neuf enfans ; — la mère de famille nous prévint beaucoup, par sa physionomie douce, & par ses grâces maternelles ; — elle en allaitoit un, & donnoit du thé aux autres —.

» Madame, avez vous des enfans appartenans
» à un François, nommé *Saint-J...*? — Oui,
» monsieur ; — où sont-ils ? — Voilà miss *Fanny*
» sa fille, & sur cette couche son fils *Louis*, qui
» a la fiévre. — Y a-t-il long-tems que vous avez
» ces enfans chez vous ? — Vingt-deux mois
» environ.

» environ. — Par quel hasard? — M. *Saint-J...*,
» que nous ne connoissons pas, a rendu des
» services importans en France, à plusieurs de
» nos amis, échappés des prisons d'Angleterre;
» — & mon mari qui avoit appris que ses enfans
» étoient dans un pays dévasté par les sauvages,
» au-delà de la rivière de *Hudson*, a été les
» chercher. — Hélas! bien lui en a pris, conti-
» nua-t elle? — Car il les a trouvés dans des
» mains étrangeres, pauvres, presque nuds, &
» souffrant tous les maux; — comment! — Vers
» l'état de *Newyork*, au milieu des Anglois?
» — Voilà, je le jure, deux belles actions;
» — mais, Madame, vous avez déjà une famille
» nombreuse; — Grâces à Dieu, nous avons
» sept enfans, & ces deux-là font neuf; je dis
» ces deux-là, parce qu'ils sont les nôtres aujour-
» d'hui, leur père est peut-être mort? — Pendant
» ce dialogue *Louis* pleuroit; nous le fîmes
» approcher, nous le caressâmes; — nous l'assu-
» râmes que vous existiez, & que vous ne tar-
» deriez pas de venir à *Boston*. — Miss *Fanny*
» pleuroit aussi. — Bientôt les larmes ont inondé
» les yeux de la mère, de tous les enfans & les
» nôtres. — Il paroît par mes informations ulté-
» rieures, que M. *Fellowes* est un de nos plus
» dignes citoyens; il est dans ce moment un
» des échevins de *Boston*; il étoit l'année passée

» membre de l'assemblée législative. — J'irai le
» chercher aussi-tôt après son retour de *Newbury*,
» & je m'empresserai de vous informer de tous
» les détails concernant vos enfans. — Je me trou-
» verai très-heureux d'avoir le droit de veiller
» à ce qui les intéresse. — Comme Consul du
» Roi, je le regarde comme un de mes privilè-
» ges ; il m'est doux de pouvoir joindre aux sen-
» timens que vos enfans m'ont fait naître, les
» assurances du sincère, & véritable attachement
» avec lequel, &c. &c.

De Létombe.

New-York, 17 Mai 1773.

Esquisse du grand cohos (1) *de la rivière de Connecticut, situé à deux cents milles de son embouchure.*

L'état de Connecticut contient environ cinq millions d'acres. Les côtes maritimes, qui ont plus de cent milles d'étendue, sont coupées par un grand nombre de baies, de creeks & de havres ; mais malheureusement la

---

(1) Nom Sauvage que les Américains donnent à de certaines cataractes.

profondeur des eaux ne peut admettre que des vaisseaux de moyenne grandeur. Trois rivières principales divisent cet état en autant de parties, qui de même que celle de Hudson coulent du nord au sud. La plus orientale, appelée la *Tamise*, n'est navigable que jusqu'à *Norwich*, quatorze milles dans les terres, où elle se divise en deux branches. La plus considérable qui vient d'une distance de cent milles fertilise & enrichit dans ce long cours un grand nombre d'établissemens, de bourgades & de villes, en mettant en mouvement plusieurs moulins & grosses forges.

La plus grande de ces trois rivières est celle de *Connecticut* qui donne son nom à cet état; elle a au moins cinq cent milles de longueur & quatre de largeur à son embouchure; ce beau fleuve sert de limites aux Etats de *Vermont* & de *Newhampshire*, termine la partie occidentale de *Massachussets*, & traverse dans toute sa profondeur celui auquel elle donne son nom. Elle prend sa source dans les montagnes blanches (1), qui divisent les quatre provinces de la nouvelle Angleterre du Canada, & reçoit dans son cours plusieurs ruisseaux & rivières secondaires qui viennent d'un grand nombre de petits lacs & de marais non encore desséchés.

---

(1) White hills.

Quand dans les mois de mars & d'avril le foleil & les pluies ont fondu les neiges & foulevé les glaces de l'hiver, alors tous ces courans gonflés par ces crûes, fe précipitent vers le grand fleuve qui eft leur centre commun, dont les eaux inondent alors prefque toutes les prairies & les terres baffes qui l'avoifinent. Ces torrens dans leur paffage foulèvent & entraînent des plateaux immenfes de glaces, qui détruiroient tout dans leur cours vers la mer, s'ils n'étoient anéantis ou réduits en morceaux par les différens cohos ou chûtes, à travers lefquels ils paffent. Ces premiers obftacles de la navigation font à foixante milles de la mer ; mais cent quarante milles au-deffus eft le *Cohos*, dont vous m'avez demandé une efquiffe. On le regarde ici comme un des phénomènes le plus extraordinaire de cette partie du continent.

Figurez-vous un zigzag de cinq cens pieds de longueur fur quarante-cinq de large, formé par des rochers prodigieufement élevés & inclinés à quarante degrès. Ils m'ont paru être de l'efpèce du granit le plus dur. La vélocité prodigieufe avec laquelle ce fleuve paffe à travers ce *Cohos*, la quantité immenfe de débris, qui fans ceffe fe précipitent & fe brifent en franchiffant ce paffage, ont émouffé & arrondi tous les angles de ces antiques rochers. D'un autre côté la répercuffion des eaux d'un promontoire vers un autre, le bruit déchirant caufé par le mélange & le combat de tant de remoux, & de courans oppofés, l'écume produite par une efpèce de foulevement des eaux & un bouillonnement perpétuel convertiffent ce beau fleuve dans cet endroit en un torrent impétueux & effrayant à voir. C'eft furtout pendant la faifon des glaces, que ce *Cohos* offre un fpectacle bien digne d'être examiné, & dont la contemplation exige quelques degrès de force & de courage. Souvent il arrive que leur grandeur eft fi confidérable qu'elles font arrêtés par les premiers rochers. Bientôt le même pouvoir, qui fans ceffe en entraîne de nouvelles, les amoncele, les accumule & les foulève à des hauteurs confidérables fous mille formes différentes, jufqu'à ce que les plateaux inférieurs affaiffés fous ce poids immenfe rompent avec un bruit effrayant. Alors ces maffes énormes de glaces, qui obftruoient l'ouverture de ce paffage, foudainement difparoiffent & vont fe précipiter contre les parois de ces rochers, avec une violence, une impétuofité & un bruit que je ne puis vous peindre. C'eft le moment où l'on voit mille éclats voler de tous côtés à des hauteurs & à des diftances confidérables. La lumière du foleil, réflechie par la variété infinie des angles que préfentent ces innombrables débris, ajoute encore à la singularité & à la grandeur de cette scène qui s'empare de tous nos sens & nous force à l'admiration & à l'effroi. Les eaux de ce fleuve acquièrent dans ce passage par le seul effet de la vélocité & de la pression, un si grand degrés de solidité & d'induration, que le fer, le plomb & le liège paroissent n'y avoir que le même poids.

Ici, éternel comme le tems, dont ce *Cohos* est un parfait emblême ; ce grand fleuve converti en torrent impétueux, se précipite sans cesse à travers ces masses de granite, & sans cesse entraîne une quantité prodigieuse de débris d'arbres dont tout le pays inférieur est couvert après la retraite des eaux.

Que le spectateur situé sur la cime d'un de ces promontoires paroît foible & passager, quand il compare sa durée & sa force à tout ce qu'il voit, & à tout ce qui l'environne ; quand il la mesure avec l'éternité de ces rochers, la perpétuité de ce courant, & l'antiquité des vieux cèdres qui croissent dans leurs crévasses.

Pendant cette saison, le pays situé au-dessus des chûtes est souvent inondé à plus de douze milles de chaque côté du fleuve ; alors un vaisseau de guerre vogueroit aisément sur cette même surface, qui peu de tems après est destinée à produire les récoltes les plus abondantes ; car le séjour des eaux de ce fleuve donne à la terre toute la fécondité du Nil sans la putridité de son limon.

Qui le croiroit ? C'est l'époque de la plus grande élévation des eaux, que les Américains choisissent pour faire descendre à la mer les mâts, les bois de construction qu'ils tirent des forêts situées plus au nord. C'est alors que le havre de la *Nouvelle Londres* en est rempli, & que les vaisseaux européens viennent les acheter. Avant la révolution, l'Amirauté Anglaise y en envoyoit plusieurs tous les ans, qui étoient uniquement destinés à transporter les plus grandes mâtures (1).

Jamais le saumon, dont toute la partie inférieure de cette rivière abonde, n'a pu remonter ce courant terrible. La pêche qu'on en fait tous les ans au-dessous de ce cohos vient encore ajouter à l'opulence de ceux qui habitent & cultivent ces fertiles rivages. On peut voyager des deux côtés de ce fleuve depuis son embouchure jusqu'à plus de deux-cents milles sans presque en perdre la vue. Souvent on voit dans le même moment le cultivateur traçant ses raies, ou fauchant ses prairies jusqu'au bord des eaux, que les matelots sillonent avec leurs vaisseaux. Je ne connois aucune partie de ce continent qui offre

---

(1) MM. Wadsworh & Compagnie, ont eu le contrat de cette fourniture pendant un grand nombre d'années.

aux yeux du voyageur un terrein aussi étendu, aussi fertile & aussi bien cultivé. J'ai vu des Européens qui, en admirant cette longue chaîne de plantations, de vergers, de prairies & de champs bien enclos, avoient de la peine à croire que ce beau pays ne fût habité que par de simples Colons propriétaires. Nulle part je n'ai trouvé ni plus d'abondance, ni une hospitalité plus généreuse. Ce foible détail me rappelle les jours heureux que j'ai passés parmi ces cultivateurs aisés, éclairés & instruits, qui unissent à la simplicité de leurs mœurs, l'industrie la plus édifiante. C'est sur ces rivages qu'on voit dans le même tableau les richesses, les plaisirs de l'agriculture, de la navigation, de la pêche & du commerce, unis aux grandes merveilles de la nature.

Adieu SAINT-JOHN.

Lancaster, 15 Janvier 1778.

LA FEMME ALLEMANDE.

JAMAIS avant le jour je n'avois vu un si grand nombre de soldats méthodiquement assemblés pour se détruire. — Quelle science singulière & terrible que celle qui apprend aux hommes, l'art de former pour cet effet des masses solides, celui de se disperser & de se rallier par des mouvemens rapides & sûrs ? Qu'est-ce donc que l'homme ?

— Quoique je ne fois pas militaire, je ne tardai pas cependant à m'apercevoir que les troupes Angloifes réuffiroient à renverfer les nôtres. — Jamais je n'avois vu d'auffi près la trop brillante élégance de ces premières —.

Je continuois ma route de *Brandywine* vers Philadelphie, lorfque un orage violent me força d'entrer dans une maifon peu éloignée de l'églife de *Concorde* (1), c'étoit celle d'une famille Allemande, dont le père, comme milicien, étoit à l'armée du général *Washington*. —

Sa femme dernièrement accouchée étoit dans fon lit, & fept enfans l'environnoient; — tous ne parloient que de la bataille, dont on avoit entendu le canon, & du fort de leur père. — A peine me fus-je approché du lit de cette femme qu'elle me demanda des nouvelles de la guerre, & des Anglois: hélas! Je ne pus fatisfaire fa curiofité que bien vaguement. — Je ne fais ce qui la frappa dans ma converfation, elle pleura en me difant: — « Je ne reverrai jamais *Stofler* (2), » il m'a apparu la nuit dernière. — Je ne le » reverrai plus, j'en fuis fûre. — » Au milieu des détails affligeans qu'elle me faifoit de fes lugubres preffentimens, nous vîmes paffer plu-

---

(1) Nom d'un Diftrict, ou Township.
(2) Abbréviation allemande du nom de Chriftophe.

sieurs chariots chargés de soldats blessés, qu'on transportoit dans des endroits plus éloignés. — « Ah ! s'écria-t-elle, tout est perdu : — & si » mon cher *Stafler* alloit être du nombre de ces » malheureux. — » Ils étoient en effet les victimes de ce jour fatal. — Quel fut l'effroi, les cris, & la douleur profonde de toute cette famille à la vue d'un corps pâle & ensanglanté, qui fut soudainement apporté dans la maison par des personnes qui disparurent à l'instant. — Les ombres de la mort ne les empêchèrent pas de le reconnoître. — C'étoit le mari, le père de cette femme & de ces enfans, qui après avoir embelli par ses travaux, cette terre qu'il avoit achetée dans sa jeunesse, venoit de perdre la vie en la défendant. — S'il n'eût pas été marié, je n'aurois pas plaint son sort.

Je tremble, je frissonne encore, quand je me retrace ce tableau funeste, dont toutes les nuances étoient également déchirantes & lugubres. Tous ces enfans, dont l'aînée n'avoit que seize ans, les yeux fixés sur ce père, qui ne devoit plus verser pour eux les sueurs de l'industrie, fondoient en larmes, exprimoient leurs douleurs & leurs regrets avec des accens proportionnés à leur âge. — Cette femme infortunée que les inquiétudes, occasionnées par le voisinage de l'armée Angloise, & l'absence de son mari, avoient fait accoucher deux jours auparavant, & dont l'enfant né mort repofoit dans un cercueil à côté de fon lit, s'évanouit & devint auffi pâle que fon cher Stofler. — Eft-ce par bonté que la nature a voulu que l'excès des maux auxquels elle nous a affujettis, en fufpendît la violence—?

Accablé fous le poids de cette horrible cataftrophe, je voulu m'en aller, je voulu fuir une maifon marquée d'un fceau auffi funefte; — mais l'humanité & la réflexion me retinrent. — J'eu honte d'avoir voulu abandonner à eux-mêmes, tant d'objets innocens, qui étoient plongés dans une auffi profonde défolation; — quels momens cruels, quelle fituation! — Que de réflexions ne fis-je pas fur l'étonnant arrangement de l'économie humaine, fur les malheurs auxquels cette race tout-à-la-fois bonne & perverfe eft expofée, & fur tout ce mal horrible que ces mêmes hommes mettent tant de gloire à fe faire—.

La terreur répandue par les fugitifs, avoit pénétré dans toutes les maifons où il n'y avoit plus que des vieillards, des femmes & des enfans. — Les ténèbres de la nuit venoient augmenter encore la crainte de l'ennemi dont on annonçoit l'approche : — telle fut ma fituation pendant long-tems. — Enfin devenu un peu plus maître de moi-même, je tranfportai comme je pus dans la chambre voisine, ce corps insensible, que je couvris d'un drap; — je m'empressai de donner ensuite tous mes soins à cette pauvre femme; — après un long intervalle & le secours du vinaigre; j'eus le bonheur enfin d'appercevoir le retour de sa raison. — A peine eût-elle ouvert les yeux, qu'elle les jeta sur l'endroit où son mari avoit été déposé, avec tout l'empressement d'une femme qui auroit joui de la santé —.

Stofler, Stofler, s'écria-t-elle, où es-tu?
« — Ma chère femme, lui dis-je, n'augmentez
» point inutilement vos chagrins, ne formez
» point des espérances frivoles; — appelez au
» contraire à votre secours la patience & la ré-
» signation; soumettez-vous aux décrets de cette
» cruelle destinée qui nous tourmente pendant
» le court espace de notre existence. — Votre
» mari est mort en défendant la patrie; — jetez
» vos yeux sur tout ce qui vous environne, vos
» enfans n'ont plus d'autres protecteurs que vous,
» c'est de leur mère qu'ils attendent des soins,
» de l'éducation & du pain ».

Jamais la connoissance de la langue allemande ne m'avoit été aussi utile. — Hélas, qu'aurois-je fait; — quels services aurois-je pu rendre à cette malheureuse femme, si elle ne m'eût pas entendu? Ce fut alors que je sentis le bonheur de posséder, & la nécessité d'apprendre plusieurs langues. L'homme semble se multiplier en raison du nombre de celles qu'il parle —.

Bientôt après, elle m'écouta avec plus de patience, car dans les premiers momens de son retour à la lumière, je craignis une rechûte; — je lui jurai de ne pas l'abandonner, que cet orage affreux ne fût un peu dissipé, de ne la point quitter avant de l'avoir laissée entre les mains de ceux qu'elle m'indiqueroit, & que j'irois chercher aussi-tôt que le jour paroîtroit —.

Au milieu de mes foibles exhortations, la maison fut soudainement remplie d'un parti de Soldats Anglois, commandés par un Sergent. — Leur apparence me frappa d'autant plus, que sans être militaire, j'étois habillé de bleu, couleur qui, comme vous le savez, est appelée rébelle. — Heureusement ils me prirent pour un Chirurgien. — Comme dans les tempêtes les plus violentes la nature épuisée semble, par intervalle, suspendre la force & l'impulsion du vent, de même il arrive souvent dans les grands malheurs des combinaisons de circonstances qui en diminuent un peu le poids. — J'examinai la contenance de ces Soldats avec la plus scrupuleuse attention. — Je crus m'appercevoir que leurs visages étoient animés sans aucune nuance de férocité. — Aussi-tôt que je les vis considérer tout ce qui les environnoit sans empressement, j'en conçus un bon augure & je leur dis —:

« Les inquiétudes causées par la guerre & par
» l'absence de son mari, ont accéléré les cou-
» ches de cette femme infortunée. — Le fruit
» précoce de ses entrailles, victime de ces jours
» de calamités publiques, repose dans ce cer-
» cueil; — vos balles ont tué le père de tous ces
» enfans; — le voilà, continuai-je, (en les con-
» duisant dans l'autre chambre, & ôtant le drap
» qui le couvroit) le voilà, tel qu'il a été ap-
» porté du champ de bataille ; — à la vue de ce
» spectacle terrible, sa femme s'est évanouie,
» elle a resté dans cet état pendant plus d'une
» heure; — j'étois occupé à lui faire prendre
» quelque chose & à la consoler, quand vous
» êtes entrés. — Braves Soldats tels que vous êtes,
» pourriez-vous ajouter encore à cette accumula-
» tion de détresse? — Ne craindriez-vous pas
» de ternir la gloire que vous venez d'acquérir
» à *Brandy-Wine* — »? Le coloris de la compassion sembla se manifester sur leurs visages; — je
crus appercevoir les premiers mouvemens de cet
instinct que la nature a gravé au fond de tous les
cœurs; — ils me regardèrent attentivement, &
après avoir examiné de nouveau le corps de ce
Colon, & jeté les yeux sur cette femme qui étoit
l'emblême de la mort, & sur ses enfans, qui gé-

missoient & versoient des larmes, ils quittèrent la maison sans prononcer une seule parole —.

Le jour revint enfin, j'accomplis ma promesse; je résignai mon douloureux emploi vers les neuf heures du matin, à ses deux oncles, vieillards du voisinage qu'elle avoit envoyé chercher par l'aînée de ses enfans —.

Adieu SAINT-JOHN.

Albany, 26 Janvier 1784.

COMBAT DE DEUX SERPENS.

Vous exigez de moi quelques détails sur nos Serpens. C'est dans les états méridionaux qu'il faut aller étudier cette branche de notre histoire naturelle depuis le *Pine Barren*, des déserts (1) jusqu'à l'*Alligator* des grands marais (2).

Je n'en connois ici que deux espèces dont la piqûre soit mortelle. Quant au grand Serpent noir, il n'est nullement dangereux, quoiqu'il soit extrêmement vindicatif: j'aime au contraire à observer son adresse, son agilité & cet art merveilleux qu'il possède de fasciner par le pouvoir

---

(1) Serpent très-court, dont le poison est mortel en peu de minutes, qui ne se trouve que dans les terreins déserts & sablonneux des deux Carolines.

(2) Espèce de Crocodille qui se voit fréquemment dans les marais de la Caroline septentrionale.

de ſes yeux, les petits Ecureuils & les Oiſeaux.

Le Serpent le plus dangereux de nos climats eſt celui que l'on appelle *la Tête de Cuivre*, ou le pilote. Son premier nom vient des tâches jaunes dont elle eſt ornée, le ſecond de ce qu'au retour du printems il quitte ſa retraite quelques jours avant le ſerpent à ſonnette : juſques ici on n'a point découvert de remèdes contre ſa morſure. Il vit dans les rochers ſitués dans le voiſinage des eaux. Malheur à ceux qui approchent de leurs retraites, la mort la plus cruelle eſt ſous leurs pas.

Le ſeul homme que j'aie vu devenir la victime de ce poiſon fatal, enfla en un inſtant; un grand nombre de taches jaunes & noires parurent & diſparurent alternativement ſur ſon viſage; ſes yeux étinceloient, ſa langue ſortoit & rentroit dans ſa bouche, & il ſiffloit à travers ſes dents à la manière des ſerpens. C'étoit un Spectacle hideux & terrible que celui de voir la force d'un maniac unie à la pâleur livide d'un cadavre. Nous eumes beaucoup de peine à l'attacher & à nous préſerver des effets de ſa rage. Enfin, après une heure paſſée dans l'agitation la plus convulſive & le délire le plus effrayant, la mort mit fin à ſes tourmens & à nos inquiétudes.

Le poiſon des Serpens à Sonnette ne devient pas fatal dans un eſpace auſſi court. Inactifs & lents, ils ne font de mal qu'à ceux qui les touchent ou les blessent; j'en ai mangé plusieurs fois en voyageant dans les bois avec les sauvages, qui prennent un soin particulier de les empêcher de se mordre, & d'en couper la tête aussitôt qu'ils les ont attrapés. Il faut avouer cependant que le pouvoir irrésistible de la faim pouvoit seul vaincre la répugnance que la vue de ces serpens m'inspiroit. On connoît plusieurs remèdes contre le poison de leurs piqûres, tels que l'indigo sauvage, qui croît presque toujours dans les lieux où ils sont les plus communs, le sel & l'eau, &c.

J'en ai vu un qui étoit apprivoisé & qui fut montré à la bourse de cette ville. On lui avoit arraché ses crocs par le moyen d'un morceau de cuir qu'on avoit fait mordre à ce reptile courroucé. Toutes les fois qu'on le frottoit légèrement avec une brosse, il se tournoit sur le dos comme les chats devant le feu.

Un fermier de *Mennésink* (1) fauchant, il y a quelques années dans sa prairie, marcha sur un de ces serpens qui dans l'instant s'élança sur lui & mordit ses bottes. Heureusement son nègre le coupa en deux avec sa faulx, au moment où il alloit renouveller son attaque. Quelque tems après s'être couché, ce Colon fut saisi de maux

___

(1) Bel établissement sur les bords de la Délaware, dans le voisinage des Montagnes Bleues.

Tome III. D

de cœur très-violens, il enfla énormément & mourut cinq heures après, avant qu'on eût pu appeller le secours d'un medécin.

La mort de cet homme n'ayant malheureusement occasionné aucun soupçon, quelques jours après, son fils se servit des mêmes bottes; bientôt après les avoir ôtées, il fut attaqué des mêmes symptômes & mourut avant le retour du jour; ces bottes achétées dans la suite par un des voisins ne tardèrent pas à produire le même effet. Heureusement sa femme alarmée par tout ce qui venoit d'arriver dans le voisinage, envoya sur le champ un de ses nègres chercher le meilleur medécin du canton, qui, frappé lui-même de tous les détails qu'on lui avoit rapportés concernant ce singulier accident, en devina la cause & lui donna les remèdes convenables. En examinant soigneusement ces fatales bottes, on s'aperçut que les *crocs* du serpent y étoient restés & que la petite vessie, qui contenoit le poison mortel, y tenoit encore; le père & le fils s'étoient imperceptiblement égratignés les jambes en les ôtant, ce qui avoit été la cause de leur mort.

Quand le trémoussement de leurs sonnettes est fort & distinct, c'est une marque de colère; quand, au contraire elles ressemblent à des trépidations douces & éloignées, c'est un signe de paix. Ces reptiles sont aujourd'hui devenus très-rares dans les anciens établissemens. La guerre implacable que les hommes leur font continuellement, en diminue le nombre tous les jours & bientôt on n'en trouvera plus que dans nos montagnes.

Les serpens noirs n'excitent aucune idée de danger dans l'esprit de ceux qui les connoissent; leur vîtesse est étonnante; souvent ils grimpent sur les arbres pour y chercher les grenouilles vertes qui habitent sur leurs branches; quelquefois ils rampent dans toute leur longueur & suivent aisément un homme à cheval; je les ai vu souvent voyager moitié élevés & moitié rampans. C'est alors que leurs têtes & leurs yeux présentent une apparence noble & imposante; c'est, dit on, de ces derniers que vient ce charme, ce pouvoir singulier de fasciner, d'attirer à eux les petits écureuils (1) & les oiseaux. Si vous doutez de ce phénomène, ma seule réponse sera de vous prier d'interroger sur ce sujets les Américains les plus instruits que vous verrez en Europe. Aussitôt qu'ils ont jeté les yeux sur l'écureuil, ou l'oiseau qu'ils cherchent à attraper, ils s'arrêtent, les regardent & les *fixent* tantôt à droite, tantôt à gauche: l'oiseau agité, intimidé, au lieu de fuir son ennemi, semble au contraire arrêté par

(1) Ground squirrets.

un pouvoir invisible; ses plumes se hérissent, il crie; ses actions, ses mouvemens, ses accens, tout annonce le délire de la terreur & de l'effroi; on le voit tantôt s'avancer, tantôt reculer &, après quelques momens passés dans l'agitation la plus convulsive & la plus extraordinaire, se précipiter enfin dans la machoire du serpent.

J'aime beaucoup à me promener dans mes terres basses; c'est-là où je jouis du plaisir d'un cultivateur en voyant paître mes bestiaux, mes chevaux & mes poulains: l'herbe la plus abondante couvre ces prairies que je puis arroser toutes les fois qu'elles en ont besoin, & comme si la nature avoit voulu joindre la beauté à la fertilité, elle orne tous les ans les revers de mes fossés d'une singulière variété de fleurs sauvages. Vers le milieu d'un des principaux, j'ai fait construire un pont, sur les côtés du quel je sème annuellement quelques graines de chanvre; telle est la fertilité de ces terres qui ont été si long-tems sous les eaux, que ces plantes acquièrent la longueur, la grosseur & la force de petits arbres, sur lesquels j'ai souvent monté à plus de quatre pieds de hauteur; l'ombre & l'épaisseur de ces simples berceaux sont encore augmentés par les feuilles & les rameaux de la petite lianne de marais; c'est du sein de cette retraite que souvent je m'amuse à admirer la beauté, la vivacité & les plaisirs, dont jouissent les Oiseaux-Mouche, qui viennent annuellement sucer les fleurs que la nature y fait croître avec tant d'abondance ; leur passage est semblable à celui d'un trait ; telle est la rapidité de leur vol qu'il n'est pas possible de distinguer le mouvement de leurs aîles ; sans le bourdonnement qu'elles occasionnent, on les croiroit immobiles, toutes les fois qu'ils s'arrêtent pour plonger leurs becs dans le calice des fleurs.

La nature semble avoir prodigué pour la décoration de ce petit oiseau ses teintes les plus éclatantes, les plus précieuses & les plus riches ; elle a contrasté sur sa tête & sur sa gorge l'or, l'azur & l'écarlate avec tant d'art, qu'à peine le meilleur peintre pourroit-il imiter cet admirable mélange de nuances, de transparences & de couleurs.

J'en connois une espèce, qui souvent lacère & déchire en piéces certaines fleurs, sans que j'aie jamais pu en deviner la cause, & qui, semblable à des spadacins, combat quelquefois avec la plus grande fureur. Comment des passions aussi violentes peuvent-elles se loger dans des corps aussi petits ?

Quelquefois fatigués par tant de mouvemens, ils se perchent sur les branches de mon berceau ; c'est alors que je jouis du plaisir de les examiner avec l'attention la plus scrupuleuse. Quelle richesse dans leur ensemble dans les couleurs, dans l'ordre & l'arrangement de leurs mouvemens? Leurs yeux semblables à de petits diamans réfléchissent la lumière de tous côtés. Ce charmant oiseau semble être la miniature favorite du grand créateur, qui n'a rien oublié pour le rendre le plus beau & le plus intéressant des êtres volans.

Un jour, solitaire & pensif sous mon berceau primitif, j'entendis à quelque distance de moi un bruit assez extraordinaire. Monté sur un de mes chauvres, j'aperçus un serpent noir, long de six pieds qui poursuivoit une couleuvre d'eau à peu-près de la même force, dans un terrein, dont le chanvre avoit été recemment coupé (1), bientôt ils se joignirent & en un instant leurs corps furent entrelacés. Pendant que leurs queues battoient la terre, ils se mordoient avec la plus grande fureur. Quel singulier spectacle, la réunion de ces deux reptiles en courroux ne présentoit-il pas! Leurs têtes applaties, leurs yeux étincelans étoient l'image de la fureur & de la colère. Cependant, après quelques minutes, le serpent d'eau se dégagea de son antagoniste, & s'enfuit

―――――――――――――――――

(1) Le prix de la main-d'œuvre étant ici très-cher, c'est la raison pour laquelle on coupe le chanvre au lieu de l'arracher.

vers le grand fossé. Alors le noir, moitié élevé & moitié rampant, le poursuivit vivement, jusqu'à ce que ce dernier, obligé de prendre la même attitude, se prépara à la résistance ; bientôt ils épuisèrent pour se déchirer mille stratagêmes que je ne peux vous décrire. Cependant, malgré l'apparence d'un courage égal, le premier se retiroit insensiblement vers son élément naturel. Aussitôt que le noir s'en aperçut, il s'empara avec sa queue d'une grosse souche de chanvre, dont il fit son point d'appui & se liant à son antagoniste par le col, il en prévint la fuite ; mais les expressions me manquent pour vous peindre deux grands serpens attachés à la terre par leurs queues, la partie supérieure de leurs corps mutuellement entrelacées, le reste étendu dans toute sa longueur & dont les forces sembloient être également balancées. J'observai que dans les momens de leurs efforts les plus violens, leurs cols devenoient extrêmement menus & que le reste étoit gonflé par des ondulations qui se suivoient rapidement.

Le serpent d'eau formant subitement un grand pli dans le milieu de son corps, força violemment celui de son antagoniste, dont l'orbe des yeux me parut être presqu'entièrement hors de la tête. Je crus ce singulier combat décidé, mais un moment après, les nouveaux efforts du noir obtinrent une supériorité inattendue, qui fut bientôt détruite par la perte de son point d'appui : alors ils tombèrent dans l'eau du fossé ; mais ce nouvel élément n'éteignit point leur animosité, car après plusieurs mouvemens que je ne pus bien distinguer, ils reparurent sur la surface entrelacés comme dans la première attaque. Cependant le noir, tenant toujours sa tête au-dessus de celle de son antagoniste, bientôt l'étouffa ; dès que le vainqueur s'en aperçut, il l'abandonna au courant, remonta dans le champ & disparut.

Adieu SAINT-JOHN.

New-York, 10 Mars 1757 (1).

ORIGINE *de l'Établissement de Social-burg, situé au Nord-Ouest du Comté d'Albany, dans la Colonie de New-York* (2).

Des causes particulières que j'ignore rendirent l'année 1756 remarquable par l'arrivée de plusieurs centaines d'Européens dans cette ville. Un

---

(1) Traduit du manuscrit original à New-York le 18 Juin 1786.

(2) Aujourd'hui l'Etat de New-York.

hasard assez commun dans ce pays-ci, voulut que cinq d'entr'eux (1) logeassent à la grande auberge *des Armes de la Ville*. La neige couvroit encore la terre, & ils sortoient rarement. Après avoir vécu plusieurs jours ensemble, il arriva un soir qu'animés par la chaleur du feu, par l'effet d'un sentiment involontaire de sécurité & de bonheur, & peut-être aussi par celui du bon vin de Madere (2). Leurs âmes s'épanouirent plus qu'à l'ordinaire. L'un d'eux (3) leur dit: « Mes-
» sieurs, il y a assez long-tems que nous vivons
» sous le même toît pour nous connoître récipro-
» quement. Je ne vous ai fait aucun mystère de
» l'objet de mon voyage : je crois m'être apperçu
» que nous avons tous passé la Mer avec les mêmes
» intentions. Quel mal y auroit-il si nous nous
» racontions chacun nos histoires? Je suis persuadé
» que cette communication fraternelle seroit inté-
» ressante & instructive : qu'en dites-vous? J'y
» consens, j'y consens, dirent-ils les uns après les
» autres. Ce fut l'Allemand qui commença :

L'Allemand.

» Ma Patrie n'est plus qu'un vaste cimetière :

---

(1) Un Allemand, un François, un Anglois, un Ecossois, un Irlandois.

(2) Vin sec dont on fait ici grand usage.

(3) C'étoit l'Anglois.

» villages, bourgs, champs, hameaux, villes, on
» ne voit par-tout que ruines & débris. Vous avez
» sans doute entendu parler du siège & du bom-
» bardement de *Dresde ?* C'est au milieu des murs
» de cette capitale, dans ses rues, au sein de ses
» palais & de ses maisons, que se sont passées des
» scènes d'horreur dont le souvenir ne s'effacera
» jamais de ma mémoire. Un jour pendant que
» j'étois occupé à chercher quelque subsistance pour
» mes malheureux parens (car la famine étoit venue
» se joindre aux fleaux occasionnés par le fer &
» le feu du Roi de Prusse) les éclats d'une bombe
» qui avoit percé la maison, les mirent en pièces.

» L'esprit irrité & le cœur déchiré par une foule
» de réflexions & de sensations que je n'ose vous
» peindre, je vendis après le siège ce que je pus re-
» trouver des débris de ma fortune. J'abandonnai
» le reste & je jurai dans mon cœur de fuir au loin
» l'Europe & ce foyer de malheurs périodiques
» qu'elle entretient dans son sein. Je pris la route
» d'*Embden* dans l'*Oost-Frize*. En passant devant la
» porte d'une grande auberge, j'aperçus un Officier
» Anglois, dont l'air, la taille & la physionomie
» me frappèrent beaucoup. Involontairement je
» m'arrêtai : il me sembla voir sur ce beau visage
» les traits de la bonté & de la bienveillance.
» Entraîné vers lui par un mouvement, auquel la
» prudence & la modestie ne me permirent pas de

» résister, je lui racontai l'histoire de mes mal-
» heurs & le projet que j'avois formé; je le suppliai
» de verser dans mon ame quelque consolation &
» d'éclairer ma conduite du flambeau de son ex-
» périence. Que je fus heureux quand je vis que
» ma singulière hardiesse & ma confiance l'avoient
» surpris sans lui déplaire.

« Vous voulez donc quitter l'Europe, medit-il,
» pour vous soustraire au souvenir des malheurs
» que vous y avez éprouvé ? Allez où vous vou-
» drez, vous y trouverez des hommes; je n'ai
» pas une meilleure opinion que vous de l'espèce
» humaine. Je connois cependant une société
» nouvelle, au sein de laquelle j'ai passé sept
» ans de ma vie : j'ai observé qu'ils étoient moins
» méchans que les Européens & par conséquent
» moins malheureux. J'y ai éprouvé la charité
» fraternelle & l'hospitalité. Je crois que ces
» hommes nouveaux sont plus heureux que nous,
» parce qu'ils sont moins nombreux, je ne
» puis cependant prévoir jusqu'à quelle époque
» les choses resteront dans le même état ; mais
» avant d'aller parmi eux, il faut bien les con-
» noître. Pour réussir dans ce pays nouveau,
» (car ce n'est point un pays pour faire fortune)
» il faut commencer par laisser derrière soi &
» oublier ce grand nombre de préjugés néces-
» sairement contractés dans une société fondée

» sur l'esprit féodal & militaire, comme celle
» que vous venez de quitter. Dites moi, pou-
» vez-vous tout-à-coup cesser d'être ce que vous
» avez été; pouvez-vous vous dépouiller de ce
» tissu inconcevable d'opinions, qui dès l'en-
» fance ont assailli & perverti votre esprit ? Si je
» ne le puis, lui répondis-je, du moins je le désire
» du fond de mon ame. J'ai été le témoin de
» tant d'espèces de malheurs, j'ai fait des réfle-
» xions si profondes sur les sources d'où je crois
» qu'ils découlent, que si jamais j'aborde sur une
» terre, où les causes de tant de fléaux soient
» plus rares, je bénirai ma destinée : au nom
» de Dieu faites de moi un homme nouveau;
» j'abjure toutes les opinions & toutes les fausses
» idées que j'ai pu concevoir; daignez par vos
» conseils & vos lumières arracher un malheu-
» reux à l'Europe qui n'a pas besoin de lui.

» Vous entendez assez bien notre langue, me
» dit-il, j'en suis bien aise, c'est une acquisition
» très-avantageuse; sans cette connoissance, je
» ne sais si je vous conseillerois de passer la mer :
» c'est celle qu'on parle dans le pays nouveau
» vers lequel je veux tourner vos pas. Voici
» donc quels sont mes conseils ! Fuyez les villes
» de ce nouveau pays, elles ressemblent trop à
» l'Europe. Tournez vos regards vers la culture
» de la terre : c'est la plus noble comme la plus

» confolante des occupations, furtout lorfqu'on
» cultive fes propres champs fans dixmes ni
» redevances. Honorez la charrue, c'eft le
» premier de tous les inftrumens, comme le
» labourage eft le premier de tous les arts. Ref-
» pectez, aimez ceux qui la guident. Ce font
» eux qui l'ont rendu ce qu'il eft. Confultez
» long-tems avant de réalifer aucuns projets.
» Vous poffedez, dites-vous, cinq-cent foixante-
» quatorze guinées ; confacrez-en une partie à
» vifiter plufieurs états & plufieurs cantons :
» l'hofpitalité y rend les voyages beaucoup moins
» difpendieux qu'en Europe : un bon cheval, fix
» chemifes, une redingotte, une paire de bottes
» & quelques recommandations, voilà tout ce
» qui eft néceffaire pour traverfer le continent.
» En vous perfectionnant dans la langue, vous
» augmenterez le nombre de vos amis, vous
» acquierrez des lumières & des inftructions dans
» toutes les maifons où vous vous arrêterez.
» Les habitans y font fort inftruits de l'agricul-
» ture, du prix des denrées de leur pays, ainfi
» que des loix de leur gouvernement ; après
» avoir parcouru ce cercle d'obfervations, vous
» vous fixerez enfin fur le fol dont le climat &
» les productions vous plairont davantage. Mais,
» je vous le répète, vous en ferez pour les frais
» du voyage, vous vous préparèrez des chagrins

» & des mortifications, si vous n'adoptez pas ce
» nouveau système d'idées. Ne dédaignez pas le
» travail de vos mains : cette faculté est notre
» premier patrimoine. Autant il est honteux ici
» de travailler, autant l'est il dans ce pays-là de
» ne rien faire. Que le mot déshonneur ne soit
» plus appliqué dans votre esprit qu'à la com-
» mission de mauvaises actions & à l'oisiveté.
» Dès que vous y serez arrivé, ne reconnoissez
» plus dans l'homme, que la dignité de la ma-
» gistrature, la prééminence du mérite, des
» talens utiles & de l'industrie. Regardez-les
» comme tous égaux par la naissance. Vous met-
» trez à votre table sans répugnance l'Artisan
» que vous aurez loué, & en travaillant avec
» lui, vous le traiterez comme le compagnon
» de vos travaux, c'est ainsi que la douce égalité
» dédommage de la différence des fortunes.
» Votre conduite sera douce & affable, vous
» prendrez tous les hommes par la main sans
» même dédaigner celle d'un bon & honnête
» nègre : soyez sobre, laborieux & persévérant.
» Acquérez par votre propre expérience, les
» différentes branches d'industrie locale que
» vous observerez dans presque toutes les fa-
» milles. Respectez le gouvernement & les loix ;
» elles sont si douces qu'un homme qui les viole
» est doublement coupable. Fuyez l'ivresse & les

» procès. Si vous adoptez ce nouveau fyftême
» d'idées & ce nouveau genre de vie, vous êtes
» moralement sûr d'acquérir une bonne plan-
» tation & de la bien faire valoir. Votre douceur
» & votre induftrie vous procureront l'eftime,
» l'amitié & l'affiftance de vos voifins. Pour fruit
» & récompenfe de vos fueurs & de vos travaux,
» vous jouirez de l'aifance, fans richeffes, de la
» paix de votre confcience, fans remords, de
» l'heureufe abondance, fans danger du luxe, &
» de la liberté, fans celui des diffentions civiles.
» Si le jeune Avocat de Drefde peut fubir cette
» métamorphofe, il ne fe repentira pas d'avoir
» échangé l'antique pouffière du Barreau & les
» fentiers tortueux de la Chicane pour les forêts,
» la charrue & les champs de l'Amérique fepten-
» trionale ».

J'abordai fur cette terre, il y a environ fix
femaines : je fuis venu dans cette Ville pour y
attendre le retour du printems & aller vifiter le
pays des *Mohawks*, dont j'ai beaucoup entendu
parler.

LE FRANÇOIS.

C'EST un crime en France depuis un grand
nombre d'années de ne pas profeffer le culte
national ; quelquefois l'indulgence de nos Rois,
la piété du Clergé, les progrès de la raifon nous

mettent à l'abri des fureurs de l'intolérance. Dans d'autres circonstances le glaive de la Loi se promène sur nos têtes. Mon père, après avoir passé plusieurs années de sa jeunesse en Irlande, revint dans sa patrie où il se maria & y établit une manufacture considérable par le moyen des belles laines qu'il en tiroit. Il nous abandonna, il y a sept ans tous les soins de son commerce pour ne plus s'occuper que de celui de fertiliser des terres ingrates & arides qu'il avoit achetées. Il entreprit & accomplit ce miracle d'industrie par le moyen de puits, du fond desquels il tiroit l'eau qui servoit aux arrosemens. Les arbres qu'il avoit plantés, commençoient déjà par leur ombre à attirer la fraîcheur & faire naître la verdure. Nous obéissions aux Loix, le ciel sembloit bénir nos travaux. Cependant nous avions entendu dire que depuis 1743 plusieurs cantons éloignés, habités par nos frères, étoient devenus, je ne sais pourquoi, l'objet d'une persécution très-sévère: l'orage s'approcha tout-à-coup de nos cantons il y a près de deux ans & nous touchions au moment de voir nos femmes & nos enfans enlevés & mis dans des convens. Nous préférâmes de tout abandonner plutôt que de nous exposer à une aussi grande désolation. Pour cet effet nous convertîmes sécrètement une partie de nos marchandises en lettres de change & le 17 Août de

la

la même année, abandonnant nos terres, nos maisons & nos ateliers, nous arrivâmes à ***, où heureusement nous trouvâmes un vaisseau prêt à faire voile pour *Dublin*. Ma pauvre mère succomba aux chagrins & aux regrets causés par un aussi grand sacrifice & mon père pensa la suivre dans le tombeau. A peine fûmes nous débarqués, que la bonne hospitalité Irlandoise prévint nos besoins les plus pressans. Plusieurs des premiers Citoyens de la Ville vinrent nous consoler & adoucir nos malheurs, en nous offrant une seconde Patrie. D'étrangers fugitifs, nous nous trouvâmes en peu de jours environnés d'Irlandois descendus de François, anciennement chassés de la France comme nous & pour la même cause; mais mon père, dont la santé étoit très affoiblie, regretoit souvent le soleil de notre Province & l'asyle qu'il avoit préparé pour sa vieillesse..... Enfin par l'assistance de nos amis nous obtinmes dans le voisinage de *Waterford* le bail de soixante-six ans d'une terre assez considérable. Quant à moi, j'offris d'aller à *Plaisance* dans l'île de Terre-Neuve, où j'avois déjà formé des liaisons. Mon père approuvant mon projet, me donna sa bénédiction & six-cent quatre-vingt-sept guinées pour ma part des débris de notre fortune. A peine y eus-je mis pied à terre, que je ne tardai pas à m'appercevoir combien les brumes éternelles, la

Tome III.   E

froide température de ce nouveau climat, le tumulte des vagues & des vents, ainsi que la préparation dégoutante de la Morrue, convenoient peu à mon goût. Je soupirois pour un autre établissement, quand on m'annonça l'arrivée d'un vaisseau de *New-York*, chargé de comestibles. Qu'elle fut ma surprise lorsqu'étant allé à bord, j'y contemplai la réunion des plus beaux dons de *Pomone* & de *Cérès*.

« Toutes ces denrées sont donc bien abon-
» dantes dans le pays d'où vous venez, dis-je
» au Capitaine? Oui, me répondit-il, comme
» vous pouvez le voir par le prix du premier
» achat, (& il m'en donna la facture). C'est
» donc un bon pays, continuois-je? Il l'est en
» général; quoique, comme par-tout ailleurs, il
» y a des cantons plus ou moins fertiles. Com-
» ment les Etrangers sont-ils reçus chez vous?
» Très-bien, c'est le pays de tout le monde, &
» ce n'est que comme cela qu'il se peuple tous
» les jours, quoique nous ayons actuellement
» un fond de population suffisant pour doubler
» le nombre de nos Habitans tous les vingt ans;
» mais un Etranger doit apporter avec lui la con-
» noissance de la langue, celle d'un métier,
» d'une profession utile, ou quelqu'argent pour
» acheter une plantation & les bestiaux néces-
» saires à son exploitation : s'il n'a que ses bras,

» alors il travaillera pour les autres, soit parmi
» les Cultivateurs des campagnes, parmi les
» Artisans des villes ou dans les chantiers, &
» il ne tardera pas à s'appercevoir que son indus-
» trie lui rapportera beaucoup plus qu'en Eu-
» rope, & qu'il y sera traité & nourri comme
» l'égal & le compagnon de ceux qui l'emploi-
» ront (1). Mais moi qui suis François, voudroit-
» on m'y recevoir pendant cette malheureuse
» guerre (2)? Et pourquoi, non? Ne parlez-vous
» pas notre langue? ne venez-vous pas de l'*Irlande*
» & de *Terre-Neuve* ? Et quand on saura que
» vous avez été persécuté dans votre pays, on
» vous plaindra encore davantage. Vous trouve-
» rez dans les villes de *New-York*, de *Philadel-*
» *phie* & dans le nouveau *Jersey*, un grand nom-
» bre de fils & de petits-fils de vos anciens Com-
» patriotes qui vinrent s'y établir pendant les
» troubles & les dissensions religieuses de ce
» Royaume. Combien les terres valent-t-elles
» communément? Leur valeur dépend de leur
» fertilité, de la population du canton, de la
» proximité des rivières navigables, du voisi-
» nage des villes, de la bonté des granges, des

---

(1) Toutes les classes de Citoyens ne mangent à New-York que la même qualité de pain.

(2) La guerre du *Canada*.

» maisons & des vergers qui se trouvent sur les
» plantations qu'on achete. Quant aux terres
» boisées, leur prix dépend de leur bonté & de
» leur proximité des anciens établissemens, des
» débouchés, des rivières navigables, &c. Je
» crois qu'en général on peut acheter des planta-
» tions toutes bâties & défrichées dans le nou-
» veau *Jersey*, depuis cinq (1) jusqu'à vingt (2)
» *pounds* l'acre. Un de nos voisins acheta l'autre
» jour un charmant endroit de cinquante-sept
» acres, sur lequel il y avoit maison & grange
» très-décente, sept acres de prairie & un joli
» verger d'un acre pour cinq cents *pounds* (3).
» Vos informations me font le plus grand plaisir,
» mon cher Capitaine. J'ai encore deux choses à
» vous demander, le passage à *New-York*, sur
» votre vaisseau & vos bons avis quand j'y serai.
» Très-volontiers, mais je suis plus Marin que
» Cultivateur ; c'est ma femme qui gouverne
» notre plantation dans le voisinage d'*Elisabeth*
» *Town*; quand vous serez sous notre toît, elle
» vous instruira de tout ce qu'elle sait ».

En conséquence des avis de cette bonne & industrieuse Américaine, j'ai voyagé dans le *Maryland*, la *Virginie* & une partie de la *Pensil-*

---

(1) 68 livres 13 sols.   (2.) 274 livres 12 sols.
(3) 6,552 livres.

vanie. Quel beau pays, & j'ignorois qu'il exiſtoit! Par-tout j'ai trouvé l'hoſpitalité & de bons avis; par-tout des hommes éclairés dans leur état; par-tout j'ai trouvé la propreté, la décence, une ſinguière perfection dans tout ce qui eſt utile, dans les voitures publiques & particulières, dans les moulins, les charrues, les outils, les meubles, dans la conſtruction des maiſons, &c.

Quel bonheur pour moi d'avoir appris la langue de ce pays! Qu'aurois-je fait ici ſans cette connoiſſance? C'eſt la clef qui ouvre toutes les portes & tous les cœurs. On m'a tant parlé de la poſition avantageuſe du pays qui eſt ſitué entre le lac *Onéida*, les ſources de la *Suſquéhannah*, & la rivière des *Mohawks*, on m'a tant vanté la fertilité du ſol, la ſalubrité du climat, que je veux voir & parcourir cette belle région avant de m'établir. Je compte aller à *Albany*, à *Schoharry*, à *Cherry-Valey*, aux plaines allemandes (1); de-là, traverſer juſqu'au deux beaux lacs de *Caniadèragè* & d'*Otzégé*, d'où, comme de deux baſſins creuſés exprès par les mains du Créateur, coulent, ſans chûtes ni caſcades, les deux principales branches de la belle rivière *Suſquéhannah*. Quelle communication avantageuſe pour les Cultivateurs futurs de cette immenſe région, quand de

---

(1) German Flatts.

ces deux lacs, on pourra descendre jusqu'à la mer, dans le voisinage de Baltimore, sans aucune interruption, pendant un cours de plus de cent trente lieues. (1) Comme vous, Messieurs, j'attends ici le retour du printemps.

L'Anglois.

Je suis le neuvième enfant d'un Curé de la province de Galles, qui n'a par an que 47 livres sterling, & une petite ferme qu'il cultive. Il nous instruisit, lui-même, dans l'art de bien écrire, dans la connoissance de l'arithmétique, des comptes, & dans les principes des langues latine & françoise. A 16 ans, je fus envoyé à Londres, & placé dans le comptoir de M. P. W. Banquier d'une grande réputation. Je ne saurois vous dire combien ce nouveau genre de vie sédentaire me parut triste, monotone, & affligeant ; combien de fois, enchaîné sur mon bureau, je regrettai nos grandes montagnes, nos rochers escarpés, l'air vif que j'y respirois, les vents même contre lesquels j'avois été si souvent obligé de lutter ;

---

(1) Quand le Canal de vingt-une lieues qu'on coupe actuellement dans le *Maryland* sera achevé, on pourra remonter & descendre la *Susquehannah*, jusqu'à ses deux principales sources.

l'application constante, dérangea si fort ma santé, qu'on me permit d'aller deux fois la semaine passer un jour à la maison de campagne de M. P. W. qui étoit située une lieue au-delà de *Islington*.

A peine eus-je respiré l'air des champs que je me sentis renaître. Un jour, en me promenant, le hasard me conduisit dans un champ enclos d'une belle haie d'épine, dans lequel je vis un homme qui labouroit, & dont je m'approchai; la beauté de ses chevaux, la propreté de ses harnois, la belle construction de sa charrue, me frappèrent infiniment : je n'avois rien vu de semblable dans le pays de Galles. Ce spectacle devint comme un germe qui fit naître en moi une foule d'idées nouvelles. Ce cultivateur avoit le teint, l'apparence & l'habillement d'un homme, que son travail & sa terre nourrissoient amplement, qui ne devoit rien, & qui vivoit tranquille à l'abri des Loix. Mon ami, lui dis-je, ce beau champ que vous labourez, vous appartient-il? Oui, me répondit-il, mon père me le donna l'année de mon mariage, ainsi que cette maison & tout ce qui l'environne. Je raisonnai long-temps avec lui, sur le produit & le revenu de ses terres situées dans le voisinage d'une aussi grande capitale, sur son industrie, son travail, les différentes récoltes qu'il faisoit produire à ses champs, sur ses connoissances rurales, &c.

E iv

Mais bientôt le déclin du jour m'avertit qu'il étoit temps de retourner à Londres, & tout en cheminant je rêvai à ce que je venois de voir & d'entendre. Ce fut alors que j'osai concevoir & former le projet de cultiver un jour des champs qui m'appartiendroient.

Que le comptoir & les plumes, que l'insipide occupation d'écrire, de calculer perpétuellement, le poids & la valeur de l'or, me parurent tristes, & peu faites pour l'homme dans les veines duquel circule l'effervescence de la jeunesse.

Cinq jours après je retournai respirer l'air des champs, & revoir mon honnête Laboureur; dès qu'il m'apperçut il m'appela, & m'invita chez lui. Il habitoit une maison singulièrement propre & commode, semblable à celle de presque tous les Fermiers anglois. Après m'avoir présenté sa femme & ses deux enfans, nous fumes visiter sa basse-cour, sa grange, ses champs & ses récoltes.

« Que vous êtes heureux, lui dis-je, d'unir
» comme vous faites, une culture aussi avanta-
» geuse, à la simplicité des mœurs que j'ai ob-
» servée dans les cantons les plus éloignés; que
» ne donnerois-je pas si je pouvois échanger
» ma plume, ma science du calcul, & toutes
» mes espérances, pour la possession d'une pa-
» reille terre ! Vous n'en voyez que le beau côté,

» me répondit-il, je la fertilise souvent avec mes
» sueurs, j'y épuise mes forces, & souvent mon
» travail exige des veilles ; dans notre métier il
» faut savoir tout faire soi-même, & le bien
» faire ; ne jamais préférer un seul moment de
» plaisir, à la nécessité d'accomplir telle ou telle
» opération. Demandez à ma femme, elle vous
» dira combien d'activité, de vigilance & d'in-
» dustrie, nous mettons à la culture de cette
» terre, depuis le commencement de l'année jus-
» qu'à la fin. Elle vous dira qu'elle importance
» nous mettons à la perfection des plus petits
» détails ; & puis, nous avons les gelées, les
» mauvaises saisons, les insectes, les oiseaux;
» je crois qu'il n'y a point de genre de vie sur la
» terre qui, ainsi que celui-ci, n'ait un grand
» mélange d'inconvéniens. Pour moi, je n'en
» connois point d'autres que de labourer & de
» semer, je suis heureux & content ; mais aussi,
» comme on dort quand on est las de travailler!
» Combien le repos, cette bénédiction de la na-
» ture, est bonne & douce après les fatigues du
» jour! Quel plaisir, quand assis sur le seuil de
» notre porte, ma femme & moi, nous regardons
» pleuvoir dans un temps chaud, & admirons,
» sans savoir pourquoi, comment toutes ses pluies
» se convertissent en pommes, en grains, & en
» légumes! Plut-à-Dieu, mon ami, lui dis-je,

» que la fortune m'eusse destiné au même genre
» de vie ! Quoi, est-ce qu'un grand teneur de
» comptes comme vous, n'auriez pas honte de
» labourer ! Qui, moi, rougir de la première &
» la plus noble des occupations, de l'emploi le
» plus innocent, de ses forces & de son énergie !
» je vous assure bien que non.

» Vous avez donc un grand desir d'être Agri-
» culteur ? Si j'en ai un grand desir ! Hé bien,
» faites comme mon frère, il passa dans la Pen-
» silvanie il y a onze ans, il y acheta une plan-
» tation de trois cents acres, bien bâtie, dans le
» Comté de *Lancaster*, pour trois mille *pounds* (1).
» Il m'écrit tous les ans, & me marque qu'il y
» vit fort heureux, & que sa terre le paye bien
» de ses avances. En attendant, lui dis-je, que
» je possède cette somme, permettez que je con-
» tinue de venir ici de tems en tems y faire l'ap-
» prentissage de vos vertus champêtres & de votre
» industrie active & éclairée. Si vous croyez qu'il
» y ait chez nous quelque chose de bon à imiter,
» me répondit-il, venez y quand vous voudrez,
» je vous communiquerai tous les petits détails
» de ce que vous appelez mon bonheur & mon
» industrie : ne vous y trompez pas, ma femme
» & mes enfans y entrent pour beaucoup ». Plus

_____

(1) 15,900 livres.

de deux ans après, ayant communiqué mes projets à M. P. W. il voulut bien les approuver, & me permit de céder la place que j'occupois dans son comptoir, à un jeune homme qui m'en donna trois cent guinées, auxquelles il ajouta un présent très-considérable. Je retournai alors dans la province de Galles pour y recevoir la bénédiction de mon père, & peu de temps après j'arrivai à *Norfolk* en Virginie. J'ai parcouru depuis la vallée de *Shénando* à l'Ouest des montagnes bleues; de-là, je revins par le *Maryland*, la haute *Pensilvanie*, & le nouveau *Jersey*. Comme vous, Messieurs, j'attends le retour du Printems, pour aller voir le pays qui est situé entre *Albany* & le lac *Ontario*.

L'ÉCOSSOIS.

Messieurs, je viens de *Bernéra*, dans le Nord-Ouest de l'Écosse, situé entre les lacs *Duich* & *Deurn*; c'est vers ce triste lieu que se terminent les deux routes militaires qui traversent l'Écosse d'*Édinbourg* à *Glasgow*. Notre climat se refuse à tous les efforts de l'Agriculture; le Printemps est sec & froid; l'Été court & sec; l'Automne commence en Août; l'Hiver est long, & ne nous donne qu'une suite perpétuelle de tempêtes. Pendant la plus grande partie de cette horrible saison, toute communication avec la partie basse de l'Écosse, est entièrement interrompue... D'un autre côté, la navigation de nos côtes est longue, pénible & dangereuse. Malgré tous ces découragemens de la nature, nous avons encore à lutter contre l'oppressive tyrannie de nos seigneurs propriétaires, qui jouissent à *Londres* & à *Édinbourg*, de tous les plaisirs de ces capitales.

Loin de pouvoir les payer, nous sommes souvent exposés à toutes les horreurs de la famine, pendant nos longs & pénibles hivers. C'est alors que le tableau des misères humaines est continuellement sous nos yeux. Les habitans des pays plus tempérés connoissent bien peu la mesure de nos maux & de nos privations. Est-il donc étonnant que nous cherchions tous les moyens de quitter une terre, un climat si peu fait pour les hommes.

Un jour étant occupés à la pêche du harreng, nous fûmes abordés par un Corsaire anglois qui nous donna de l'eau-de-vie & du biscuit pour notre poisson. Le Capitaine voyant que j'étois jeune & vigoureux, me proposa de partager avec son équipage, les dangers & les profits de la campagne qu'il alloit entreprendre ; excédé de misère, & presque nud, j'acceptai ses offres avec joie ; nous fîmes cinq prises considérables dans l'espace de trois mois, à bord de l'une desquelles je fus mis & envoyé à *Liverpool*, où quelques mois après le vaisseau corsaire relâcha.

Ma part de toutes ces prises se monta à cinq cens guinées. Qu'elle somme pour le plus pauvre de tous les hommes. Embarrassé de l'usage que j'en ferois, je consultai plusieurs personnes, & entre autres un Quaker (1) très-estimé par tous les habitans de la ville. Je m'adressai à la sagesse de son âge.

 » Avant tout, me dit-il, il faut que tu me
» promette de quitter ton Corsaire & d'aban-
» donner pour jamais ce genre de vie coupable
» & criminelle. N'as-tu jamais senti de remords
» en saisissant le bien qui ne t'appartenoit pas.
» J'ai fait comme les autres, lui répondis-je,
» c'est le hasard qui m'a conduit dans cette
» carrière : pauvre & affamé comme je l'étois
» que pouvois-je faire ? Je vous promets cepen-
» dant de ne jamais remettre les pieds à bord,
» si vous m'indiquez une nouvelle manière de
» gagner mon pain par mes sueurs, & mon
» industrie. Mais quoi, vous appellez coupable
» & criminelle l'action de saisir le bien de nos
» ennemis ! Pourquoi le gouvernement auto-
» rise-t-il donc l'expédition de ces corsaires ?
» Cela en effet, mon ami, est très-surprenant,
» & n'en est pas moins injuste ; c'est que ce
» même gouvernement n'est encore que foible-

---

(1) L'ami J.... P....

» ment éclairé, ainsi que celui des nations qui
» nous environnent, ce sont les restes de notre
» ancienne barbarie, de notre ancienne manière
» de faire la guerre. C'en est bien assez pour le
» malheur du genre-humain que les flottes enne-
» mies se cherchent & se combattent; c'est un
» effet terrible de son audace, de son courage,
» & de son génie funeste. Mais que des vaisseaux
» soient expressément armés pour devenir des
» écumeurs de mer ; c'est ce qui m'a tou-
» jours étonné parmi les nations chrétiennes &
» m'afflige profondément. Les vaisseaux mar-
» chands, ainsi que les habitans de la campagne
» devroient être à l'abri de la rapacité des guer-
» riers. Hélas ! Si les Rois le vouloient bien,
» nous jouirions toujours de la paix, tous les
» hommes ne sont-ils pas frères? Vos princi-
» pes m'étonnent, lui répondis-je : jamais je
» n'avois entendu faire de semblables réflexions
» à Bernéra ; continuez, je vous prie, de
» m'éclairer. Daignez me tracer une carrière,
» dans laquelle je puisse vivre sans faire de mal
» à mes semblables. A mille cinq-cents lieues
» d'ici, me dit-il, il existe une terre nouvelle-
» ment découverte, cette terre est un continent
» immense, où il y a place pour des millions
» d'habitans ; c'est-là que l'homme peut vivre
» du fruit de ses travaux en cultivant la terre.

» N'as-tu jamais entendu parler de la Virginie,
» de la Pensilvanie, &c. Non, lui dis-je, nous
» ne connoissons dans notre misérable pays que
» le nom des grandes montagnes qui nous envi-
» ronnent, des différens vents qui sans cesse
» soufflent sur nos têtes, & l'époque de l'arrivée
» des poissons dont nous faisons notre subsistance
» pendant l'été. Quoi, lui dis-je, y auroit-il un
» endroit dans le monde, où je pourrois avoir
» quelques acres de terre que je labourerois en
» paix, sans relever de seigneurs cruels & avides?
» Oui, mon ami, je vais t'en indiquer un, où
» avec la crainte de dieu, le respect des loix,
» l'amour de ton prochain & de l'industrie, tu
» pourras posséder quelque chose, y avoir un
» champ, un toit, un feu qui t'appartiendra &
» où tu pourras travailler pour toi & pour les
» tiens. Bénie-soit cette terre, lui dis-je? Où
» est-elle? je vais m'embarquer pour y aller.
» Comment y sont les hivers, le sol, les pro-
» ductions? Le sol y est bon, les productions
» sont les légumes de toutes espèces, les farines,
» les grains, les fourages, les bestiaux, &c. Les
» hivers, quoique neigeux & froids y deviennent
» une bénédiction par l'abri général que la neige
» donne aux grains, par la facilité des voyages
» & des transports qu'elle procure aux habitans.
» Je te dirai même que c'est le tems de leurs

» plaisirs. Quand tu y seras arrivé, sois sobre,
» persévérant, industrieux, fais-y une espèce
» d'apprentissage; loue-toi pour un an ou deux à
» un grand Cultivateur, tu apprendras chez lui
» tout ce qu'il t'importe de bien savoir : ces
» connoissances sont toutes importantes & indis-
» pensables à ceux qui veulent posseder & cultiver
» des terres. Ne fais rien que d'après les avis, &
» les conseils des bonnes gens que tu y trouveras,
» alors ton nom, ta sobriété, ton application au
» travail te conciliera l'estime & la considération
» de tes voisins, acquisition bien précieuse. Alors
» ils t'aidèront dans toutes tes entreprises diffi-
» ciles & tu leur aideras à ton tour. Sois modéré
» dans tous tes projets. Que la facilité d'acheter
» beaucoup de terres ne te tente pas, comme
» cela arrive si souvent aux Européens. Apprends
» que cinquante acres bien cultivés te rapporte-
» ront plus que cent qui ne seront qu'effleurés.
» Crois-en un homme qui a vécu vingt-sept ans
» dans ce pays-là. Fais comme nos frères, leur
» méthode est de n'employer en terre que la
» moitié de leur capital. Avec le reste, ils
» achètent des chevaux, des bestiaux, des instru-
» mens de labourage, & ils placent l'excédent à
» intérêt suivant l'usage du pays (1), afin de se

---

(1) L'intérêt ordinaire est de 7 pour cent.

» ménager

» ménager des ressources en cas de feu ou de
» quelque autre accident : je te recommanderai
» à mes amis de Philadelphie ; crois tout ce
» qu'ils te diront, que leurs avis deviennent ta
» boussole. Si vos bons & sages conseils pou-
» voient être apréciés, lui dis-je, je vous
» offrirois avec plaisir la moitié de ce que je
» possède, pour vous remercier de m'avoir si
» bien enseigné l'art de jouir du reste. Vertueux
» & digne ami, que ce jour soit à jamais
» consacré dans ma mémoire. J'abjure pour la
» seconde fois les opinions erronées que j'avois
» adopté depuis mon départ de Bernéra. Vos
» principes deviendront dorénavant mes seuls
» guides dans la nouvelle carrière que vous venez
» de me tracer. Puisse l'Etre suprême, le père des
» cultivateurs te bénir ainsi que tous les travaux
» que tu entreprendras sur cette nouvelle terre,
» me dit-il : la bénédiction d'un homme comme
» vous, est une acquisition précieuse, lui répon-
» dis-je, persuadé que c'est le ciel qui me bénit
» par vos mains. »

Peu de tems après, je m'embarquai sur un vaisseau appartenant à ce bon Quaker & j'arrivai heureusement à Philadelphie au mois de Novembre dernier : ses recommandations m'y ont procuré beaucoup d'amis, & c'est par leurs conseils que j'attends, comme vous MM., le retour du printems pour aller voir le pays situé au Nord-Ouest d'*Albany*.

L'IRLANDOIS.

Mon histoire n'est intéressante que parce qu'elle est celle de trois à quatre cent mille de mes malheureux compatriotes. Ils n'ont, comme vous le savez, ni terres à cultiver, ni manufactures où ils puissent être employés. Il n'existe chez nous aucune énergie nationale (1) dans les arts, la culture, ni dans le commerce; un grand nombre de mes compatriotes plongés dans l'ignorance, l'oisiveté & la misere la plus abjecte, souvent dérangent la tranquillité du gouvernement; de-là, les attroupemens si bien connus dans les Gazettes, sous les noms de *Whiteboys*, *Shillélisle*, &c. Si l'Irlande étoit sagement gouvernée, elle pourroit devenir un des plus riches pays de l'Europe; mais nous sommes le satellite qui, jusqu'ici, semble ne parcourir son étroit orbite que pour le bien de la grande planète, dont il est malheureusement trop voisin. Il y a quelques années qu'un vaisseau de la Compagnie des Indes relâcha à *Cork*. (2) Ne sachant que faire en Irlande, j'eus

---

(1) Les choses ont bien changé depuis cette époque.

(2) Grand Port de Mer dans la partie occidentale de Irlande.

le bonheur d'obtenir mon passage pour le *Bengal*. Après y avoir souffert pendant cinq ans, tous les inconvéniens de la chaleur de ce climat brûlant, après y avoir gémi sur le luxe & la tyrannie des Anglois, sur la misère & l'esclavage auxquels les naturels sont soumis, je formai le projet de revenir en Europe. Notre vaisseau ayant relâché à l'Ile de l'*Ascension* pour y prendre des tortues, nous y en trouvâmes un de *Philadelphie* qui ouvrit avec nous un commerce d'Interlope; cette idée me parut simple & juste quoique hardie de la part des Amériquains. S'il est avantageux aux Colonistes, me dis-je, de faire les frais d'un aussi long voyage pour obtenir les marchandises des Indes à meilleur marché qu'à Londres, il doit m'être également avantageux de porter ma pacotille dans ce pays là; en conséquence de cette réflexion je sollicitai, & j'obtins facilement mon passage sur ce vaisseau Amériquain, & il y a quinze mois que j'y suis arrivé. Après m'être défait de mes marchandises, j'ai parcouru plusieurs de ces belles Colonies, uniquement par esprit de curiosité. La possession & la culture de la terre vinrent bientôt un objet de méditations les plus douces & les plus instructives; ce genre de vie fut un spectacle nouveau pour moi, car jamais auparavant, je n'avois vu une société entièrement agricole. La contemplation de la paix

& du bonheur dont jouiffent ces bons Cultivateurs, me fit defirer de les partager avec eux. J'examinai, j'approfondis la fomme de leurs travaux & de leurs jouiffances, éloignés des dangers de la mer, du tumulte des villes, de la mauvaife foi & des banqueroutes, alors je réfolus d'affeoir mon bonheur fur la même bafe. Telle eft la réfolution que j'ai formé il y a près d'un an. Je poffède plus de fept cens guinées avec lefquelles je compte m'établir dans quelque endroit, dont le Site élevé me frappera. Si je puis, je me procurerai une belle chûte d'eau pour y bâtir un moulin à bled dont j'ai quelque connoiffance, étant le fils d'un pauvre Meûnier Irlandois. Au furplus, je me joindrai volontiers avec vous, Meffieurs, pour aller examiner le pays des *Mohawks*.

L'ANGLOIS.

QUOIQUE chacun de nous ait fourni fes nuances & fes couleurs particulières, convenez, Meffieurs, que c'eft à moi à qui vous devez le fingulier & intéreffant tableau qui vient de paffer fous vos yeux. Conformité de goût, de vues & de projets ; quelle bafe folide d'unions, la deftinée femble nous avoir réunis ici exprès ; obéiffons donc à ce premier moteur des événemens humains. Qui fait la mefure du bien que peuvent se faire réciproquement, dans un pays comme celui-ci, cinq personnes jeunes, vigoureuses, pleines d'énergie, & possédant quelque argent. Ne sommes-nous pas venu ici pour acheter des terres & les cultiver ? Hé bien, choisissons un canton, & au lieu de nous établir séparément, devenons voisins & amis : alors, l'union réciproque de nos conseils & de nos efforts applanira mille difficultés dont on m'a déjà fait une peinture assez fidelle.

LE FRANÇOIS.

J'ADMIRE & j'adopte ce projet ; mais comment pourra-t-il être exécuté, puisque nous ne possédons pas tous la même somme ?

L'ANGLOIS.

SUIVONS les principes du bon Quaker de *Liverpool*, ils sont dictés par la prudence & l'expérience. Achetons, en société, un paralellograme de trois mille acres, ce qui, suivant l'usage du pays, (1) nous en donnera trois mille

___

(1) Le Gouvernement concède toujours cent dix acres pour cent, parce que les Habitans sont tenus de fournir tous les chemins nécessaires, dont la largeur est fixée par la loi.

trois cens. La possession de six cens acres ne sera-t-elle pas plus que suffisante pour satisfaire notre ambitition ? Je suis informé que les terreins nouvellement concédés par les Sauvages, ne coûtent à peu-près qu'une piastre l'acre (1). En admettant la somme de 400 guinées pour la base de nos petites fortunes (2), nous n'aurons à débourser que 600 piastres (3) pour notre achat, dont un tiers seulement sera exigible à la signature du contrat, le second à l'expiration de trois ans, & le troisième à celle de six. Par ce moyen nous conserverons la moitié de nos capitaux, dont chacun fera l'usage qu'il jugera à propos. Mais vu qu'il est impossible d'entreprendre une carrière de travaux aussi pénibles avec le seul secours de nos bras, je propose :

1°. Que chacun de nous engage pour trois ans un Allemand nouvellement débarqué, honête, sobre & laborieux, à qui, au lieu de gages, nous concéderons chacun cent acres de terre à l'expiration de son service, avec une jument, deux génisses & trois brebis, afin qu'après avoir été les compagnons de nos premiers travaux, ils puissent devenir nos voisins & nos amis.

---

(1) 105 livres tournois.
(2) 10,000 livres.
(3) 3,150 livres.

2°. Que nous adoptions entre-nous la méthode fraternelle des Frolicks & de l'échange du travail (1); alors celui d'entre-nous qui aura la charpente de sa grange à élever, un champ à essarper, des palissades à fendre, quelques digues de Castor à détruire pour procurer l'écoulement des eaux, ou qui sera malade, pourra toujours compter sur l'assistance de huit personnes.

LE FRANÇOIS.

PLUS vous développez les détails de ce projet nouveau & attrayant, & plus je le crois facile à exécuter. L'assemblage mystérieux de cinq personnes venues de pays aussi différens, semble nous promettre des jours heureux, & être l'avant-cou-

---

(1) Quand un Cultivateur Américain se propose de faire une opération longue & pénible, & qui par conséquent surpasse les forces de sa famille, alors il invite un nombre suffisant de ses voisins, & leur donne à dîner & à souper; leurs chevaux sont mis dans les écuries (car personnes ne voyage à pied); les femmes Américaines n'oublient rien alors pour couvrir leur table de tout ce qu'elles ont de meilleur & de plus recherché.

Un exemple expliquera ce qu'on appelle (*To-Change work*), mon voisin ne sème pas aussi bien que moi; il m'invite d'aller faire cette besogne pour lui, & vient en même-tems chez moi y continuer ce que je faisois.

reur de notre prospérité future; veuille le mauvais génie des hommes écarter son influence pernicieuse de cette nouvelle époque de nos vies. J'avoue que je me croirai beaucoup plus fort, & que j'entreprendrai ces nouveaux travaux en société avec beaucoup plus de confiance que si j'étois seul & isolé au milieu d'une forêt de six cents acres qui m'appartiendroit.

Mais comme la base de la société doit être fondée sur le culte que nous devons à l'Être Suprême, & sur la bonne éducation de nos enfans, je propose:

1°. Que chacun de nous donne à perpétuité vingt acres de terre pour l'emplacement d'une Église & pour le suppôt d'un Ministre, qui comme nous sera un bon Cultivateur.

2°. Quatorze acres chacun pour l'établissement d'une école & le suppôt d'un maître qui sera tenu d'enseigner à nos enfans à lire, à bien écrire, l'arithmétique, les comptes, l'arpentage & la navigation.

3°. Dix acres chacun pour l'usage d'un Maréchal, dont nous aurons un besoin immédiat (1); alors il nous restera vingt-deux acres à donner pour les chemins qu'exigeront les communica-

―――――――――――――

(1) Ce qui fait cent acres pour l'Église, soixante-dix pour l'École, & cinquante pour le Maréchal.

tions futures de ce canton : mais comment ferons-nous pour le contrat d'acquisition ?

L'Allemand.

Rien n'est plus simple, il sera passé au nom de tous, tous seront également soumis à l'obligation des mêmes payemens & jouiront des avantages du même crédit. Immédiatement après, nous nous concéderons réciproquement la cinquième partie du tout que nous ferons diviser, & pour laquelle nous tirerons au sort, ainsi que cela se pratique journellement ici. Grand Dieu, quand j'y pense, sur quelle partie du globe aurions-nous pu trouver six-cent acres de terre bien boisés, bien fertiles, les posséder sans redevances & les cultiver sans entraves sous la protection de loix douces & équitables.

L'Irlandois.

J'approuve vos propositions, je suis tout prêt d'y souscrire; j'ai cependant une observation à vous faire. Je suis Catholique Romain, mon voisin à droite est Anglican, mon autre voisin à gauche est Luthérien, M. le François est Calviniste & notre compatriote l'Ecossois de Bernéra

est *Sécider* (1), & vous parlez d'une Eglise ! Il en faudra donc cinq pour plaire à chacun de nous ? Ne vaudroit-il pas mieux remettre cette partie de notre plan à des tems futurs, crainte d'élever parmi nous quelque cause de dissention.

L'Anglois.

Dissention religieuse ! Ce mot me fait frémir : n'en connoissons nous pas les dangers, n'en avons nous pas vu des exemples assez fatales dans le pays d'où nous venons & dans l'histoire de nos pères ? Laissons à mille cinq-cent lieues vers l'Orient ces malheureux principes de discorde & de haine ; ne sommes-nous pas arrivés sur une terre de charité & de tolérance fraternelle ? En nous soumettant à ce nouveau gouvernement, adoptons-en l'esprit. Nous sommes venus ici pour y respirer en paix, pour y cultiver la terre & non pour nous disputer.

Le François.

D'ici à bien long-tems nous ne pourrons adorer le Dieu de nos grandes forêts que dans le sanctuaire de nos maisons au milieu de nos

---

(1) Secte Écossoise très-rigide.

femmes & de nos enfans, que dans nos champs en traçant la première raye du matin & en fciant la première gerbe de nos moiſſons. D'ici à long-tems, nous n'aurons d'autres offrandes à lui porter que notre reconnoiſſance & les prémices de nos travaux. Méritons qu'il les béniſſe par notre charité, notre induſtrie & notre union & par les ſecours que nous nous rendrons mutuellement. Situés comme nous allons l'être, c'eſt le ſeul encens que nous puiſſions lui offrir. Qu'il ſoit donc convenu que l'Egliſe, qui doit être conſtruite pour notre uſage & à laquelle nous promettons de donner un glébe de cent acres de terre ne ſera point enregiſtrée dans le greffe du comté ſous le nom diſtinctif d'aucune ſecte, mais ſimplement ſous celui de l'Egliſe chrétienne de .... dans laquelle nous irons avec nos familles offrir nos prières & notre reconnoiſſance au père univerſel.

L'Ecossois.

J'y conſens, j'y conſens de toute mon ame. J'eſpère que nous aurons bien d'autres choſes à faire que de diſputer, & où en trouverions-nous le tems quand nous aurons commencé nos travaux? Fatigués, nous nous répoſèrons en paix. Les dimanches nous nous aſſemblèrons les uns chez les autres ; nous voiſins éloignés viendront de tems en tems nous voir; juger de nos défrîchemens & de nos travaux; nous encourager & nous inftruire. Penferons-nous alors à ces diffentions théologiques? Allons, Meffieurs, terminons cette féance intéreffante, je fuis prêt à ratifier tous les articles de cette convention.

Que diroit le Vieux de la Montagne (1) *de Chu-cullin*, s'il pouvoit me voir ici poffedant quelque chofe, moi qui, il y a deux ans, étois le plus pauvre des hommes, entendant difcuter un grand & utile projet, dans lequel je fuis intéreffé; à la veille de devenir membre d'une nouvelle fociété & le fondateur d'un nouveau Canton. Étonnante deftinée, qui de Bernéra, le plus ingrat, le plus froid de tous les pays habitables, m'a conduit ici. N'eft-ce point un rêve? Bénie foit la terre, qui offre aux hommes malheureux de belles forêts pour leur fervir d'abri, de bonnes terres à deffricher & un gouvernement doux & équitable pour les unir & les protéger.

L'Anglois.

Il manque encore à ce projet quelques idées que je vais vous expliquer. Nous les ferons rédiger demain, fi vous les approuvez, par le Vice-Pré-

---

(1) Second Sight-Man.

fident du Collège (1), auquel j'ai été recommandé. Je propose donc.

1°. Que nous ne nous marions qu'après notre seconde récolte, afin d'être tous en état de bien loger & de bien nourrir nos femmes.

2°. Qu'à la naissance d'un enfant nous nous assemblions pour nettoyer deux acres de la terre du père du nouveau né.

3°. Que nous obtenions du gouvernement les privilèges municipaux ordinairement attachés à la concession des districts (2). Tels que ceux d'envoyer dans cinq ans à l'assemblée des Etats, un membre qui représentera ce Canton, & au conseil des Superviseurs du Comté, celui que nous aurons élu, pour y veiller à l'emploi & à la levée des taxes suivant l'usage.

4°. Que nous présentions une requête à l'assemblée législative de cette Colonie pour obtenir un acte de naturalisation qui nous placera au rang des Citoyens, qui nous permettra d'acquérir des terres & de devenir francs tenanciers.

Tous s'écrièrent qu'ils approuvoient ce qui venoit d'être proposé.

───────────────────────────

(1) R. H.
(2) Town-Ship.

L'IRLANDOIS.

JE me tranſporte déjà en imagination vers les tems de bonheur & de proſpérité future, où du ſeuil de ma maiſon je verrai mes prairies verdir, mes champs ſe couvrir de moiſſons, mes beſtiaux croître & multiplier, mon jeune verger chargé de pommes, ma femme & mes enfans autour de moi, & tout cela doit naître d'une terre qui m'appartiendra, qui ne relevera que du tribunal des loix & qui aujourd'hui n'eſt qu'une vaſte & épaiſſe forêt. Qu'eſt-ce donc que cette même terre qui donne ici à l'homme tant de dignité, en lui offrant la jouiſſance des plus beaux droits municipaux avec toute la fécondité de ſon ſein pour le récompenſer de ſes ſueurs ? Qu'eſt-ce donc que l'homme lui-même, quand, protégé, encouragé par la juſtice & la douceur des loix, il peut déployer toute ſon énergie, exercer toute ſa force & la puiſſance de ſon génie dans la culture d'une grande plantation ? Puiſſe mon activité & mon induſtrie égaler la reconnoiſſance que je dois au premier moteur qui a dirigé mes pas, des rives du Gange ſur ceux de la rivière *de Hudſon*. Si jamais il nous arrive quelques malheurs, rappellons-nous ce que nous avons vu, & ce que nous avons été. Ce contraſte deviendra alors un remède à tous nos maux: mais quel nom donnerons-nous à cette nouvelle acquisition qui, bientôt érigée en district, fera partie de quelque Comté ? Pour moi, je n'entends rien à cela.

L'Allemand.

Donnons-en un qui puisse à jamais subsister, comme la preuve, comme le monument de l'accord, de l'union fraternelle que nous signerons demain. Je propose donc que la concession qui doit être acquise par cette Compagnie, soit nommée & enregistrée dans le greffe de l'Arpenteur général de cette Colonie sous celui de *Socialburg* (1). Qu'en dites-vous, Compagnons? Tous mettant leurs pipes sur la table l'approuvèrent par le battemens de leurs mains. Chacun d'eux, remplissant ensuite son verre, but à la santé de son voisin & à la prospérité future de l'établissement de *Socialburg*.

L'Anglois.

Avant de nous quitter, jurons de vivre dans la paix & l'union, de regarder la discorde & les procès comme le plus grand malheur qui puisse

---

(1) Le bourg de la Société.

nous arriver, de nous entr'aider comme des bons voisins, de soumettre nos différens au jugement d'arbitres. Puissions nous mériter la protection du gouvernement par notre respect pour les Loix, l'estime de nos nouveaux compatriotes, par notre industrie & nos connoissances rurales & la bénédiction du ciel, par notre reconnoissance.

Le lendemain cette convention rédigée en dix-sept articles par le Vice-Président fut arrêtée & signée. Cet établissement devint dans la suite très-florissant.

N. B. Il a été presqu'entièrement détruit pendant la dernière guerre.

Traduit par SAINT-JOHN.

New-Haven, 11 Octobre 1784.

PREMIÈRE ANECDOTE.

UN jeune Américain qui, depuis long-tems avoit mérité l'approbation du Général *Washington* par son activité & sa valeur, reçu du Congrès une commission de Capitaine, quelque tems après la bataille de *Brandywine*; sa femme voulut le suivre, & partager avec lui les fatigues & les dangers de la campagne de 1778 —.

Poursuivant un jour un détachement de Royalistes, le Chef de ce parti le tua d'un coup de fusil un moment avant d'être investi : — il eut la générosité en expirant d'ordonner que sa mort ne seroit point vengée, & que les Prisonniers seroient conduits au Quartier général —.

Quelle fut la douleur de sa femme lorsqu'elle vit le corps de son mari pâle & sanglant, rapporté par ses soldats ? — Et quand dans celui des Prisonniers qu'on lui dit l'avoir tué, elle reconnût un frère qu'elle aimoit tendrement, mais qui en dépit de ses exhortations avoit suivi le Parti Royaliste; — pénétré d'horreur & de désespoir, cet homme voulut se tuer, mais l'amour fraternel, balançant pour un instant tous les autres sentimens, cette épouse infortunée fut réduite à la nécessité de calmer le désespoir de ce frère; — entraînée par sa tendresse, elle eut la magnanimité de pardonner au meurtrier de son mari, & à l'ennemi de sa Patrie, à condition qu'il quitteroit le service d'un Roi, devenu l'instrument de la tyrannie. — Il le quitta en effet. — Elle vit depuis sur sa plantation uniquement occupée de l'éducation du seul enfant qu'elle ait eu —.

II.ᵉ ANECDOTE.

Cette année (1) est morte à *Providence* (2) madame Elisabeth *Burden*, âgée de cent trois ans & vingt-trois jours; — sa vie n'a été qu'un voyage agréable, sans maladies & sans infirmités. — Elle a parcouru ce long espace, respectée, chérie de tous ses amis & de sa nombreuse postérité. — Son mari & elle furent parmi les premiers, qui vinrent de *Boston* s'établir ici (3), elle a vu nettoyer tous les champs de ce Canton, planter & croître tous les vergers : — elle a vu construire toutes les maisons de cette Ville; — elle seule étoit restée, comme un témoin vénérable, des travaux de nos ancêtres —.

(1) Voyez la Gazette de Providence du 27 Juin 1784.
(2) Dans l'État de l'Ile de Rhodes.
(3) En 1680.

Nous venons de perdre aussi dans le district de *Réhoboth*, monsieur *Guillaume Dryer*, âgé de cent ans ; — il a vu la quatrième génération qui, toutes ensemble, se montoient à cent soixante-neuf personnes, dont trente-cinq seulement étoient mortes à l'époque de son décès —.

Le 20 Janvier 1785, *Isaac Chase de Sutton* dans l'Etat de *Massachussets-Bay*, âgé de quatre-vingt-dix-sept ans, & jouissant d'une bonne santé, a eu un petit fils de la cinquième génération, né de *Amariah Chase* ; — c'est qui rend cet enfant extraordinaire, c'est qu'il a aujourd'hui vivans deux grands pères & deux grandes mères, deux bisaïeuls & deux bisaïeulles, deux trisaïeuls & deux trisaïeullés, cinquante-sept oncles & soixante-trois tantes (1).

IIIe ANECDOTE.

UN soldat Anglois qui avoit eu le bonheur de sauver la vie à un Officier (2) du vingt-troisième régiment à l'affaire de *Braddock* (3), reçu de

---

(1) Voyez les Gazettes de Boston du 5 Juillet 1784.

(2) *Horatio Gates*, si bien connu depuis sous le nom de *Général Gates* ; ce fut lui qui força l'armée Angloise à la capitulation de *Saratoga*.

(3) Défait par les François & les Sauvages, en 1755, dans le voisinage du *Fort du Quesne*.

son Colonel en 1772 l'offre d'une rettaite à *Chelséa* (1) —.

Avant de l'accepter, il écrivit à cet Officier qui, depuis long-tems avoit quitté le service, & s'étoit retiré sur les bords de la grande rivière *Potawmak*; voici la réponse qu'il en reçut —.

Après avoir bien assuré ce vétéran, qu'il n'avoit jamais oublié l'affaire de *Braddock*; — il lui dit:

« Mon ami, quant à la retraite de *Chelséa*,
» que votre Colonel vous offre, faites ce que
» vous jugerez à propos, mais je doute qu'elle
» soit suffisante, pour adoucir vos infirmités,
» & vous consoler de vos blessures; — puisque
» vous préférez de rester en Amérique, tran-
» quillisez-vous ; — aussi-tôt que vous aurez reçu
» votre congé, venez me trouver sur les bords
» du *Potawmak* ; — j'y ai acquis une excellente
» plantation, qui fournit à mes besoins & à mes
» plaisirs. — Venez, mon cher soldat, déposer
» votre fusil dans le coin de ma cheminée. — Ce
» sera pour moi & pour madame *Gates* un vrai
» plaisir de rendre le soir de votre vie calme,
» tranquille & heureux: vous ne manquerez de
» rien — ».

HORATIO GATES —.

―――――――――――――――――――

(1) Grand Hôtel à une petite distance de Londres, où les vieux Soldats sont logés, vêtus & nourris.

IVe ANECDOTE.

Jean *Roberts* & *Isaac Smith* du district de *Sommersworth* dans le *nouveau Hampshire* après avoir suivi le général *Arnold* dans sa pénible marche depuis les sources de la rivière de *Kennébek* jusqu'au *Canada*, s'embarquèrent sur un Corsaire Américain; — ils furent pris dès le commencement de leur croisière par une frégate Angloise, & conduits en Irlande, où ils essuyèrent la captivité la plus rigoureuse; — au bout de neuf mois, ils s'échappèrent à l'aide de quelques amis, & passèrent en France; — mais bientôt après, forcés par la nécessité, ils se rembarquèrent & furent pris une seconde fois, chargés de fers, & mis à *Newgate* (1) avec les criminels condamnés à mort. — Leur procès fut instruit comme à des Pirates, accusés d'avoir enlevé un vaisseau en Irlande. — Peu de tems après avoir été reconnus innocens & mis en liberté, ils furent resaisis dans la Ville de Londres par une presse (2), qui les envoya à bord d'une frégate; — ce vaisseau

―――――――――――――――
(1) Une des prisons de Londres.
(2) Enlévement de Matelots pour armer les vaisseaux du Roi.

de guerre étoit commandé par le Capitaine M....; qui, pour les punir plus sévèrement encore, d'être Américains & rébelles, avec une cruauté sans pareille, les fit mettre sur un vaisseau qui alloit partir pour la Chine & les Indes. Pendant ce voyage, qui dura trente-trois mois, ils éprouvèrent un traitement plus humain. — La Paix étant faite, lorsqu'ils revinrent, ils furent mis en liberté; — enfin, après sept ans d'une absence aussi longue que rigoureuse, ils ont eu le bonheur de revoir leur Patrie, & d'embrasser leurs parens, qui depuis long-tems les avoient pleurés, & les croyoient morts.

Vᵉ ANECDOTE

D'un Matelot Américain.

UN vaisseau de *Boston* venoit de mouiller dans rade de la *Barbade* : —aussi-tôt qu'il fut embossé plusieurs matelots, comme c'est l'usage, se jettèrent à la nage pour se rafraîchir, pendant que les autres, montés sur les vergues & dans les hunes, veilloient de tous côtés l'approche des *Requins*; — quelque momens après l'alarme fut donnée; —ils en aperçurent un d'une longueur énorme, dont la grande nageoire s'élévoit au-dessus des eaux qu'elle sillonnoit! — Tous revinrent avec précipitation —.

Le monstre vorace, voyant fuir sa proie, fend les vagues comme un trait, & arrive dans l'instant où le corps du dernier des nageurs, saisi par ses camarades, étoit déjà dans la chaloupe; — il lui emporte la cuisse; — un seul clin d'œil plutôt & ce malheureux eût été sauvé. — Son sang coule à grands flots, on le transporte à bord, & dans moins d'une demi-heure il expire.

Pendant cet intervalle, *Emanuel Purdy* (1) debout, les yeux fixés sur son camarade, les mains jointes & abaissées, s'écria avec fureur dès qu'il lui vit rendre le dernier soupir: *Ezechiel est mort, & c'est ce Monstre infernal qui l'a tué*. — Il le quitte, descend dans l'entrepont, saisit un grand couteau, qu'il va éguiser sur la meule du charpentier: — « Que vas-tu faire, demande ce » dernier? — Venger mon camarade, répon- » dit-il? — » Avec l'accent de cette audace naturelle, avec le calme de ce courage instinctif, dont la nature empreint quelques ames. — Bientôt après il monte sur le pont, se déshabille sans proférer une seule parole, & s'élance à la mer avant qu'on eût pu deviner son dessein.

---

(1) Ils étoient tous les deux de la ville de *Darmouth*, dans l'État de *Massachussets-Bay*.

Le Monstre affamé, qui n'avoit pas quitté les environs du vaisseau, ne tarda pas à l'apercevoir; il nagea d'abord lentement, suivant l'usage de ces poissons. — L'équipage le croyant perdu, fit retentir le vaisseau du cri de l'effroi général; — *Emanuel*, dont ce combat n'étoit pas le premier essai (1) n'épuise pas ses forces, il saisit son couteau, reste immobile & avec une tranquillité presque inconcevable, il attend le Monstre qui s'approche; — dans l'instant où il ouvre sa machoire meurtrière, cet intrépide matelot, plonge, l'évite, & bientôt après réparoit à dix toises de distance —.

Il décrit alors un cercle autour de lui, en nageant lentement, pour l'attaquer sur les flancs; — le Requin, dont tous les mouvemens annoncent la fureur, sûr de sa proie, s'élance en se penchant sur le côté (2). — C'étoit l'instant que ce brave homme attendoit; — déployant alors toute la présence d'esprit, toute la vigueur & l'énergie, dont un foible mortel puisse être

---

(1) Pendant mon séjour aux *Bermudes*, j'ai vû plusieurs Blancs & un grand nombre de Nègres attaquer & vaincre ces Monstres.

(2) La gueule de ces Monstres est placée à une si grande distance de leur museau, qu'ils ne peuvent rien saisir sans se renverser.

fusceptible, il plonge fon couteau dans le corps du Monftre —.

Sa machoire à triple rang fe renferme, fa queue terrible blanchi l'élément, dans lequel il nage, il ne pourfuivit plus fa proie. — Mais ce premier coup n'étoit pas fuffifant pour affouvir la vengeance de cet homme. — Avec l'adreffe du poiffon même, il fe tient entre deux eaux, & le frappe encore plufieurs fois; — bientôt la mer eft teint du fang de ce Requin, fes mouvemens s'affoibliffent, il roule, furnage & meurt. — Ce combat extraordinaire dura fept minutes. — La terreur, dont tout l'équipage avoit été faifi, fut bientôt convertie en joie: — chacun d'eux, en l'aidant à bord, fe félicitoit d'être le camarade d'un homme qui avoit ofé attaquer & qui avoit fu vaincre ce Monftre formidable dans fon propre élément. — Auffi-tôt qu'il eût été hiffé fur le pont le vainqueur lui coupa la tête, lui ouvrit le ventre & en retira le membre de fon camarade, qu'il réjoignit au corps infenfible, d'où il avoit été arraché peu auparavant (1) —.

_____

(1) Ce trait de courage fut mis dans la Gazette de la Barbade.

Plaines-Blanches, 11 Mai 1785.

VI.ᵉ ANECDOTE

D'un Coq & d'une Poule.

Tout fut dévafté avec une avidité fi fcrupuleufe dans les diftricts de *Weftchefter*, *Maraneck*, *Scarcedale*, *Bedford*, *New-Rochelle* & *Plaines Blanches* pendant les cinq premières années de la guerre, que les pommes de la plupart des vergers ne furent point ramaffées, ni le foin des prairies fauché pendant ce long intervalle. — Il m'eft impoffible de vous envoyer aucun détail particulier de ces dévaftations : j'ai perdu, comme vous le favez, tous mes papiers dans l'incendie de ma maifon —.

D'ailleurs il faudroit des volumes entiers pour peindre cette longue fuite d'horreurs que les Anglois ont commifes ici, & partout où ils ont porté leurs armes : — il faudroit des volumes pour faire le dénombrement des milliers d'hommes qui ont péri par le mauvais traitement qu'ils leur firent éprouver à *New-York* dans les maifons à fucre, dans leurs vaiffeaux-prifon ; — il faudroit des volumes pour vous informer des capitulations violées, des prifonniers envoyés dans l'Inde, à

Saint-Auguftin, &c. (1) — Forcés de fervir à bord de leurs vaiffeaux de guerre. — Du meurtre de *Madame Cadewel* (2), de celui de fon mari, quelque tems après à *Elifabeth Town*, des femmes éventrées avec cet écriteau, *Tu ne feras plus d'enfans rebelles*, &c. &c. —

La maifon de ma mère, avec laquelle je demeure aujourd'hui, eft la cinquième de ce Bourg, jadis fi floriffant, qui ait échappé aux flammes —.

Elle perdit tout, beftiaux, grains, moutons, meubles, &c. — Une feule Poule, qui s'étoit réfugiée fous fon lit, échappa à la rapacité des Royaliftes; — depuis elle la cacha & la nourrit foigneufement.

Un jour, allant à *New-Rochelle*, pêcher du macreau, dont la providence fembla cette année couvrir nos rivages, je logeai chez l'ami ***—;
« Où eft-ce coq, lui demandai-je, le lendemain

___

(1) Sans parler du grand nombre que l'Amiral Rodney forçade fervir contre leurs compatriotes à bord des vaiffeaux de Guerre.

(2) Elle étoit la femme du Miniftre de *Springfield*; — affife fur le feuil de fa porte, elle donnoit à téter à fon enfant, lorfqu'elle fut tuée par un Parti Anglois. — M. le Marquis de la Fayette a eu la générofité d'envoyer en Europe l'aîné de cette famille infortunée, & de le faire éduquer.

» matin, dont il me semble avoir entendu le
» chant? — dans ma cave, me répondit-il?
» — Mais gardez mon secret; — quoi, vous
» avez sauvé cet oiseau, & vous êtes si près de
» *Kingsbridge*? — Plusieurs fois son chant a
» pensé me trahir, répondit-il? — Ma mère, lui
» dis-je? — a une poule, qu'elle cache aussi
» depuis longtems. — Réunissons ces deux soli-
» taires, faisons un mariage, nous partagerons
» également la jeune famille qui en viendra.
» — Je le veux bien, me dit mon ami, mais
» je n'ai pas une seule poignée de grain à vous
» donner pour payer ma part de l'éducation.
» — A cela ne tienne, lui dis-je, je n'ai pu
» depuis longtems cultiver que des pommes de
» terre, avec lesquelles ma mère & moi nous
» vivons, j'en nourrirai les deux époux & leur
» famille — ».

Quelque tems après cette convention *Sir Guy Carleton* arriva à *New-York*, & mit fin à cet esprit déprédateur, qui avoit si long-tems désolé nos cantons; — frappé de l'éclat du jour, le Coq fut long-tems sans reconnoître & même sans penser à sa Poule —.

Telle est la seconde origine des volailles, qui ornent aujoutd'hui nos basses-cours.

W. P.

VIIe ANECDOTE.

Les Gazettes ont dû vous apprendre que le détachement de mille deux-cents hommes d'élite, qui étoit commandé par le Général *Bawm*, fut entièrement défait à *Bennington* (1) par le vieux Brigadier *Starks* (2). — Cet homme simple & brave rassembla ce qu'il appeloit ses voisins, se mit à leur tête, & combattit avec une impétuosité & un courage, auquel les Anglois ne s'attendoient pas. — Ce corps de milice Américaine tua, poursuivit, & détruisit entièrement ce détachement Anglois dans trois attaques consécutives. — Cette circonstance ne contribua pas peu à la capture du Général *Burgoyne* —.

Quelques semaines après, le Congrès envoya une belle épée au Général *Starks*, avec une lettre de remercîment au nom des treize Etats-Unis. — Voici ce qu'il dit en recevant ce présent. « — Qu'ai-je besoin de cette épée, je ne sais pas » m'en servir ? — Ils auroient bien mieux fait de » m'avoir envoyé quelques aunes de drap, & » une pièce de toile, car j'en ai bien besoin—».

---

(1) Dans l'État de Vermont.
(2) Du nouveau Hampshire.

Quelque temps après l'assemblée générale de l'Etat de *Massachussets* vota la somme de trente pounds (1), pour être employée à acheter de la toile qui seroit présentée au Brigadier général *Starks*, de la part de la République : « comme
» un foible témoignage de reconnoissance pour
» sa belle conduite à *Bennington*— ».

VIIIe ANECDOTE.

LE Général *Lincoln*, après avoir servi sa patrie, comme Major-Général avec beaucoup de distinction pendant toute la guerre, est aujourd'hui (2) occupé à construire un beau moulin à blé dans le voisinage de la petite Ville de *Hingham* (3), à douze mille de *Boston* sur la partie occidentale de la grande Baye de *Massachussets*. — J'ai dîné plusieurs fois avec le Général *Heath*, qui vit aussi en véritable Cincinnatus ; — retiré sur sa terre de *Roxburry*, à trois milles de *Boston*, où je l'ai vu travailler, & planter lui-même son blé d'Inde ; — La culture des champs, les soins de l'agriculture semblent terminer la carrière de presque tous nos guerriers —.

(1) 525 livres tournois
(2) 24 Juillet 1785.
(3) Lieu de sa naissance.

IXᵉ ANECDOTE.

« Comment faites-vous, demandai-je un jour au Colonel *Aaron Burr*, aujourd'hui célèbre Avocat, pour avoir toujours un menuisier, quand vous en avez besoin? — C'est, me répondit-il, parce que j'en ai un affidé, qui travaille pour moi par préférence. — Dans un tems où ils sont aussi rares, comment vous y prenez-vous? — Je vais vous le dire; — celui que vous voyez ici, est un de mes amis, & de mes anciens compagnons de guerre, il a servi dans le Régiment que je commandois, comme Capitaine avec beaucoup de bravoure & d'intelligence, — quelques jours avant que le Général *Washington* prit possession de cette Ville(1), il me demanda ce qu'il devoit faire, — reprenez votre tablier, lui dis-je, & moi je vais reprendre la plume — ».

_____

(1) New-York le 25 Novembre 1783.

Xᵉ ANECDOTE.

LE Capitaine *Gregg*, blessé d'un coup de fusil, eut la chevelure emportée par un parti de sauvages Anglois dans le voisinage du Fort *Schuyler* (1), le croyant mort, ils le laissèrent sur la neige; — son fidel Chien, après lui avoir léché la tête, revint au Fort, hurla, & montra tant de signes de détresse à l'ami le plus intime de son maître, qu'il suivit cet animal, accompagné de quelques soldats; — l'ayant trouvé sans connoissance, ils le rapportèrent, & en prirent tous les soins possibles. — Peu de tems après il fut heureusement guéri de ses blessures, & aujourd'hui il vit à *New-York* —.

XIᵉ ANECDOTE.

UN homme de *Nantuket* avoit fait le commerce des Nègres pendant plusieurs années, & s'en vantoit un jour à un *Ami* (2) son voisin. — Quelque tems après, ce même homme perdit

---

(1) Situé vers les sources de la rivière des Mohawks.
(2) Quaker.

son enfant, personne ne sut ce qu'il étoit devenu ; — « Peut-être, lui dit le bon *Quaker*, » quelque Capitaine de vaisseau l'aura-t-il enlevé » pour le vendre en Pays étranger. — Cela pourroit-il être possible, répondit le malheureux » père fondant en larmes ? — Tout aussi possible » comme il te l'a été d'enlever de la côte de » Guinée tous les Noirs que tu as conduits aux » îles. » — Telle fut la force & l'impression que cette réflexion fit sur son esprit, qu'il abjura dès ce moment même ce commerce infâme & criminel. — Peu de tems après, son enfant fut retrouvé, il sembla qu'il n'avoit disparu que pour donner à son père cette leçon frappante —.

XIIᵉ ANECDOTE.

Vers la fin de l'année 1783. — Un vaisseau transport venant de la *Jamaïque*, chargé de soldats pour l'armée Angloise, qu'on croyoit être encore à *New-York*, se trouva sur les côtes du nouveau *Jersey*, environné de glaces, qui dans une nuit l'arrêtèrent & se consolidèrent par la rigueur du froid ; — après l'avoir trouvé assez forte pour les porter à terre, ils s'assemblèrent sur le pont, & tinrent le discours suivant à leurs officiers. — « Messieurs, nous étions destinés à

» recruter l'armée de *New-York* ; — la faison ne
» permettant pas d'y arriver, nous ferions cou-
» pables de ne pas embraffer cette circonftance
» favorable, d'abord fur le continent ; — nous
» fommes fatigués de notre métier. — Si on vous
» demande ce que nous fommes devenus, vous
» direz ; — des hommes libres &, nous efpèrons,
» des bons ouvriers. *Adieu, Meffieurs* —.

XIIIe ANECDOTE.

WILLIAM TRYON, Gouverneur de cet Etat (1), pendant la guerre préfida, comme vous le favez, à la conflagration des Villes de *Norwalk, New-Haven* & *Fairfield* (2), il auroit détruit avec le même plaifir toutes les Villes maritimes de cet Etat, fi le Commandant en chef, Sir *Henry Clinton* ne l'eût pas fait revenir. — A un quart de lieue de cette dernière Ville, vivoit un M. *Thadeus Burr*, riche, inftruit, & favant Avocat ; — fa maifon étoit élégante, fa biblio-théque bien choifie, & fon hofpitalité bien connue. — Avant la guerre ce Gouverneur venoit fouvent s'y délaffer des fatigues du gouverne-

(1) New-York.
(2) Villes maritimes de l'État de Connecticut.

ment. — Il l'appeloit son ami, l'aimoit & l'estimoit beaucoup; — aussi-tôt qu'il eût mis pied à terre à *Fairfield*, & que ses troupes se furent emparées de tous les passages, il choisit cette maison pour son Quartier général. — « Où est
» votre mari, demanda-t-il à Madame *Burr* ?
» — Où il doit être, répondit-elle, sous les
» armes, avec les milices du Pays, & à peu de
» distance. — Les tems sont bien changés, Mon-
» sieur le Gouverneur depuis que nous ne vous
» avons vu ici ? — Oui, Madame, ils sont bien
» changés, lui répondit-il, en jetant sur elle
» des yeux pleins d'indignation — ».

Le lendemain les Troupes Angloises mirent le feu à la Ville, & brûlèrent même les Eglises, que ce Gouverneur avoit solennellement promis aux femmes d'épargner, & dans lesquelles il leur avoit permis de déposer leurs lits, quelques provisions, & les bergs de leurs enfans; — Quelle fut la surprise de Madame *Burr*, lorsqu'elle vit arriver un Sergent & quelques soldats la torche à la main ? — « Eh quoi ! cetoît aussi, lui dit-elle ?
» — Quel nom donnerez-vous à cette victoire
» dans le pompeux récit que vous en ferez à
» votre Roi ? — La grande Brétagne que vous
» croyez servir, en sera-t-elle plus riche, &
» votre cause plus avancée ? » — La sombre colère & le courroux peint sur le visage, il lui

H ij

dit ; — « Sortons, Madame. — » Elle supporta le spectacle de cet incendie avec courage & magnanimité ; ils ont, depuis la paix, rebati un petit appartement sur ces mêmes ruines, dans lequel ils vivent tranquilles, & aussi hospitaliers qu'auparavant —.

XIVᵉ ANECDOTE.

ON s'informe en Europe tous les jours de l'origine des *Villes* & des *Bourgs*, à travers lesquels on passe ; — les siècles d'ignorance & les guerres ont effacé les traces de leurs origines ; — quelle différence ici ! Ce nouveau Pays découvert & peuplé dans un tems de lumières, n'offrira à la postérité, que des circonstances intéressantes & instructives. — Les Américains sont des fondateurs, qui divisent leur territoire, qui tracent leurs Villes la boussole à la main, à l'ombre de la justice & de la liberté ; — rien n'est si commun parmi nous, que ces fondations aujourd'hui si peu considérables, mais qui s'acroîteront par la population, l'industrie & la navigation intérieure ; — mon grand plaisir en voyageant, consiste à recueillir les informations les plus authentiques des établissemens, dont la situation semble annoncer l'opulence & la grandeur futures —.

Un Particulier vient de tracer le plan d'une ville au milieu des bois, sur une des rivières qui tombent dans la *Susquéhannah*. — Les soins que prend aujourd'hui l'État de *Maryland*, pour faciliter la navigation de ce grand fleuve, contribueront beaucoup à la prospérité future de ce nouvel établissement; — persuadé qu'il peut vous être intéressant de savoir comment cela se pratique, je vous envoie la traduction de l'annonce que le propriétaire fit mettre dans toutes les Gazettes du Continent.

NOUVELLE VILLE.

Le soussigné, annonce au Public, qu'il vient de tracer le plan d'une ville dans le Comté de *Northumberland*. — Elle est située sur la rive méridionale de la branche occidentale de la *Susquéhannah*, à l'embouchure de la rivière des *Bufles*. — Cet emplacement offre un havre spacieux & commode, pour les chaloupes & bateaux qui un jour navigueront sur cette grande rivière. — Le Propriétaire a divisé cet emplacement en quatre cents lots de soixante-six pieds de large sur les rues, & de cent soixante-cinq pieds de profondeur; — il en augmentera le nombre si cela est nécessaire. — Cet emplacement est sec & élevé au-dessus de toutes les inondations, dont jusqu'ici on a eu connoissance. — La position en est extrêmement salubre, & sera un jour une perspective très-agréable. Le sol en est excellent, & dans quatre pieds de profondeur on trouve la pierre calcaire : — tout le pays est couvert d'arbres propres à la bâtisse & au chauffage; — un grand nombre de ruisseaux offrent les emplacemens les plus commodes pour les usines & les moulins à scie. — Le soussigné se propose de tracer aussi des lots de culture dans le voisinage, depuis cinquante jusqu'à cent acres, en terre de labour & en prairie. — Les deux rives du fleuve offrent à l'industrie des Habitans beaucoup de terreins riches & féconds, dont la moitié au moins peuvent être convertis en prairies & en pâturages. — La rue *du Marché* est tracée du milieu du havre directement sud; — elle aura soixante-six pieds de large; la rue du *centre* qui la coupe à angle droit *est & ouest*, en aura soixante. — Toutes les autres qui s'entrecouperont également, en auront cinquante, & les allées quinze. — Le soussigné propose de donner cinq places pour l'usage des bâtimens publics, tels qu'Églises, Écoles, Collèges, &c. — Le prix de ces lots sera très-modéré, & les cens annuels suivant l'usage. — Le propriétaire se propose, d'après son nom, de donner celui de *Deerville* à ce nouvel établissement.

— Le plan peut être vu à la Bourse de *Philadelphie*, à *Lancaster*, *Reading*, & dans tous les endroits publics de la *Pensilvanie*, ainsi qu'à *Baltimore* dans le *Maryland*, &c.

LEDWIG-DEER.

Premier Mai 1784.

XVe ANECDOTE.

MONSIEUR *** passant un jour le bac qui mène de *Boston* à *Charles-Town*, de compagnie avec plusieurs Américains, l'un d'eux lui dit ; — « si vous êtes Ecossois, je ne veux pas vous voir ; » si vous êtes Irlandois, je veux vous serrer la » main ; si vous êtes François, que je vous em- » brasse ; — si vous êtes Anglois, je veux me » battre avec vous ».

XVIe ANECDOTE.

UN assez grand nombre de Sauvages des villages *Méhicanders*, de *Montawk*, de *Stockbridge*, &c. (1), qui ne connoissoient point leurs

---

(1) Villages & territoires que les anciens Sauvages de la nation *Méhicanders* réservèrent dans les concessions de

H iv

anciens compatriotes des bois, & qui n'en entendoient pas même la langue, furent invités à l'assemblée générale qui se tint au *Fort Schuyler* en Octobre 1784. — Ils avoient reçu l'éducation ordinaire qu'on donne aux enfans Américains ; ils savoient pour la plupart lire & écrire, étoient instruits dans les principes de la religion chrétienne, laborieux & industrieux ; — ils n'avoient jamais connu que les vêtemens européens ; — les Commissaires du Congrès firent distribuer, suivant l'usage, aux chefs des six nations les présens ordinaires. Je ne sais si ce fut la vue de ce spectacle, ou quelle peut en être la cause ; — mais à cette époque ils se rapprochèrent de leurs anciens compatriotes, & prirent du goût pour la vie qu'avoient menée leurs pères, de ce goût primitif dont les traces sont indélébiles. — Hommes & femmes résolurent d'un commun accord, d'abandonner leurs maisons bien construites, leurs champs bien cultivés, & toutes les ressources de subsistance dont ils avoient acquis la connoissance & les moyens. — Ils se dépouillèrent de leurs vêtemens européens, s'habillèrent à la sauvage, & se réunirent

---

terre qu'ils firent aux Blancs & qui se trouvent aujourd'hui enclavées dans les Établissemens des Européens.

aux *Onondagas* (1), dans le grand village desquels ils vivent aujourd'hui —.

Si vous vous rappelez ce que je vous ai dit anciennement de ce charme, de cette empreinte indélébile qu'inspire la vie sauvage ; ce fait moderne, & qui s'est passé sous les yeux d'un aussi grand nombre de témoins respectables, vous convaincra de la vérité des détails ; que je vous envoyai alors —.

XVII.e ANECDOTE.

LA femme d'un cultivateur dans les environs de *Bristol* (2), perdit son mari, dont elle avoit six enfans ; — il ne possédoit qu'un seul nègre, le compagnon de ses premiers travaux, auquel il donna la liberté avant de mourir. — Telle fut la reconnoissance de ce généreux Africain, qu'il se voua par une protestation solennelle, comme homme libre, au service de cette femme & de ses enfans, sans jamais exiger ni vouloir recevoir d'autre récompense que celle de partager avec cette famille, la subsistance & l'habillement.

---

(1) Ils vivent dans le voisinage du Lac *Onéida*.
(2) Petite ville à cinq lieues de *Philadelphie*.

— Après la mort de ce nègre, son ancienne maîtresse fit graver sur sa pierre sépulcrale l'épitaphe suivante :—

Ci-gît Jean, né à *Trenton*, dans le *Nouveau-Jersey*, le 17 Mai 1703 ;— mort le 29 Octobre 1770, qui, jusqu'à l'âge de trente-deux ans, fut un bon & fidèle Esclave, & dont l'intelligence, l'industrie & la reconnoissance devinrent, depuis son émancipation, le soutien de mon veuvage, & celui de la jeunesse de mes enfans.

M. P.

XVIIIe ANECDOTE.

Avant la guerre *Samuel Frauncès* tenoit une grande Auberge dans la ville de *New York* (1). S'imaginant qu'il pourroit rendre à sa patrie des services plus essentiels, en y restant, qu'en prenant des armes que sa santé ne lui permettoit pas de porter, il ne quitta point sa maison comme tant d'autres, quand les Anglois prirent possess-

---

(1) Auprès de la Bourse.

fion de cette ville. — Jamais projet n'a été couronné d'un fuccès plus important ; — jamais le doigt de la deftinée n'a été plus vifiblement marqué. — L'Amérique Unie doit à ce généreux citoyen la vie de l'immortel *Washington* —.

Au moyen de quelques panneaux de toile qu'il avoit placés dans le lambris de fes chambres, & qui étoient cachés fous le papier peint, dont elles étoient décorées, il découvrit dans le mois de Mai 1776 la confpiration qui avoit été tramée contre ce grand homme, avant la prife de cette ville ; — il en inftruifit fur le champ Madame *Graham* (1) ; — & dès le foir de ce même jour, le Général vint coucher chez lui. — Plufieurs perfonnes éminentes parmi les Royaliftes furent arrêtées & envoyées dans les prifons de *Connecticut* ; — un foldat fut pendu. — Ces Meffieurs crièrent beaucoup à l'injuftice. — Ces cris ne retentirent de toutes parts que pour étouffer la noirceur de leur complot ; — il eft très-vrai qu'une certaine dame *Smith* fut envoyée en Europe peu de tems après, & qu'elle y jouit d'une penfion confidérable —.

---

(1) Sœur de celui qui eft devenu depuis le Général *Macdonald*, au fervice des Américains.

Tous ces détails ont été si bien approfondis depuis, que le Congrès, à son arrivée à *New-York* (1), ayant trouvé que cet homme étoit dans l'indigence, lui fit préfent de deux mille piaftres, loua fa maifon pour y établir fon imprimerie, & lui paya deux années d'avance.

Ce même *Samuel Frauncès* follicita, & obtint de fervir, comme cuifinier, un Général Anglois, à condition que pour gages fon Excellence lui permettroit de donner aux prifonniers Américains les reftes de fa table —.

XIXᵉ ANECDOTE.

Quelques années avant la guerre, les Citoyens de *New-York* formèrent une foufcription, avec le montant de laquelle ils firent fondre en Angleterre la ftatue équeftre du Roi. — Le métal étoit un mélange de plomb & d'étain, qui fut enfuite doré. — Ce beau monument de l'affection publique, (le premier de cette efpèce qui eût jamais orné cet hémifphère (2)) fut érigé fur un piédeftal très-élégant, dans le milieu de la place,

---

(1) Au mois de Février 1785.

(2) C'étoit en effet la première Statue équeftre qui eût été élevée fur ce continent.

appelée *Bowling Green*. — Dont le centre fut environné d'une grille de fer, forgée fous les gros marteaux de l'ingénieux Monfieur *** du nouveau *Jerfey*.

Vous favez avec quelle rapidité les difputes politiques concernant les prétentions du Parlement & de la Couronne Britannique, changèrent dans l'efpace de peu d'années la difpofition des efprits & l'état des chofes. — Auffi-tôt qu'on fut informé à *New-York*, qu'un parti des troupes Angloifes, envoyé par le Général *Gages* de *Bofton* à *Concorde* pour s'emparer de Meffieurs *Hancock* & *Adams*, avoient tué plufieurs habitans de *Lexington*, les Citoyens, remplis de colère & d'indignation, réfolurent dès ce moment d'oppofer la plus vive réfiftance aux progrès d'une tyrannie auffi odieufe, & auffi cruelle; — ils firent prifonnières les troupes Angloifes, qui étoient dans la Ville, les défarmèrent & eurent la générofité de les renvoyer au Général *Gages* fans leur faire aucun mal. — Leurs fufils, & le peu de poudre qu'elles avoient, furent les premières armes, avec lefquelles ils jurèrent de fe défendre; les plombs de fenêtres furent remplacés par des poids de fer; — dans les premiers momens de leur frénéfie & de leur fureur ils renversèrent la ftatue du Roi; & convertirent le métal, dont elle étoit faite, en boulets & en balles. — Croirez-vous que c'eſt avec les débris de ce beau monument, que les premiers Anglois ont été tués dans cet état —.

XXe ANECDOTE.

LE cours de la politeſſe épiſtolaire des Généraux Anglois pendant cette guerre, a eu des gradations très-remarquables. — La première lettre fut adreſſée à *George Washington* Ecuyer, & elle fut renvoyée ; la ſeconde, *To. G. Washington*, il ne voulut pas la recevoir ; on écrivit enſuite. — Au Général *Washington*, avec trois & cetera qui pouvoient s'interpréter comme on vouloit ; qui pouvoient ſignifier beaucoup, ou ne ſignifier rien ; — enfin ils furent obligés de lui écrire : à ſon Excellence le Général *Washington*, Commandant en chef, les Forces de France & d'Amérique. — Ce qui a continué juſqu'au traité de paix —.

XXIe ANECDOTE.

DANS une aſſemblée à *New-York* une jeune Américaine ſe trouva entourée d'Officiers Anglois, qui, après quelques plaiſanteries ſur

l'armée continentalle, lui firent obferver une circonftance fingulière. C'est qu'il y avoit dans les troupes rebelles un Général *Howe*, & un Général *Clinton* : « Oui, Meffieurs, répondit-
» elle, mais il n'y a point de *Washington* dans
» la vôtre —. »

XXII.e ANECDOTE.

UN Général de la nouvelle Angleterre, allant joindre l'armée de *Gates* quelque tems avant la capitulation de *Saratoga*, avoit avec lui un domeftique noir qui lui dit : « Pourrois-je demander
» à mon maître pourquoi il fait ce long voyage ?
» — Pour obtenir la liberté & l'indépendance ;
» — Ah, lui répondit fon Nègre, que ne puis-je
» auffi combattre pour obtenir la mienne ! — Tu
» l'auras fans coup férir, lui dit-il, en le prenant
» par la main, dès ce moment, tu es libre
» comme moi —. »

XXIII.e ANECDOTE.

LE brave Colonel *Green*, qui fe défendit fi bien au Fort de *Red-Bank* contre les Heffois, fut furpris long-tems après dans une maifon par un parti Anglois qui le maſſacrèrent après s'être rendu ; — mais avant de le tuer ils furent obligés d'aſſommer ſon Nègre, qui le couvrit de ſon corps juſqu'au dernier moment.

XXIVᶜ ANECDOTE.

UN Dragon Américain, près des lignes de *Philadelphie*, rencontra une patrouille de ſix ſoldats Anglois. — Il fut ſur eux le ſabre à la main, & les conduiſit au Camp ; — Queſtionné par le Général *Washington* ſur la manière dont il s'y étoit pris. — « Par Dieu, dit-il, dès que » je les ai vus, j'ai couru ſus & je les ai en- » tourés ! — (*J'have ſurrounded them.*) — »

XXVᶜ ANECDOTE.

LE Général *Morgan* avec huit cents hommes, dont la moitié étoient miliciens, battit complettement à la journée de *Cowpens*, le Colonel *Tarleton*, qui l'attaquoit avec mille hommes de troupes réglées. — Les deux-cents Dragons de ce Colonel, furent mis en fuite, & vivement pourſuivis par ſoixante des Américains, ſous les ordres du Colonel *Washington* ; — Quelques

mois

mois après *Tarleton*, se trouvant en quartier dans la maison d'un Colon, parloit avec fatuité de lui-même, & avec légereté du Colonel *Washington*, disant : « Qu'il voudroit bien con-
» noître sa figure. — En ce cas, il est bien fâcheux,
» répondit la fille de la maison, que le Colonel
» *Tarleton* n'ait pas pris la peine de tourner la
» tête à *Cowpens* —. »

XXVIe ANECDOTE.

SUIVANT les articles de la capitulation *de York*, les Anglois étoient obligés de rendre les propriétés reclamées par les particuliers. — Le Colonel *Tarleton*, dans un grouppe d'Officiers Anglois & de quelques François, allant dîner chez M. le Comte de *Rochambeau*, fut arrêté par un planteur qui reclama son cheval ; — il fallut descendre, & sans la politesse d'un Officier Français, *Tarleton* auroit fait tristement le chemin à pied —.

XXVIIe ANECDOTE.

LE Général de *Heyster*, qui commandoit les premières troupes Allemandes, que les Anglois

envoyèrent en Amérique, n'avoit jamais vu la mer; — il étoit embarqué sur le vaisseau de mylord *Howe*; — la navigation fut très-longue. Vers la fin du troisième mois, ce vieux Général vint dire à l'Amiral: — " Milord, nous ne con-
» noissons chez nous que l'obéissance passive aux
» ordres de notre Souverain; c'est pourquoi je
» suis embarqué sur votre vaisseau. — Je ne doute
» point de l'existence de l'Amérique, mais vous
» avez tant de fois viré de bord, & changé la
» route de vos vaisseaux que vous ne pouvez pas
» être sûr de la rencontrer. — Puisque nous
» n'arrivons pas, il est très-vraisemblable que
» nous l'avons dépassée — ».

XXVIIIe ANECDOTE.

Les Hessois, qui, comme vous voyez, con-noissoient mal l'Amérique, crurent pendant long-tems, que le nom de *rébelles* étoit véritablement celui des gens du pays; — voilà pourquoi ceux que le Général *Washington* surprit à *Trenton*, disoient avec toute la sincérité possible: " Mes-
» sieurs les rébelles, ne nous tuez pas — ."

XXIXe ANECDOTE.

Après la capitulation d'*York* un soldat Ecossais disoit à un Français, en lui montrant quelques Américains. — " Quels imbécilles que ces
" gens-là ? Nous nous battons pour notre Roi,
" nous autres, & vous pour le vôtre ; — mais
" ces bonnes gens, pour qui, diable, se bat-
" tent-ils — ? "

XXXe ANECDOTE.

Les Anglois ont publié dans leurs Gazettes, qu'avec huit mille hommes, ils en avoient pris six mille dans *Charles Town* ; — La vérité est, que leur armée étoit au moins de dix mille hommes, — & que la Garnison Américaine ne consistoit tout au plus qu'en deux mille hommes de troupes continentales ; ils ont compté, parmi les prisonniers, tous les citoyens en état de porter les armes ; — de cette manière on prendroit trois cens mille hommes à Paris. —

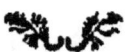

XXXI.e ANECDOTE.

Dans cette garnison (1) étoit le brave Colonel Laurens (2) qui, pour donner un bon exemple, avoit employé en abattis tous les arbres fruitiers de son Père, & qui, après avoir bravé cent fois la mort, consacra sa fortune, ses talens, & toutes ses vertus, au service de son pays; il fut tué à la tête d'un petit détachement, où il s'étoit fait transporter, quoique malade; — cette perte irréparable arriva au moment où il alloit affranchir les Nègres qu'il avoit reçus de l'héritage de sa mère, pour en former un régiment. —

XXXII.e ANECDOTE.

L'exagération que fit le général Clinton dans le nombre des prisonniers faits à *Charles Town*, mérite qu'on rappelle la réponse que lui fit le général *Lée*, lorsque ce dernier étoit prisonnier à *New-York*; — il fut consulté par Sir *Henri Clinton*, qui lui demandoit ce qu'il auroit

---

(1) Celle de Charles Town.
(2) Fils du célèbre Président.

dû faire pour réussir dans sa première expédition contre cette même ville en 1776. — *Quoique ce fût*, lui répondit le général Lée, *excepté ce que vous fîtes, any thing but what you did.* —

XXXIII.e ANECDOTE.

Lorsque l'Escadre de M. le Comte d'Estaing arriva à Boston, ce dût être un spectacle intéressant pour les Officiers Européens, de voir ce Corps d'Anglois & d'Allemands gardés par deux sentinelles de Milice, placées aux deux bouts de l'enceinte où on les avoit barraqués ; un Officier Anglois ayant forcé la consigne fut tué ; & depuis cette époque, ils montrèrent une parfaite obéissance. —

XXXIV.e ANECDOTE.

L'histoire de la guerre de la Caroline, par le docteur Ramsay, est un éloge plus véritable du Général *Green*, que tout ce qu'on pourroit dire. — Parmi une foule de traits qui le distinguent, je ne vous citerai que celui-ci. — Toutes ses dépêches, qui annonçoient quelques revers, étoient toujours adressées au Congrés, en sa qualité de commandant en chef, dans le département du Sud. — Mais toutes les fois qu'il avoit remporté quelques avantages, c'étoit au général Washington qu'il rendoit ses comptes, comme Officier subordonné au Commandant en chef. —

XXXVe ANECDOTE.

Parmi les sujets d'étonnement qu'a donnés l'Armée Américaine, on a dû être surpris de voir un Corps d'Artillerie formé en si peu de tems, par le génie naturel du général Henri *Knox*, & par le zèle des Officiers de ce Corps, dont presque aucun n'avoit vu de canons, ni même pensé au métier de la guerre, avant qu'elle se déclarât.

XXXVIe ANECDOTE.

C'est un spectacle bien intéressant que de voir le colonel *Alexandre Hamilton* (1), après avoir soutenu la cause de sa patrie, avec cet enthousiasme qu'inspire la liberté, cette brillante valeur, & ces talens, qui ont été si utiles, revenir à *New-*

___
(1) Il a été Aide-de-Camp du Général *Washington* pendant toute la guerre.

York, intercéder par ses écrits (1), en faveur des Royalistes, qu'il croyoit traités avec trop de sévérité. —

XXXVIIe ANECDOTE.

SI le général *Putnam* a renouvellé littéralement l'exemple du Romain qui quitta sa charrue pour commander, on trouve une simplicité encore plus auguste & plus frappante dans le dîner frugal que le général *Horatio Gates*, vêtu, ainsi que ses Aides-de-Camp, d'un habit gris, donna au général *Burgoyne*, & aux Officiers de l'Armée Angloise & Allemande, après la capitulation de Saratoga.

XXXVIIIe ANECDOTE.

TOUT le monde a connu la trahison du général *Arnold*, & le malheur du Major André; — celui-ci, à la faveur du déguisement, avoit passé les Forts *Stoney-Point* & *la Fayette*, & même tous les postes avancés, — lorsque près l'île de

_____

(1) Lettres de Phocion, & plusieurs autres publications qui furent imprimées dans les Gazettes.

I iv

New-York (1), il rencontra trois jeunes gens qui étoient à la recherche de quelques bestiaux volés par les *Torys* (2) ; — il montoit un cheval de l'Armée Américaine, & étoit muni d'un passe-port du général *Arnold* ; — déjà il s'applaudissoit de son stratagême & de sa bonne fortune, — lorsque ces trois jeunes gens, feignant être du parti Royaliste, lui demandèrent compte de sa conduite, & l'arrêtèrent pour le questionner ; — il les pria de le laisser passer, disant qu'il étoit chargé d'une commission importante ; — mais bientôt après, s'appercevant qu'ils étoient bons *Wigs* (3) :

« Vous êtes trois, leur dit-il ? — Que deux
» de vous me gardent, pendant que le troisième
» ira porter un billet de ma part, au premier
» poste Anglois, qui n'est qu'à une petite dis-
» tance d'ici, soyez sûrs qu'on vous donnera
» pour ma rançon telle somme d'argent & telle
» quantité de marchandises que vous deman-
» derez. — Le Roi d'Angleterre est bien riche,
« nous le savons, mais il n'y a point de richesses
» qui puissent nous engager à trahir notre Pa-
» trie ; » — alors ils le fouillèrent, & ayant trouvé

---

(1) Anciennement appelée, par les Sauvages, *l'île de Manhatan*.

(2) Ancien nom du Parti Royaliste en Angleterre.

(3) Ancien nom du Parti Républicain en Angleterre.

dans ses bottes, tous les plans de *West-Point*, toutes les preuves du complot, ils le conduisirent au premier poste des troupes continentales (1).

XXXIX.ᶜ ANECDOTE.

Le même jour que ce complot fut découvert, le général *Arnold* attendoit à déjeûner, les généraux *Washington*, la *Fayette* & *Knox*, avec leurs aides de camp, qui revenoient de Hartford (2), où ils avoient eu une conférence avec le Général & l'Amiral François. *Arnold* n'eut rien de plus pressé que de s'enfuir, laissant sa jeune femme évanouie; — quoique vivement poursuivi, il eut le tems de se réfugier à bord du Vautour (3); — le soir de ce jour mémorable, les Généraux Américains, qui étoient restés dans sa maison, reçurent de ce traître des lettres insolentes, qu'il eut l'audace de leur envoyer par un Parlemen-

---

(1) Le Congrès leur assigna une pension de cinquante guinées, après avoir chargé le Général *Washington* de remettre à chacun une médaille. L'État de New-York leur a donné depuis à chacun une plantation de 7000 livres tournois.

(2) Capitale de l'État de Connecticut.

(3) Vaisseau de guerre Anglois qui étoit à l'ancre dans la rivière d'*Hudson*, à quelques milles du Fort *West-Point*.

taire; — quoique le premier mouvement du général *Washington* fût celui de l'indignation, cependant il ne tarda pas de faire dire à madame *Arnold*, " que quoique très-affligé de n'avoir pas
" pû se saisir de son mari, il ne vouloit pas cependant perdre de tems à lui apprendre qu'il
" étoit en sûreté. " —

XLe ANECDOTE.

LE fort de *New-London* (1) n'étoit défendu que par une garnison composée des citoyens de cette ville, elle étoit commandée par M. *Ledyard*, homme très-respectable, qui s'y étoit réfugié, tandis que *Arnold* faisoit brûler cette ville, dans laquelle il avoit été élevé. — Un Colonel Anglois donna l'assaut à ce fort, d'où il fut repoussé trois fois; — l'ayant enfin emporté, M. *Ledyard* lui présenta son épée par la poignée; — il l'a prit & la lui passa à travers le corps; — toute cette garnison fut traitée avec une barbarie inouie. — Les blessés mis sur des charriots furent précipités le long d'un rocher raboteux & escarpé —.

(1) Ville & Port de Mer très-considérable de l'État de Connecticut, à l'embouchure de la Tamise.

XLIe ANECDOTE.

A l'affaut de plufieurs forts, & nommément à l'attaque d'une redoute au fiége d'*York*, il fut permis aux Américains d'ufer de repréfailles, que la cruauté des Anglois rendoit néceffaire, mais dès qu'ils virent leurs ennemis vaincus ils leur pardonnèrent toujours, & leur générofité fut telle, que ces hommes qui n'avoient fouvent ni chapeau, ni fouliers, ne fongèrent pas à en dépouiller leurs prifonniers —.

XLIIe ANECDOTE.

ON projeta une expédition fort fingulière pendant l'hiver de 1777, époque très-trifte de la révolution. — Une petite armée de quatre à cinq mille hommes devoit partir d'*Albany* (1) en traîneau, traverfer le lac *Champlain* fur la glace, arriver à *Montréal* (2) au milieu du Carnaval, &

(1) Grande & belle ville de l'État de New-York, bâtie à l'extrémité de la navigation maritime de la rivière d'*Hudfon*, à foixante-douze lieues de cette première ville; la marée y monte à plufieurs pieds.
(2) Capitale du haut Canada.

être commandée par un Général de vingt ans. — Ce projet avoit été formé trop tard ; — quand M. le Marquis *de la Fayette* arriva à *Albany*, il fut obligé de renoncer à cette expédition, pour éviter le sort très-récent du Général *Burgoyne* ; — il se borna à la défense de la frontière, & à tenir un conseil avec les Sauvages. — Sa belle conduite lui mérita les remerciemens particuliers du Congrès, comme vous pouvez le voir dans les Journaux de ce Corps —.

XLIIIᵉ ANECDOTE.

Lorsque le Marquis *de la Fayette* revint en France vers la fin de 1779, le Congrès fit équiper à *Boston* la frégate l'*Alliance*; — on lui offrit de faire la presse pour l'armer ; mais comme il s'étoit toujours déclaré l'ennemi de ce genre de levée, il aima mieux qu'on engageât de bonne volonté, ce qui manquoit de l'équipage, dont plus de la moitié se trouva être composée de matelots Anglois qui avoient été faits prisonniers —.

Huit jours avant d'arriver en Europe, il se forma une conspiration de tous ces Etrangers, dont l'exécution ne manqua que par le plus singulier hasard. —. Ces matelots prenant un Américain pour un Anglois, à cause de la conformité du langage, le mirent dans le secret, & lui offrirent le commandement de la frégate, qui, suivant la proclamation du Roi d'Angleterre, (pièce plus politique que morale) devoit être vendue au profit des révoltés ; — mais l'honnête Américain ne balança pas à avertir les Officiers une heure avant le moment où ils devoient tous être massacrés. — Pendant cette guerre civile à bord, les matelots François & Américains, sans exception, firent cause commune contre les Anglois, qui formoient à peu près la moitié de l'équipage —.

XLIVe ANECDOTE.

Les plus petites circonstances influent souvent sur les grands évènemens. L'anecdote suivante que j'avois souvent entendu raconter à *New-York*, m'a été confirmée par la correspondance imprimée des Généraux Anglois.

Une malle de lettres fut prise par les Royalistes & portée au Général Sir *Henry Clinton* à *New-York*. — Elle en contenoit plusieurs du Général *Washington*, une entr'autres au Marquis *de la Fayette*, dans laquelle il lui parloit de son projet d'attaquer *New-York* ; & lui laissant la liberté de venir à ce siége, paroissoit cependant désirer qu'il n'abandonnât pas le poids de la guerre que l'armée Angloise faisoit en *Virginie*; — dans le même tems le Marquis *de la Fayette* informoit par une autre voie le Général de ses succès contre les ennemis, & de l'espérance qu'il avoit de les engager dans la partie basse de l'Etat, où une coopération de la flotte & de l'armée pourroit s'effectuer avec avantage, si M. *de Grasse* qui avoit fait annoncer son arrivée prochaine par la frégate *la Concorde*, vouloit s'emparer de l'entrée de la baie de *Chésapéak*. — Pendant tout cet intervale le Général Sir *Henry Clinton* resta toujours dans l'erreur; — il ne songea à secourir le Lord *Cornwallis* qu'après que le Comte *de Grasse*, informé par un Officier placé au Cap *Henry* par le Marquis *de la Fayette*, eut bloqué la rivière d'*York*, après que l'Armée combinée aux ordres du même Marquis, jointe par le gros détachement que M. *de Saint-Simon* venoit d'amener des îsles, eut pris la position de *Williamsbourg*; & enfin après l'arrivée de celles des Généraux *Washington* & *Rochambeau* sur *la Delaware*, qui avoient été assez heureux pour réussir à lui persuader par leurs mouvemens que c'étoit à *New-York* qu'ils en vouloient —.

XLV.e ANECDOTE.

Lorsque le Marquis de *la Fayette* commandoit en *Virginie*, il n'eut jamais de caisse militaire, les chevaux & les charriots étoient ramassés parmi les habitans. — Les vivres étoient fournis par le pays, ou donnés par les particuliers sur de simples certificats; — les Officiers & les soldats ne recevoient point de paye, & comme on vouloit distribuer à ces derniers un nouveau papier-monnoie de l'Etat de *Virginie*;
« — A quoi, bon, répondirent-ils, nous donner
» cette représentation inutile, on n'a point d'ar-
» gent, nous le savons bien, & n'en demandons
» pas ; — c'est après la paix que notre Patrie
» acquittera sa dette — ».

XLVI.e ANECDOTE.

Je ne saurois me refuser au plaisir de vous communiquer l'extrait suivant des Journaux du Congrès que peut-être vous n'avez pas vus —.

Par les Etats-Unis assemblés en Congrès,
Premier Janvier 1783.

Le Ministre plénipotentiaire de S. M. T. C.,

ayant communiqué au Congrès l'ordre de faire embarquer l'armée commandée par Monsieur le Comte de *Rochambeau*, & la nouvelle de son départ, ainsi que les intentions de sa Majesté de la faire revenir toutes les fois qu'elle pourra coopérer avec celle des Etats-Unis —.

Résolu que le Secrétaire des affaires étrangères informe le Ministre de France, que, quoique le Congrès ne puisse voir sans régret, le départ d'une armée dont la bravoure, & la bonne conduite a si puissamment contribué à la réduction de l'ennemi. — Cependant ils ont trop de confiance dans la bonne intention de S. M. en faveur des intérêts de l'alliance, pour n'être pas persuadés que l'ordre de ce départ n'a été dicté que par la conviction, qu'elle pouvoit être plus utilement employée ailleurs contre l'ennemi commun.

Résolu que le Congrès prie le susdit Ministre de faire connoître à S. M. toute la reconnoissance que ce corps conservera toujours pour son attention particulière à leurs intérêts, si évidemment démontrés par les secours importans qu'il leur a accordés; — & par la généreuse résolution que S. M. a prise d'ordonner que ses troupes reviendront ici, dès que les circonstances rendront utile & nécessaire leur coopération avec celles des Etats-Unis —.

Qu'il

Qu'ils le prient de recommander d'une manière particulière le Comte de *Rochambeau*, & l'armée qu'il a commandée à la faveur de S. M. ayant les plus grandes raisons d'être satisfaits de sa bravoure, & de sa bonne conduite, & non moins de l'exacte discipline, à laquelle est due la parfaite harmonie, qui a si heureusement subsisté entre les soldats François, & les citoyens des Etats-Unis —.

Résolu que le Président présente les remercîmens particuliers du Congrès, à son Excellence le Comte de *Rochambeau*, & lui fasse connoître la haute estime, que ce corps conservera toujours pour les talens distingués, qui, dans le cours des circonstances les plus importantes, ont été si utiles à ces Etats ; — Ainsi que pour la discipline exemplaire qui a toujours été observée par les troupes qu'il a commandées ; — talens que lui ont mérités à si juste titre, l'admiration & l'estime des citoyens de ces Etats ; — ces mêmes citoyens se ressouviendront toujours avec affection & reconnoissance des grandes services qu'il leur a rendus, & de l'attention scrupuleuse qu'il a eue pour les droits des particuliers dans toutes les occasions.

CHARLES THOMPSON,
Secrétaire.

XLVII.ᵉ ANECDOTE.

ORIGINE du grand Hôpital de la ville de New-York.

LE 22 Mai 1769 on célébra dans la grande salle du collége (1) de cette Ville l'anniversaire de son établissement ; — les écoliers, suivant l'usage, prononcèrent des oraisons sur plusieurs sujets intéressans & patriotiques. — Le docteur *Samuel Bard*, jeune medécin recemment revenu d'*Edingbourg*, où il avoit fini le cours de ses études, fixa l'attention & mérita les applaudissemens des Auditeurs par un discours très-éloquent, & très-instructif sur la médecine ; — il s'étendit beaucoup pour démontrer la nécessité d'établir un hôpital hors de la Ville, & de le construire dans un endroit élevé, spacieux, isolé & commode ; — l'utilité de ce projet nouveau fit une impression si vive sur l'assemblée, que le Gouverneur (2) ouvrit sur le champ une souf-

---

(1) Il étoit alors appelé le collège du Roi, & depuis la révolution, l'Université de Colombia.

(2) Sir Henri Moore Baronet, anciennement Gouverneur de la Jamaïque.

cription en déposant cent guinées ; il promit au nom du Roi une charte d'incorporation, en vertu de laquelle les souscripteurs jouiroient de tous les privilèges (1) nécessaires au maintien de cette institution nouvelle; — ses offres généreuses furent acceptées avec la plus vive reconnoissance & son exemple fut suivi avec un zéle & un empressement vraiment patriotiques; — peu de tems après l'assemblée législative de cette colonie, en donnant la sanction de la Loi à cet établissement, accorda aux souscripteurs une somme très-considérable —.

L'année suivante ils firent construire en pierre un édifice très-vaste, situé sur une colline à peu de distance de la rivière de *Hudson*; — cette belle maison unissoit la beauté à la commodité, & décoroit infiniment les environs de cette Ville ; — mais la guerre l'a beaucoup détériorée; — les souscripteurs qui ont survécu à cette révolution, s'occupent dans ce moment à la réparer & à lui rendre toute son élégance & son utilité première.

---

(1) Tels que ceux de choisir tous les trois ans, parmi eux, douze Directeurs, un Trésorier, Caissier, Secrétaire, & de faire des réglemens, &c.

XLVIII.e ANECDOTE.

Origine de la Société de Marine de la ville de New-York.

Une seconde fondation non moins utile que la précédente a rendu cette année remarquable dans les fastes de cette Ville; — un coup de vent terrible avoit jeté sur les côtes voisines plusieurs vaisseaux; — peu de tems après cet événement fatal, les veuves & les enfans des marins, qui venoient de périr, se présentèrent devant la Chambre du Commerce & implorèrent ses secours; — touchés de ce spectacle attendrissant, les membres de cette Chambre se cotisèrent sur le champ, & assignèrent des pensions à ces malheureuses femmes —.

En réfléchissant sur la nécessité d'encourager & de recompenser les gens de mer, ils conçurent l'idée d'établir un fond perpétuel, qui seroit formé tant par les souscriptions de ceux qui voudroient encourager ce nouvel établissement, que par une portion annuelle des appointemens de tous les marins, qui désiroient assurer à leurs veuves & à leurs enfans après leur mort une subsistance décente; — ils nommèrent un Comité qui fut chargé de rediger ce nouveau plan ; — après qu'il eût été difcuté & arrangé tel qu'il eft aujourd'hui, ils annoncèrent dans les gazettes une affemblée extraordinaire de la Chambre (1) pour un objet très-important : — tous les négocians & armateurs, ainfi que les principaux citoyens de la Ville y furent invités ; — le Préfident développa ce nouveau projet de bienfaifance dans un difcours plein de force & d'éloquence, qui fut reçu avec beaucoup d'acclamations ; — des foufcriptions confidérables furent données dès ce jour même. — Tous les marins s'empreffèrent de faire enrégiftrer la portion de leurs appointemens qu'ils y deftinoient ; — à peine deux mois s'étoient écoulés que les foufcripteurs avoient déjà obtenu du gouvernement une chartre d'incorporation, fous le nom de la *Société de marine de la Ville de New-York* ; renfermant un grand nombre de priviléges ; — tels que ceux de choifir tous les ans un Préfident, un Tréforier, un Secrétaire, un Caiffier, &c. — Telle a été l'opinion que le Public s'eft formée de l'utilité de cette fociété dans une Ville maritime, qu'elle jouit aujourd'hui, malgré les malheurs de la guerre, d'un capital de plus de 500000 liv. tournois, qui augmente tous les jours par de nouvelles

---

(1) Le 21 Novembre 1769.

fouscriptions, & souvent par des legs testamentaires ; — presque tous les membres du Congrès, les Ambassadeurs, & les étrangers qui sont aujourd'hui dans cette Capitale, en sont devenus membres. — Le certificat de réception, signé du Président, du Secrétaire, & revêtu du sceau de la Société, est extrêmement élégant ; — c'est une belle estampe, dont le sujet fait allusion à l'objet de cette utile institution. — Chacun fait encadrer son certificat avec beaucoup de soin, — vous devez vous rappeler de les avoir vus suspendus comme un ornement sur presque toutes les cheminées.

Philadelphie, 21 Janvier 1786,

XLIXe ANECDOTE.

LE 17 de ce mois, le Docteur *Benjamin Franklin*, Gouverneur de la Pensilvanie, entra dans la quatre-vingt-unième année de son âge. — Les Imprimeurs de cette Ville désirant lui témoigner d'une manière publique leur respect & leur vénération, saisirent cette occasion favorable de célébrer le jour de la naissance de ce grand-homme, le disciple, l'ami, le patron de l'Imprimerie. — Avec ce dessein ils l'invitèrent à un grand dîné, non comme Président du Conseil exécutif de la république de Penſilvanie, mais comme ſimple Imprimeur, & on y porta les Toaſts ſuivans :

Au reſpectable Docteur *Franklin*, Imprimeur, Philoſophe & Homme d'État.

A l'inventeur de l'Imprimerie, cet art par excellence, que ſa mémoire ſoit bénie dans tous les ſiècles.

A tous les Imprimeurs répandus ſur la ſurface de la terre.

A tous ceux qui ont fait de l'Imprimerie un uſage utile.

Adieu SAINT-JOHN.

New-York, le 15 Mai 1786.

JE crois ne vous avoir pas encore informé de la mort d'*Antoine Bénézet*, qui arriva vers le commencement de l'année 1784; — l'état de Penſilvanie perdit, en lui, un de ſes citoyens le plus utile & le plus digne de regrets, & la ſociété des amis, (1) un de ſes membres les plus vertueux. — Par reſpect pour la mémoire d'un homme

(1) Celle des Quakers.

que j'ai aimé pendant vingt ans, permettez-moi de vous envoyer, 1°. la belle lettre circulaire que sa société publia en 1764, à laquelle il eut une si grande part. 2°. le foible tribut d'amitié & de reconnoissance que je fis insérer dans les Gazettes, peu de tems après sa mort ; enfin, ce qu'en a dit dernièrement le docteur Benjamin Rush (1), dans un discours qu'il lut à la séance publique de la société philosophique dont il est membre (2), & qui depuis a été imprimé & dédié à M. *Franklin* (3).

---

(1) Professeur de Chymie dans l'Université de Pensilvanie.

(2) Tenue à Philadelphie le 27 Février dernier.

(3) Comme Gouverneur de cet État.

Philadelphie, 20 Mai 1764.

Lettre circulaire adressée par l'assemblée générale des Amis de la Pensilvanie, à toutes les Églises & à tous les Membres de leur Société, habitans les Colonies Angloises du Continent.

EN ASSEMBLÉE GÉNÉRALE.

Frères,

Depuis long-tems les membres de cette Assemblée forment les vœux les plus sincères pour l'émancipation des Nègres ;— depuis long-tems ils desirent ardemment les voir jouir en paix du premier droit de l'humanité ;— comme Disciples de Jésus-Christ, comme Membres d'un gouvernement doux & équitable, comme personnes libres & indépendantes, n'aurions-nous pas dû rougir, il y a long-tems, d'avoir tenu sous le joug, dans le sein de nos familles, des hommes semblables à nous, Membres de Jésus-Christ comme nous, agissant & vivant avec nous & pour nous ?— ne sont-ce pas leurs sueurs qui fertilisent nos champs ?— Puisqu'ils partagent nos travaux, pourroient-ils ne pas partager auſſi la liberté dont nous jouiſſons ? —

Nous invitons donc les membres des aſſemblées, ainſi que tous les individus de notre ſociété, à réfléchir mûrement ſur l'importance de cette réſolution & ſur la néceſſité d'en adopter les principes; — ce n'eſt pas d'aujourd'hui que ces maximes ont été promulgués & prêchées; — pluſieurs de nos Frères, ſe ſont fait un devoir conſciencieux de parcourir le continent, de les manifeſter dans tous les lieux où ils ont ſéjourné; — Dieu a béni leurs travaux; — les cœurs ſe ſont émus, les eſprits ſe ſont éclairés; — & pluſieurs ont été perſuadés; — delà les ſentimens de componction & de repentir, qui ont éclaté depuis, dans preſque toutes les aſſemblées des amis; — de toutes parts les gémiſſemens ont retenti: — les accens de la douleur ſe ſont fait entendre, & nos frères ont confeſſé, que l'eſclavage des nègres étoit un des plus grands crimes, que les blancs puſſent commettre, devant Dieu le père de tous les hommes.

Pénétrés des mêmes ſentimens, nous vous exhortons donc d'accomplir cette bonne œuvre, cet acte de juſtice, en approuvant & en ſignant les réſolutions ci-incluſes. — Nous prions l'auteur de la lumière de vouloir bien éclairer tous les efprits ; — & de parler à tous les cœurs, non-feulement des membres de notre fociété, mais auffi de tous ceux de nos compatriotes.

Par ordre de l'Affemblée générale,
Jean Pemberton.

Le 6 Mai 1784, mourut à *Philadelphie*, dans la foixante-onzième année de fon âge, *Antoine Bénézet*, fils d'un François, chaffé de fa patrie à la révocation de l'édit de *Nantes* ; — il étoit membre de la fociété des *Amis* ; — quel eft l'homme fur ce continent, qui n'ait pas entendu parler de la douceur, de la charité, de la bienveillance de ce vertueux Philadelphien. — Il n'a ceffé de s'occuper, pendant le cours d'un grand nombre d'années, des intérêts de l'humanité ; — tous les inftans de fa longue vie ont été confacrés au bien de fes femblables ; — il étoit bon fans réferve, affable fans petiteffe, charitable fans oftentation ; — il répandoit fon revenu annuel dans le fein des pauvres & des malheureux, qui multiplie au centuple le bien qu'on y verfe ; — fa fphère étoit étroite, il fuyoit l'éclat, le bruit & la grandeur ; — il a été le digne émule du célébre *Jean Fothergill* (1) —.

(1) Célèbre Médecin Anglois, Membre de la Société des *Amis*, mort il y a trois ans : c'est à cet homme vertueux que l'humanité doit le projet sublime d'instruire les Princes Nègres dans l'art de faire cultiver la Canne à sucre par leurs vassaux, au lieu de les vendre comme des bêtes. La liste des actions charitables & utiles qui ont rempli le cours de sa vie, feroit un volume (1). C'est à lui à qui on doit l'établissement de ce fameux jardin botanique à *Upton*, qu'il a enrichi des plantes & des arbres les plus rares & les plus utiles; c'est à lui que l'on doit la transplantation du *Cortex-Winteranus*, du fruit à Pain, du *Mangasteen*, du *Bambou*, &c. : c'est lui qui, à ses frais, envoya dans les régions éloignées, & sur-tout en Affrique, les hommes les plus instruits : — c'est à lui que l'Angleterre doit une foule d'améliorations dans le commerce & les manufactures : — c'est à lui que la société des *Quakers* doit la fondation de cette immense & superbe école d'*Ackworth*, dans le *Yorkshire*, la seule de l'Europe où l'on enseigne à la jeunesse l'ancien précepte de *Pytagore*, la nécessité du silence & de la méditation : — protecteur de ceux qui avoient plus de génie que de fortune : il a dépensé dans le cours de sa vie, en générosités, plus de trois cents milles guinés : — il étoit

(1) *Voyez* les Mémoires sur la vie du Docteur *Jean Fothergill*, par *Lettsom*, imprimé à *Londres* en 1786, chez *Charles Dilly*, la quatrième édition, les Mémoires du Docteur *Tompson*, sur la vie du même, l'éloge qu'en a fait M. *Vicq d'Azir*, &c.

C'est *Antoine Bénézet*, c'est ce digne apôtre de l'humanité, qui le premier, abandonnant sa maison & ses affaires, parcourut le continent pendant l'espace de trois ans, & engagea les membres de sa société à affranchir leurs nègres. — Depuis cette époque il n'a cessé par les ouvrages, qu'il a publiés, & par ses exhortations personnelles de prêcher la liberté de cette race infortunée. — Son zéle, & les grands succès qui ont couronné cette belle entreprise, doivent rendre sa mémoire précieuse à tous les hommes, & la faire bénir à jamais. — Si un jour, comme il est vraisemblable, elle est entièrement affranchie (1), c'est à cet homme vertueux & respectable, qu'elle devra ce bienfait inappréciable —.

Persuadé que l'ignorance avilit l'esprit, & dispose à l'asservissement, désirant rendre les générations futures des nègres plus dignes de la liberté, qui leur a été accordée par la Loi de 1780 (2); loi, que la raison & la religion

———

lié non-seulement avec les hommes les plus célèbres de l'Angleterre & de l'Europe, mais aussi avec ceux de l'Amérique & des Iles, &c. Si jamais j'approche du lieu où reposent les cendres de cet homme vertueux, j'écrirai sur sa tombe : *Hic jacet humani generis decus*, &c.

(1) Les différentes loix passées dans plusieurs États, annoncent les progrès de cette révolution.

(2) Promulguée par le Corps législatif de la Pensilvanie.

dictèrent, il fonda en 1781 une école pour l'instruction des Noirs, où il a toujours enseigné lui-même depuis ; — après avoir pourvu à la subsistance & à l'entretien de sa femme, il a légué tout le reste de sa fortune à cette fondation utile (1) —.

Il fut suivi au tombeau par un grand nombre de citoyens, de membres du Congrès & du Gouvernement (2) —. Les Ambassadeurs, les étrangers mêmes, tous s'empressèrent de rendre hommage à la vertu, en accompagnant les cendres de cet homme, dont la vie avoit été si précieuse & si édifiante ; — plus de quatre-cents nègres qui tenoient de lui la liberté & l'instruction, vinrent aussi lui apporter le tribut de leurs regrets, de leurs larmes & de leur reconnoissance. — Quel éloge funèbre —!

---

(1) Plus de deux mille livres sterling.
(2) La présence du Congrès y fixoit la résidence des Ambassadeurs.

PARAGRAPHE extrait du discours du Docteur B. Rush.

« Cet Etat déplorera long-tems la perte d'un homme, chez qui la raison & le sentiment intérieur du bien avoient concouru à produire un degré d'excellence morale, tel qu'il en paroît rarement parmi nous ; cet estimable citoyen considéroit les hommes comme enfans du même père ; — soit que cette image du grand Créateur fût blanche, noire, ou basannée ; — soit qu'ils parlassent sa langue ou un idiôme étranger ; — soit que leur culte admît ou rejetât les cérémonies ; il les regardoit tous comme ses frères, & par conséquent comme l'objet de sa bienveillance. — C'est à nos poëtes & à nos historiens futurs qu'il appartiendra de chanter les louanges, de célébrer les actions d'une vie aussi utile & édifiante, qu'elle a été vertueuse & simple. — Si jamais notre postérité jouit de la consolation de voir tous ces états, promulguer des loix pour détruire l'esclavage, semblable à celle de la Pensilvanie (1). — Si jamais les Rois publient des édits pour

---

(1) Passée en 1780.

» abolir ce commerce criminel. — Si jamais on
» établit en Afrique des écoles & des églifes ;
» — fi jamais on introduit dans ce malheureux
» pays les germes de la civilifation, — les géné-
» rations futures fe reffouviendront que cette
» heureufe révolution fera due aux travaux,
» aux publications, aux lettres & aux prières
» d'*Antoine Bénézet*. — Ce digne homme étoit
» defcendu d'une famille ancienne & honorable,
» qui vivoit en France fous le règne de *Louis XIV*.
» — Quoique fon père lui eût laiffé une fortune
» affez honnête, il fe voua cependant, dès fes
» premières années à l'éducation de la jeuneffe ;
» — perfonne n'a porté plus loin que lui le zéle,
» la capacité, l'attention, avec lefquels il
» enfeigna les principes de la faine morale aux
» jeunes gens, qui eurent le bonheur de lui être
» confiés. — Il a publié pendant le cours de fa
» vie plufieurs excellens mémoires contre la
» traite des nègres, la guerre & l'ufage des
» liqueurs fortes, fur la méthode de civilifer &
» de chriftianifer les fauvages. — Il écrivit plu-
» fieurs fois aux Reines d'Angleterre & de Por-
» tugal, pour les conjurer de mettre fin au plus
» criminel de tous les trafiques, le commerce
» des nègres. — Il écrivit auffi au Roi de Pruffe
» avec le deffein de lui infpirer de l'horreur pour
» la guerre. — L'hiftoire de fa vie eft devenue

» parmi

» parmi nous une preuve bien frappante du bien
» que peut faire à une grande société un foible
» individu, & combien les hommes vraiment
» bons & vertueux peuvent accomplir de choses
» grandes & utiles, quoique dans l'état le plus
» humble, &c. — ».

Adieu SAINT-JOHN.

Comté d'Orange 28 Octobre 1774.

ESQUISSE d'un voyage de Ménéssink *sur la* Délaware *à* Wioming, *sur la branche orientale de la* Susquéhannah *à* Warriors-Run, *à la* Vallée des Bufles, *à* Shamoctin, Wiolucing *&* Anaquaga; *retour par le grand portage de* Cookhouse *à* Shohactin *& à* Mahakamack, *en descendant la* Délaware *à travers les* Montagnes Bleues.

SI vous jetez les yeux sur la partie de l'état de New-York, qui est arrosée par la rivière de *Mahakamack*, vous observerez, en suivant son cours, qu'elle verse ses eaux dans la *Délaware*, peu à près que ce fleuve est sorti des montagnes *Bleues*. — Ce canton est remarquable non-seulement par le voisinage de trois états (1), mais aussi par la réunion des chaînes des *Kaats'kill* de *Ménessink*, & de *Shawagunk*, connues dans la *Pensilvanie*, sous le nom de Montagnes *Eternelles* (2) —

Je crois vous avoir déjà parlé des établissemens que plusieurs habitans de *Connecticut* fondèrent en 1766, sur la branche orientale de la *Susquéhannah* (3); — ce n'est point du progrès de leurs enterprises, & de leurs défrichemens, dont je veux vous parler aujourd'hui; je désire seulement vous présenter l'esquisse du voyage que je fis chez eux sept ans après leur arrivée. — Ce foible tableau sera suffisant, je l'espère, pour vous donner une idée des travaux intéressans de cette nouvelle colonie.

Accompagné de mon bon nègre *Décembre*, & de mon chien *Terre-Neuve*, je partis à pied de *Goshem* (4) le 4 Mai. — Après avoir traversé les derniers établissemens de cet état, j'arrivai le lendemain sur les hauteurs de *Ménessink*, d'où un très-bon chemin conduit insenblement jusqu'aux plantations qui sont situées

---

(1) *New-York, New-Jersey* & *Pensilvanie.*
(2) *Endless-Mountains.*
(3) *Voyez* l'Histoire de *Rachel Budd.*
(4) District du *Comté d'Orange.*

fur les terres baſſes qu'arroſe la *Délaware*. — Quel contraſte! quand de la cime preſque nue de ces montagnes le voyageur contemple au-deſſous de lui le riche tableau agricole qui vient ſe préſenter à ſes yeux! quand il compare l'âpreté, la ſtérilité de toutes ces chaînes, quoique couvertes de cèdres, avec les champs fertiles, les ſuperbes vergers, les vaſtes granges, les maiſons élégantes & bien peintes des riches & heureux colons qui, depuis cent vingt ans, cultivent ces beaux terreins! — Leurs moiſſons ſont préſervées des vents de Nord-Oueſt par les *montagnes Bleues*, & des vents de Sud Eſt par celles de *Méneſſink*. — D'un côté ce fleuve leur apporte de ces mêmes montagnes, les bois & les planches dont ils ont beſoin ; de l'autre il leur procure l'avantage inappréciable d'une navigation facile & commode juſqu'à *Philadelphie* —.

L'embouchure de la rivière de *Mahakamak*, eſt, comme vous le ſavez, à l'extrémité occidentale de la ligne qui diviſe les Etats de New-York & de New-Jerſey. Les terres baſſes qui l'avoiſinent, auſſi fertiles que celles de la *Delaware*, ont conſtamment enrichi, depuis plus d'un ſiècle les colons François qui en obtinrent la conceſſion des ſauvages, peu d'années après la révocation de l'édit de *Nantes*. — Trois Milles au-deſſous de l'embouchure de cette rivière, je traversai la *Délaware* au *bac de Wells*, & j'entrai dans cette partie de la *Pensilvanie*, connue sous le nom de *Upper Smith Fields*, après avoir passé un jour entier à considérer & examiner les beaux moulins à scie qu'on y a construits depuis plusieurs années. Je commençai mon voyage en suivant à travers les forêts, le sentier des gens de Connecticut.

Ce premier terrein ne me parut être qu'un mélange de gravier, de sable & de terre rouge, couvert de pins résineux d'une moyenne grandeur. — J'observai cependant dans les valées des chênes blancs & noirs qui annonnçoient une meilleure qualité de sol; — les terres plus humides étoient couvertes de bouleaux blancs, d'érable ordinaire, d'aunes & de lauriers sauvages, dont les branches crochues & traînantes, offrent des obstacles presque insurmontables aux progrès des voyageurs. — Heureusement ceux qui m'avoient précédé en avoient débarrassé le sentier que je suivois.

Après avoir voyagé pendant vingt-sept milles & traversé plusieurs gros ruisseaux, j'apperçus de loin un petit établissement de trois maisons, situées sur les bords de la rivière de *Shoholy*. Vous ne sauriez croire avec quel plaisir un voyageur peu accoutumé à traverser les grandes forêts, apperçoit la lumière du soleil & des champs cultivés au sein des bois ; cette impression ne peut pas se peindre. — A peine fus-je entré dans la première de ces maisons, que je ne tardai pas à m'appercevoir combien l'hospitalité forestière est plus vive que celle des pays ouverts. — La présence d'un voyageur sous ces toîts solitaires, semble vraiment conférer un bienfait à ceux qui les habitent.

« — Soyez le bien venu, me dit le maître de
» cette plantation (1) ; en attendant que ma
» femme vous prépare à manger, voudriez-
» vous boire un peu d'eau de vie de pêches (2),
» & fumer une pipe ? — Très-volontiers, lui
» répondis-je ; — comme vous n'avez l'air ni
» d'un chasseur, ni d'un coureur de bois, con-
» tinua-t-il, pourroit-on vous demander, où
» vous allez, & d'où vous venez ? — Je suis un
» cultivateur du Comté d'Orange, lui dis-je ;
» — je vais me promener sur les bords de la
» *Susquéhannah* pour voir ce que les gens de
» *Connecticut* y ont fait depuis sept ans ; — vous
» ne craignez donc pas la fatigue ? — Ainsi que
» vous j'y suis accoutumé ; — d'ailleurs je compte

---

(1) *M. Ebenezer Seelly.*

(2) On extrait des pêches une eau-de-vie qui est très-bonne, quand elle a deux ans.

» être deux mois à mon voyage ; — voudriez-
» vous me dire qu'elles peuvent avoir été les
» raisons qui vous ont engagé à venir vous établir
» au sein de ces forêts ? — Ce lieu me paroît
» triste, lugubre & sauvage ; — ne regrettez-vous
» point la société de vos parens, de vos amis,
» votre ancien verger, vos bons chemins ? — Non,
» me répondit-il ; — il y a plus de plaisir à
» vivre dans les bois, & à n'être plus gêné par
» des voisins que vous ne pensez ; — puisque
» vous êtes un cultivateur, continua-t-il, vous
» devez savoir, que dans les pays ouverts il faut
» que tout vienne de l'art, & d'un travail cons-
» tant & assidu, provisions, pâturages, clôtures,
» soins journaliers des bestiaux, fourrages, &c.
» — Ici au contraire nous jouissons en commun,
» & sans aucune jalousie, de tous les avantages
» que procurent l'amplitude illimitée des forêts ;
» — ce grand patrimoine de la nature est riche
» & inépuisable, au delà de ce que vous pouvez
» imaginer ; le genre de vie que nous menons
» ici, est certainement plus naturel à l'homme.
» Nos bestiaux & nos chevaux sont plus gras &
» plus luisans que dans les meilleurs pâturages,
» & une preuve de ce que je vous dit, est, que
» tout le beurre que ma femme envoie à
» *Philadelphie*, se vend toujours plus cher, que
» celui qui est fait dans les prairies de *Goshem*,

» de *Wallkill*, de *Florida*, &c. (1).—Nos cochons
» jouiffent des mêmes avantages; — je puis en
» augmenter le nombre fans nuire à perfonne;
» — ils s'engraiffent toute l'année avec les châtai-
» gnes, les glands, les noix de terre (2), & plu-
» fieurs autres racines fucculentes qu'ils trouvent
» dans ces bois; — le foir au fon de la trompe
» tous reviennent chercher la portion de fel &
» de grain que nous ne manquons jamais de
» leur donner (3).—Loin donc d'être à plaindre,
» nous fommes beaucoup plus heureux, que la
» plupart des Colons qui habitent les pays dé-
» couverts; — d'ailleurs nous fommes des chaf-
» feurs affez habiles. — Que diriez-vous, fi je
» vous affurois que ma carabine & celles de mes
» enfans nous rapportent plus de foixante quinze
» guinées par an? — Ce mélange de culture &
» de chaffe a pour nous un charme que je ne
» puis vous peindre; l'un fert à nous délaffer
» des fatigues de l'autre, & à varier nos occu-
» pations; — nous n'avons qu'un feul danger à
» courir, c'eft celui d'acquérir un trop grand
» degré d'adreffe, qui, quelquefois, tend à nous
» éloigner de la charrue; — mais j'aurois honte

---

(1) Noms de différens diftricts *du Comté d'Orange.*
(2) *Ground Nuts.*
(3) Sans quoi ils deviendroient fauvages.

» d'avoir amené ma femme, & mes enfans
» dans les bois pour leur donner un si mauvais
» exemple; — nos terres basses nous rapportent
» trente-cinq boisseaux de blé par acre, cinquante
» de maïs, de l'avoine & du lin en proportion:
» — Quant aux moutons, les loups nous ont
» défendu d'en avoir; — mais, en revenche, je
» porte à *Ménnéssinck* la tête (1) & les peaux
» de ceux que nous attrapons; — ainsi que celles
» des cerfs & des ours. Nous les échangeons
» pour du drap, de la laine, du sel, des clouds,
» de la poudre, &c. — Le surplus est converti
» en argent, ainsi que le produit de nos bestiaux,
» de nos cochons & quelquefois l'excédent de
» nos petites récoltes; — quand nous avons
» besoin de farine, mes voisins & moi, nous
» joignons nos chevaux à celui qui a le meilleur
» charriot, & nous portons notre grain au moulin
» de *Ménnéfinck*. La femme de *** qui demeure
» dans la maison voisine, est une excellente tisse-
» rane, elle travaille pour nous, moyennant un
» échange de labeur, & bientôt ma fille *Priscilla*,
» à qui elle apprend ce métier, sera en état de
» tisser tout notre fil; ma femme coupe & fait
» très-bien nos habits ordinaires, & quant à
» ceux du dimanche, nous convenons du tems,

---

(1) Le Gouvernement donne 50 livres par tête.

» & du jour, & nous envoyons chercher à cheval
» un tailleur de *Ménnéfinck* ; — il en est de même
» du cordonnier ; — chacun de nous tanne son
» cuir, comme vous le voyez par cette grande
» auge sur le bord de la rivière (1). Tous les
» dimanches nous nous assemblons alternative-
» ment les uns chez les autres, & nous lisons
» les prières de la liturgie anglicanne, avec
» quelques sermons de *Sherloc* ou de *Blair* ;
» — dans nos maladies nous nous servons des
» remèdes que nous avons appris des sauvages,
» & quelquefois nous envoyons chercher les plus
» habiles ; — ici les sévérités de l'hiver sont
» beaucoup moins rigoureuses que dans les pays
» découverts, & dans l'été les chaleurs sont
» toujours tempérés par la fraîcheur des forêts
» voisines ; — nous recevons de tems en tems
» les gazettes des voyageurs, qui vont aux éta-
» blissemens de la *Susquéhannah* ; — ce petit
» secours & leur conversation suffit pour satis-
» faire notre curiosité. — Je vous en dirois
» encore bien davantage, mais voici l'heure
» venue où il faut que j'aille voir s'il n'y a
» point quelques loups dans ma fosse. » — Après
soupé, je fus visiter les deux autres familles de

―――――――――――――

(1) Dans les États du nord : presque tous les Cultivateurs tannent leurs peaux.

ce petit voisinage qui me parurent être aussi sensibles au bonheur de vivre dans les bois, de leur chasse & de leur culture ; — tant est séduisant l'appât qu'offre aux Colons la fertilité singulière de ces terres basses, sans être obligé de défricher, ni de renverser des arbres ; tant est irrésistible le goût naturel, que tous les hommes semblent avoir pour la vie des bois ! —

Le lendemain je quittai ces bonnes gens, & je continuai ma route en suivant toujours le même sentier ; — le sol étoit plat & assez fécond, si je puis en juger par la beauté des pins & des chênes, à travers lesquels je voyageois ; — après avoir fait onze milles, j'arrivai sur les bords du *Blooming-Grove-Creek*, dans un endroit, où un petit morceau de terre basse, que les inondations avoient épargné, donnoit l'aisance & le bonheur à une seule famille : — nous y étant arrêtés pour allumer nos pipes, le maître de cette maison solitaire nous offrit à déjeûner, & nous informa que seize milles plus bas, ce gros ruisseau tomboit dans la rivière de *Lackawacksen*, qui, bientôt après, reçoit les eaux du *Wallen-Pen-Pack*, & qu'à son embouchure dans la *Delaware*, cette première fournissoit par ses chûtes, l'emplacement de plusieurs beaux moulins à scie —.

Le ruisseau de *Blooming-Grove* ne me parut être que le lit d'un torrent, qui dans le printems sert à écouler les eaux, provenantes de la fonte des neiges; — quel volume immense ne doit-il pas contenir, si je puis en juger par la hauteur de ses rivages?—Dans certains endroits ce lit ne présentoit qu'une collection immense d'arbres, qui avoient été déracinés, entraînés par la force des eaux, & accumulés les uns sur les autres, de la manière la plus pittoresque, & la plus étrange; — dans d'autres endroits ce lit étoit presque à sec, & n'offroit à la vue que quelques gros rochers isolés, environnés de monceaux de galets & de gravier; — le plateau de terres basses, dont la fertilité avoit attiré cette famille, ne contenoit cependant que vingt-deux acres, & n'étoit défendu de la fureur des inondations, que par les racines de quelques platanes qui en avoient consolidé les bords.

Combien de ressources l'homme industrieux, placé au milieu des bois, ne trouve-t-il pas pour suppléer à la foiblesse de sa culture?—Cette famille isolée étoit composée du père, de la mère, de deux gendres, de leurs femmes & de trois enfans, — ainsi qu'à *Shoholy*; j'y observai la paix, l'union, la propreté, & l'abondance des choses de première nécessité, sans beaucoup de travail: — ils me dirent que l'étendue de leurs terres labourables étoit si petite, depuis qu'ils avoient marié leurs filles, qu'ils se proposoient de défricher vingt acres de terres boisées : — que la quantité prodigieuse d'érables à sucre, qui croissoient sur les bords de la rivière de *Wallen-Pen-Pack*, leur offroit un ressource, dont ils se servoient tous les printems (1), qu'ils en vendoient annuellement aux voyageurs, plus de sept-cent livres pésant, outre ce qu'ils en consommoient pour leur *Thé*, car tout surprenant, que cela vous paroîtra, on boit l'infusion de cette feuille de la Chine, jusques sous les cabannes Américaines. — Enfin dans leurs jours de loisir ils convertissoient en cendres autant de bois qu'ils pouvoient pour en faire de la potasse, &c. —

Ce voyage, je vous l'avoue, m'a fait connoître plus particulièrement un nouveau genre d'existence, que jusque ici je n'avois fait qu'entrevoir ; — d'un côté il semble circonscrire tous les besoins inutiles, de l'autre il fournit amplement aux plus essentiels : — représentez-vous un père au sein des bois, sur le bord d'un morceau de terre fertile, éloigné de tous les secours de la société, qui, au premier coup d'œil, paroissant manquer des moyens ordinaires de procurer sa subsistance, & celle de sa famille, dérive cependant de sa nouvelle situation, le talent d'en

---

(1) La méthode est la même dont on se sert pour convertir en sucre la séve de la canne.

créer de fuffifans, & même d'extraordinaires, pour obtenir l'aifance & l'abondance: — combien ce phénomène ne fuppofe-t-il pas de courage, & d'énergie, de connoiffances & d'induftrie —?

Je croirois donc l'état de demi-chaffeur & demi-cultivateur, fupérieur à tous les autres, puifqu'il offre à l'homme une plus grande portion de liberté, & d'indépendance, & par conféquent de dignité, & de bonheur. — La chaffe, quoique fouvent pénible, varie fes occupations, lui fournit des viandes, & des peaux, le foulage de cette application conftante, qu'exige une agriculture fuivie. — Placé au fein des bois, il chaffe pour éloigner les bêtes fauves de fes moiffons, pour exercer fon adreffe, jouir de fa fupériorité, parcourir fon vafte domaine, fans danger de devenir folitaire & féroce; — placé fur une terre fingulièrement fertile, il la cultive avec foin & plaifir; — mais fon induftrie n'eft point celle de l'avidité qui accumule, ni celle de l'ambition, qui travaille pour s'aggrandir; —c'eft une fimple prévoyance, fille de la fageffe & de la raifon: — heureux de n'être referré par aucune limite, de n'être affujeti à la captivité d'aucun bornage, il trouve dans la liberté illimitée des grandes forêts de la nature, celle des pâturages pour fes beftiaux, & celle de la chaffe pour lui-même, — comme il trouve fur fon morceau de *terre basse*, l'heureuse nécessité de la culture & du labourage; — si, d'un côté, les succès de la chasse l'excitent à parcourir les bois, à de trop grandes distances, de l'autre sa femme, ses enfans, ses champs, le ramènent sous son toît; — il tient à la fois, aux deux extrémités de la chaîne sociale, sans en avoir les imperfections; — il n'est ni trop enchaîné par la possession, ni trop dégradé par la soif des richesses, ni trop avili par les besoins, & la misère; — ne semble-t-il pas former une nouvelle nuance dans le tableau de nos jeunes sociétés? — Comme chasseur, il est l'homme primitif de la nature; — comme cultivateur, il est l'homme civilisé, mais dont la civilisation, loin d'étouffer la voix de cette même nature, ne fait au contraire, que l'aider & la perfectioner. —

On compte douze milles depuis cette maison jusqu'à la rivière de *Wallen-Pen-Pack* que nous traversâmes sur un radeau : — tout ce que je vis entre ces deux rivières, ressemble par sa fertilité, au pays des *Mohawks*; — quelles superbes forêts! quelles belles terres! — j'en traversai une de plus de cinq milles de longueur qui n'étoit couverte que de pins blancs; — par le moyen du feu, nous en renversâmes un qui avoit vingt-cinq pouces de diamètre, & soixante-sept pieds de hauteur, sans branches, & par conséquent sans nœuds; — quel dommage que la rivière de *Wallen-*

Pen-Pack ne puisse jamais devenir navigable ! mais ses chûtes nombreuses fourniront aux Pensilvaniens, l'emplacement le plus commode pour les usines & les moulins à scie, qui, un jour convertiront en planches tous ces beaux arbres ; — peut-être même l'industrie Américaine parviendra-t-elle à les transporter sur les neiges de l'hiver, jusqu'au bord de la *Délaware*, d'où ils flotteront aisément aux chantiers de Philadelphie. —

Aussi-tôt que j'eus traversé cette rivière, j'apperçu de tous côtés comme un nouveau continent ; — la terre étoit molle & fraîche. — Je ne sentois plus de racines sous mes pieds : — les arbres qui remplissoient ces forêts, étoient le chêne blanc, le châtaignier sauvage, le grand bouleau noir, le *Hycory-Shad-Bark*, l'érable à sucre, le *Tulipier bois blanc*, d'une hauteur prodigieuse, le *Dogwood*, &c. : — à seize milles du *Wallen-Pen-Pack*, je traversai une petite chaîne de collines qui semble être la hauteur des terres de ces cantons ; — d'un côté, les eaux coulent dans la *Délaware*, par le *Toby Hannah*, & de l'autre, dans la *Susquéhannah* ; — enfin, après avoir parcouru onze milles, de plus, j'arrivai sur les bords du grand marais dont j'avois tant entendu parler. —

Grâces soient rendues aux bonnes gens de *Connecticut*, qui ont eu soin de construire une cabane au milieu de ce terrein immense, pour la commodité des voyageurs ; — je trouvai cet asyle simple & solitaire (1), infiniment commode, puisqu'il nous mit à l'abri de la pluie & du vent, — cependant, avant d'en prendre possession, nous en raccommodâmes, suivant l'usage, le toît & la porte avec des morceaux d'écorce ; — ce marais est un des plus considérables qu'on connoisse dans les États du milieu ; — on m'a dit que sa surface contenoit environ deux cent trente-quatre milles acres ; — il est orné d'un grand nombre d'îles, & le sol en est excellent : — les neiges de l'hiver s'écoulent au Printemps, d'un côté, dans le *Tohy hannah* (2); de l'autre, dans le lac de *Wallen-Pen-Pack*, qui a vingt milles de long sur quatorze de large. —

Sachant que cette belle nappe d'eau n'étoit qu'à une petite distance de notre habitation; je ne pus résister au plaisir d'aller la voir, quoique je susse combien les approches en étoient rendus difficiles & impénétrables par le grand nombre d'arbres renversés, par l'épaisseur des lauriers sauvages, des mousses & de plusieurs espèces de liannes, &c.; à l'aide de nos haches, nous y parvînmes cependant; jamais auparavant, je n'avois rien vu d'aussi

---

(1) *Logg-House.*
(2) Qui tombe dans le *Lechy*, auprès d'*East-Town.*

lugubre

lugubre que les rivages de ce beau lac, quoique l'année d'auparavant, j'eusse traversé les montagnes Bleues le Graphomètre à la main (1); tous les terreins qui l'avoisinent à plus de cent toises de distance me parurent être tremblans, & avoir été formés par les débris des roseaux & des plantes aquatiques, que la neige & les gelées détruisent annuellement; — cependant crainte d'enfoncer & de nous perdre dans ces fonderies, nous fûmes obligés d'abattre des petits arbres, sur lesquels nous marchâmes ; la partie boisée n'est entièrement composée que de *sapinettes* & de *hemlocks* (2), d'une grandeur énorme, tous penchés au même dégré d'inclinaison, & comme prêts à tomber dans le lac ; — ces monumens de la vétusté forestiere, semblables à d'énormes squelettes, avoient des crinieres de mousses blanches, suspendues à l'extrêmité de leurs branches desséchées, qui produisoient l'effet le plus lugubre ; — j'en abattis une, elle avoit trente-un pieds de long, & ses fibres intérieurs me parurent comme du crin; — j'ai oui dire que dans plusieurs parties de la Virginie, on en faisoit le même usage que de celui de cheval. — Tels sont les terreins qui environnent la plus grande partie de ce lac, que l'in-

---

(1) Depuis *Mombakus*, jusqu'au verger de *Pow-Packton* sur la *Délaware*.

(2) Espèce de Sapin.

duſtrie américaine convertira cependant un jour, en prairies riantes & fertiles —.

A une petite diſtance de la ſortie de ce lac, la rivière de *Wallen-Pen-Pack* tombe d'une hauteur conſidérable, & forme une ſuperbe caſcade, où on ne tardera pas à établir des uſines, des moulins à ſcies & de groſſes forges, pour convertir en fer, l'excellent minérai qui ſe trouve dans tous ces cantons —.

Quel ſuperbe ſpectacle ce grand marais & toutes les terres qui l'environnent, n'offriront-elles pas un jour, quand notre population ſera devenue aſſez nombreuſe pour le nettoyer, pour en cultiver toutes les îles, pour les lier par des canaux, qui porteront l'excédent de leurs eaux, vers ce beau lac ? — On ne voit aucun buiſſon dans ce vaſte marais que ſur le bord des ruiſſeaux, des rivières, dans les endroits les plus bas & les plus aquatiques —.

Chargé du poiſſon que nous avions pris, nous retournâmes le ſoir vers notre cabane, où nous trouvâmes pluſieurs voyageurs qui, comme nous, alloient à *Wioming*;—le lendemain après avoir fait ſix milles, nous quittâmes enfin ce grand marais, & ſuivant toujours le même ſentier, nous rencontrâmes les ſources de la rivière *Lackawack* (1).

―――――――――――

(1) Petite rivière qui tombe dans la *Suſquéhannah*.

sur une des principales branches de laquelle, je savois que sept familles s'étoient établies deux ans auparavant; — le soir du second jour depuis notre départ du grand marais, nous arrivâmes enfin à *Wioming* (1), située sur les bords de la *Susquéhannah*. —

Déjà ce district est habité par quarante-une familles; — déjà on y voit un moulin à scie & à farine, quelques jeunes vergers, des champs bien enclos, des maisons décentes, dans lesquelles on exerçoit l'hospitalité : déjà par un acte public, les habitans ont changé le nom sauvage de ce beau lieu en celui de *Wilkesbury* (2). —

Cette branche de la *Susquéhannah*, est formée par les eaux des deux lacs, *Otzégé*, & *Caniadéragé*; — le premier a neuf milles de long sur trois de large, le second, cinq sur quatre; ces deux sources immenses sont encore augmentées par plusieurs autres petits lacs, qui y apportent le tribut de leurs eaux; — je ne saurais vous dire combien la communication facile, qu'ils procurent aux habitans, la fertilité des terres qu'ils intersectent & arrosent, rendent cette partie de l'état de *New-York*, délicieuse & agréable; — bientôt ces deux courans

---

(1) Ancien village sauvage.
(2) En l'honneur de M. *Wilkes*, qui étoit alors Maire de la ville de *Londres*.

s'uniſſent & reçoivent les eaux des rivières *Cherry Valley* & *Tiénaderha*; — c'eſt leur réunion qui forme ce qu'on appelle la branche orientale de la *Suſquéhannah*; — elle coule en ſerpentant, comme pour augmenter la quantité des terres baſſes qu'elle arroſe, & pour recevoir dans ſon ſein un plus grand nombre de ruiſſeaux & de rivières.

Je crois bien que la vue des fleuves *Plata-Amazone*, *Miſſiſſipi*, &c.; remplit l'eſprit d'un plus grand degré d'étonnement; — le volume immenſe des eaux qu'ils roulent reſſemblent à des mers intérieures; — mais ces courans majeſtueux, inondent les contrées qu'ils traverſent à des diſtances conſidérables; — ils ſont remplis d'éceuils & produiſent des tempêtes; — ſur les bords de la *Suſquéhannah* au contraire, tout y eſt doux & benigne, tout ſemble y être deſtiné au bonheur des hommes, & proportionné à leur foibleſſe. — L'œil peut parcourir les plaines que cette rivière traverſe; — ces plaines ſont terminées par des promontoires, par des têtes de montagnes, couvertes des plus beaux pins & des plus beaux chênes; — pluſieurs fontaines en découlent, qui offrent des ſites commodes pour l'emplacement d'uſines & de moulins à ſcie; — ces montagnes promettent aux hommes des reſſources infiniment préférables à la continuation de ces plaines, toutes fertiles quelles ſont; — les bords de la *Suſquéhannah* ſont donc bien supérieurs en utilité à ces savannes immenses, à ces vastes prairies qui accompagnent dans leurs cours, les fleuves dont je viens de vous parler.

— Avant l'arrivée des Colons de Connecticut, toutes ces plaines étoient couvertes d'une herbe naturelle appelée *Blue-Bent*, qui vers le mois d'Août acquiert une si grande hauteur, qu'on ne peut pas y appercevoir un homme à cheval. — Coupée jeune, elle donne un assez bon foin, mais aussi-tôt qu'elle est parvenue à sa maturité, il faut la bruler. — Ces plaines bien différentes des terres boisées qui les terminent, n'ont que quelques arbres isolés d'une grandeur énorme, tels que le cerisier sauvage, le *Sweet Butternut* (1) & le *Platane*; — j'ai vu à *Shamoëlin*, un canot fait d'un de ces derniers, qui avoit trente-un pieds de long, quatre pieds neuf pouces de large, & portoit sept tonneaux; — elles rapportent aussi la Serpentaire, la racine de Sénescas, le *Genseing*, &c., & sont élevées de quinze pieds au-dessus du niveau des eaux; — la nature les a séparées d'un second rang de terreins plus bas & plus humides, qui sont couverts tous les printems par les crues régulières & bienfaisantes de ce fleuve.

---

(1) Espèce de Noyer.

Déjà dans plusieurs endroits les habitans les ont unis aux plaines par des petits ponts de communication ; — ils ne rapportent dans leur état naturel que des orties d'une grandeur prodigieuse (1), & plusieurs autres plantes dont je ne connois que les noms sauvages. — Ce sont les premiers champs que les colons aient cultivés ; — il faut avoir vu la beauté de leurs récoltes de Maïs, de chanvre, de lin, de pois, de tabac, de pommes de terre, &c, pour bien connoître la fertilité de ces terreins annuellement enrichie par le limon salubre de la *Susquéhannah*.

Le concombre sauvage est la plante la plus extraordinaire qui croisse sur ces derniers terreins ; — ce phénomène de végétation, devenu le fleau des cultivateurs, est d'autant plus redoutable, que les crues du fleuve qui en déposent annuellement les graines, rendent inutiles toutes les précautions qu'ils prennent pour les extirper. — A peine cette plante s'est-elle accrochée aux feuilles inférieures du maïs, qu'elle s'élève jusqu'à sa cime, en comprime toutes les branches & en arrête l'accroissement. — Si par le secours du vent elle peut être poussée vers quelques buissons voisins, bientôt ses rameaux s'y éten-

---

(1) J'avois souvent de la peine à défendre mon visage de leurs piqûres.

dent & les couronnent. — J'ai vu des cerisiers sauvages de plus de soixante pieds d'élévation, dont les sommets étoient tout couverts des fibres & des feuilles de cette plante, dont la tige est cependant si foible. —

La même exubérance de végétation se manifeste dans tout ce que les colons sèment & plantent sur ces terres; — telle en est la force, que leur première industrie est de la diminuer en les couvrant, pendant deux & trois ans, de chanvre semé très-épais. (1) Sans cette précaution rien ne viendroit à maturité. — Je les ai vus recueillir soixante-dix-huit boisseaux de maïs par acre, quoique chaque tige fût plantée à sept pieds de distance les unes des autres, quatre-vingt-dix-sept boisseaux d'avoine de cinq quarts d'acre, 1375 liv. pesant de chanvre nettoyé, d'une acre & demie; — leur travail principal est d'empêcher les mauvaises herbes d'étouffer leurs récoltes. —

Ce beau fleuve est orné d'un grand nombre d'isles, dont le sol ne ressemble, ni à la première, ni à la seconde classe des autres terres; — elles sont presque toutes sujettes aux inonda-

---

(1) J'en ai vu sur laquelle on avoit semé cinq boisseaux de graines de chanvre par acre, & qui cependant avoit six pieds de hauteur.

tions, & couvertes d'érables blancs, d'ormes, de frênes aquatiques, de saules, de *Vild-Allspice* (1) &c. — Les colons en ont déjà nettoyé plusieurs, & les ont convertis en prairies qu'ils fauchent deux fois par an; — déjà une partie de ces plaines commence à se couvrir des plus belles récoltes de froment, dont le produit ordinaire est de vingt-cinq pour un; — leurs surfaces primitives qui ne sont qu'un tissu de racines de *Blue-Bent*, sont très-difficiles à briser. — Cette opération exige la force réunie de six & même de huit bœufs; — mais après avoir été bien labourées, & avoir essuyé les rigueurs de l'hiver, trois chevaux attelés de front sur une charrue, & conduits par un seul homme, en labourent aisément une acre par jour. —

On trouve sur les terres boisées d'assez bonnes pierres, & souvent une espèce d'argile dont ils font d'excellentes briques pour la construction de leurs maisons. — Les arbres qui les couvrent sont le chêne-châtainier, le chêne blanc & rouge, le pin blanc & résineux, les hycoris, le cerisier sauvage, le platane, &c. — J'ai observé dans plusieurs cantons des vignes qui croissoient depuis le marais jusqu'à la cime des montagnes,

---

(1) Espèce de buisson qui a une odeur aromatique très-agréable, & dont le fruit souvent sert d'épices.

& qui tous les ans rapportoient du mauvais raifin. ; — ces terres boifées ne feront cultivées que lorfque l'augmentation de la population, & la fubdivifion des plaines, obligera les générations futures à s'éloigner des bords délicieux de la *Sufquéhannah*.

Les colons de ces cantons ne favent point encore à quel gouvernement ils doivent obéir, & quoique ces terreins ayent été achetés fous la protection de l'état de *Connecticut*, la géographie femble cependant les placer dans les limites de la Penfilvanie, qui commence déjà à les réclamer. — Telle eft la raifon pour laquelle ils ont vécu jufqu'ici fans loix, fans magiftrats & fans le fecours de la juftice. — Je n'ai cependant pas entendu parler d'un feul crime, ni d'aucun tumulte ; — ils font trop occupés, trop difperfés, trop peu nombreux pour être méchans. — S'il exifte une fituation dans laquelle les hommes puiffent fe paffer de la force coercitive du gouvernement & des loix, c'eft très-certainement dans l'origine d'une fociété agricole, dont tous les membres font francs-tenanciers & pères de familles. — Les difputes occafionnées par la diftribution des terres, le placement des limites, &c, font décidés à la pluralité des voix ; chaque partie plaide fa caufe devant un comité des habitans du diftrict, dans lequel il rélide : — telles font aujourd'hui leurs simples *législatures*. (1) — Quel dommage qu'un gouvernement plus compliqué, soit absolument indispensable !

C'est à *Midle-Town*, dans la Pensilvanie, qu'ils commencent à transporter les productions de leur agriculture, telles que le froment, le lin, le tabac, le chanvre, les pelleteries, le charbon de terre, les planches de pin, de cerisier sauvage, les mâts, les troncs écarris de noyer, de platane, &c. — Les bateaux dont ils se servent, portent douze tonneaux, & sont conduits par sept personnes. — La *Susquéhannah* conserve en général une largeur uniforme de mille à douze cents pieds; — le long des plaines elle a de huit à douze pieds de profondeur, & son courant est doux & tranquille; mais vis-à-vis les promontoires & les têtes des montagnes, elle est beaucoup moins profonde & quelquefois assez rapide, sur-tout pendant l'été.

Un des plus grands bonheurs de presque tous les premiers colons, est l'heureuse nécessité dans laquelle ils se trouvent d'adoucir leurs travaux agricoles, par le plaisir de la pêche & de la chasse. — Les forêts que traverse la *Susqué-*

---

(1) Expression adoptée par M. le Duc *de la Rochefoucauld*, dans l'excellente traduction qu'il donna au Public il y a quatre ans, *des Constitutions américaines*.

hannah, abondent en *cerfs*, *dindes sauvages*, *gelinottes*, &c., & ce fleuve en poissons de plusieurs espèces. — Pendant les mois de Mai & de Juin, *l'alose* le remonte pour déposer ses œufs dans les petits lacs qui en sont les sources; — vient ensuite la *basse mouchetée*, la *perche jaune*, le *picker*, la *truite saumonée*, la *truite ordinaire* dont j'ai vu un très-grand nombre qui avoit dix-huit pouces de long; — & dans l'automne *l'anguille à ventre d'argent* (1).

La nature a réuni sur les bords de ce fleuve (quelques endroits exceptés) tout ce qui peut rendre un pays intéressant au cultivateur & au voyageur; — navigation, fertilité des terres, beauté des forêts, salubrité du climat, bonté des eaux de fontaine, chûte pour l'emplacement des moulins, variété de sols. L'espérance de voir ce beau fleuve rendu navigable, depuis ses sources jusqu'à la mer, & peut être une des communications principales, destinées à unir les États maritimes avec les Régions ultramontaines —.

Ici, comme dans le reste des Colonies, on ignore les tenures & les redevances féodales; — chacun y cultive le terrein qu'il a acquis, & ce terrein ne relève que des loix; — la pêche, la chasse, les minéraux, tout lui appartient.

---

(1) Bien connue sous le nom de *Silver Eels*; elles sont très-estimées.

Désirant depuis long-tems voir le nouvel établissement que faisoient quelques familles allemandes sur les bords du *Warriors-Run* (1). Je profitai de l'occasion favorable de quatre sauvages *Délawares*, & d'un blanc qui devoient y passer, en allant à *Balde-agles'nest* (2).— Une fois rendu parmi ces bons Allemands, j'étois bien sûr de trouver les moyens de descendre la grande rivière, jusqu'à la *Vallée des Bufles*, où j'avois appris que des Colons venoient d'arriver, & de me rendre ensuite à *Shamoctin*, où les Pensilvaniens étoient occupés à construire la nouvelle ville de *Northumberland* —.

Nous quittâmes *Wilkesbury* à dix heures du matin; après avoir traversé la rivière qui a cent soixante-dix toises de largeur, nous débarquâmes vis à-vis sur la grande plaine de *Lackawaney* (3), où plusieurs familles étoient occupées à construire des maisons. " — As-tu jamais voyagé depuis
» cet endroit jusqu'à *Warriors-Run*, demandai-
» je à *Kayanimisco*, le plus âgé de ces quatre
» *Délawares* ? n'y auroit-il point quelque sentier
» pour nous y conduire?—Sentier, répliqua-t-il!

―――――

(1) Rivière qui coule dans la branche occidentale.

(2) Grand village sauvage situé sur une des branches occidentales de la *Susquéhannah*.

(3) Aujourd'hui appelée *Kingston*.

» — Est-ce que nous en avons besoin ? — Et
» quand bien même il y en auroit eu, est-ce
» que les feuilles ne le couvriroient pas ? — Il
» faudroit donc que les femmes le nettoyassent
» sans cesse ? — Ta question sent bien l'homme
» du *point du jour* (1) ; — n'aye nulle inquiétude,
» continua-t il, nous te conduirons bien ; — nous
» trouverons à vingt milles d'ici une cabane
» bâtie par nos chasseurs, située sur le bord d'un
» ruisseau, qui tombe dans la rivière des *Shawa-*
» *nese*, sous laquelle nous passerons la nuit.
» — Que t'importe, lui dis-je, sous quel soleil
» je suis né ? — Ne suis-je pas homme aussi-bien
» que toi, quoique je ne sois pas *Délaware* ?
» — Si tu prends le sentiment de la prévoyance
» pour celui de la crainte, tu te trompes *Kaya-*
» *nimisco* ; — il seroit à désirer que toi & les tiens
» vous le connussiez davantage ; — & des provi-
» sions, continuai-je ? — N'en obtiendrons nous
» point de ces blancs, avant de partir ? — N'as-tu
» pas une carabine ainsi que nous, répliqua-t-il ?
» — Prends-en pour toi si tu veux, les *Délawares*
» n'ont pas peur de la faim, & savent bien
» attraper le gibier dont ils ont besoin ; — ni
» l'homme du *point du jour*, ni *Cahioharra* (2)
» n'en a pas plus de peur que toi, entends-tu,

_____

(1) Européen.

(2) Nom que l'auteur reçut en 1764, parmi les *Onéidas*.

» *Kayanimisco ?* — Partons, nous verrons ceux
» qui s'en tireront le mieux — ».

Bientôt, après cette conversation, nous entrâmes dans la plus belle forêt de chênes blancs que j'eusse jamais vue ; — il n'y avoit ni buissons, ni pierres, ni racines : — nous aurions pu voyager dans un carrosse à six chevaux avec plus de commodité peut-être, que sur vos grandes routes Européennes ; — à neuf milles de distance cette superbe forêt fut interrompue par une suite de collines douces & peu élevées ; — toutes couvertes d'hycoris, de châtaigniers, & d'érables à sucre ; — elles étoient divisées par de jolis vallons, au fond desquels couloient des ruisseaux, qui ne paroissoient pas être sujets aux inondations —.

Nous ne vîmes cependant aucun gibier & la faim que je commençois à sentir, me faisoit repentir de mon fol amour propre. « — Eh bien !
» *Kayanimisco*, lui dis-je ; — Quel mal y auroit-il
» eu d'avoir pris avec nous dix à douze livres de
» *Sacotash* (1) ; cette prévoyance auroit-elle
» diminué l'honneur de ta tribu ? — Tu vois,
» comme les bois sont vides aujourd'hui pour
» nous. » — Sans me répondre, il dit au blanc.
« — Observe la route, que nous tenons, suivant
» l'ombre des arbres : — continue-la jusques au

---

(1) Blé d'Inde concassé.

» quatrième ruisseau : — après l'avoir passé, tu
» découvriras sur ta gauche un bois de châtai-
» gniers très-épais, en le suivant, tu rencontreras
» là *Wigwham*, dont je t'ai parlé, il n'y a pas plus
» de sept milles d'ici : — nous allons nous dif-
» perser pour chercher quelque gibier. » — Plein
de mauvais augure, je suivis mon guide, sans cependant négliger de regarder souvent sur ma
gauche ; — déjà je commençois à m'appercevoir
par l'humidité des forêts que le Soleil devoit être
près de l'horison, & je ne voyois pas encore
le côteau de châtaigniers ; — au moment où
nous crûmes appercevoir quelque chose de noir
qui nous en donnoit l'idée, nous nous trouvâmes
sur le bord d'un vaste marais de pins, dont
une partie avoit été récemment brûlée & détruite, sans doute par quelque orage violent.
— Cet obstacle imprevu, qui confirmoit l'erreur
de mon guide, nous occasionna les plus vives
alarmes, & nous imposa la dure nécessité de
passer la nuit au pied d'un arbre, sans manger.
— Jamais auparavant je n'avois vu un champ de
destruction aussi vaste & aussi singulier ; — Imaginez un nombre prodigieux d'arbres très-hauts,
noircis par le feu, dont les cimes & les racines
avoient été en partie brûlées, & qui étoient renversés les uns sur les autres, dans toutes les
situations possibles : — quelques-uns des plus

élevés, arrêtés par ceux qui avoient réſiſté à la violence du feu & de la tempête, y étoient encore ſuſpendus à des angles différens, & dans cette poſition menaçante, ſembloient n'attendre, que la plus légère impulſion pour les entraîner dans leur chûte : — les racines des plus gros avoient enlevé, en ſe renverſant, la circonférence du ſol auquel elles adhéroient, & toutes ces excavations étoient remplies d'eau ; — mille débris de gros troncs & de branches noires comme du charbon, jonchoient cette ſurface immenſe, & les mêmes objets ſembloient ſe répéter auſſi loin que ma vue pouvoit s'étendre. — Pour ſurcroît de malheur, la nuit vint, & la pluie qui commença à tomber, nous empêcha d'allumer du feu, dont la lumière eſt ſi utile & ſi conſolante dans les bois ; — parmi les différentes ſenſations qu'occaſionna cette triſte ſituation, je vous avoue que celle de la faim fut la plus vive ; — mais enfin il fallut ſe réſoudre à paſſer la nuit au pied d'un de ces grands pins, qui du haut de ſa cime, ſouvent nous accabloit ſous le poids de gouttes d'eau, d'une péſanteur étonnante. — Debout, le dos appuyé contre ces arbres, nos carabines dans nos bras, nous eûmes tout le loiſir de repaſſer le chemin que nous avions fait, & de chercher dans quel endroit notre erreur avoit pu être commiſe ; — après pluſieurs interruptions
occaſionnées

occasionnées par l'assoupissement, nous en parlions encore, lorsque nous fûmes soudainement réveillés par les hurlemens d'un troupeau de loups qui nous avoient sentis : — ce bruit perçant & inattendu, répété par les échos des bois, me pénétra d'une vive frayeur, que je cherchai à diminuer, en m'approchant de mes deux compagnons; — tout en leur parlant, instinctivement j'armai ma carabine & la tenois prête à m'en servir, lorsque mon guide qui s'en apperçut, me dit : — « Qu'allez-vous faire ? — Ces animaux
» ne manquent point de gibier dans cette saison
» & ne sont jamais dangereux que quand on
» les attaque; — unis par les liens d'une frater-
» nité très-intime, soyez bien sûr, que, si vous
» en blessiez un, le reste tomberoit sur nous &
» nous dévoreroit; — vous & votre négre, don-
» nez-moi vos *Mokissons* (1); — qu'en voulez-
» vous faire, lui demandai-je ? — m'en servir,
» me répondit-il, pour empêcher ces animaux
» d'approcher. — Cet expédient tout simple qu'il
» vous paroîtra, est cependant la seule sauve-
» garde des sauvages pendant la nuit : — à l'abri
» de ce foible rampart ils dorment aussi tran-
» quilles au pied d'un arbre, que nous dans nos
» maisons — ».

---

(1) Souliers sauvages faits avec de la peau de Cerf.

En effet, il fut suspendre ces souliers sur des buissons à quelques pas de distance, & bientôt après les loups s'appercevant que l'odeur de l'homme s'étoit approchée d'eux, redoublèrent leurs hurlemens & s'enfuirent.

Le jour revint enfin, & quoique foibles & fatigués nous cherchâmes le chemin de la veille, que nous retrouvâmes avec d'autant plus de facilité, que j'avois eu de tems en tems la précaution de rompre des branches de buissons (1), sans cependant, prévoir que ces foibles indices nous deviendroient aussi utiles; — à quatre milles du marais de Pins, nous crûmes reconnoître le petit ruisseau, & bientôt la forêt de Châtaigniers que *Kayanimisco* nous avoit indiquée; — après l'avoir cotoyée pendant plus de trois milles, je tirai ma carabine; — quelle fut notre joie, lorsque les échos de ces forêts nous apportèrent le bruit de la réponse, & que nous apperçûmes de loin *Yonkiderha*, un de nos sauvages, courant vers nous & tenant à sa main deux *Gélinottes*, & une *Dinde*; — ranimés par la vue de ces provisions nous accélérâmes notre marche, & bientôt nous découvrîmes la cabane de chasseurs sous laquelle nous fîmes un excellent repas; — nos compagnons ne purent s'empêcher de rire, lors-

---

(1) Méthode sauvage pour retrouver leur chemin.

que nous leur racontâmes les détails de la nuit, que nous venions de passer, la visite des loups &c. —

Je ne vous répéterai pas ici la conversation vive que j'ai eue avec le fier *Kayanimisco* ; — plus d'une fois je lui fermai la bouche ; (1) il est le seul sauvage que j'aie quitté sans vouloir lui serrer les mains.

Après nous être reposés pendant quelques heures & avoir fumé nos pipes, nous traversâmes la rivière des *Shawanese* sur un radeau, & continuâmes notre route à travers une forêt sans buissons, arrosée d'un grand nombre des ruisseaux, que les sauvages me dirent être les sources de la rivière de *Chikisquaqué* ; — enfin, vers les six heures du soir, nous découvrîmes les premiers établissemens de *Warriors-Run* ; que nous supposâmes être à quarante-quatre milles de *Lackawaney* ou *Kingston*. —

Warriors-Run est une petite rivière douce & tranquille qui après avoir coulé l'espace de vingt-huit milles, à travers un pays plat, verse ses eaux dans la branche occidentale de la *Susquéhannah* à trente-neuf milles de *Shamoktin*, — ses rivages sont composés de plaines fertiles, dont la petitesse

─────────────

(2) Expression sauvage qui signifie mettre quelqu'un dans son tort.

est proportionnée à celle du courant qui les a formées ; — les habitations étoient construites sur la pente des terres boisées, de manière que chacun de ces Colons pouvoit contempler d'un coup d'œil la partie la plus précieuse de sa possession, & la seule qu'ils eussent encore pu cultiver. — » Il y a
» à peine trois ans, me dirent-ils, que nous
» avons quitté l'Allemagne. — Écrasés sous le
» poids de taxes, de redevances & de servitudes
» de toutes espèces, dégradés & avilis par la plus
» affreuse misère, nous avions formé la résolu-
» tion de nous expatrier, lorsque deux agens
» arrivèrent parmi nous ; — l'un offrit de nous
» établir dans les états de l'Impératrice de Russie ;
» l'autre de venir défricher ici chacun deux cents
» acres de terres qu'on nous donneroit ; — heu-
» reusement nous avons choisi ce dernier parti,
» & quoique nous n'ayons pas encore surmonté
» toutes les difficultés de premier établissement,
» nous avons cependant déjà eu une bonne ré-
» colte de maïs, de navets & de pommes de
» terre, de lin & d'avoine ; nos vaches nous
» donnent du lait en abondance, les forêts
» voisines de la viande de cerf, & la rivière
» quelques poissons, quand nous avons le tems
» d'aller nous y délasser. — Graces à Dieu nous
» jouissons d'une bonne santé & nous avons de
» quoi vivre ; — dans moins de trois ans nous

» espérons bien avoir du froment à porter au
» marché de *Northumberland* ; — les Dimanches
» quand nous nous assemblons les uns chez les
» autres nous ne manquons jamais de nous rap-
» peller nos anciens jours d'esclavage & de
» misère ; pour augmenter notre bonheur,
» pour nous exciter au travail & à la reconnois-
» sance envers Dieu, qui de la *Westphalie* a
» daigné nous conduire sur le *Warriors-Run*.

— Le lendemain mes compagnons ayant continué leur voyage, me laissèrent parmi ces bons Allemands ; — avec lesquels je restai six jours. — Enfin le septième, j'arivai sur les bords de la branche occidentale, communément appellée la *Grande rivière* ; — j'observai, en effet, qu'elle étoit plus large & plus profonde que l'orientale, & que ses plaines étoient beaucoup plus étendues ; — ce fut là que je rencontrai plusieurs chefs de familles qui revenoient de visiter les différentes branches de ce fleuve, pour se choisir des terres : — je ne saurois vous dire combien les observations générales & les détails géographiques de leur voyage, furent instructifs & intéressans, & combien je fus pénétré d'admiration en voyant la hardiesse avec la quelle nos Colons se répandent au milieu des forêts immenses de ce continent & sur les bords de toutes ses rivières ; — dans peu d'années, ce grand nombre d'établissemens aujourd'hui foibles & isolés, augmenteront par leur propre population, ainsi que par l'accession de nouveaux Colons; — en parcourant attentivement les différens Cantons de nos états maritimes, j'ai souvent été étonné de la rapidité inconcevable avec laquelle les premiers commencemens s'étendent & s'acroissent, & non moins de l'immense quantité de terres que nous avons encore à défricher, & du grand nombre de familles auxquelles ils promettent l'abondance & la vie. —

Sachant que je désirois visiter les nouveaux défrichemens qui se faisoient dans la *Vallée des Bufles*, deux de ces Allemands offrirent de m'y conduire dans leur canot; — la rivière, qui lui donne son nom, tombe dans la branche occidentale, à quatorze milles de *Shamoclin*; — elle n'est navigable que pendant l'espace de vingt-quatre milles, & son embouchure dans la *Susquéhannah*, forme un havre excellent. — Le propriétaire de ce grand terrein, me montra le plan de sa nouvelle ville (1), dont il avoit déjà tracé les deux rues principales; — la plupart des habitans étoient encore logés sous l'écorce; & le grand nombre de feux que je vis de tous côtés, m'annoncèrent avec quelle industrie ils poussoient leurs nouveaux défrichemens. — Deux jours après, j'arrival à

---

(1) *Voyez* l'Anecdote n°. XVIII.

Shamoëlin ; — les fumées que j'obfervai en paffant devant l'enbouchure du *Chikifquaqué*, m'avertirent que là, auffi, des nouveau Colons étoient occupés à ceindre des arbres, à effarter les buiffons, à les amonceler, à les brûler, & à préparer des champs nouveaux à l'induftrie & à l'agriculture. —

Shamoëlin, aujourd'hui *Northumberland*, eft bâti, fur l'extrémité de la grande Péninfule formée par les deux principales branches de la *Sufquéhannah ;* — cette nouvelle ville dans laquelle je comptai quarante-deux maifons, eft deftinée à devenir la capitale du Comté du même nom ; — quoique plus de la moitié du terrain foit fablonneux & ingrat, telle eft cependant l'avantage de fa fituation, quelle commandera un jour tout le commerce de la partie fupérieure de ce fleuve ; — après avoir paffé trois jours bien inftructifs avec M. *Plunket*, l'Arpenteur du Comté, je profitai d'un bateau qui revenoit de *Midle-Town*, à *Wilkefbury*, où j'arrivai après douze jours d'abfence. —

Je défirois depuis long-tems remonter la rivière jufqu'à *Wioluring*, pour voir tous les établiffemens que formoient les Gens de *Conneticut*, dans une efpace de quatre-vingt-dix milles ; — j'avois même formé la réfolution de ne point revenir fur mes pas, & pour rendre mon voyage encore plus inſtructif, de pénétrer juſqu'à *Anaguaga*, en remontant la rivière, — delà à *Cookhouſe* ſur la *Délaware*, en ſuivant le portage fréquenté par les Sauvages, — & de m'embarquer enſuite à *Shohaclin*, ſoit en canot, ſoit ſur quelque train de planches ou de mâtures deſtinées pour *Philadelphie*, d'où je débarquerois aiſément à *Mahackamak*.

Heureuſement un canot d'*Anaquaga* même étoit à *Wilkesbury*, — les Sauvages qui y étoient venus échanger leur pelleteries pour des couvertures, de la poudre, des balles, du plomb, du vermillon, &c., offrirent de nous y conduire, à condition que nous prendrions une pagaye, & que je leur donnerois à chacun une bouteille d'eau-de-vie; — rien dans ma vie ne m'a autant ſatisfait que le ſpectacle inſtructif & varié dont je jouis en remontant ce beau fleuve; — que ne puis-je vous tranſmettre les mêmes ſenſations; comme ſimple Cultivateur ma curioſité & mes recherches ne s'étendent, vous le ſavez, que du côté des défrichemens nouveaux, du développement de nos jeunes ſociétés, & du bonheur plus ou moins grand de nos Colons. — Si j'étois aſſez riche, pour pouvoir m'abſenter de chez moi ſix mois par an, tel feroit l'objet de preſque tous mes voyages ——.

Repréſentez-vous une ſuite de rivages d'une

grande étendue, interrompus de tems en tems par des promontoires élevés, que plus de mille deux-cents familles industrieuses, & actives sont occupées à défricher, à embellir, à orner de maisons, à labourer, à couvrir de moissons : — ici c'est un jeune verger, qu'à peine on peut distinguer, là c'est une grange qu'on élève, une habitation qu'on construit, & dont la décence annonce l'aisance du propriétaire : — là c'est un petit pont de communication pour joindre les plaines aux terres basses : — plus près des rivages est un moulin à scie qui est déjà mis en mouvement : — d'un côté de la rivière c'est un grand attelage de bœufs, qui péniblement brise, & soulève la surface primitive de ces plaines : — de l'autre ce sont plusieurs charrues lestement tirées par trois chevaux de front : — de tous côtés on commence à voir des champs couverts de blé, de maïs, de chanvre, d'avoine, de lin, de tabac, &c. —

Quelle admirable gradation depuis les terres hautes & boisées jusqu'aux plaines, aux seconds rivages, & aux îles plus basses encore, qui semblent venir chercher le niveau des eaux ? — Avec quelle symétrie la nature n'a-t-elle pas arrangé cette vicissitude alternative de promontoires élevés, couverts des plus beaux arbres, & de plaines plus ou moins étendues. — Les Colons ont érigé leurs maisons à des distances différentes des bords du fleuve, suivant que le cours des ruisseaux, la position de certaines élevations les y ont forcés : — les unes faites de briques déjà annonçoient l'aisance des propriétaires, les autres faites de matériaux inférieurs, & même de simples troncs d'arbres, indiquoient l'époque plus récente de leur construction —.

La navigation des bateaux, qui remontoient & descendoient ce fleuve, le bruit des haches, & des moulins à scie, celui des sifflemens & des chansons répetées de tems en tems par les échos des promontoires, le chant des coqs, la vue d'un si grand nombre d'habitations, construites & placées de tant de manières différentes, celle des feux & des fumées qu'on appercevoit au loin, tout annonçoit le mouvement général de l'industrie, de l'activité, & présentoit à l'imagination le tableau le plus séduisant de l'énergie & de la prospérité. — Cette longue étendue de rivages n'étoit cependant qu'une vaste solitude, il y a huit ans —.

On compte seize districts depuis la ligne de leurs prétentions (1), jusqu'aux limites de *Wiolucing*, à savoir sept sur la rive orientale, *Wapwallipen*, *Sifshéney*, *Shawney*, *Lackawaney*,

---

(1) Quarante milles au-dessus de *Shamoflin*.

Exeter, *Mahapenny*, *Wiolucing* ; — neuf sur le côté oriental, à savoir, *Alden Town* ; *Nante-Cook* ; *Wioming*, *Pitts Town*, *Coupás*, *Tanhanock*, sur les bords de la rivière du même nom *Mushapé*, *Standingstone*, & *Wyssack* ; — tous ces districts ont des largeurs plus ou moins considérables sur le fleuve, suivant la proximité des têtes des montagnes, la profondeur des plaines, & la bonté du sol des terres boisées ; — les plus étroits occupent les deux côtés du fleuve —.

Nous arrivâmes le cinquième jour à *Wiolucing*, située à quatre-vingt-dix milles de *Wilkesbury*, — c'est une plaine immense qui est d'une fertilité singulière ; — j'observai que le *Blue Bent* avoit été remplacé par le trèfle blanc, dont tous les pâturages étoient couverts ; — il n'y avoit encore qu'un très-petit nombre de familles, & leurs bestiaux étoient de la plus grande beauté ; — les sauvages étant pressés d'arriver chez eux, nous quittâmes cet endroit dès le lendemain matin : — en remontant la rivière, ils me firent observer les vestiges des anciens villages *Sennetas de Sissucing*, *Tiogo*, *Shamond*, *Ockwako*, *Shéhando*, &c. : enfin, après treize jours de navigation toujours contre le courant, nous débarquâmes à *Anaquaga*, situé sur les bords de la *Susqaéhannah*, à cent quatre-vingt-huit milles de *Wilkesbury* —.

Ce grand village est composé de plus de soixante-dix maisons ; — les unes sont des *Wigwhams*, faites avec l'écorce de bouleau noir, suivant l'ancien usage ; — les autres de bois équarri, & joints aux encoignures à queue d'aronde ; — ce fut un grand plaisir pour moi d'y retrouver mon ami *Mataxen*, dont j'avois inoculé la famille quelques années auparavant. — « Tu ne te chaufferas qu'à
» mon feu, me dit-il en me serrant la main, &
» tu ne coucheras que sur ma peau d'ours, en-
» tends-tu *Cahioharrah* ? — Je ne mériterois pas
» l'hospitalité de ton village, lui répondis-je ? —
» si j'allois reposer mes os ailleurs que sous ton
» écorce, & fumer dans une autre pipe que la
» tienne, ici tous sont mes frères, toi seul tu es
» mon ami ».

Un digne Ministre Morave qui y étoit établi depuis plusieurs années, avoit joint à la prédication de l'évangile, des leçons sur l'agriculture ; c'est à son zèle, & à sa persévérance, que ces sauvages doivent l'état d'aisance dans lequel ils vivent aujourd'hui. — Quoique les vieillards me disoient souvent : « — *Cahioharrah*, c'est une chose fâ-
» cheuse pour notre jeunesse, & c'est tant pis
» pour nous tous d'imiter les blancs comme nous
» faisons ; — quand nous ne serons plus chas-
» seurs, nous ne serons plus rien ; — &, dans

» vingt ans, tu verras les charrues des gens du
» *Point-du-Jour*, venir ici labourer les os de nos
» pères —— ».

Après avoir passé quatre jours avec les plus intelligens parmi ces sauvages, je partis pour la *Délaware*, accompagné du vieux *Mataxen*, & de ses deux garçons. — Le sentier de ce portage est bien frayé, & n'a que quinze milles. — Cet endroit est, comme vous pouvez le voir, sur la carte, celui où les deux fleuves se rapprochent le plus. — C'est à *Cook-House*, l'extrémité orientale de ce portage, que les sauvages d'*Anaquaga* laissent les canots dont ils se servent pour remonter les differentes branches de la *Délaware*, & aller chasser dans les montagnes *Bleues* ; — j'observai, sur ma gauche, en descendant la rivière, un grand rocher à quatre milles de *Cook-House*, sur lequel étoit gravée la latitude de quarante-deux, qui divise les états de *New-York* & de *Pensilvanie* depuis cet endroit jusqu'au lac *Érie*. —

Shohaëtin, situé à douze milles de *Cook-House*, est la grande Peninsule de la *Délaware*, — la branche occidentale par laquelle j'étois descendu, est appellée la *Mohawk*, & l'orientale la *Pawpackton*. — Trois familles occupent cette Péninsule ; — mais le terrein en est si ingrat, qu'elles passent leurs vies à chasser & à pêcher. — Qui croiroit que l'industrie américaine seroit déjà parvenue jufqu'au fein de ces montagnes ? — J'ai vu des moulins à fcie de la plus grande beauté, conftruits à l'embouchure de prefque tous les *Creeks*, — qui portent les eaux des vallées dans la *Délaware*; — c'eft là où font convertis en bordages, planches & madriers, les chênes, les pins, dont elles font remplies; — tels font ceux de *Pawpackton*, de *Shohactin*, de *Kechiécton*; de *Lachawakfen*, &c. &c. — C'eft du fein de ces mêmes montagnes, qu'ils tirent une grande quantité de mâts, de vergues, de beauprés, dont ils forment des radeaux fur lefquels ils placent l'excellent merrin, les planches, tous les fruits de leur induftrie, & les conduifent enfuite avec un adreffe admirable, à travers les courans impétueux de la *Délaware*, jufqu'à l'embouchure du *Mahacamack*, à quatre vingt-deux milles de *Shohactin*. — Après s'y être repofés pendant quelque tems, ils défcendent enfuite ce fleuve devenu profond & tranquille, jufqu'à *Philadelphie*; — étant informé qu'un de ces radeaux devoit partir de *Pawpackton*, je m'embarquai fur ce prodigieux amas de bois; — ce fut, pendant le cours de cette navigation rapide & même dangereufe, que j'admirai l'activité, la prudence & l'énérgie de ceux qui le conduifoient, & non moins l'ouvrage de la nature qui femble avoir taillé exprès le lit de cette rivière, & avoir coupé perpendiculairement les montagnes, à travers lesquelles elle roule ses eaux; — entraîné comme nous l'étions à raison de dix milles par heure, le seul souvenir qui me reste de cette descente rapide, est celui du profond encaissement, de la hauteur, de l'âpreté des rochers, au milieu desquels la *Délaware* franchit les montagnes *Bleues*; l'adresse des conducteurs, & enfin celui des sensations différentes, souvent mêlées d'inquiétudes & d'effroi, que je ressentis plus d'une fois, pendant le cours de cette navigation; — nous débarquâmes heureusement à *Mahakamack*, où nous arrivâmes dans l'espace de huit heures; — peu de tems après, je revis enfin ma maison que j'avois quittée depuis soixante cinq jours, sans avoir éprouvé la plus légère incommodité, — tant la vie des bois est saine & naturelle à l'homme.

	Milles.
De chez moi à Mahakamack,	32
De Mahakamack au bac de Wells dans Ménessinck,	3
De Ménessinck à Shoholy,	27
De Shoholy à Blooming-Grove-Creek,	11
De Blooming-Grove-Creek à la rivière de Wallen-Pen-Pack,	13
De la rivière de Wallen-Pen-Pack au grand Marais,	16
	102

	Milles.
De l'autre part,	102
Traverser le grand Marais,	12
Du grand marais à la rivière Lackawack,	7
De la rivière Lackawack à Wioming sur la Susquéhanhah,	32
De Wioming à Warriors-Run,	44
De Warriors-Run à la vallée des Bufles,	25
De la vallée des Bufles à Shamoctin,	14
De Shamoctin à Wilkesbury,	56
De Wilkesbury à Wiolucing,	90
De Wiolucing à Anaquaga,	98
De Anaquaga à Cookhouse,	15
De Cookhouse à Shohactin,	12
De Shohactin à Mahakamack,	82
De Mahakamack chez moi,	32
207 lieues,	621

Adieu SAINT-JOHN.

ESQUISSE

Comté d'Orange, 15 Novembre 1778.

ESQUISSE de la destruction des établissemens que les Habitans de Connecticut avoient formés sur la branche orientale de la rivière Susquéhannah, en 1766.

Après avoir joui du plaisir de contempler cette longue chaîne d'établissemens, dont je vous parlai, il y a quatre ans (1), après avoir suivi avec l'intérêt le plus vif, le développement de ces jeunes sociétés, les progrès heureux de tant d'efforts, & de tant d'industrie : faut-il que les circonstances de ma situation m'aient presque rendu le témoin de leur destruction ? — Faut-il que la même main, qui alors vous en traça comme elle put, quelques légers détails, se soit aujourd'hui imposée la tâche douloureuse de vous esquisser cette terrible tragédie — ?

Un nuage noir & épais, portant dans son sein tous les fléaux destructeurs, soufflé par le démon de la guerre civile, s'arrêta au mois d'Août

―――――――――――
(1) *Voyez* la Lettre du 28 Octobre 1774.

dernier, & fondit tout à coup fur les rivages de la *Sufquéhannah*; — les fruits d'onze années de travaux affidus, les moiffons, les granges, les maifons, les beftiaux, tout a difparu, tout a été détruit, ou enlevé dans l'efpace de quarante-huit heures : — plus de mille quatre-cents familles induftrieufes, qui prefque toutes étoient devenues opulentes & aifées, ont été ou maffacrées, ou chaffées de leurs foyers, & réduites à manquer des premiers befoins : — plus de huit-cents de leurs chefs ont péri en défendant courageufement leurs femmes & leurs enfans —.

Nos gazettes ne vous auroient-elles point inftruit de la trop fatale incurfion de *Brandt*, & de *Butler*? — Ces conflagrateurs de nos frontières? — Mais je ne puis me réfoudre à fouiller cette lettre de ces récits affreux, qui font frémir la nature ; — peut-être, vous les montrerai-je un jour ; — les détails fuivans feront fuffifans pour fatisfaire votre curiofité, & déchirer, peut-être, votre ame compatiffante —.

Les rives de la *Sufquéhannah* n'offrent plus aujourd'hui que le fpectacle de la défolation & du filence : — les corps de fes premiers cultivateurs, abandonnés par leurs ennemis, infectent aujourd'hui ces plaines, dernièrement fi floriffantes, & fi gaies, qu'ils avoient embellies par leurs travaux : — les ruines de leurs habitations,

& de leurs granges, qu'il n'y a pas six mois, étoient le séjour du bonheur, & l'asyle de l'abondance, sont devenues les repaires des panthères & des loups ; — leurs hurlemens ont succédé aux accens de la joie, aux chansons matineuses, aux bruits des haches, & au mouvement de l'industrie ; — les buissons, les herbes sauvages, les plantes malfaisantes, & les reptiles vont de nouveau s'emparer de ces champs, qui étoient dernièrement couverts de moissons, de bestiaux, de fruits & de pâturages. — Quel contraste ! — si vous en comparez les nuances, avec le foible tableau, que je vous ai envoyé, il y a quatre ans —.

Après la défaite des milices de ces cantons & la destruction de tout ce qui étoit combustible, les survivans reçurent ordre d'abandonner leur pays dans trois jours (1) ; — les uns s'embarquèrent, & descendirent la rivière pour aller vers *Sunbury*, *Paxtan*, & *Middletown* dans la Pensilvanie ; les autres (& c'étoit le plus grand nombre) furent obligés de traverser la grande forêt, dont je vous parlai, il y a quelques années, pour rentrer dans la partie cultivée de l'Etat de *New-York*, & y implorer des secours ; — c'étoit le même chemin, qu'ils avoient frayé onze ans auparavant, avec tant de persévérance & de

---

(1) *Voyez* l'Anecdote de Rachael Budd.

fatigues ; — mais quelle différence dans leur situation ! — Jadis, l'espérance embellie de tous ses coloris, la proximité des terres fertiles qu'ils alloient cultiver, la présence de leurs maris, de leurs femmes, & de leurs enfans, tout alors concouroit à les animer, & à alléger le poids de leurs travaux. — Aujourd'hui, épars & fugitifs, ils n'ont rapporté avec eux que le souvenir déchirant & amèr d'avoir perdu plus de la moitié de leurs défenseurs, qui étoient leurs parens, leurs proches, leurs amis, ou leurs voisins ; — ils n'ont aujourd'hui devant les yeux, que l'image de la destruction générale, que l'idée du spectacle affreux de la conflagration de leur pays : — affaissés sous le poids de circonstances aussi tristes & aussi déplorables, ils erroient loin de leurs foyers, au mois d'Août dernier, à travers les Comtés d'*Orange*, & de *Sussex* ; — pendant long-tems les chemins furent remplis de ces malheureux fugitifs, qui cheminoient lentement vers les cantons, d'où ils avoient émigré ; — aussi-tôt que les habitans en furent informés, ils s'empressèrent, & se firent un devoir de monter dans leurs charriots, de leur porter les secours les plus pressans, & de les conduire chez leurs parens (1) —.

──────────

(1) *Voyez* les pages 231 & 232 du second volume du

Je rencontrai une de ces mères qui, plus malheureuse que les autres, étoit restée seule avec ses cinq enfans ; — elle me dit, que le soir du premier jour de son retour dans les bois, ils l'avoient environnée, lui disant : — « Ma mère, » où est donc notre père ? — Pourquoi retourner » à *Mennéssink*, que ferons-nous ? — Pauvres » petits innocens, leur répondis-je ? — Ne savez- » vous pas que les sauvages du Roi, & ses autres » gens l'ont tué, — ainsi que presque tous nos » voisins : — qu'ils ont brûlé notre maison, & » tout ce que nous avions ? — Nous allons, mes » chers petits, vers le *Connecticut*, où, peut- » être, votre oncle *Daniel*, & votre grand-père » *Nathaniel*, nous donnerons un asyle & du » pain ; — souffrez donc avec patience, & ne » me faites plus de semblables questions : — le » cœur me romperoit, & que deviendriez-vous » dans ces bois — ? »

Plus loin j'en rencontrai une autre sur un cheval, qui à peine pouvoit marcher : — elle étoit l'emblême de la plus profonde douleur & du sombre désespoir : les restes d'un lit de plumes, attachés avec des liens d'écorce, lui ser-

---

voyage de M. le Marquis de Chatelux, dans l'Amérique septentrionale.

Note de l'Éditeur.

voient de felle : — montée fur ce trifte équipage, cette mère infortunée, outre l'enfant qu'elle portoit à fon fein, en avoit un fecond devant, un troifième derrière elle, & étoit accompagnée dans ce pélérinage de tribulation par trois filles & deux garçons : — brûlés du foleil, les pieds nuds, déchirés & fanglans, ils la fuivoient lentement, & gémiffoient à chaque pas qu'ils faifoient. — Jamais auparavant le fentiment de la compaffion ne s'étoit auffi fortement emparé de mon ame, & n'avoit excité en moi des fenfations auffi diverfes & auffi violentes —.

Ces pauvres enfans conduifoient cependant une géniffe, jadis gaie & folâtre, mais l'œil trifte & morne, à peine pouvoit elle les fuivre ; — Une vache enfin, dont les flancs enfoncés, les côtes protubérantes & la tête baiffée annonçoient la mifère & la foibleffe, terminoit cette lugubre proceffion. — Telle eft la foible idée que j'ai cru devoir vous envoyer de l'horrible cataftrophe, qui arriva fur les bords de la *Sufquéhannah*, le 18 Août dernier.

Et ce font des hommes, dont le plus grand nombre n'avoit d'autres motifs que celui de l'aveugle obéiffance, qui ont traité ainfi d'autres hommes ! — Qu'eft- ce donc que cet être qui, à la fublimité des anges unit la dépravation des démons ? — Cet être problématique & contradictoire, à la fois bon & méchant, vertueux & pervers ? — Ce jouet de la nature, de la destinée & des élémens, d'où lui vient ce goût pour les hasards, pour les dangers, pour la guerre, qui lui fait placer sa principale gloire dans la destruction de ses semblables ? — Cette disposition seroit-elle coévalle à sa création ? — Placé comme il l'est au milieu de la chaîne indestructible de toutes les calamités morales & physiques, la nature l'auroit-elle destiné à être le premier fléau de sa race ? — Plus d'une fois j'ai été tenté de croire, malgré les réclamations de mon cœur, qu'elle n'a eu d'autre but en nous formant, que de peupler ce globe de victimes, & qu'elle a mis un prix trop considérable à ce souffle foible, & passager qu'elle nous prête pour quelques instans.

Adieu SAINT-JOHN.

Valée des Cerises, 30 Octobre 1784.

HISTOIRE de l'Établissement connu sous le nom de la Valée des Cerises, *située sur la rivière du même nom, à six milles du lac* Otzégé, *dans le Comté de* Montgomery, *par le fils d'un des premiers Colons.*

CE bel établissement, jadis si opulent & si florissant, n'est plus que ruines & débris; — vous savez, sans doute, qu'il fut presque entiérement détruit en 1778, par les Sauvages, & les Anglois sous la conduite de *Brandt*, & de *Butler*; — cet orage funeste est enfin dissipé, — ces jours de meurtres & de dévastations ne reparoîtront plus; — quoique depuis deux ans nous soyons occupés à rétablir nos moulins, à rebâtir nos maisons & nos granges, il faudra cependant bien des années de travaux & d'industrie avant que la *Vallée de Cerises* soit aussi florissante qu'elle l'étoit en 1776. —

Vous me demandez des détails sur l'origine de cette petite Colonie; — je vais vous les transmettre tels que je les tiens de mon père, & du digne Pasteur *James Dunlap*, qui en fut le premier fondateur ; — un simple Colon ne doit s'attacher qu'à la précision & à la vérité des faits. —

Le système féodal enchaînoît alors la plupart des malheureux paysans de l'Irlande, & les tenoit dans un état de misère & d'oisiveté qui les obligeoit sans cesse d'abandonner leur patrie ; — au lieu de champs bien labourés, de villages nombreux & bien bâtis, tels que la fertilité de la terre auroit pu en produire, — au lieu de ces Cultivateurs Anglois bien vêtus & bien nourris, on ne voyoit alors dans la plupart des Cantons, de ce malheureux Royaume, que des hommes presque nuds, moitié Sauvages, sans mœurs & sans industrie, logés sous des misérables huttes éparses çà & là, & souvent adossées contre les fossés des riches Propriétaires : — ces tristes asiles de l'indigence & de l'oisiveté, malsains & humides, souvent écrasoient ou blessoient dans leur chûte les malheureux qui s'y étoient réfugiés ; — pour surcroît de calamité, l'avidité des Propriétaires ne se bornoit pas à la rente énorme qu'ils recevoient de leurs terres ; — ils exigoient encore une certaine portion de travail, qu'ils prétendoient avoir le droit de ne payer qu'à un prix très bas ; — & mille autres redevances qui ne laissoient à nos pères, qu'une existence précaire & malheureuse. —

Ces calamités s'étoient principalement manifestées dans le Comté de *** vers l'année 1732; — l'avidité y étendoit alors un nouveau systême de culture qui consistoit à substituer les pâturages aux terres labourables; — la laine & les bestiaux étant devenus deux grands objets d'exportation, chaque Propriétaire s'empressoit de convertir ses champs en prairies, afin de les couvrir de bœufs & de moutons. —

Telles furent les spéculations des riches; — peu leur importoit le sort des malheureux paysans qu'ils chassoient de leurs chaumières & de leurs champs de *Patates*; — enfin, dans certains Cantons la multiplication des bestiaux absorba entièrement les terres labourables, & ôta aux pauvres habitans des campagnes, tout espoir d'être nourris & employés; — il résulta de ce systême meurtrier une famine, & une désolation générale, sur-tout dans les paroisses situées au nord-est de la grande Baie de ***.

Heureusement n'étant pas fort éloignés de la mer, quelques-uns des habitans se livrèrent dans la saison, à la pêche du hareng; mais sans adresse, sans filets, sans argent pour faire construire des barques, ces profits momentanés ne firent que suspendre la misère extrême des habitans, sans l'arrêter; — les plus jeunes furent contraints de servir à bord des vaisseaux de guerre, ou de se faire soldats ; — cette triste nécessité vint encore augmenter la douleur de nos pauvres parens, qui voyoient partir leurs enfans, pour verser le sang de leurs frères, dans des contrées éloignées, ou périr eux-mêmes dans les combats. —

Cette calamité universelle eut des conséquences qui devinrent funestes à plusieurs Cantons ; — la faim & l'indigence avoient rompu tous les liens de la société; ces malheureux, sans feu, sans asile, chassés de leurs foyers, éguillonnés par le besoin impérieux, s'attroupèrent sous le nom de *White-boys*, & se livrèrent aux plus grands excès ; — les riches propriétaires ne manquèrent pas de les peindre, dans les Gazettes, comme des monstres, & de solliciter contr'eux, la sévérité des loix : alors les exécutions militaires & les punitions légales succédèrent aux crimes commis pour avoir du pain, mais ne terminèrent pas ces déplorables calamités; — dispersés dans un canton, les mêmes causes produisirent les mêmes effets dans d'autres; — c'est ainsi que le Parlement d'Irlande gouvernoit ce royaume; — j'ignore si ce barbare régime subsiste encore. — Qu'est-ce que l'homme, quand sa mauvaise destinée le fait naître sur un sol aussi fertile & sous un gouvernement semblable ? — Nos pères auroient été infiniment moins malheureux, si l'Irlande avoit été plus stérile : — peut-il être content ? — Peut-il ne pas paſſer ſa vie dans le murmure & dans le déſeſpoir, quand il eſt ſans propriété, ſans protection & ſans eſpérance? — Quand il ne voit devant lui que la perſpective de la miſère, & qu'il ne peut avoir d'autre héritage à léguer à ſes enfans : le découragement alors s'empare de ſon ame, toutes ſes facultés ſe flétriſſent, le germe de la paternité ſe deſsèche dans ſon ſein, des cantons entiers ſe dépeuplent, les habitans deviennent à charge ou inutiles à la ſociété, les crimes ſe multiplient, les punitions & l'émigration viennent enfin terminer cette déplorable carrière —.

Cette idée fermentoit depuis longtems dans la tête du digne *James Dunlap*, curé de la paroiſſe de ***; — ce bon miniſtre de l'évangile avoit un caractère ardent pour le bien; — il étoit ferme & conſtant dans ſes projets; — il regardoit les actions bonnes & utiles comme le devoir le plus indiſpenſable de l'homme, & comme le culte le plus agréable qu'il pût offrir à l'Être ſuprême; — il avoit étudié à l'univerſité de Dublin, & y avoit acquis plus de connoiſſances, que n'en ont ordinairement les curés Irlandois—.

Témoin depuis pluſieurs années de la miſère qui accabloit ſes paroiſſiens, il cherchoit les moyens d'en diminuer la cauſe, lorſque le ciel lui inſpira une idée magnanime & hardie : — fermement perfuadé qu'il alloit devenir, dans la main de la Divinité, un inftrument deftiné à tirer fes Paroiffiens de l'indigence & de la fervitude, il invita fecrettement les Notables à fe rendre chez lui : — dès qu'ils furent affemblés, il fe mit à genoux, & fupplia le Ciel avec ferveur de feconder le projet qu'il avoit formé, & de difpofer leurs cœurs à la conviction ; — mais avant d'entrer dans de plus grands détails, il exigea qu'ils juraffent *fur les SS. Evangéliftes du Dieu Tout-Puiffant* (1), qu'ils ne révéleroient rien de ce qu'il alloit leur communiquer ; — chacun d'eux pénétré de refpect, d'eftime & de reconnoiffance, le prêta entre fes mains —.

« Mes bons amis, mes chers paroiffiens,
» leur dit-il ; — Depuis que le Ciel m'a appelé
» parmi vous, j'ai partagé votre misère fans
» pouvoir l'alléger, envain j'ai follicité la juftice
» des loix, envain j'ai imploré l'humanité des
» riches ; — je vois avec effroi que le nouveau
» fyftême d'agriculture introduit dans ces Can-
» tons, va bientôt vous dépouiller du peu qui
» vous refte, & qu'il n'y aura plus de fubfiftance
» que pour les beftiaux des grands propriétaires ;

---

(1) Telle eft l'expreffion de la loi & celle dont fe fervit ce digne Pafteur.

» — uniquement occupés de leurs plaisirs au
» sein de nos Capitales, ils méprisent vos plain-
» tes. — Vous n'avez plus que quelques perches
» de terres, d'où vous puissiez tirer votre chétive
» subsistance, & à peine les redevances vous
» laissent-elles le loisir de les cultiver; — mal
» nourris, mal vêtus, traités avec un dédain
» insultant, la vie n'est plus pour vous qu'une
» vallée de larmes, un séjour de misère & de
» privations; — quelqu'industrieux que vous
» soyez, c'est le seul héritage que vous puissiez
» léguer à vos enfans. — Ces pauvres enfans !
» — Mon cœur se déchire, lorsqu'en les con-
» templant au milieu des jeux de leur enfance,
» je prévois qu'elle doit être leur triste destinée.
» — L'indigence & la misère ont déjà obligé
» les plus âgés, d'aller errer dans des contrées
» étrangères, où peut-être ils ne rencontreront
» que l'opprobre & la mort; — Je ne vois devant
» vous, mes chers paroissiens, que la perspective
» la plus affreuse; — où en sera donc le terme?
» — Dans le tombeau, si vous ne savez pas le
» trouver dans votre courage; — oui, votre
» courage peut seul vous délivrer de l'état, où
» vous êtes, & améliorer votre sort. — Mais,
» me direz-vous? — Pasteur, que faire pour en
» sortir? — Faut-il égorger ceux qui nous dé-
» pouillent, & nous remplacent par leurs bes-

» tiaux ? — Faut-il que la force & la violence
» nous restituent la portion de terre sur laquelle
» le Ciel nous avoit fait naître, & qui devoit
» nous nourrir ? — A Dieu ne plaise, mes chers
» enfans, que votre curé, votre ami, votre con-
» solateur, vous donne un conseil aussi détes-
» table & aussi sanguinaire; — priez au contraire
» pour ceux qui vous persécutent, mais en
» même tems cherchez tous les moyens licites,
» & honnêtes de diminuer la mesure de votre
» misère; — puisque les Seigneurs, & les grands
» propriétaires sont sourds aux cris de l'indi-
» gence, puisque le Soleil ne se lève plus que
» pour eux, puisque vous êtes forcés de vous
» séparer de vos chers enfans, quittez, comme
» eux, & avec eux une patrie ingrate, & cruelle,
» qui vous dédaigne, & vous méprise; — mais
» ne la quittez pas pour aller vivre sous d'autres
» maîtres, ou tremper vos mains dans le sang
» de vos semblables; — mille fois vaudroit-il
» mieux attendre ici la mort, & ne demander
» au Ciel que la patience & la résignation. — Mes
» Frères, écoutez moi attentivement; — à l'ouest
» de cette terre, il existe un continent d'une
» étendue immense; — peu d'hommes l'habitent
» encore; — & qui sont ces hommes ? — Nos
» frères, qui parlent la même langue que nous,
» qui ont la même religion & la même origine;

» — un grand nombre sont même nos compa-
» triotes ; — persécutés dans le dernier siècle,
» ils eurent le courage de quitter leur patrie,
» pour conserver leurs opinions, & leur liberté ;
» — ils y ont fondé des colonies, qui se sont
» insensiblement accrues de tous les malheureux,
» qui depuis, comme eux, ont osé traverser
» l'océan.

» Quittons donc l'Irlande, ce pays si fertile
» pour les riches, secouons le joug intolérable
» des redevances, des restrictions, & des en-
» traves, par le moyen desquelles les grands pro-
» priétaires ont enchaîné leurs vassaux ; — allons
» vers cette terre nouvelle ; — c'est l'asile de
» l'égalité & de l'industrie ; — nous y verserons
» des sueurs, il est vrai, mais nous y jouirons
» de l'usufruit de nos fatigues & de nos travaux :
» — comme tant d'autres, nous y défricherons
» des terres qui nous appartiendront, & en
» mourant, nous les laisserons à nos enfans ;
» — il ne faut que du courage pour y aborder —.
» Je vois que ce tableau fait renaître la séré-
» nité sur vos visages : — mais comment nous y
» transporter, me direz-vous ? — Vous n'avez
» ni plan formé, ni vivres, ni argent ; — je con-
» vient qu'il seroit imprudent & téméraire de
» s'exposer à la fureur des flots & des vents, ainsi
» qu'aux dangers de l'incertitude, avant d'avoir
» trouvé

» trouvé quelques ressources & de vous y être
» assuré un asile : — il faut absolument envoyer
» un député dans cette contrée, qui sonde les
» esprits, juge de la disposition du gouverne-
» ment, examine les terreins, choisisse les plus
» convenables, en connoisse le prix, &c.
» — Ce député exigera, je le sais, un salaire
» proportionné à ses fatigues & à ses soins, &
» vous êtes dans l'indigence : — eh bien ! mes
» frères, j'offre d'être moi-même ce député,
» j'offre de faire le voyage à mes frais ; — trop
» heureux si le zèle de votre Pasteur peut vous
» devenir essentiellement utile : — je ne vous
» demande pour toute récompense, que deux
» choses ; — consentez à remettre vos intérêts
» entre mes mains, & gardez le plus profond
» secret sur ma mission ; — ayez confiance en
» Dieu, c'est lui qui m'inspire ; — adressez-lui
» vos prières pendant mon absence, pour qu'il
» daigne favoriser notre projet ; méritez par votre
» patience & votre économie, le bonheur qu'il
» vous promet ; — défaites-vous insensible-
» ment du peu que vous avez, & qu'à mon re-
» tour je trouve chacun de vous possédant une
» douzaine de guinées, &c. ».

Le bon Curé avoit à peine fini son discours,
que ses Paroissiens, pénétrés de joie & de plaisir
à la vue de cette nouvelle perspective, fondirent

en larmes. — Dans le premier mouvement de leur fenfibilité, ils ne favoient comment lui témoigner leur vénération & leur reconnoiffance; — les uns dans l'ivreffe, infpirée par ces premières efpérances, fe jetèrent à fes genoux, les autres lui ferrèrent les mains, d'autres l'embraffèrent; — tous le conjurèrent au nom de Dieu, d'accepter la procuration la plus ample qu'ils pourroient lui donner. — Peu de tems après il partit, à ce qu'on difoit, pour aller à *Londres* y folliciter le foulagement de fa paroiffe, & nuitamment il prit la route de *London-Derry*, où il s'embarqua fur un vaiffeau qui alloit à *New-York*. — Quelques jours après fon arrivée, il fit connoiffance avec plufieurs de fes compatriotes, qui lui confeillèrent de préfenter une requête à l'affemblée des États de cette province —.

« C'eft une Colonie complette, dit-il à ce
» corps, pour laquelle je follicite une conceffion
» de terre & quelques provifions : c'eft une pa-
» roiffe entière compofée de gens fobres, reli-
» gieux & induftrieux, parmi lefquels il y a deux
» maréchaux, cinq charpentiers & onze tiffe-
» rands, les autres font des cultivateurs; toutes
» les femmes favent filer; — toutes font ro-
» buftes & faines; — ils n'abandonnent leur
» patrie, que pour fuir l'indigence extrême &
» l'oifiveté. — Je fuis le Pafteur & l'ami de ces

» pauvres Irlandois, & comme tel, je réponds
» de leur induſtrie, de leurs bonnes mœurs & de
» leur conduite, &c. ».

L'aſſemblée frappée de ces propoſitions hardies & nouvelles, les recommanda à l'arpenteur général, par les bons ſervices duquel il obtint bientôt après une conceſſion de 22000 acres, à raiſon de *vingt-cinq pounds le mille* (1) : — elle eſt ſituée dans une belle & longue vallée, traverſée par une jolie rivière qui tombe dans la *Suſquéhannah*, & en forme une des branches : — d'un côté elle n'eſt qu'à deux jours de chemin d'*Albany*, où les vaiſſeaux de *New-York* remontent : — de l'autre à peu de diſtance des lacs *Otzégé*, *Caniadéragé* & *Onéida*, dont les eaux communiqueront un jour avec celles du grand *Ontario* (2), par la rivière d'*Oſwégo* — Jamais région n'a été plus ſalubre, plus fertile, ni plus avantageuſement ſituée —.

Quelle joie pure & vive ce bon Paſteur ne reſſentit-il pas ; — quand, après avoir ſuivi l'arpenteur & parcouru ce nouveau pays, il fut aſſuré du ſuccès de ſon entrepriſe, & obtint le contrat de cette grande acquiſition ? — Il ne s'occupoit plus que de recueillir les différentes connoiſſances

_____

(1) 328 livres tournois.
(2) Lac qui a deux cents lieues de circonférence.

locales dont il prévoyoit que sa Colonie auroit besoin ; — pour cet effet il en parloit à tous ses amis, & chacun s'empressoit de l'instruire —.

Son zèle pour ses pauvres Paroissiens, la peinture qu'il fit de leur triste situation, l'énergie & les talens qu'il avoit déployés depuis son arrivée, intéressèrent infiniment, & lui procurèrent un grand nombre de connoissances & d'amis, qui ne le virent retourner en Europe qu'avec regret ; — il existe même encore plusieurs pièces de vers à sa louange, qui furent mises dans les Gazettes de cette ville, car sa généreuse entreprise étoit devenue le sujet de la conversation générale ; — & depuis la fondation de la Colonie on n'avoit jamais vu un dévouement aussi généreux & aussi utile —.

Pénétré du sentiment ineffable, du plaisir indicible que procure la commission des bonnes actions, & qui en sont toujours les premières & les plus douces récompenses ; — l'âme remplie de la véritable joie que ressent un homme qui va faire tant d'heureux, il s'embarqua sur un vaisseau Américain qui portoit à *London-Derry*, une cargaison de graine de Lin (1) : — pendant la

---

(1) Tout le lin qui est semé en Irlande annuellement, vient de graine apportée d'Amérique : cette branche de commerce est très-considérable.

traversée, il forma une liaison intime avec le Capitaine de ce vaisseau, qui ne tarda pas à concevoir pour lui l'estime la plus sincère & l'amitié la plus tendre : — & qui auroit pu ne pas aimer un homme tel qu'étoit ce vénérable, cet estimable Pasteur ? — Il convint avec le Capitaine du prix qu'il exigeroit pour transporter sa paroisse, & s'engagea de ne prendre à *London-Derry*, qu'un demi-fret, afin que le reste de l'espace pût être réservé pour l'eau, les provisions & les logemens des passagers —.

Il revit enfin son ancienne patrie, & y débarqua le quarante-sixième jour de sa traversée; — quels objets intéressans & nouveaux n'avoit-il pas vus ? quel projet vaste & utile n'avoit il pas réalisé ? quelles espérances flatteuses n'avoit-il pas conçues depuis son départ ? — Ce n'étoit plus le même homme; — son air lugubre, mélancolique & rêveur, étoit remplacé par la sérénité & la joie; — à peine ses amis de *London-Derry* purent-ils le reconnoître —.

Sachant qu'elle devoit être l'impatience de ses pauvres paroissiens, il partit deux jours après son arrivée : — je lui ai entendu dire que le plaisir de les revoir, de leur annoncer les bonnes nouvelles qu'il leur apportoit, avoit rendu ce jour le plus beau de sa vie. — En effet, ce fut une fête générale dans toute la paroisse; — hommes, femmes, enfans, tous vinrent le saluer & le féliciter sur son heureux retour de *Londres*; — & dès le soir du même jour, il tint à ses Notables le discours suivant, que j'ai copié mot à mot sur ses papiers :

« Remerciez Dieu, mes enfans, j'ai obtenu
» pour vous, dans le pays occidental d'où je
» viens, une concession de 22000 acres de terre ;
» — c'est une belle vallée, dont le milieu est ar-
» rosé par une jolie rivière, sur laquelle il y a
» plusieurs chûtes propres à la construction de
» moulins. — Je l'ai vue, cette rivière, je m'y
» suis baigné pour en prendre possession; j'ai
» parcouru cette surface sur laquelle nous devons
» travailler, qui doit nous vêtir & nous alimen-
» ter; — nous avons neuf ans pour payer en trois
» paiemens égaux, la somme dont je suis con-
» venu; — & quoique le contrat d'acquisition ne
» porte que les 22000 acres dont je viens de
» vous parler, on nous en accorde cependant
» 24200; — ayant obtenu un supplément addi-
» tionnel de cent acres par mille, destinés,
» suivant l'usage, à fournir les chemins, dont
» ce canton pourra avoir besoin un jour —.

» J'ai appris plusieurs détails intéressans sur
» la manière simple & prompte de construire les

» premières maisons (1), de ceindre l'écorce
» des arbres, d'essarper & brûler les buissons,
» d'ensemencer les terres, de fendre les poteaux
» & les palissades dont nos champs doivent être
» enclos, &c. — J'ai recueilli, avec le plus grand
» soin, toutes les informations dont la connois-
» sance est si utile & si importante aux nouveaux
» Colons; — je les ai toutes mises par écrit,
» une autre fois je vous les communiquerai —.
» Mais attendez-vous à essuyer bien des fa-
» tigues & à verser bien des sueurs. — Je ne
» saurois vous peindre combien les premiers dé-
» frichemens sont lents & pénibles; — la con-
» cession que j'ai obtenue n'a encore ni chemins
» ni ponts; — nous aurons la gloire de frayer les
» premiers sentiers; — nous aurons celle de faire
» luire le soleil, pour la première fois, sur cette
» terre nouvelle, dont les échos n'ont jamais
» répété le bruit des coups de haches : — c'est
» une belle & vaste forêt, remplie de châ-
» taigniers sauvages, de cerisiers immenses, de
» chênes blancs, d'hycoris, d'érables à sucre,
» de bouleau noir (2), de tulipiers, tous sont
» très-gros & très-élevés, & il n'y a que peu de
» buissons; — ce ne sera que sur les bords de la

_____

(1) Bien connues sous le nom de *Logg-Houses*.
(2) Avec l'écorce duquel les Sauvages font leurs canots.

» rivière que vous trouverez des terres non
» boisées; elles sont unies & couvertes d'une
» herbe sauvage qu'il faudra brûler; — c'est sur
» ces plateaux délicieux & fertiles, que nous
» porterons nos premiers efforts, & que nous
» cultiverons nos premières recoltes, telles que
» le maïs, le lin, le blé de printems (1),
» l'avoine, l'orge, les pois, les pommes de
» terre, le tabac, &c.

» J'ai rédigé le plan non-seulement de l'acqui-
» sition générale, mais aussi de la division particu-
» lière, de cette grande forêt & des terres
» basses : que de connoissances utiles n'ai-je pas
» acquises parmi les Américains ? — Avec quelle
» facilité ils savent tracer les lignes nécessaires
» dans les bois, établir des monumens durables,
» & assurer les limites de tant de possessions
» différentes : — les loix ont tout prévu & tout
» ordonné sur ce sujet important —.

« Attendez-vous donc à passer au moins
» trois ans dans l'exercice continuel de vos
» forces & de votre courage; — c'est un tems
» d'épreuve qu'il faut subir, après quoi nous
» jouirons avec plus d'aisance, & nous aurons
» plus de repos, quoiqu'il soit toujours néces-
» saire d'être laborieux & vigilant, car les saisons

---

(1) Appelé *Summer-Wheat*.

» se succèdent avec une rapidité inconcevable—.

» Si les Colons de ce pays nouveau jouissent
» de l'abondance, il faut convenir que ce bon-
» heur est chèrement acquis, sur-tout dans les
» commencemens ; — il n'est donc pas étonnant
» qu'un grand nombre d'entr'eux succombe sous
» le poids du travail & de l'activité que ce nou-
» veau genre de vie exige, en devenant chas-
» seurs & fainéans. — A peine sont-ils établis
» dans les bois, à peine ont-ils semé quelques
» acres de blé, multiplié leurs poules & leurs
» cochons, qu'ils se trouvent assaillis de toutes
» parts : — les anciens possesseurs de ces antiques
» forêts, unissent la ruse à la force pour réclamer
» leur propriété envahie, & leur déclarer la
» guerre : — les cerfs viennent brouter les blés,
» les renards détruire les moutons & les volailles,
» les ours viennent attaquer leurs cochons &
» même les jeunes vergers (1), les écureuils en-
» lever les épis de Maïs, &c. — Cette situation
» singulière & nouvelle, exige de ces hommes
» beaucoup d'énergie, de vigueur & d'industrie :
» — après avoir travaillé pendant le jour, sou-
» vent ils sont obligés de passer les nuits, leur

---

(1) Aimant beaucoup les pommes, ils montent dans les pommiers, dont souvent ils cassent les branches par leur poids.

» fufils dans les bras; — mais avec de la perfé-
» vérance, bientôt ils détruifent, ils épouvantent
» tous ces ennemis; — alors doublement victo-
» rieux, ils fe repofent de leurs chaffes noc-
» turnes, & jouiffent des fruits de leurs travaux
» agricoles. — L'homme placé comme cultiva-
» teur au fein des bois, y acquiert une énergie
» qui le rend bien fupérieur à l'habitant des
» plaines; — d'un côté il paffe fa vie à vaincre
» une foule d'obftacles, qui fans ceffe exercent
» fes forces & excitent fon génie; de l'autre il
» en eft dédommagé par plufieurs avantages
» inappréciables que les grandes forêts de la
» nature peuvent feules lui procurer : — qu'elles
» font belles & délicieufes ces mêmes forêts!
» — le chant des oifeaux qui les habitent, la
» beauté des arbres, le filence impofant qui y
» règne, le genre d'obfcurité, la fraîcheur dont
» elles couvrent la terre, & milles autres fen-
» fations nouvelles que j'y ai éprouvées, ont
» fait fur mon efprit une impreffion profonde—.
» Que notre fort eft différent ici! — Sans jouir
» des avantages, & des reffources, que les grands
» bois de la nature offrent à l'induftrie des hom-
» mes, nous en fouffrons tous les inconvéniens,
» & nous n'ofons nous en défendre; — combien de
» raifons n'avons-nous donc pas de préférer la vie
» de ces forêts, loin de nos *Lords*, de leurs

» bêtes fauves, & de leurs funestes plaisirs, à
» celle que nous menons ici; — là nous n'aurons
» à lutter que contre leurs anciens habitans, qui,
» après tout, en sont les premiers propriétaires ;
» — & si nous persévérons, nous aurons tout à
» espérer. — Après avoir aussi long-tems végété
» au milieu des grands inconvéniens de la décré-
» pitude sociale, nous aurons la gloire de nous
» trouver au commencement, & le bonheur de
» devenir l'origine d'une société nouvelle —.

» Ayez toujours la même confiance en moi;
» — avec l'assistance de Dieu, je vous conduirai
» sur la terre, que nous venons d'acquérir ; — j'ai
» tout prévu, & tout arrangé pour votre passage;
» — mais, si vous voulez mériter sa bénédiction,
» soyez unis comme des frères ; — que le même
» but, & les mêmes espérances deviennent un
» lien indissoluble; — alors vous pouvez compter
» sur le succès de votre émigration —.

» Vous êtes notre père, & notre ami, lui
» répondirent-ils ; — oui, nous le sentons, c'est
» Dieu, qui vous inspire, & nous jurons par
» son saint nom, de vous obéir comme de bons
» enfans, obéissent à leur père, & de suivre
» vos conseils, comme des aveugles suivent leurs
» guides ; — conduisez-nous donc à travers
» l'océan vers cette terre promise, comme

» autrefois *Moïse* conduisit les Juifs à travers les
» déserts — ».

Quelque tems avant l'époque fixée pour le retour du Capitaine, le bon Curé eut soin de l'informer, que toutes les conventions seroient ponctuellement remplies ; — que sa Paroisse n'étant qu'à treize milles de la grande Baie de ***, — les émigrans se rendroient à son bord à l'heure qu'il fixeroit.

En effet cette petite Colonie, précédée de son digne Curé, abandonna ses tristes foyers la nuit du 27 Avril 1734. — Elle étoit composée de quarante-sept familles, faisant en tout deux-cents trente-cinq personnes ; — dans ce nombre il ne se trouva que deux femmes âgées, qui aimèrent mieux s'exposer à toutes les fatigues de ce passage, & à mourir au milieu des leurs, que de rester seules sur le sol qui les avoit vu naître, mais qui seroit devenu pour elles une terre étrangère —.

Aussi-tôt qu'ils furent embarqués, le vaisseau appareilla, mit sous voile, & cingla vers l'ouest ; — la joie la plus vive succéda bientôt à toutes leurs inquiétudes ; — elle se manifesta pendant tout le reste de cette nuit mémorable, sous mille nuances différentes jusqu'au retour de la lumière ; — alors ils montèrent sur le pont pour jouir du spectacle solemnel & frappant que présentoit le grand élément sur lequel ils voguoient, & dont les vagues étoient sillonnées par le vaisseau qui les portoit : — cependant la vue de leurs côtes, dont ils n'étoient encore qu'à cinq lieues, vint exciter quelques regrets involontaires & diminuer un peu leur joie ; — ce fut à cette époque que ce digne Pasteur les engagea d'unir leurs cœurs pour remercier l'Etre suprême d'avoir aussi manifestement favorisé le commencement de leur émigration, & à le prier de bénir leur entreprise ; — bientôt après il lui adressa la prière suivante—:

« O Maître de la nature, Père des hommes ;
» — seroit-il écrit dans tes decrets éternels,
» que cette terre, sur laquelle tu nous as
» fait naître, ne fût destinée que pour le bonheur
» du plus petit nombre de tes créatures, & que
» les autres fussent condamnés à les servir, à
» ramper, à traîner pendant quelques années
» une vie pénible & précaire ; — pourquoi nous
» as-tu donc inspiré ce sentiment profond d'éga-
» lité & de liberté ? — Ne seroit-ce point pour le
» bonheur des opprimés, que tu aurois permis
» à nos ancêtres de découvrir & de peupler le
» grand continent occidental, que jusqu'à cette
» époque mémorable, tu avois caché à la curio-
» sité des hommes ? — Oui, sans doute ; — ta

» bénédiction paternelle s'y est trop évidem-
» ment manifestée, pour qu'il nous soit permis
» d'en douter; — c'est vers cette terre que nous
» voguons; — vers cette terre que ta mystérieuse
» & impénétrable providence semble destiner au
» bonheur de l'humanité; — c'est-là que nous
» obtiendrons du pain & des vêtemens, en dé-
» frichant des champs que notre patrie nous
» refuse. — Bénis, nous t'en conjurons, bénis
» nos projets & nos efforts : — verse sur nos
» moissons futures tes rosées fécondantes ;
» — prends pitié des compagnes & des enfans
» chéris que tu nous as donnés; — c'est pour
» eux, tu le sais, que nous abandonnons nos
» malheureux foyers. — Fasse que les flots & les
» vents, ces agens terribles de ton pouvoir
» suprême, nous deviennent propices; — rends-
» moi digne d'être l'exemple, le consolateur &
» le guide du troupeau que ta providence divine
» à daigné me confier. — Que sans cesse unis
» par les liens de la concorde, nous mêlions sans
» cesse les accens de la reconnoissance à nos nou-
» veaux travaux, & que notre postérité puisse à
» jamais mériter ta bénédiction particulière—».

Nos bons parens furent si émus du grand
spectacle qui les environnoit, ainsi que de ce
qu'ils venoient d'entendre, que ne sachant com-

ment s'exprimer, ils tendirent les bras & levèrent les yeux vers le ciel : c'est tout ce que de foibles mortels comme nous peuvent faire —.

Quelques jours après, ce digne Pasteur leur apprit une chanson qu'il avoit composée exprès, & qui peignoit d'une manière simple & naïve, leurs anciens malheurs, leur émigration, leur passage sur l'océan & leurs espérances : — j'ai ouï dire que ses effets furent merveilleux, & qu'elle contribua beaucoup à leur santé —.

L'humain & prévoyant Curé non-seulement s'étoit pourvu à *London-Derry* de toutes les médecines nécessaires, mais même avoit engagé un jeune Chirurgien qui devoit se fixer avec sa petite colonie —.

Un événement vint encore ranimer la joie de ces bons émigrans, dans un moment où les vents contraires obligeoient le Capitaine de courir des bordées longues & pénibles pour ceux qui n'étoient point accoutumés aux fatigues de la mer; — la femme de leur Pasteur accoucha d'un garçon : — toute la Paroisse assemblée regardant cet événement comme un heureux présage, députa ses trois Notables, pour le féliciter sur ce que, le premier, il avoit eu le bonheur de devenir le père d'un homme libre. — Au nom de leurs commettans, ils adoptèrent le nouveau né par un écrit formel, & l'enrôlèrent sous le nom de *Félix Marinus Dunlap*, sur le catalogue de ceux qui devoient partager les terres.

Enfin après neuf semaines d'une navigation assez douce, les matelots du haut des mats découvrirent les hauteurs de *Néversink* (1); à cette nouvelle, tous s'empressèrent de monter sur le pont, pour saluer leur nouvelle patrie, pour contempler cette grande terre alimentaire & hospitalière après laquelle ils soupiroient depuis si long-tems —.

Aussi-tôt qu'ils furent débarqués à *New-York*, leur Pasteur les conduisit à l'Église, accompagnés d'un grand nombre de citoyens; — où après avoir remercié l'Être Suprême des faveurs qu'il leur avoit accordées, & avoir imploré sa bénédiction sur leurs travaux futurs, ils furent se loger dans les casernes de la ville, où ils ne tardèrent pas à recevoir de l'hospitalité américaine, tous les rafraîchissemens nécessaires, & milles autres petites douceurs qu'ils n'avoient jamais connues. Après s'être reposés pendant quelque tems, & avoir reçu du gouvernement, suivant la convention, une année complette de provision en lard, farine,

---

(1) Montagne dans le voisinage de *Sandy-Hook*, dont la vue est très-utile aux Marins —.

pois

pois & maïs; ils s'embarquèrent sur des vaisseaux qui les portèrent à Albany —.

Les Citoyens de cette ville, instruits par les Gazettes, du zèle, du dévouement généreux de ce brave pasteur Irlandois, ainsi que des malheurs de la colonie qu'il conduisoit, vinrent les féliciter à leur débarquement, & les obligèrent de laisser derrière eux leurs femmes & leurs enfans, dont ils offrirent de prendre soin, jusqu'à ce qu'ils eussent érigé quelques habitations décentes & commodes sur la terre qu'ils alloient défricher —.

Jamais établissement n'avoit été commencé sous des auspices plus heureux; — le ciel sembla bénir cette grande entreprise d'une manière bien évidente; enfin, aidés de tous les secours & de tous les guides, dont ils avoient besoin, ils arrivèrent le matin du 15 Juillet, sur les bords de la rivière, qui traversoit leur nouvelle possession, & qui, j'espère, sera à jamais un jour de fête, consacré aux prières & au repos, parmi les habitans de ce Canton —.

Quel spectacle se présenta tout-à-coup aux yeux de nos Pères! — Quelle situation nouvelle & intéressante pour eux! — Quel ample sujet de méditations & d'actions de grâces! — Je n'ai jamais entendu notre bon Ministre parler de ce jour mémorable, sans observer que son esprit, & toutes les facultés de son ame s'exaltoient —.

Ayant constamment suivi l'Arpenteur, lorsque cette concession fut tracée, & connoissant bien toutes les lignes qui la déterminoient, — il employa ce premier jour à les leur faire parcourir; — ce fut alors qu'il leur communiqua toutes les observations qu'il avoit faites —.

« Voyez-vous bien ce grand côteau, leur
» dit-il, tout couvert de châtaigniers sauvages,
» d'hycoris, d'érables à sucre, &c., dont le
» sol est si mou sous nos pieds, c'est la terre qui
» un jour nous rapportera du blé, dont la beauté
» vous étonnera; — & cette grande plaine que
» nous venons de traverser, toute couverte de
» chênes blancs d'une si grande hauteur, c'est-là,
» où nous aurons alternativement des récoltes
» de pois, de froment, de maïs, d'avoine, &
» de lin. — Tout ce Canton y est particulière-
» ment destiné; — nous voici sur un fond un
» peu plus bas, & plus humide, c'est-ici, où
» nous ferons croître les deux espèces de gra-
» minées les plus excellentes pour le foin, qu'on
» connoisse ici, le *Timothy* (1), & *l'herbe à*

---

(1) La première graine de cette herbe, fut apportée par le Capitaine *Timothy-Hansen*, il y a plus de cinquante

» *l'oiseau* (1) ; — le repos futur de tous nos
» champs sera le tréfle, qui, pendant trois ans,
» les couvrira du pâturage le plus abondant : —
» nous voici enfin arrivés sur nos terres basses (2),
» qui, comme vous le voyez, accompagnent les
» charmans rivages de cette rivière ; — elles ont
» été formées dans la suite d'un grand nombre
» de siècles, par la retraite graduelle des eaux.
» — Elles sont composées de couches alternatives
» de marne, de sable noir, & de terre végétale ;
» — leur fécondité vous étonnera ; — après avoir
» été brisées avec l'aide de six bœufs, trois
» chevaux seront suffisans pour en labourer un
» acre & demi par jour. — Ces terres vont de-
» venir la première ressource de notre industrie,
» & la gloire de cet établissement ; — elles fixe-
» ront toute notre attention, & tous nos soins,
» jusqu'à ce que nous soyons devenus assez forts
» pour attaquer les grands arbres qui couvrent
» nos terres hautes — ».

En visitant attentivement les bords de cette
rivière, il s'apperçut que la nature, qui en avoit

---

ans, & pour conserver la mémoire de ce bienfait, on lui
a donné son nom.

(1) Cette herbe donne un foin excellent : elle fut trouvée
dans l'Etat de *Massachussets*, il y a plus d'un siècle.

2) *Low-Lands.*

si amplement varié les espèces dans les forêts voisines, n'avoit orné ces terres basses que de cérisiers sauvages d'une hauteur énorme (1) : — cette observation l'engagea d'appeler leur nouvelle acquisition, *la Vallée des Cérises* (2) ; — tous admirant les connoissances de leur Ministre, versèrent des larmes de joie, & d'attendrissement, en refléchissant que la terre, sur laquelle ils marchoient, étoit à eux, & qu'elle alloit être distinguée sur les cartes, & dans les actes de Justice par un nom, qu'ils lui avoient donné eux-mêmes ; ils étoient bien éloignés en Irlande de se douter que la destinée leur eût réservé une jouissance, & un plaisir aussi flatteur —.

Ainsi ce bon Curé leur expliquoit, en se promenant, les différentes qualités de la terre, & des arbres, & les différens usages qu'ils en feroient ; — l'emplacement futur de leurs habitations, des chemins, des ponts, & des moulins, &c. — Il leur montroit les plantes, & les racines qui étoient toujours un indice de la bonté du sol, & leur indiquoit les différentes productions qu'ils lui feroient rapporter. — Epuisés enfin par les

---

(1) J'en ai vu plusieurs qui avoient plus de soixante-dix pieds de hauteur.

(2) *Cherry-Valley.*

fatigues du plaisir, de l'étonnement & du voyage, ils campèrent sur les bords de la rivière, sous des tentes qu'ils avoient apportées d'*Albany* —.

Le lendemain 16 de Juillet, ce bon Pasteur leur fit abattre le premier arbre avec un singulier mélange de solemnité & de gaieté ; ce fut un grand cérisier sauvage. — « Ce que vous venez de faire,
» leur dit-il, est votre premier acte comme cul-
» tivateurs, votre premier pas comme hommes,
» vers cette grande conquête que vous allez
» commencer. — Quel privilège en effet, mes
» amis, que celui de renverser ces enfans de la
» nature, ces géans, dont elle a couvert tout ce
» continent, qui sans ces belles forêts ne seroit
» qu'une terre aride, & seche ! — Ce que vous
» venez de faire, est la prise de possession, du
» terrein que les Loix vous concèdent ; — cet
» acte vous naturalise ; — d'émigrans vous êtes
» devenus des naturels ; — d'Irlandois vous êtes
» devenus des Américains ; — il vous identifie
» à la terre qui va vous nourrir, & au gouver-
» nement qui vous adopte. — Que la première
» partie de ce jour, mes chers Paroissiens, soit
» donc destinée à la prière, & aux actions de
» grâces, & la seconde à la lecture de toutes
» les instructions que j'ai rédigées, tant pour la
» culture, que pour votre conduite, & le par-
» tage du terrein que nous venons d'acquérir ! — »

« Ils en formèrent trois grandes divisions de chaque côté de la rivière ; — la première étoit composée des terres basses, (trésor infiniment précieux, dont il falloit que chacun eût une partie égale ;) — la seconde contenoit les terres boisées, qui étoient destinées à l'emplacement de leurs maisons & de leurs champs de culture ; — il fut convenu que la troisième resteroit en masse pour servir d'héritage à leurs enfans. — Les deux premières portions furent ensuite subdivisées en autant de lots qu'il y avoit de têtes divisantes, & ces lots furent tirés au sort sous l'inspection du vénérable Pasteur ; — chacun de nos pères, satisfait de la propriété qui lui étoit échue en partage, ne pensa plus qu'à faire marquer par l'arpenteur du Comté les limites de son nouveau domaine. — Le lendemain de ce grand jour fut consacré aux écritures ; — le Ministre, au nom duquel le contrat de l'acquisition générale avoit été transigé, fit tout ce que la Loi prescrivoit pour donner un titre, & une possession légale à chaque individu de sa nouvelle Colonie —. »

Le petit *Félix Marinus* ne fut pas oublié, la Paroisse n'ayant pas voulu le réserver avec les autres enfans, à la subdivision future des terres en masse, ordonna qu'un de ses parrains tirât pour lui —.

Mais si, après avoir été mis en possession de sa propriété, chaque Colon eût été obligé d'entreprendre seul le défrichement de sa terre, cette tâche infiniment pénible auroit exigé un tems très-considérable ; — pour obvier à ce grand inconvénient, le bon Curé voulut qu'ils s'entr'aidassent, suivant l'ordre des numéros qu'ils avoient tirés la veille. — Alors les efforts réunis de toute la Colonie furent employés dans le même ordre ; la Paroisse exempta leur bon Pasteur de cette règle ; — & sa maison fut construite peu de jours après (1). — Son zèle, ses talens & sa conduite méritoient bien cette foible marque de reconnoissance ; — vous ne sauriez imaginer quels miracles la réunion des efforts, & de l'industrie Américaine peut faire dans les bois, avec quelle célérité elle applanit toutes les difficultés, avec quelle facilité les entreprises les plus difficiles sont accomplies. — Ce nouveau genre de vie fraternise les Colons, parcequ'ils sentent alors toute leur foiblesse & leur impuissance individuelle. — En effet, comparez le pouvoir & l'énergie d'un seul homme, avec le poids & la résistance d'un arbre de trois pieds de diamètre & de soixante de hauteur.

---

(1) Ces premières maisons sont faites avec les troncs d'arbres, & bien connues sous le nom de *Logg-Houses*.

Tant que cet estimable Ministre a vécu, il a eu le bonheur d'entretenir dans sa colonie l'union la plus parfaite. — C'étoit presque la seule doctrine qu'il prêchoit à nos pères. — Elle devint la première source de leur force & de leur prospérité. — Il eut aussi celui de vivre assez long-tems, pour voir tous ses Colons devenus opulens & aisés. — Sa femme qui avoit heureusement appris des *Squawes* (1) la connoissance des simples, rendit à ses voisines les services les plus importans, surtout dans leurs couches. Elle a été pendant un grand nombre d'années, la matrône la plus respectable & la plus utile de tous ces cantons. — Comme ce bon Ministre consacroit à la lecture, tout le tems qu'il passoit chez lui, il exigeoit que ses voisins n'allassent le consulter que lorsqu'il labouroit; — alors assis sous l'ombre d'un arbre, il se reposoit pendant qu'il écoutoit ce qu'on avoit à lui dire, & qu'il donnoit ses avis —.

Tel fut l'estimable Pasteur presbytérien, *James Dunlap*, né en *Irlande*, dans le Comté *de Cork*, en 1698, — & mort ici en 1765. — C'est à l'heureux génie de cet excellent homme, c'est à la bénédiction particulière du ciel sur sa tête, que nos pères doivent le bonheur d'être devenus de bons cultivateurs ; — & nous, l'ample subsistance

───────────────

(1) Femmes Sauvages.

dont nous aurions joui, sans les malheurs de la guerre; — puisse ce qu'il a fait devenir un exemple instructif & utile, — & sa mémoire être bénie à jamais.

P. Y.

P. S. Aussi-tôt que nos maisons seront rebâties, je compte proposer à mes voisins de placer une pierre sépulcrale sur son tombeau, & d'y faire graver l'Épitaphe suivante :

Ci-gît le corps d'un vrai Pasteur,
Pauvre, & seul, il osa concevoir le projet
D'arracher son troupeau, des champs de la
servitude Irlandoise,
Et eut le bonheur de l'établir sur les terres libres
& fertiles de l'Amérique.
Bénis, passant, la mémoire
De celui qui fut grand, parce qu'il fut bon.
Payes aux cendres, de James Dunlap,
Ton tribut d'admiration & de reconnoissance.

Adieu Saint-John.

New-York, 16 Juillet 1784.

DÉTAIL de plusieurs circonstances intéressantes qui ont précédé & suivi l'entrée triomphante du Général Washington, *dans la ville de* New-York. —— *Départ des Anglois.* —— *Restauration du Gouvernement Américain.* —— *Le Général résigne sa commission entre les mains du Congrès.* —— *Son retour à la vie privée* ——.

LE hasard voulut que dans l'après-midi du cinquante-septième jour de notre traversée (1), tous les passagers du *Packet-Boat*, le *C.. de L..* fussent sur le pont, occupés à contempler avec effroi l'impétuosité du vent de nord-ouest, & son puissant effet sur les vagues de la mer, qu'il soulevoit à des hauteurs énormes. —— Nous pensions être à quatre-vingt-cinq lieues du continent, & tous se plaignoient de la difficulté d'y aborder dans cette saison de l'année, lorsqu'un des passagers nous dit : —— « Consolez-vous, Messieurs. —— Un

(1) Le 17 Novembre 1783.

» preſſentiment m'annonce que nous aurons un
» Pilote Américain à bord avant vingt-quatre
» heures. — C'eſt, je crois, l'effet du déſir,
» plutôt que celui d'une eſpérance bien fondée,
» lui répondit le Capitaine ; — il n'y a pas d'ap-
» parence que votre prophétie ſoit accomplie
» d'ici à long-tems ; — la marche des nuages,
» & l'aſpect de la mer, me font craindre au
» contraire, un redoublement du nord-oueſt. »
Cependant l'impétuoſité du vent diminua beaucoup pendant la nuit, & la mer tomba —.

Quelle fut notre ſurpriſe, lorſque le lendemain
matin, nous nous trouvâmes au milieu d'une
flotte Angloiſe de vingt-deux voiles, cinglant à
l'eſt, & que nous apperçûmes le canot de *Com-
modore*, qui venoit à notre bord. — " Allez-vous
» à *New-York*, dit à notre Capitaine, le Lieu-
» tenant qui le commandoit? — Nous y portons
» le Cap, répondit-il; — mais j'ignore, ſi le
» vent nous permettra d'y entrer : les Anglois
» y ſont-ils encore? — Oui, répliqua le Lieu-
» tenant; mais on dit qu'ils doivent l'évacuer,
» le 25 de ce mois. — Le vent étoit ſi violent,
» quand nous appareillâmes de *Sandyhook* (1),

___

(1) Grande Péninſule à onze lieues de New-York, ſur
l'extrémité de laquelle il y a un beau Phare de cent pieds
d'élévation, armé d'un Paratonnerre.

» qu'il nous a été impossible d'y mettre à terre
» notre Pilote ; — le Capitaine du *Dauphin* (1)
» m'envoie savoir si vous voudriez le prendre à
» votre bord, peut-être, pourra-t-il vous être
» utile : — très-volontiers, répondit M. C...,
» j'aurai soin de lui —.

» Eh bien ! Messieurs, dit modestement le jeune
» passager, je vous l'avois bien dit. » — L'accomplissement de ce pressentiment extraordinaire nous parut comme un gage assuré, que bientôt le vent changeroit, & qu'enfin nous pourrions atterrer ; — en effet le lendemain il passa au nord-est, & delà au sud-est, mais avec une violence, & une brume, qui étoient les avant-coureurs de la tempête —.

Ce fut alors que nous sentîmes tout le prix du bienfait de la destinée, car à l'aide de ses connoissances locales, au lieu de fuir la terre, ce bon Pilote (2) nous conduisit en trente-sept heures à *Sandyhook* ; — il étoit deux heures quand nous en dépassâmes le *Phare*, & cependant à quatre heures & demie, le *Courier de l'Europe* mouilla devant la Ville, au milieu d'une forêt de mâts, & de vaisseaux, chargés des restes de la force, & de la puissance Angloise ; — jugez quelle dût

---

(1) Vaisseau de guerre Anglois de cinquante canons.
(2) James Swan.

être l'impétuofité du vent ? — J'étois bien éloigné d'efpérer, lorfque fortant des prifons de cette même Ville, je m'embarquai pour l'Irlande le 1 Septembre 1780, que l'accompliffement de cette grande révolution devoit être auffi prochain & que j'étois deftiné à la révoir dans le moment, où émancipée du joug militaire de fes ufurpateurs, elle repafferoit fous le gouvernement républicain de fes anciens citoyens —.

Cette époque de ma vie a été mêlée de circonftances fingulièrement douloureufes, dont je crois vous avoir déjà parlé ; — je n'ai aujourd'hui d'autre deffein que celui de mettre fous vos yeux quelques-uns des détails qui précédèrent, & fuivirent ce grand événement —.

Je fus loger chez M. *William Seton*, cet ami généreux, qui, lors de mon emprifonnement, avoit ofé écrire au quartier-général en ma faveur, & devenir une des cautions de mon élargiffement ; — quoique fincère Royalifte, il préféra fa patrie aux brumes & à la ftérilité de la nouvelle Ecoffe. — Ce que j'avois prévu, eft arrivé depuis. — Ses opinions politiques font oubliées, il jouit de l'eftime publique, qu'il mérite à de fi juftes titres & aujourd'hui il eft à la tête de la Banque nationale : — place importante, à laquelle il a été appelé par les fuffrages unanimes des foufcripteurs —.

Je trouvai cette Ville, autrefois si florissante, & si propre, dans un état que je ne puis vous peindre ; — onze cent de ses maisons avoient été brûlées ; ses rues étoient presqu'entièrement dépavées, les beaux arbres, qui jadis ombrageoient les plus larges, avoient été abattus & enlevés ; — les quais & les magasins étoient singulièrement détériorés ; un grand nombre de maisons n'avoient plus ni portes, ni planchers, ni fenêtres. — Presque toutes les églises, dont l'ennemi avoit fait des hôpitaux, des manèges, ou des casernes, étoient à moitié détruites ; — nos promenades, sacrifiées aux travaux militaires, n'existoient plus ; — notre beau collège, converti en hôpital, avoit perdu sa bibliothèque, ainsi que ses instrumens de physique, & la pompe à feu étoit en ruine —.

Le lendemain de notre arrivée nous eûmes un second coup de vent plus violent encore que celui qui nous avoit si heureusement amené, & dont la durée fut très-longue ; — mais à peine fûmes-nous délivrés des alarmes occasionnées par cette tempête, qu'un incendie se déclara pendant la nuit vers le milieu de la Ville —.

La rancune amère, la violence sourde & cachée, le désespoir de plusieurs Royalistes, qui touchoient au moment de quitter leur patrie pour toujours, les Lois sévères promulguées contr'eux par les Américains, firent craindre à un grand nombre de personnes, que cet incendie ne fût la première étincelle de l'embrasement général; — il faut avoir essuyé pendant deux heures les corrosives inquiétudes d'une situation aussi alarmante, pour s'en former une idée —.

Les troupes continentales, qui étoient campées sur les hauteurs de *Harlem* (1), à la vue des flammes furent saisies du même pressentiment; — un grand nombre de soldats, persuadés que leur Ville alloit être consumée, quittèrent le camp, pour venir aider à les éteindre; — mais heureusement ils furent arrêtés. — L'autorité du Général, prévint un désordre qui auroit infailliblement mis le comble à la désolation générale, & entraîné la ruine entière de cette malheureuse Ville; — les soldats Américains auroient sans doute voulu forcer les passages; — les Anglois les auroient défendus, on seroit accouru de part & d'autre à cette mêlée, & ces hommes, dans l'esprit desquels l'aigreur de la guerre civile, n'étoit pas encore adoucie, se seroient égorgés à la lueur de l'incendie général —.

Il ne vous paroîtra donc pas étonnant, que dans une conjoncture aussi extraordinaire plu-

___

(1) A deux lieues de New-York.

sieurs citoyens ne craigniſſent, que ces infortunés Royaliſtes n'euſſent formé le deſſein de détruire ce qu'ils alloient bientôt abandonner. — Mais ces cruels preſſentimens étoient injuſtes ; — on fut informé que le feu avoit pris accidentellement à la braſſerie de *Rutgers*. — Les ſoins & la vigilance du Général Anglois Sir *Guy Carleton* firent bientôt diſparoître toutes les alarmes, & ramena la tranquillité dans les eſprits ; — vers les onze heures du ſoir les flammes furent éteintes —.

Long-tems avant cette époque, un grand nombre de Royaliſtes, intimidés par la crainte de la vengeance publique & particulière, & non moins par les inſinuations adroites du Gouvernement anglois, avoient porté leurs richeſſes & leur induſtrie dans la Nouvelle Écoſſe ; — il étoit de l'intérêt de cette puiſſance, de peupler cette région inculte de tous les débris qu'elle pourroit obtenir des États unis ; — auſſi le nombre en fut-il très-conſidérable ; — on m'a aſſuré qu'il ſe montoit à onze mille, & qu'ils y avoient porté près de 400,000 livres ſterling —.

D'un autre côté, les familles les plus diſtinguées de cet état, victimes de leur attachement à la cauſe royale, long-tems auparavant, avoient été obligées d'abandonner toutes leurs poſſeſſions ; — vous ſavez ſans doute que les grandes conceſſions

fions obtenues de la couronne par leurs ancêtres, les droits dont ils jouiſſoient depuis pluſieurs générations, les ſubſtitutions établies en leur faveur, avoient contribué à rendre cet état plus monarchique que les autres —.

Quant aux habitans qui ſe trouvoient dans la ville, quoiqu'ils ne ſe fuſſent point armés contre leur patrie (1), ils n'en étoient pas moins partiſans de la cauſe royale; — mais éloignés comme vous êtes de ce grand théâtre, vous ne pourrez jamais concevoir la nature du zèle & du dévouement dont les hommes ont été pénétrés pendant le cours de cette révolution; — ni juſqu'à quel point les opinions politiques ont enflamé tous les eſprits; — l'hiſtoire du fanatiſme des anciennes guerres de religion, peut ſeule vous en donner quelqu'idée —.

Telle étoit la diſpoſition des habitans de New-York; — ils touchoient cependant au moment de revoir leurs anciens voiſins, leurs amis, leurs parens; — la haine de parti eſt toujours amère, vous le ſavez en proportion de la proximité du ſang & des liaiſons.

Les premiers obéiſſant à l'impulſion de leurs anciens préjugés, étoient reſtés dans la ville; &

---

(1) Ceux qui avoient porté les armes étoient déjà partis pour la Nouvelle Ecoſſe.

Tome III. R

y avoient accumulé des richesses, sous la protection des Anglois; — les seconds avoient tout abandonné & presque tout perdu pour défendre la cause de leur patrie. — Comment étoit-il possible de concevoir que ces deux classes de citoyens pussent jamais habiter ensemble & se soumettre aux mêmes loix ? — N'étoit-il pas à craindre, au contraire, que d'un côté, l'arrogance de la victoire, de l'autre, la possession des richesses, ne produisissent quelque dangéreuse effervescence ? — Il n'en arriva cependant aucune, au grand étonnement des Anglois. — Les citoyens qui revinrent avec le Général Washington, donnèrent à cette époque mémorable, une preuve bien éclatante de magnanimité & de sagesse : — ce calme, cette suspension de vengeance particulière, cette modération est un phénomène qui honore la raison de ce nouveau peuple; — à peine furent-ils redevenus paisibles possesseurs de leur ville, qu'ils s'associèrent & se formèrent en compagnies, pour aider alternativement au militaire, à en conserver la tranquillité; — & ceux dont le service ne tomboit que le lendemain, furent publiquement invités & requis par des annonces mises dans des gazettes (1), de ne point

---

(1) *Voyez* la gazette de New-York, du 27 Novembre 1783, imprimée par Samuel Loudon.

se coucher pendant les premières nuits, à fin d'être plus à portée, s'il en étoit besoin, de contribuer à la suppression des tumultes & à la préservation de la paix générale : — cependant quelques personnes mirent en usage plusieurs moyens pour rallumer le flambeau de la discorde civile ; mais la présence du général (1), pour qui toutes les classes avoient le plus grand respect, — dont l'œil & la sagacité pénétroient par tout, l'activité singulière du Gouverneur (2) & des Membres du nouveau gouvernement, les efforts de tous les gens de bien, leur donnèrent un frein qu'ils ne purent jamais rompre —.

D'un autre côté la prudence des Royalistes, les bons écrits répandus dans les gazettes & les pamphlets (3), — le respect pour le nouveau gouvernement, &, vous le dirai-je! les rigueurs d'un hiver cruel, adoucirent peu à peu l'âpreté des opinions politiques & l'aigreur des esprits.

Plus de quatre cents familles réduites à l'indigence par la destruction de leurs maisons, par l'anéantissement du commerce & de l'industrie, par

---

(1) Général *Washington*.
(2) Son excellence *George Clinton*.
(3) Lettres de *Phocion*, publiées par le Colonel *Alexandre Hamilton*, dont la lecture contribua beaucoup à calmer les esprits.

les dévastations de la guerre, réclamèrent & excitèrent la commisération publique ; — des sommes considérables provenantes de plusieurs souscriptions (1), qui se montèrent à près de douze cents guinées, en fournissant aux besoins les plus pressans, adoucirent leurs malheurs, & contribuèrent beaucoup à rappeler l'ancienne harmonie. — Je puis vous assurer que ce mouvement de charité, fut une des premières causes qui servit le plus efficacement à réunir ces deux classes de citoyens —.

Les riches *Torys* aisés, s'empressèrent d'assister leurs frères infortunés, & de leur procurer du bois & des vêtemens ; — alors la reconnoissance de ces derniers s'unissant aux accens de la bienveillance général, éteignit insensiblement l'ancienne animosité, & assura la tranquillité de la ville —.

Le nouveau gouvernement peu-à peu acquit de la force & de l'énergie ; — l'autorité municipale fut rétablie par la création d'un Maire, & des Echevins ; — les Chambres du commerce & d'assurance, la Société de marine (2), les Ecoles

---

(1) MM. *Lawrence* & *George Embre*, deux des plus respectables Membres de la Société des *Amis*, en furent les distributeurs.

(2) Société très-riche qui donne des pensions aux veuves

publiques, la Maison de Charité, tout fut remis sur l'ancien pied au bout de quelques mois —.

Depuis cette époque, les rues ont été alignées, repavées, & la Ville nettoyée; — on travaille de toutes parts à la construction des maisons, à la fondation de nouveaux quais, au rétablissement de l'Université, & du grand Hôpital.

La maison d'industrie, & *l'asile des pauvres* ont été mis sous la direction des *Amis*, qui ont introduit dans la première la méthode des travaux publics pour un certain tems, au lieu des punitions insuffisantes infligées auparavant par la Loi —.

L'industrie, & l'activité Américaine ne tarderont pas à réparer les dévastations, & à faire disparoître les ruines de la guerre : — & dans six ans cette Ville sera plus belle, plus étendue & mieux alignée qu'elle ne l'étoit avant la révolution. Quel ample sujet de réflexions ! —

Le 24 nous essuyâmes un troisième coup de vent, qui fit périr plusieurs vaisseaux sur les côtes voisines, & comme, si la nature eût voulu marquer cette époque en grands caractères, il fut accompagné d'un tremblement de terre. — Cependant les différentes négociations entre les deux Gé-

---

& aux enfans des Marins qui périssent en mer. Voyez l'anecdote cinquantième.

néraux étant terminées, le jour si désiré par les Américains fut fixé au 25.; — dès la veille les troupes continentales qui étoient campées sur les hauteurs de *Harlem*, se rapprochèrent de la Ville, dans laquelle il ne restoit plus de soldats Anglois, que le nombre suffisant pour garder les postes avancés ; — on touchoit enfin à la dernière scène de cette longue & sanglante tragédie —.

Ce fut le 25 Novembre vers une heure après midi, que le Major-Général *Henri Knox* entra dans le Fauxbourg (1), à la tête de trois-mille hommes (2) il pénétra lentement dans la Ville, à mesure que les gardes Angloises furent relevées ; — cette opération délicate se passa avec toute la politesse du silence, sans que la morgue nationale des uns, ni l'arrogance du triomphe des autres produisissent la plus légère altercation. — Les deux Généraux avoient tout prévu la veille, & avoient pris les mesures les plus sages —.

―――――――

(1) Appelé *Bowry-Lane* ; c'est la seule voie qui mène au continent : cette belle rue à plus de cent pieds de large.

(2) Ces trois mille hommes étoient composés d'un corps de Dragons, des Gardes avancés, d'un détachement du corps de l'Artillerie, de deux bataillons d'Infanterie légère, d'un détachement des troupes de *Massachussets*, & de l'arrière-garde de l'armée.

Auſſi-tôt que l'armée Américaine fut en poſſeſſion de cette Ville, le Général *Washington*, & le Gouverneur *Clinton* (1) firent leur entrée publique dans l'ordre ſuivant —:

Le Général, & le Gouverneur à cheval, accompagnés de leurs Aides de camp.

Le Lieutenant-Gouverneur (2), & les membres du Conſeil quatre à quatre —.

Le Major-Général *Knox* (3), & les Officiers de l'armée Américaine huit à huit —.

L'Orateur de la chambre d'aſſemblée, & les Citoyens huit à huit —.

Le Général à la tête de cette proceſſion parcou-

---

(1) Il eſt le premier Gouverneur que le Peuple ait nommé après la deſtruction du Gouvernement royal : tels ſont ſes grands talens, qu'il a toujours été continué depuis.

(2) *Pierre Van Corstand*, deſcendu d'une des plus anciennes & des plus reſpectables familles Hollandoiſes de cet Etat.

(3) *Henri Knox*, né à *Boston*. Il a commandé l'Artillerie continentale pendant toute la guerre : aux talens d'un excellent Officier il unit l'urbanité & la politeſſe la plus aimable ; — c'eſt lui qui, par ſon génie, a créé ce Corps. — Le Congrès lui a confié depuis le département de la guerre.

R iv

rut lentement les deux principales rues, & falua tous les spectateurs, avec sa dignité & sa modestie ordinaires (1).

En passant auprès de la grande batterie (2), d'où le Pavillon Anglois venoit d'être amené, on livra aux ondulations du vent avec un empressement dont je ne puis vous donner aucune idée, le grand étendard des États - Unis, ce symbole de leur nouvelle souveraineté, au déployement duquel, on avoit attaché une si grande importance —.

Ce fut le moment où l'orgueil du triomphe prévalant pour un instant sur les sentimens de tranquillité, & sur l'esprit de modération, éclata par des *huzzas* (3); d'autant plus forts, qu'on vouloit être entendu de plusieurs vaisseaux anglois qui étoient encore à l'ancre dans le voisinage —.

―――――――――

(1) Suivant le plan qui avoit été arrêté la veille par un comité des Citoyens, qui desiroient faire les honneurs de leur ville.

(2) Située à l'extrémité occidentale de la pointe de l'île, sur laquelle New-York est bâtie; — cette batterie, qui est fort étendue, sert de promenade publique & offre au spectateur un coup d'œil charmant.

(3) Cris ou expressions d'allégresse, qui correspondent au *vive le Roi*.

Jamais auparavant, les treize étoiles n'avoient flotté si près des eaux de la grande rivière de *Hudson* —.

Après avoir donné les ordres nécessaires, le Général se retira dans la maison d'un de ses amis (1); d'où peu de tems après, il fut dîner chez le Gouverneur avec les Officiers & les principaux Habitans de *New-York* — Le lendemain il présida au grand repas que les Citoyens lui donnèrent —.

Quel plaisir, quelle joie vive & pure, ces bons convives ne ressentirent-ils pas, en se retrouvant dans leur ville, assis au tour de la même table, au sein de l'amitié, & de la paix, après avoir passé tant d'années au milieu des alarmes & des vicissitudes d'une guerre, dont l'événement devoit décider de leur liberté ou de leur asservissement; — Le cours ordinaire des choses humaines produit rarement des événemens aussi intéressans. — Tous les yeux se tournoient sans cesse vers ce grand homme qui, par ses talens extraordinaires avoit si heureusement uni leurs intérêts, & dirigé leurs efforts. Le bon vin ne tarda pas à faire

---

(1) *Philippe Van Burgh Livingston*, citoyen d'une ancienne & respectable famille; il avoit été Président de la Convention, qui remplaça le gouvernement royal avant la promulgation de la nouvelle constitution.

éclater l'allégresse de ces braves patriotes, sous l'emblême ordinaire de toasts (1), & de sentimens analogues à ce dîné mémorable —.

Quelle époque dans la vie de ceux qui survivans aux dangers & aux inquiétudes de cette grande révolution, avoient le bonheur d'assister à ce dernier triomphe.

Ici je n'ai à vous décrire ni les trophées de l'orgueil, ni les monumens de l'ostentation; ce triomphe fut simple & modeste, comme il le devoit être chez un peuple éclairé, pauvre & républicain. —L'arrogance ne vint point ternir la beauté simple de ce grand jour, à jamais mémorable dans les annales de l'Amérique; —tout y fut aggrandi, tout y fut embelli par la seule participation & l'énergie des cœurs—.

Mais afin de vous pénétrer des mêmes sentimens, cessez, je vous prie, pour un moment, d'être Européen, & mettez-vous à la place de ces citoyens généreux qui, en 1776, avoient abandonné leur maisons, leurs fortunes (2), pour s'unir au reste de leurs compatriotes qui

---

(1) Santés & souhaits.

(2) Un très-grand nombre de Citoyens laissèrent derrière eux tout ce qu'ils avoient, & plus de la moitié des maisons de la ville, tombèrent au pouvoir des ennemis, toutes meublées —.

du sein de l'aisance & de l'opulence, se précipitèrent dans la carrière de la pauvreté, & bravant tous les malheurs de l'indigence & des privations, osèrent s'opposer au pouvoir redoutable qui vouloit les soumettre à des loix injustes & tyranniques. —Ah! si je pouvois vous les peindre! —quels dévouemens magnanimes, quels sacrifices extraordinaires ne furent pas offerts pour le salut de la patrie! — Que la nature humaine, à cette époque, me parut belle & sublime —!

Ecoutez un de ces mêmes citoyens, il vous dit : — « Ce jour va donc enfin couronner l'in-
» dépendance des Treize Etats, & en fixer la
» nouvelle destinée ; — ce même jour va donc
» devenir une nouvelle ère, dont les générations
» futures dateront l'histoire de cette révolution,
» les chansons, & les poésies destinées à la célé-
» brer? —Il termine une guerre sanglante &
» cruelle, qui a si long-tems désolé nos pai-
» sibles habitations, & qui a été si long-tems
» douteuse. — Il va ramener la tranquillité dans
» la société, la modération, la justice dans les
» esprits, & l'union dans les familles. — Il va
» mettre une fin glorieuse à tous les efforts
» de notre courage, & à toutes les combinai-
» sons de nos esprits—.

» Le voilà donc parti cet ennemi qui stan-

» chit, il y a huit ans, un Océan de 1500
» lieues, pour nous soumettre à son joug ; cet
» ennemi, dont la puissance redoutable encore,
» & les vaisseaux, remplissent toute l'éten-
» due de notre Havre : — Demain il fait voile,
» & nous laisse libres ; — demain notre Souve-
» raineté sera complette & irrévocable, après
» avoir si long-tems dépendu d'une foule d'é-
» vénemens précaires & douteux. — Cet Etat,
» cette Ville, dont nos ennemis avoient pos-
» sédé le port depuis sept ans, va donc nous
» être rendu ? — Nous allons rentrer dans la
» jouissance de notre commerce ; — & notre
» Agriculture, si long-tems découragée, va
» reprendre son ancienne vigueur. — La paix
» & la concorde vont remplacer la guerre, le
» tumulte & la discorde. — Ce jour va être le
» dernier de notre carrière militaire ; — de-
» main nous rendons nos armes à la Patrie, pour
» rentrer dans la classe des Citoyens, & y vivre
» sous l'empire des Loix ; notre courage & notre
» persévérance ; la justice & la douceur de notre
» Gouvernement vont devenir un exemple ins-
» tructif à l'Univers —.

» La religion, l'agriculture, le commerce,
» l'industrie & les bonnes mœurs vont repa-
» paroître parmi-nous ; la paix, la liberté nous
» les annoncent & nous les promettent— ».

Jugez à quel degré toutes ces réflexions ont dû porter l'énergie du sentiment dans ces ames qui avoient été si long-tems agitées, échauffées par les vicissitudes & l'esprit de la guerre civile ; — comme elles ont dû aggrandir à leurs yeux les limites de cette derniere scène, & ajouter à son importance & à sa célébrité —.

Il ne vous paroîtra donc pas étonnant que dans un pays où tous les hommes possèdent assez de connoissances, & jouissent d'un poids assez suffisant pour être réputés Citoyens, l'entrée triomphante du Général *Washington* n'ait point été avilie par des acclamations bruyantes & tumultueuses. — Tous partagèrent la gloire & le bonheur de ce jour, sans confusion & sans bruit extraordinaire ; les mouvemens de l'exaltation générale, les accens de la joie publique, furent absorbés par l'amplitude de la jouissance, & noyés dans les larmes de l'attendrissement ; — les femmes, dont toutes les fenêtres étoient remplies, se disoient : « Le voilà donc ce bon, » ce grand homme ; le voilà, ne le vois-tu pas ? » — C'est lui qui nous amene la paix, la liberté » & nos maris — ».

Le lendemain, tous ceux qui pouvoient approcher du Général, s'empressèrent d'aller le saluer & le féliciter. — Personne ne s'y présenta, dont il ne serrât les mains avec une affabilité,

& une franchise qui pénétroient jusques au fond de l'ame —.

Debout, sans nulle apparence d'affectation ni de cérémonie, mêlé parmi ses amis, il conversoit & se promenoit familiérement avec tout le monde ; quand il alloit dans la ville, pour en examiner les différens quartiers, souper ou dîner chez les Citoyens, ses amis, tout son cortège consistoit dans la compagnie d'un Officier ou deux, dont il prenoit le bras.

Parmi le grand nombre de personnes qui vinrent le saluer, il y eut plusieurs Royalistes dont l'humanité envers les prisonniers Américains, & la conduite pendant la guerre, avoient mérité l'estime de tout le monde ; — le Général & le Public, oubliant leurs anciens caractères politiques, eurent la générosité de ne plus voir en eux que des hommes respectables, chez qui la violence du zèle n'avoit point étouffé les sentimens de la commisération —.

Cependant les vents contraires, autant que les affaires de plusieurs familles Royalistes, retenoient encore dans le détroit (1), un grand nombre des vaisseaux Anglois ; — on reçut leurs lettres, on écouta leurs demandes, & on leur

---

(1) Formé par la partie occidentale de l'île de *Nassau*, & par la partie orientale de celle des Etats.

envoya les provisions dont ils avoient besoin. — Le Général *Washington* mit, à cette dernière époque de son commandement, le même degré de douceur, de politesse & d'humanité qui avoient caractérisé sa conduite pendant le cours de la guerre ; — plusieurs chefs de ces familles, obtinrent même la permission de venir à terre pour y terminer leurs affaires. — On permit à un vaisseau de guerre Anglois (1) de mouiller devant la ville, pour y recevoir les effets & les personnes, qui, après le départ de la flotte, mécontens du nouveau gouvernement, regretteroient de n'avoir pas suivi les autres —.

Ce singulier mélange de Royalistes qui se promenoient dans les rues, & d'Américains redevenus possesseurs de leur ville ; le passage subit d'un pouvoir militaire & ennemi, à celui de ce nouveau Gouvernement républicain, le voisinage d'une flotte puissante, contrasté par celui d'un simple Gouverneur & de soixante Conseillers ; le bon ordre qui présida à tant de négociations indispensables entre deux partis de la même société, au moment de se séparer pour toujours, & mille autres nuances, formoient le tableau le plus intéressant.

Aussi-tôt que la flotte Angloise fut partie, le

---

(1) La *Sophie*, vaisseau de cinquante canons.

général (1) congédia toutes les troupes, & ne garda que deux compagnies; — la tranquillité de la ville & la sûreté publique, furent entièrement livrées à la garde de ces cent hommes, au pouvoir civil & à la modération des Citoyens; & cependant elle ne fut point interrompue : — pas un crime, pas une violence ne ternit l'entrée triomphante du Général *Washington*, & la restauration du Gouvernement Américain. —

Deux jours après, un comité des habitans, du Clergé, de plusieurs comtés, s'empressèrent de lui présenter leurs félicitations dans des adresses pleines de l'énergie du sentiment & d'éloquence. — Le troisième jour de Décembre fut terminé par le plus beau feu d'artifice qu'on eût encore vu dans ce pays. — Ce fut le Capitaine Price, du corps de l'artillerie, qui le fit exécuter. — Dès le lendemain il reçut les remerciemens publics du Général & des citoyens, qui furent insérés dans les gazettes. —

Enfin ce grand Homme, impatient de se démettre de son Commandement, & plein du desir de revoir ses foyers; assigna le Jeudi 4 Décembre pour le jour de son départ. — Cette nouvelle répandit dans toute la ville une tristesse & une consternation générale. — Les Officiers,

---

(1) *Washington*.

le Gouverneur, les Membres du Conseil, les Etrangers, les principaux citoyens s'assemblèrent au jour marqué dans la grande salle de Samuel Fauncés, où il se trouva un des premiers. —

Les passions humaines ont rarement été plus vivement agitées, qu'elles ne le furent dans le cours de cette scène nouvelle & attendrissante. — C'étoit pour la dernière fois que nous venions saluer, comme Général, ce grand Homme qui, investi depuis huit ans du pouvoir militaire par le vœu unanime de ses Compatriotes, s'empressoit de le quitter pour rentrer dans la classe des citoyens, lui qui étoit l'idole de tous les cœurs. — C'étoit pour la dernière fois que nous venions saluer ce grand Homme, qui terminoit sa carrière militaire en assurant la liberté & l'indépendance de tous ces Etats. — Après avoir parlé à ceux qu'il connoissoit, & les avoir remerciés des marques de leur attachement, avec un visage serein, sur lequel je crus cependant appercevoir quelques nuances d'émotion, il s'adressa aux Officiers qui l'entouroient, & leur dit : — " Braves & chers Compagnons, je vous
" quitte avec un cœur plein d'affection & de
" reconnoissance ; — je prends aujourd'hui congé
" de vous en désirant bien sincèrement que le
" reste de votre vie, puisse être aussi tranquille

Tome III.   S

» & aussi heureux, qu'ont été glorieux & hono-
» rables les jours que nous avons passés en-
» semble ». Ces paroles prononcées avec toute
l'expression de l'attendrissement, produisirent sur
les esprits les sensations les plus vives ; tous les
cœurs en furent émus; tous les yeux se remplirent
de larmes ; les Officiers y répondirent par une
émotion qu'il ne m'est pas possible de peindre.
Un instant après le Gouverneur, les Conseillers,
les Citoyens, tous s'empressèrent de lui serrer
les mains & de lui offrir leurs vœux. — Enfin,
accompagné du même cortège, ainsi que des
deux compagnies d'Infanterie, il fut à *White-
Hall* (1), où le canot qui devoit le conduire
dans le nouveau Jersey, l'attendoit. — Après
nous avoir répété plusieurs fois ses adieux, après
avoir serré les mains de ses amis les plus particuliers, & reçu de la foule qui l'environnoit les
bénédictions qu'elle imploroit du Ciel sur sa
tête, il s'embarqua. — La même modestie qu'il
conserva toujours à la tête des armées, l'accom-
pagna au milieu de l'encens du triomphe, des
applaudissemens & des félicitations publiques —.

Dans tous les lieux, où il passa sur le chemin
de sa retraite, le respect & la vénération des
peuples vinrent au-devant de lui, & se manifes-

---

(1) Quai d'embarquement.

tèrent sous mille nuances différentes que je n'ai pas le loisir de vous décrire. —

Il fut rencontré à *Frankford* (1) dans le voisinage de *Philadelphie*, par le Gouverneur de cet Etat (2), par les Généraux *Saint-Clair* & *Hand*, par la compagnie de Cavalerie, & les principaux Citoyens de la ville; — le bruit du canon & des cloches ne tardèrent pas à annoncer son arrivée au reste des Habitans, qui coururent en foule au-devant de lui, & le reçurent avec les acclamations de la reconnoissance & de la joie. — Pour comble de bonheur il y trouva sa femme, que les rigueurs de l'hiver avoient empêchée de venir jusqu'à *New-York*. — Qu'il eût été beau de la voir partager avec son mari les derniers honneurs de sa carrière militaire! comme cela étoit arrivé à *Philadelphie* après la prise de *York-Town*.

Bientôt la République, ainsi que tous les Corps, s'empressèrent de le féliciter sur la fin heureuse de la guerre, & sur l'établissement de leur indépendance. — Les adresses les plus touchantes lui furent présentées par le Gouverneur & le

---

(1) Beau village à trois lieues de *Philadelphie*.

(2) Son excellence *Jean Dickenson* : c'est à ce sage Gouverneur qu'à succédé M. *Franklin*, le 17 Octobre 1786.

Conseil, par le Corps des Magistrats, par l'Assemblée des Etats, par l'Université, les Officiers de la Milice nationale, par les Marchands, par la Société philosophique, & enfin par le Comité réuni du Clergé, des Avocats & des Médecins.

Ces deux dernières seront suffisantes pour vous donner une idée du style & de la manière dont les sentimens de tous ces Corps furent exprimés.

ADRESSE *de la Société Philosophique, au Général* Washington (1).

« La Société philosophique Américaine, qui
» se glorifie depuis longtems de vous compter
» parmi ses disciples, est heureuse d'avoir à vous
» féliciter aujourd'hui sur le retour de la paix,
» & sur votre présence dans cette ville —. Pré-
» voyant, comme nous le faisons l'heureuse in-
» fluence de ce grand événement sur l'objet de
» notre institution, nous nous promettons encore
» avec la plus vive satisfaction, que les arts &
» les sciences, (les compagnes de la liberté &
» de la vertu), en vous offrant de toutes parts
» le tribut de leurs louanges, contribueront à
» transmettre votre nom à la postérité la plus

---

(1) Le 9 Décembre 1783.

» reculée. Puiſſiez-vous jouir d'un bonheur inal-
» térable, interrompu dans la vie privée que vous
» allez mener; & ajouter encore un nouveau luſtre
» à la célébrité de votre nom; vous êtes bien ſûr
» d'y être accompagné par l'amour, l'affection
» & la reconnoiſſance de votre Patrie »—!

RÉPONSE.

En me rappelant l'honneur que vous me fîtes
» anciennement de m'admettre parmi les mem-
» bres de votre ſociété, vous ajoutez beaucoup
» de prix à vos bonnes félicitations —. Si mon
» cœur forme un ſouhait ardent & ſincère, c'eſt
» celui d'être l'aſſocié d'hommes vertueux, &
» inſtruits; — c'eſt celui de voir les ſciences &
» les arts continuer d'être chéris & cultivés parmi
» nous. — C'eſt celui de les voir éclairer de
» leurs lumières bienfaiſantes toute l'étendue
» de ce grand Continent; — je penſerai ſou-
» vent à l'utilité de votre inſtitution dans le
» loiſir de ma retraite ».

GEORGE WASHINGTON.

Adresse du Clergé, des Avocats & des Médecins (1) *de Philadelphie, au Général* Washington.

« Nous félicitons votre Excellence sur l'heu-
» reuse conclusion de la guerre. — Ce combat si
» longtems douteux, est donc enfin terminé !
» — Nous sommes en possession des bénédictions
» de la paix, & de l'indépendance ; — nous vous
» saluons aujourd'hui au nom des différens corps
» que nous représentons, avec les émotions de la
» joie, de la reconnoissance & de l'affection la
» plus sincère ; — que d'autres parlent de vos ex-
» ploits militaires, & les comparent à ceux des
» anciens héros ; — nous vous considérons comme
» environné d'une splendeur & d'une gloire
» bien supérieure à celle d'*Alexandre* & de *César*.
» Ce n'est ni l'ambition, ni la folie criminelle des
» conquêtes qui vous a conduit dans les Camps.
» Vous n'avez jamais cherché à vous élever sur
» la ruine de vos concitoyens ; — c'est la voix de
» votre Patrie, qui vous y a appelé ; — c'est
» l'amour de la liberté qui vous a fait prendre les
» armes; elles ont été consacrées par la religion, la

(1) Le 13 Décembre.

» loi & l'humanité ; — les principes les plus purs
» ont dirigé votre conduite ; — & la vraie piété
« a fait descendre sur vos armes la protection
» du Ciel.

» La vertu, la philosophie & les sciences étoient
» vivement intéressés dans la cause que vous avez
» défendue avec tant de gloire; le Ciel a approuvé
» & couronné l'entreprise ; — notre liberté est
» établie; les sciences vont fleurir; la vraie Phi-
» losophie va être cultivée ; une nouvelle scène
» de bonheur se présente aux hommes. —

» Votre carrière militaire est donc finie, &
» vous la quittez au milieu des acclamations d'un
» Peuple reconnoissant ; — Puisse votre exemple
» & les leçons que vous venez de nous don-
» ner (1), n'être jamais oubliés ! — Puissent les
» bénédictions du Ciel vous accompagner sans
» cesse & embellir la vie privée que vous allez
» mener ! & puissiez-vous en jouir longtems !
» — Votre Patrie ne cessera de fixer les yeux
» sur vous, & de s'intéresser à votre bonheur;
« — elle exige que dans votre retraite, vous con-
» tinuiez d'aimer & d'éclairer tous ses amis —.

---

(1) La belle lettre d'adieu qu'il publia à *Newburg*, le 11 Juin 1783, avant de quitter l'armée; elle étoit adressée à tous les Etats & à tous les Citoyens de l'Union, ainsi qu'au Général *Green*.

» Les professions savantes, en particulier,
» vous considéreront toujours comme leur
» patron & leur protecteur, & se ressouvien-
» dront toujours, avec la plus tendre recon-
» noissance, de celui qui, protégé par le ciel,
» vient d'ouvrir une nouvelle carrière, &
» fixer une nouvelle époque aux sciences & aux
» arts —.

―――――――

RÉPONSE.

» Recevez, je vous supplie, mes sincères
» remerciemens, l'affection, la partialité de
» vos sentimens, l'élégance & l'urbanité de
» vos expressions, ont fait sur mon esprit l'im-
» pression la plus durable. — Désirant mériter
» l'estime de mes concitoyens, que je regarde
» comme la plus douce récompense de toutes
» mes sollicitudes & de mes fatigues, j'avoue,
» sans hésiter, que la bonne opinion des
» hommes vertueux, éclairés & humains, me
» touche infiniment; mais il me convient,
» en même tems, de recevoir avec humilité
» les louanges que vous me donnez; — si j'ai
» détesté la folie & l'ambition des conquêtes,
» si les principes les plus purs ont dirigé mes
» actions, si l'objet de la guerre, & la ma-
» nière dont elle a été conduite, ont été justes

» & honnêtes, que la foiblesse humaine ne
» s'en arroge aucun mérite. — Attribuons, au
» contraire, la gloire qui a pu résulter de cet
» heureux évènement à une cause bien plus
» élevée. — C'est au grand Créateur, c'est à ce
» premier des Etres, que nous devons le réta-
» blissement de nos droits envahis, la confir-
» mation de notre indépendance, la protection
» de la vertu, de la philosophie & de la lit-
» térature, l'état florissant des sciences, & la
» carrière nouvelle de prospérité & de repos
» qui se présente aux hommes —.

» Oui, ma vie militaire est terminée ; &
» je l'avoue, c'est avec un plaisir inexprimable
» que je me hâte de rentrer dans les paisibles
» sentiers de celle d'un simple citoyen. — Mais
» le bonheur de ma Patrie sera toujours l'objet
» le plus cher de mes vœux ; — je n'oublierai
» jamais combien les Sociétés savantes sont
» utiles à la Société, combien les sciences nous
» apprennent à jouir & à préserver la liberté,
» & combien enfin elles contribueront un jour
» à la tranquillité & à la gloire de ce nouvel
» empire ».

GEORGE WASHINGTON.

Il partit le 15 Décembre de *Philadelphie*,

pour se rendre à *Annapolis*, où le Congrès tenoit ses séances; mais le 18, en passant par *Baltimore* (1), une députation des Citoyens, unie à celles des différens Corps de cette Ville, s'empressèrent de lui présenter le témoignage de leur reconnoissance; voici la première de ces adresses —:

Adresse des Citoyens de Baltimore, au Général Washington.

« L'arrivée de votre Excellence dans cette
» ville, y a répandu une joie universelle; les
» habitans de *Baltimore* saisissent avec em-
» pressement cette occasion favorable de vous
» témoigner toute leur vénération, & la re-
» connoissance qu'ils conserveront toujours des
» services inappréciables que vous avez rendus
» à notre chère Patrie. — Ils nous ont chargés
» de vous féliciter, en leur nom, sur l'heu-
» reuse conclusion d'une guerre aussi sanglante,
» qu'elle a été longue & douteuse; — au mi-

---

(1) Capitale de l'Etat de *Maryland*, située au fond de la Baie de *Chesapeak*, à cent lieues des *Caps*, & à peu de distance de l'embouchure de la rivière *Susquéhannah*, dont on perfectionne aujourd'hui la navigation.

» lieu des dangers de laquelle, aidé de vos
» talens supérieurs, vous avez aussi heureu-
» sement conduit les armées des Etats-Unis.
» — En procurant à votre Patrie la liberté &
» l'indépendance, vous vous êtes acquis le titre
» d'un des premiers & des plus illustres de
» ses Citoyens. — Puissent la santé & la tran-
» quillité domestique embellir long-temps
» votre retraite philosophique ! puisse enfin le
» ciel, dans des tems éloignés, vous rendre
» à jamais heureux » !

RÉPONSE.

« La manière flatteuse, avec laquelle vous
» me recevez, les expressions dont vous vous
» servez, pour me féliciter au nom des bons
» Habitans de cette Ville, me touchent infi-
» niment ; — recevez cette dernière marque
» publique de ma reconnoissance —.

» Puisse l'agriculture & le commerce de l'Etat
» de *Mariland*, puisse la prospérité de *Balti-
» more*, augmenter avec plus de rapidité, s'il
» est possible, qu'elle ne s'est accrue jusques
» ici — » !

GEORGE WASHINGTON.

Les Généraux *Gates* (1) & *Smallwood*, ainsi qu'un grand nombre des principaux Citoyens d'*Annapolis* (2), & des cultivateurs des cantons voisins, informés de l'arrivée du Général, furent à sa rencontre, & l'accompagnèrent à la Ville, dans laquelle il entra au bruit du canon, des cloches & des acclamations. — Après avoir reçu les visites de ses amis, & les félicitations des différens Corps, il alla voir le Président des Etats-Unis, & le 23 du mois fut choisi pour remettre au Congrès sa commission, ainsi que le pouvoir qu'il en avoit reçu —.

J'ai ouï dire que les détails de cette séance à jamais célèbre, ont été peints avec beaucoup d'éloquence par un témoin oculaire (3), & que la manière dont ce grand homme se conduisit, & prit congé des Chefs de la Confédération Américaine, fut sublime & frappante au-delà de toute expression.

---

(1) *Horatio Gates*, Major Général de l'armée Américaine; ce fut lui qui força le Général *Burgoyne* à la Capitulation de *Saratoga*.

(2) Ville de *Maryland*, où le Congrès tenoit ses séances.

(3) Le Chevalier *d'Annemours*, Consul de France pour le *Maryland*.

Suivant l'ordre du jour, on admit le Commandant en chef à l'Audience publique du Congrès (1), après qu'il se fût assis. Environné de ses Aides-de-Camp, le Président (2) l'informa que les Etats-Unis assemblés étoient disposés à entendre ce qu'il desiroit leur communiquer : alors il se leva, & lui dit — :

Monsieur le Président,

« Les grands évènemens qui dépendoient
» de ma commission, étant enfin accomplis,
» j'ai l'honneur d'offrir au Congrès mes sin-
» cères félicitations, & de me présenter au-
» jourd'hui devant lui pour remettre entre
» ses mains le commandement dont il m'avoit
» chargé, & lui demander, en même tems,
» la permission de me retirer du service de la
» Patrie —.

» Au comble de mes vœux, par la confir-

────────────────

(1) Où se trouvèrent le Gouverneur de l'Etat, les Membres du Conseil, du Sénat, de l'Assemblée législative, ainsi qu'un grand nombre d'Officiers, de Dames & de Citoyens.

(2) Son Excellence *Thomas Mifflin*, né à *Philadelphie.* Il étoit Membre de la Société des *Amis* avant la guerre : il est bien connu par sa bravoure & son éloquence.

» mation de notre indépendance, heureux de
» voir les habitans des Etats-Unis dans une
» situation aussi favorable, pour devenir une
» nation respectable. Je résigne avec joie une
» commission qui n'avoit été reçue qu'avec
» méfiance. — Cette méfiance dans mes talens
» a cependant été encouragée par la bonté
» de notre cause, par la coopération du pou-
» voir suprême de l'union, & non moins par
» la protection du ciel —.

» Les succès de la guerre ont justifié nos plus
» hautes espérances, & ma profonde reconnois-
» sance envers la providence dont j'ai reçu tant
» de faveurs, & envers mes Compatriotes, qui
» m'ont si puissamment secondé, augmente en-
» core à mesure que je pèse toute l'importance
» du grand différent qui vient d'être terminé —.

» En remettant sous vos yeux les obligations
» infinies que je dois à la bravoure & à la
» conduite de l'armée continentale, je trahi-
» rois mes sentimens les plus chers, si j'oubliois
» de vous parler des services essentiels, & du
» mérite rare des Officiers qui ont été attachés
» à ma personne pendant tout le cours de la
» guerre. — Le choix que j'en avois fait, ne
» pouvoit être plus heureux. — Permettez-moi
» aussi, Monsieur, de vous recommander en
» particulier ceux qui ont continué leur service

» jufqu'à ce jour, ils font dignes de toute
» l'attention, & de toute la protection du
» Congrès.

» Je regarde comme un devoir indifpen-
» fable de terminer la dernière fcène de ma
» vie publique, en recommandant les intérêts
» de notre chère Patrie à la protection du Dieu
» Tout-Puiffant, & ceux qui en conduifent les
» affaires, à fa fainte garde —.

» Ayant accompli la tâche qui m'avoit été
» impofée, je quitte ce grand théâtre en pre-
» nant congé de ce Corps augufte, fous les
» ordres duquel j'ai fi long-tems agi. — Re-
» cevez ma commiffion. — Je quitte tous les
» emplois de ma vie publique — ».

Alors il s'avança vers le Préfident, & la lui délivra avec une copie de ce qu'il venoit de dire. — Il reprit enfuite fa place, — & quelques momens après, le Préfident lui fit la réponfe fuivante :

MONSIEUR,

« LES Etats-Unis, affemblés en Congrès,
» reçoivent, avec les émotions les plus vives,
» la réfignation folemnelle de l'autorité fous
» laquelle vous avez conduit leurs troupes avec

» tant de succès pendant le cours de cette
» longue & périlleuse guerre ; — appellé par
» votre Patrie à la défense de ses droits envahis,
» vous vous êtes chargé de ce devoir sacré,
» avant qu'elle eût formé des alliances, établi
» des fonds, & un gouvernement pour vous
» soutenir. — Vous avez conduit ce grand
» différent avec sagesse & courage, sans ja-
» mais avoir envahi les droits du pouvoir
» civil, au milieu même des malheurs & des
» désastres —.

» Vos compatriotes, animés par l'amour &
» la confiance que vous leur avez inspirés, ont
» déployé, sous vos ordres, leurs talens, leur
» génie militaire, & ont transmis leur réputa-
» tion à la postérité.

» Vous avez persévéré, sans jamais déses-
» pérer de la chose publique, jusqu'au mo-
» ment où les Etats-Unis, devenus les alliés
» d'un Roi, & d'une nation généreuse, ont
» eu le bonheur, sous les auspices de la pro-
» vidence, de terminer la guerre avec hon-
» neur, & d'obtenir la sûreté & l'indépen-
» dance. — Nous acceptons bien sincèrement
» vos félicitations sur cet heureux événement.

» Après avoir défendu l'étendard de la li-
» berté sur ce nouvel hémisphère, après avoir
» donné une leçon utile aux oppresseurs & aux
opprimés,

» opprimés; vous vous retirez du grand théâtre
» des affaires avec la bénédiction de vos com-
» patriotes ; mais la gloire de vos vertus ne
» finira pas avec votre commandement, elle
» s'étendra jusqu'aux lieux les plus éloignés.
» Ainsi que vous, nous recommandons les
» intérêts de notre chère Patrie à la protection
» du Très-Haut, nous le supplions de disposer
» les cœurs, & les esprits des Habitans à pro-
» fiter du moment favorable que leur offre sa
» Providence divine, de devenir une nation
» heureuse & respectable —.

» Et quant *à vous*, nous lui adressons nos
» prières les plus ferventes pour que des jours,
» qui nous sont aussi chers, puissent devenir
» l'objet de ses soins particuliers, & que ces
» mêmes jours soient dans la suite aussi heureux
» qu'ils ont été jusques ici remplis de gloire, &
» que finalement il daigne vous accorder sa
» recompense éternelle ».

THOMAS MIFFLIN.

Devenu par sa démission un simple citoyen, il
partit dès le lendemain, accompagné de sa femme
& d'un grand nombre d'amis, pour retourner au

Tome III.   T

Mont-Vernon (1), revoir cette maison, parcourir ces champs qu'il avoit quittés depuis le commencement de la guerre. — Deux jours après son arrivée chez lui, il fut à *Choptank* (2) saluer & embrasser sa mère, qu'il n'avoit pas vue depuis huit ans —.

Aussi-tôt que le Maire, & les Echevins de la Ville d'*Alexandrie* (3) furent informés de son retour, ils s'empressèrent de lui témoigner par les adresses les plus éloquentes, la joie & le plaisir dont ils étoient pénétrés, en revoyant le *Sauveur de la Patrie*, redevenu leur voisin & leur ami ;

―――――――――――――――――――

(1) Belle & superbe terre appartenante au Général *Washington*, située à cinq lieues d'*Alexandrie*, sur les bords de la grande rivière *Potawmak*, qui, dans cet endroit, a une demi-lieue de largeur —.

(2) Belle plantation appartenante à la mère du Général; elle a été une des plus belles femmes de la *Virginie* —.

(3) Ville nouvelle, anciennement appelée *Bell Haven*, bâtie au-dessous des chûtes de la rivière *Potawmak*; elle est située à soixante-douze lieues de la Baie de *Chésapeak*, & est le terme de la navigation maritime de cette rivière. Quand les travaux qu'on exécute aujourd'hui sous l'inspection du Général, seront accomplis, elle jouira d'une navigation intérieure de plus de cent vingt lieues. Ce grand fleuve deviendra très-vraisemblablement une des principales communications avec les pays ultramontains.

— ils le félicitèrent d'avoir été préservé des dangers & des fureurs d'un orage aussi long & aussi violent, au milieu duquel il avoit conduit le grand Vaisseau politique, dont la Patrie lui avoit confié le commandement, avec tant de prudence & d'habileté; ils l'exhortèrent de continuer à les éclairer du flambeau de son génie, dans la promulgation des loix, dans l'étude des différens projets, qu'il croiroit pouvoir contribuer à la prospérité & au bonheur de l'état (1) —.

Il n'existe pas un corps, pas une société dans la *Virginie*, qui ne lui ai témoigné publiquement sa vénération & sa reconnoissance; — que le recueil de tous ces témoignages seroit intéressant & instructif! — Les états de cette république s'étant assemblés à *Richmond* (2), le 22 Juin 1784, lui présentèrent l'adresse la plus énergique & la plus honorable, en lui rappelant qu'à dessein

---

(1) Le général, en effet, ne tarda pas de proposer aux deux Etats de *Virginie* & de *Maryland*, le grand & vaste projet qu'on exécute aujourd'hui sous son inspection, pour perfectionner jusqu'au pied des montagnes d'*Allé-Ghény*, la navigation des grands fleuves *Potawmak* & *James*.

(2) Nouvelle ville bâtie sur la rivière *James*, à quarante-deux lieues de son embouchure dans la baie de *Chésapeak*, au-dessous des premières chûtes, où se tiennent aujourd'hui les Etats de cette République.

d'éternifer leur tendre reconnoiffance, ils luꝛ́ avoient décerné le 17 Décembre 1781, une ftatue de marbre blanc (1), fur le piédeftal de laquelle ils avoient ordonné que l'infcription fuivante feroit gravée. —

« L'affemblée générale de la répu-
» blique de *Virginie*, a fait ériger cette
» ftatue comme un monument d'affection
» & de reconnoiffance à *George Washing-*
» *ton*, qui uniffant aux qualités & aux
» talens du héros les vertus du Citoyen,
» s'en eft fervi pour établir la liberté de fa
» Patrie, a rendu fon nom cher à tous
» fes compatriotes, & donné à l'uni-
» vers un exemple immortel de vraie
» gloire ». —

Le 3 Août de l'année précédente, le Congrès avoit voté une ftatue équeftre de ce grand homme, mais on ignore encore dans quel endroit elle doit être placée. —

Vous favez fans doute que le corps législatif

---

(1) On dit que M. *Houdon*, célèbre Sculpteur François, eft actuellement occupé à faire cette Statue intéreffante : il fut l'année dernière en *Virginie*, pour y voir fon illuftre original.

de cet état, résolut & ordonna à la même époque, deux bustes en marbre blanc, de monsieur le marquis de *la Fayette*, comme une marque de la reconnoissance de cette République pour les services essentiels qu'il avoit rendus à l'Amérique unie, & particulièrement à la *Virginie*, pendant la mémorable campagne de 1781 : — Que l'un seroit placé dans son Capitol (1). — Que l'autre seroit présenté de la part de la République au Corps municipal de la Ville de Paris, en priant ce Corps de l'accepter & de le placer dans l'endroit le plus convenable ; — & que l'inscription suivante y seroit gravée —.

« Ce buste a été voté & décerné le
» 17 Décembre 1781, par l'Assemblée gé-
» nérale de l'Etat de *Virginie*, à l'honorable
» marquis de *la Fayette*, major général
» dans le service des Etats - Uunis, &
» dernièrement commandant en chef
» de l'armée continentale en *Virginie*,
» comme un monument de son rare
» mérite, de ses qualités éminentes, &
» de la reconnoissance de cette répu-
» blique ».

Le 20 Novembre 1784, le général *Washington*

---

(1) Lieu où s'assemblent les Etats *de Virginie*.

étant allé passer quelques jours à *Richmond*, avec M. le marquis de *la Fayette* (1), le Maire & les Echevins, au nom des Habitans de cette Ville, lui présentèrent l'adresse suivante. — Je suis toujours si vivement touché de ce qui a pu lui plaire ou l'intéresser, que je ne puis me dispenser de la choisir parmi tant d'autres & de vous l'envoyer.

Adresse du Corps Municipal de la ville de Richmond au Général Washington.

« Les cœurs remplis de tous les sentimens
» que doit chérir un Peuple reconnoissant, nous
» embrassons avec joie cette occasion si long-tems
» désirée, pour vous féliciter sur la paix, dont
» nous jouissons, & sur votre retour au sein de
» votre Patrie, après tant d'années passées aussi
» honorablement au milieu des fatigues & des
» dangers de la guerre —.

« Votre présence dans cette ville nous inspire
» une foule de sentimens que nous ne pouvons
» exprimer, & en effet que nous est-il possible de

___

(1) Il étoit venu de France pour revoir le Général *Washington* & ses autres Amis, & avoit débarqué à *New-York* le 4 Août.

» dire, à celui qui, avec la bénédiction de la
» Providence sur ses opérations militaires, vient
» de procurer à ce vaste empire la liberté, l'in-
» dépendance & la gloire ? — Que pouvons-nous
» dire à celui à qui nous devons l'heureuse tran-
» quillité, le repos, les plaisirs de la société, la
» prospérité industrieuse au sein desquels nous
» vivons aujourd'hui — ?

» Nous sommes intimement persuadés que si
» l'illustre Commandant en chef des armées con-
» tinentales, n'avoit qu'exercé sans posséder tous
» les talens, toutes les vertus qui constituent,
» qui dignifient le héros & le citoyen, nous ne
» parlerions pas aujourd'hui le langage d'hommes
» libres, nous ne verrions pas le commerce &
» la navigation délivrés de leurs anciennes en-
» traves, attirer dans nos ports les vaisseaux de
» toutes les nations.

» Quand, en étudiant attentivement le cours
» des années qui viennent de s'écouler, nous vous
» voyons, formant des soldats, apprenant à des
» cultivateurs l'art de résister & de vaincre, quand
» nous contemplons cet admirable mélange de
» prudence, de courage, de magnanimité & de
» patience, supérieur à toutes les récompenses
» comme à tous les obstacles, & à tous les dangers;
» quand nous vous voyons dans toutes les cir-
» constances, uniquement excité par l'amour de

T iv

» la Patrie, souvent exposant votre propre répu-
» tation, plutôt que de risquer un seul moment
» les intérêts qu'elle vous avoit confiés ; — méri-
» tant par votre propre conduite, les éloges &
» même l'estime de vos ennemis ; quand nous
» nous disons que c'est vous qui avez fait con-
» noître le nom, qui avez étendu la réputation
» de l'Amérique septentrionale jusqu'aux en-
» droits les plus éloignés, en l'élevant par votre
» sagesse & votre persévérance au rang qu'elle
» occupe aujourd'hui parmi les Puissances de la
» terre ; quand nous réfléchissons à ce que nous
» aurions été, si *Washington* n'eût pas existé,
» nos yeux se remplissent de larmes, & nos cœurs
» sont gonflés par des émotions supérieures à
» toute expression. — Puisse l'être suprême verser
» sur vous ses bénédictions les plus pré-
» cieuses, &c.

RÉPONSE.

» Vos bonnes félicitations m'honorent &
» me touchent plus que je ne puis vous le dire ;
» — votre langage est trop expressif pour ne pas
» exciter dans mon cœur la reconnoissance la plus
» profonde. — C'est aux regards propices du Ciel,
» sur les armes de nos braves & vertueux soldats,

» aux efforts réunis de tous les citoyens de l'union,
» & non à mes foibles talens, que nous devons
» attribuer l'indépendance & la paix dont nous
» jouissons aujourd'hui. — Environnés de toutes
» ces bénédictions, ce sera notre faute, si nous
» ne recueillons pas la moisson la plus abondante,
» & si nous ne conservons pas l'honneur & la
» gloire que nous nous sommes acquis. — Puisse
» cette ville naissante jouir de tous les avantages
» que promettent sa situation & son commerce !
» — Puisse cet Etat croître en population, & de-
» venir remarquable par l'industrie, la justice &
» les bonnes mœurs de ses habitans ».

GEORGE WASHINTON.

Que ne puis-je tracer tous les pas, & vous peindre les scènes instructives, & édifiantes qui embellissent aujourd'hui la retraite de ce grand homme, sur les rives de *Potawmak* ! (1) —

Au pouvoir militaire, aux combinaisons épineuses de la politique, au pénible travail, qu'a

---

(1) Un des plus beaux fleuves de l'*Amérique* septentrionale, qui, dans dix ans, offrira une navigation maritime de soixante-douze lieues, & une communication intérieure de cent trente.

exigé la conduite d'une entreprise aussi vaste ; aux fatigues & aux dangers de la guerre, ont succédé l'égalité du Citoyen, l'étude des projets utiles & importans, les plaisirs de la société, la lecture des bons livres, le calme de la vie champêtre, & les soins de la douce agriculture (1); depuis cette époque le *Mont-Vernon*, n'a cessé d'être visité par une suite non interrompue des anciens amis du Général, de ses connoissances, de ses parens, & d'étrangers du premier mérite, qui de toutes parts se sont empressés de venir le voir, pour jouir des charmes de sa société & offrir à ce moderne *Cincinnatus*, le tribut de leur vénération, & de leur tendre amitié —.

Les gazettes américaines sont si peu lues en Europe, que je ne sais, si vous connoissez la fameuse lettre circulaire, que ce grand homme

___

(1) Depuis son retour, le Général *Washington* s'est entièrement consacré non-seulement au projet & à la perfection des canaux des rivières *Potawmach* & *James*, il s'occupe aussi de celui d'améliorer l'agriculture de la *Virginie*. — Pour cet effet il s'est adressé à M. *Arthur Young*, Anglois, devenu célèbre par ses connoissances étendues dans ce premier des arts; par l'invention de plusieurs instrumens aratoires, &c. — Depuis deux ans il entretient avec ce savant, une correspondance suivie, qui va devenir la source d'une foule d'améliorations aussi nouvelles qu'intéressantes & utiles à sa Patrie.

adreſſa à l'armée continentale, ainſi qu'aux différens gouvernemens & citoyens de l'union, le 11 Juin 1783 (1); c'eſt un chef-d'œuvre de ſageſſe, & de lumières. — Elle devroit être lue tous les ans dans les aſſemblées publiques; — & les enfans qu'on envoie aux écoles, devroient l'apprendre par cœur, pour ſervir de baſe à leur éducation; — la ſeule marque de reconnoiſſance qu'il exige des habitans de ces Treize-Etats, eſt de méditer, & de ſuivre les principes qu'il leur indique —.

Et c'eſt l'Amérique ſeptentrionale, ce pays nouveau, qui offre à l'univers un exemple auſſi inſtructif ?—Puiſſe-t-elle produire encore ſouvent des *Washington*, qui lui donnent de pareilles leçons, & dans la guerre & dans la paix ! — La retraite de ce héros philoſophe ſemble encore ajouter à ſa gloire un nouveau droit à l'immortalité, par l'heureux emploi qu'il fait de ſon loiſir, par les grands & utiles projets qu'il a conçus, à la tête deſquels la voix de ſes compatriotes l'a appelé pour les conduire, & pour préſider à leur exécution; — cette retraite ſi conforme au caractère de ce grand homme, ainſi qu'au plan de conduite qu'il s'étoit tracé dès

---

(1) *Voyez* la fin de ce volume.

l'inſtant, où il fut appelé par ſa patrie au commandement des armées, n'a point d'exemple parmi les modernes, & eſt égal à ce que les hommes illuſtres de la Gréce & de Rome ont jamais fait —.

Son courage & ſa modeſtie ont également été à l'épreuve de l'adverſité, & du triomphe; — il a toujours ſu allier la modération à la dignité, la fermeté à la douceur, la juſtice à la bienfaiſance; — ſes talens lui ont toujours conſervé la même influence pendant toutes les viciſſitudes de la guerre; — & ſes vertus n'ont jamais ceſſé d'inſpirer le même degré de confiance. — Citoyen éclairé, Général habile, grand homme d'Etat; — ſa gloire, ainſi que celle de tant d'autres Américains, qui ſe ſont illuſtrés par leurs talens militaires & politiques, repandue dans tout l'univers, paſſera à la poſtérité la plus reculée; — déjà elle ſe réflechit ſur cette nouvelle patrie, qu'ils ont ſi courageuſement défendue, & ſi glorieuſement émancipée du joug britannique, — ſur ce nouveau pays, que l'Europe connoiſſoit à peine avant cette révolution —!

Le Général *Washington* mérite donc les éloges, la reconnoiſſance de l'Amérique ſeptentrionale & l'admiration de l'Europe; — qu'un homme comme lui, comme *Franklin*, comme *Green*, comme *Knox*, comme *les deux Adams*, & tant d'autres (1) aient existé au moment de cette révolution, c'est ce qui semble être l'ouvrage d'une destinée particulière —.

Je crois ne pouvoir mieux terminer cette foible esquisse que par la traduction d'une lettre, que le Général *Washington* écrivit au Gouverneur de cet Etat (2) peu de jours après son retour chez lui ; — je prends la liberté de vous la communiquer, sans craindre d'être accusé d'indiscrétion, parce qu'elle peint ce grand homme —.

Mont-Vernon, 29 Décembre 1783.

Mon cher Gouverneur,

Je suis enfin sous mon toît ; — j'ai salué mes Dieux Penates : j'habite enfin cette maison, dans laquelle j'avois passé jadis des jours si heureux ; — vous savez avec quelle repugnance, je l'ai quittée, quand notre patrie m'appella au commandement de ses armées. J'ai revu les arbres que j'avois

---

(1) L'*Amérique* doit être trop jalouse de sa gloire, pour ne pas transmettre à la postérité cette foule de noms précieux.

(2) Son Excellence *George Clinton*, Gouverneur de l'Etat de *New-York*.

plantés ; — comme ils ont grandi ! — Ce plaisir a été augmenté en réflechissant que je n'ai plus de caractère publique : — semblable à un homme soudainement délivré d'un pesant fardeau, je me trouve plus léger & plus heureux.

Mes bons Nègres vinrent au devant de moi, je vous assure que le plaisir de nous revoir fut également partagé ; — ils versèrent des larmes, & je n'y fus pas insensible ; — c'est à présent que je vais sérieusement m'occuper de convertir mes armes en socs de charrue ; car il y a bien long-tems que les miennes sont arrêtées (1) ; veillez à la tranquillité de votre Ville ; portez-vous bien, & donnez-moi de vos nouvelles —.

GEORGE WASHINGTON.

_____

(1) Avant la guerre, le Général étoit un des plus grands Cultivateurs de la *Virginie*, il avoit trente charrues, & semoit de huit à douze cents boisseaux de blé par an, ce qui, dans ce pays, est réputé égal à l'ensemencement de huit à douze cents acres. — Vous savez sans doute que les Américains ne sèment qu'un boisseau pesant 60 livres de blé, sur un acre de cent soixante perches quarrées, & que la perche de ce pays est de seize pieds & demi anglois.

Adieu SAINT JOHN.

New-York, 15 Septembre 1784.

LICENCIEMEMT *de l'Armée Américaine.*

Un événement aussi extraordinaire que digne de remarque, est la conduite tenue par l'armée Américaine au moment où elle fut congédiée; ce qui ajoute encore au mérite & à la gloire de ces braves guerriers, c'est que cela arriva dans un moment de murmure & de mécontentement; car telle avoit été depuis long-tems la dépréciation du papier-monnoie & la rareté des espèces, que la Confédération leur devoit beaucoup & ne pouvoit pas les payer.

Aussi-tôt que le Général *Washington* leur eût adressé sa lettre circulaire, & eût publié l'ordre de la retraite, tous obéirent; il n'y eut pas un seul attroupement; chacun laissant derrière lui son esprit militaire, reprit paisiblement le chemin de ses foyers, & rentra dans la masse des Citoyens. Jamais armée n'a mérité plus véritablement le surnom de *Patriotique*, dont elle fut honorée, soit par sa patience & sa bravoure pendant la guerre, soit par sa manière citoyenne d'agir depuis la paix.

On voit aujourd'hui ces Guerriers suivre les mêmes occupations & les mêmes métiers qu'ils profeſſoient avant d'avoir été enrôlés : on ne diſtingue plus le Soldat, du Citoyen; les Cultivateurs ſont retournés à leurs Charrues (1), les Marchands à leurs comptoirs, & les Artiſans à leurs boutiques; & comme perſonne n'eſt ici oiſif, & que tout le monde fait quelque choſe, ce n'eſt que par le ſouvenir de leurs ſervices militaires que ces braves Défenſeurs de la Patrie ſont caractériſés.

Quelqu'imparfaitement que vous ayez ſuivi le progrès de ce qui ſe paſſe ici, vous devez cependant avoir entendu parler de la Société des *Cincinnati*; vous devez connoître quels furent les motifs édifians qui en firent naître les premières idées.

Le grand œuvre de l'Armée continentale étant terminé, les raiſons qui en avoient réunis tous les individus, ayant ceſſé, les Officiers Américains qui la compoſoient, étoient à la veille de ſe ſéparer. Dans ce nombre ſe trouvoient pluſieurs François & Allemands, devenus leurs frères par la participation de la même gloire & des mêmes dangers; ils voulurent donc, avant de ſe quitter, établir un lien d'union entre eux;

―――――――――――

(1) C'eſt ce qui eſt arrivé aux Généraux *Washington, Smallwood, Lincoln, Heath, Putnam, Green, Wayne, Patterſon, Gates, Mifflin, Morgan*, &c.

une

une cause de rapports qui ne devoit terminer qu'avec leur vie, & qui devoit-être entrenue par la correspondance de tous les Membres.

« Le Gouverneur Suprême de l'Univers,
» dirent-ils dans leurs premières conventions,
» ayant voulu faire triompher nos Armes, &
» donner à ces Etats-Unis la Liberté & l'Indépen-
» dance, les Officiers de l'Armée continentale
» de ces mêmes Etats, desirant perpétuer la recon-
» noissance & la mémoire de ce grand événe-
» ment, imposer à la postérité la plus reculée le
» devoir de déposer dans le sanctuaire de la paix,
» les armes qui ont été prises pour la défense de
» la Patrie, ont résolu d'instituer une Société
» dont ce principe important doit être la pre-
» mière base. Desirant aussi perpétuer l'amitié
» réciproque qui commença, & qui s'est accrue
» sous l'influence des mêmes espérances & des
» mêmes dangers; voulant accomplir divers
» actes de bienfaisance que nous inspire
» l'amitié faternelle envers les Officiers & leurs
» familles qui pourront dans la suite éprouver
» la malheureuse nécessité de les recevoir »—;
» A ces causes, & dans ces vues, les Officiers
» de l'Armée continentale des Etats-Unis se
» constituent aujourd'hui en une *Société d'Amis*,
» & pénétrés de la plus grande vénération pour
» le caractère de cet illustre Romain, *Lucius*

» *Quintus-Cincinnatus*, elle s'appellera dorénavant, la Société des *Cincinnati* ».

Telle fut la première idée de cette association. Rien n'a jamais été plus beau ni plus touchant que cet adieu de braves militaires dont il étoit probable qu'un grand nombre ne se reverroit jamais.

Mais bientôt après, des opinions étrangères vinrent se mêler à cette idée simple & primitive; on y introduisit une organisation plus compliquée & plus étendue, des marques distinctives, l'hérédité enfin.

Cet appareil pompeux & nouveau, devenu public par la voie des Gazettes, surprit, étonna les esprits. Après avoir été longtems le sujet des conversations, cette institution fut discutée suivant l'usage dans les Papiers publics. Bientôt après des pamphlets parurent, dans lesquels il fut démontré que ces distinctions, transmises de père en fils, tendroient à élever des familles aristocratiques, à établir un Corps qui pourroit avoir un jour des intérêts séparés de celui de la grande Société. Plusieurs des Etats de l'Union qui venoient d'insérer dans leurs Loix fondamentales les prohibitions les plus formelles contre l'introduction de la noblesse, & celle des ordres étrangers, persuadés que cette nouvelle institution étoit contraire à l'esprit démocratique, ainsi qu'aux premiers principes de leurs législations, menacèrent d'ôter le droit de Citoyen à ceux qui continueroient d'y adhérer & qui en porteroient la marque distinctive.

Peu après cette époque, les membres de cette Société furent convoqués à *Philadelphie* par le Général *Washington* qui en étoit le Président. Frappés des inconvéniens politiques que leur avoit indiqués la voix publique, & dont ces militaires ne s'étoient point apperçus, ils adoptèrent d'une voix unanime les opinions de leurs compatriotes, & se soumirent à leur jugement avec une candeur & une déférence, qui ajoute encore un nouveau lustre à la gloire de ces braves défenseurs de la Patrie. Cette conduite détruisit les suggestions de la calomnie qui les avoit accusés d'avoir formé le projet de s'emparer, & de transmettre à leur postérité, des priviléges & des distinctions particulières & exclusives.

Retournant donc aux premiers principes de cette belle institution, ils n'en conservèrent que le lien de l'amitié fraternelle, que le sentiment de charité qui établit des souscriptions annuelles, destinées à donner des secours aux Citoyens & aux familles, qui pourroient dans la suite en avoir besoin.

Ce nouvel arrangement, signé du Général *Washington*, fut publié dans les gazettes ; tous les

Membres Américains s'y sont conformés depuis avec la déférence & l'attention la plus scrupuleuse & n'ont jamais porté l'Aigle de *Cincinnatus*.

Mais vous êtes trop éloigné de ce grand théâtre pour bien examiner & suivre minutieusement tous ces détails ; ce sont cependant les nuances les plus distinctives du tableau qu'offre aujourd'hui ce continent. Vous avez dû savoir la belle conduite que tint cette partie de l'Armée Américaine, qui après avoir représenté en vain aux chefs de la confédération leur triste état & celui de la déprédation de leur pays, quitta en 1780 le camp du Général *Washington*, & fut se placer à quelques lieues de distance avec ses canons & son bagage. Vous avez dû savoir que le Commandant Anglois leur fit offrir en *or*, tout ce qui leur étoit dû, à condition qu'ils entreroient au service de la Grande-Bretagne. Non-seulement ils refusèrent ces offres séduisantes, mais même ils arrêtèrent, comme espions, ceux qui avoient été chargés de leur faire des propositions aussi insultantes. Mais il n'appartient qu'à l'historien futur de cette révolution d'entrer dans des détails plus étendus sur ce sujet intéressant. Ce que je viens de vous dire & les traits suivans, suffiront, j'espère, pour vous donner une légère idée de ce peuple nouveau.

Albany, 27 Mai 1784.

LETTRE du Gouverneur de l'Etat de New-York, à M. ***.

„ J'ARRIVE de visiter plusieurs des Cantons
„ éloignés de cet état; j'y ai contemplé, avec
„ douleur, les horribles traces de la guerre & les
„ débris de nos plus beaux établissemens. Que de
„ veuves & d'orphelins n'ai-je pas vus? Dans le
„ seul Comté de *Mongommery*, on m'en a in-
„ diqué cinq cents cinquante-deux. Vivrons-
„ nous assez long-tems pour voir tous ces mal-
„ heurs réparés? Les maisons, les granges, les
„ moulins peuvent-être reconstruits, les champs
„ essarpés de nouveau, les vergers replantés;
„ mais les hommes, les Colons nés sur cette
„ terre, instruits & industrieux, quand reparoî-
„ tront ils? Voila ce qui m'afflige & me déchire
„ le cœur. Leurs enfans, privés de l'éducation
„ ordinaire & des soins paternels, vont grandir
„ sans acquérir les connoissances utiles & sans
„ exemple d'industrie. Que d'années, mon cher
„ Consul, avant que cet Etat, qui a tant souf-
„ fert, puisse montrer, je ne dis pas la même
„ population, mais le même dégré d'industrie,
„ d'activité & d'énergie! vous auriez mêlé vos

» larmes aux miennes, si, comme moi, vous
» eussiez parcouru les établissemens de *Schoharry*,
» de *Fox-Town*, des plaines allemandes, de la
» vallée des *Cerises*, &c. si opulens & si bien
» cultivés avant la guerre. Une seule réflexion
» me console, c'est la retraite édifiante de notre
» Armée; c'est la conduite paisible & exemplaire
» de tous ceux qui la composoient. Aussi-tôt
» que je serai de retour à *New-York*, je compte
» publier une Commission d'*ohier* & *terminer* (1)
» pour faire juger les prisonniers *félons* & en
» diminuer le nombre ; le Shériff me mande
» qu'il y en a près de soixante-dix dans notre
» prison; j'ai le plaisir de vous apprendre que
» dans cette foule il ne s'y trouve pas un seul
» Soldat Américain. Ce sont presque tous des
» Européens, mêlés avec ceux que le Général
» Anglois nous a laissés lorsqu'il évacua *New-*
» *York*, le 19 Novembre 1783 ».

G.... C.....

---

(1) Ancienne expression normande adoptée dans les loix angloises, & qui signifie une Cour institué pour juger les criminels.

Providence, 24 Février 1784.

Adresse des Officiers de l'Etat de l'île de Rhodes au Corps législatif de cet Etat.

„ Les Officiers qui ont eu l'honneur de com-
„ mander les troupes de cet Etat pendant la
„ guerre, se présentent aujourd'hui devant le
„ Corps Législatif pour l'assurer du vrai plaisir
„ qu'ils ressentent en abdiquant leur caractère
„ militaire, & rentrer dans la classe des Citoyens.
„ La grande dispute avec l'Angleterre étant
„ heureusement terminée, nous nous préparons
„ à reprendre nos différentes occupations avec la
„ joie que nous inspire l'heureux succès de nos
„ armes. Si nous avons mérité l'approbation de
„ notre Patrie, la confiance de l'Etat, & si nos
„ blessures, & le sang que nos compagnons
„ ont versé peuvent avoir quelques droits à
„ l'approbation de nos compatriotes, nous
„ vous devons encore le prix de la reconnois-
„ sance pour les soins & les attentions parti-
„ culières avec lesquels vous avez veillé à nos
„ besoins dans toutes les périodes de la guerre.
„ Nous nous présentons donc aujourd'hui devant
„ vous pour remettre entre les mains des pères

» de la Patrie, les drapeaux de nos différens
» corps, qui plus d'une fois ont été témoins
» de la bravoure des soldats de cet Etat,
» acceptez aussi nos respects, &c.

RÉPONSE du Corps législatif de l'Etat de l'île de Rhodes.

« LE Gouverneur & l'Assemblée législative de
» l'état de l'isle de Rhodes reçoivent votre adresse
» avec les sentimens de la plus sincère affection;
» ils vous félicitent sur l'heureuse conclusion de
» cette guerre glorieuse qui a confirmé tous nos
» droits; & sur votre retour au sein de la Patrie
» que vous avez servie avec autant de zèle que
» de gloire. Nous n'oublierons jamais la bonne
» conduite & la bravoure des Officiers & des Sol-
» dats de cet Etat, qui, après s'être exposés à tant
» de dangers & avoir surmonté tant de difficultés,
» viennent déposer leurs armes dans le sanc-
» tuaire des loix, & rentrer dans la classe des
» Citoyens. Nous recevons, non sans la plus
» vive émotion, les drapeaux qui ont souvent été
» déployés devant un ennemi puissant & redou-
» table, & nous les conserverons avec un soin
» particulier, pour perpetuer à jamais la gloire
» & la bravoure des troupes de cet Etat.

Traduction d'une annonce qui fut mise dans les gazettes de New-York, du 10 Décembre 1783.

« Henri Bicker & *Fils*, exilés de cette ville depuis huit ans par la conquête que nos ennemis en avoient faite, & qui pendant le cours de la dernière guerre ont fidellement & courageusement servi leur patrie comme Capitaines, informent le public, leurs amis, & leurs anciens camarades, les Officiers de l'armée continentale, qu'ils fabriquent des chapeaux comme avant la guerre. Ils se flattent que les bons *Wigs* en acheteront chez eux de préférence ; ils n'attendent ni ne demandent pour leurs services que l'encouragement de leur industrie—».

Adieu Saint-John.

New-York, 30 Juin 1785.

Relation de quelques circonstances relatives au voyage que Monsieur le Marquis de la Fayette vient de faire parmi nous.

IL n'appartient qu'à l'Historien futur de la dernière révolution, de tracer le grand rôle qu'y a joué M. le Marquis *de la Fayette* comme Militaire, comme Patriote & comme Négociateur ; — l'esquisse du voyage qu'il vient de faire parmi-nous, est beaucoup plus analogue à mes foibles talens —.

C'est un spectacle également touchant & instructif, que celui d'une grande Société, devenue souveraine & libre après tant d'efforts, offrant à un de ses libérateurs, jeune François de vingt-sept ans, le seul tribut que des hommes libres aiment à payer ; — celui de la reconnoissance d'un grand bienfait —.

Je ne crains point, en vous communiquant cette esquisse, de blesser sa modestie, parce que les détails de cette singulière énergie des cœurs qui s'est manifestée sous tant de nuances différentes, ainsi que les témoignages d'affection &

de refpect, qu'il a reçus dans le cours d'un voyage de plus de fix cents trente-huit lieues, font publics dans nos gazettes, & ont retenti d'une extrémité du continent jufqu'à l'autre —.

Parmi les différentes époques, qui déjà rendent notre hiftoire fi intéreffante, ce voyage en eft devenu une des plus douces & des plus édifiantes ; — il vient de traverfer l'Océan pour revoir l'*Amérique-Unie*, devenue libre & fouveraine, pour revoir fes différens Etats, jouiffans des douceurs de la paix, après avoir été pendant tant d'années en proie aux malheurs de la guerre, & à l'incertitude des évènemens. — Il eft venu féliciter fes amis, fes anciens compagnons d'armes redevenus citoyens, & partager avec eux les premiers fruits de tant d'efforts, de perfévérance & de courage ; — il eft venu enfin paffer quelque tems fur les rives du *Potawmak*, dans les bras & fous le toît de fon illuftre pere adoptif *George Washington*, ce fondateur de notre indépendance —.

Quoique, dans cette légère efquiffe, je me propofe de fuivre exactement M. *de la Fayette*, je ne vous citerai cependant que les traits principaux du féjour qu'il a fait dans nos Villes ; & & parmi ce grand nombre de témoignages d'amitié, de félicitations publiques, qui lui ont été préfentés par tant de perfonnes & de Corps différens, je ne vous rappellerai que celles qui portent une empreinte particulière; — ce seront autant de nuances dont un plus habile Peintre auroit pu faire un tableau bien intéressant. — Je me réjouis de ce que vous ayiez exigé de moi ces détails, parce qu'ils font honneur à l'humanité, ainsi qu'aux deux nations, & parce que vous ne les auriez peut-être jamais connus sans cela, — tant la différence des langues est un obstacle presque insurmontable à la communication des idées & des choses. — Mon desir d'être laconique sera quelquefois combattu par celui de ne rien omettre qui puisse vous toucher & vous édifier. — Tout ce qui est accompagné de guillemets, a été traduit de nos gazettes.

M. *de la Fayette* arriva ici le 4 Août de l'année dernière, dans le Packet-Boat du Roi, le *Courier de New-York*, après un passage de trente-quatre jours, avec M. le Chevalier *de Caraman*, jeune homme que sa modestie, son jugement & sa douceur rendoient bien digne de l'accompagner pendant ce voyage, qui jusqu'ici n'avoit pas eu d'exemple. — Puisse un spectacle aussi nouveau & aussi intéressant pour un Européen de son caractère, produire sur son esprit des impressions durables & instructives —!

Aussi-tôt que le bruit de son arrivée fut répandu dans cette ville, les Généraux, les Officiers, qui avoient servi avec lui, ou sous ses ordres, les citoyens qui l'avoient connu pendant la guerre, quittèrent leurs occupations & leurs comptoirs; — tous s'empressèrent de revoir leur compagnon d'armes, leur ami, & de le féliciter sur son heureux retour parmi eux —.

Où trouver dans la chaîne des évènemens, une situation & des momens semblables à ceux qu'il passa au sein de la paix & de l'amitié, au milieu d'une ville repossédée par ses anciens habitans, que tant de fois, pendant le cours de la guerre, il avoit examinée de l'autre côté de la rivière de *Hudson*, lorsqu'elle étoit au pouvoir des Anglois? — Il n'a manqué à son bonheur, que celui de s'être trouvé à l'époque où le Général *Washington* y entra triomphant (1), & d'y avoir terminé avec lui ses travaux & sa carrière militaire; — le lendemain, il fut invité à un grand dîné, où les Officiers parurent dans leur uniforme, qu'ils avoient quitté depuis long-tems: — la joie, la cordialité & le plaisir, animèrent, embellirent ce repas de frères & d'amis, le premier qu'il

(1) Le 25 Novembre 1783.

eût fait sur ce continent, depuis qu'il étoit devenu entièrement libre & souverain —.

S'il existe des circonstances dans la vie de quelques hommes, qu'il est impossible de tracer & de peindre, parce qu'elles tiennent à un tissu trop immense, c'est celle de M. *de la Fayette*, après tout ce qu'il avoit fait depuis huit ans, traversant l'Océan pour la cinquième fois, placé à la tête de cette table de cent couverts, & environné de ces braves Américains qu'il avoit quittés peu auparavant, dans l'incertitude de ce grand évènement ; — l'étendard de l'*Amérique*, hissé sur le toît de la maison, annonçoit, par ses ondulations, la joie des cœurs, ainsi que la solemnité de la fête qu'on y célébroit. — Après avoir passé quelques jours à visiter les fortifications élevées en 1776, pour la défense de cette ville, que les Anglois avoient beaucoup augmentées depuis qu'ils l'avoient prise, il partit pour *Philadelphie*.

Mais les gazettes y ayant déjà annoncé son retour d'*Europe*, ainsi que le moment où il devoit nous quitter, les Généraux, les Officiers, qui avoient servi dans l'armée continentale, ceux de la milice, unis à un grand nombre de citoyens, allèrent à sa rencontre (1),

---

(1) Le 10 Août.

avec l'empreſſement de la plus vive reconnoiſſance ; — auſſi-tôt qu'on put diſtinguer ce cortège, les cloches, ainſi que le canon, annoncèrent aux campagnes voiſines que quelque heureux événement venoit d'arriver à *Philadelphie* ; — les rues, les portes & les fenêtres des maiſons, étoient remplies de ſpectateurs qui revoyoient cet illuſtre jeune homme avec l'attendriſſement du plaiſir, & tous les carrefours retentirent des plus vives acclamations. — Après avoir été accompagné chez le Gouverneur par ſes plus intimes amis, ils le conduiſirent à l'auberge de la ville, où ils lui donnèrent un ſouper ſplendide ; & dès que la nuit fut venue, tous les habitans, excités par la même impulſion, illuminèrent leurs fenêtres —.

Le lendemain, les Généraux *Saint-Clair*, *Wayne* & *Irwine* furent nommés par le Corps des Officiers, pour le féliciter, le ſaluer au nom de la Ligne de *Penſilvanie*, & lui exprimer tous les ſentimens que ſa préſence & ſon retour leur inſpiroit ; — ce ne furent pas ſeulement ſes amis, ſes connoiſſances & les différens Corps de cette ville, qui s'empreſsèrent de lui préſenter des adreſſes exprimées de la manière la plus énergique ; — auſſi-tôt que l'Aſſemblée légiſlative de cet Etat fut informée de son arrivée, elle nomma un Comité de ses Membres, composé d'un Député de chaque Comté, à qui elle ordonna de lui présenter celle qui suit — :

Adresse du Corps législatif de Pensilvanie.

„ Les Représentans des Hommes libres de
„ la République de *Pensilvanie*, vous offrent
„ leurs félicitations les plus affectueuses sur
„ votre heureuse arrivée à *Philadelphie*, & vous
„ saluent au nom de cet Etat, — jouissant au-
„ jourd'hui des Bénédictions, de la liberté &
„ de la paix, nous contemplons avec un plaisir
„ particulier ces caractères distingués qui, bra-
„ vant les dangers de la mer, sont venus unir
„ leurs efforts aux nôtres, & nous ont aidés à
„ terminer ce grand différent. — Parmi ces illus-
„ tres Personnages, nous vous plaçons comme
„ Chef; — votre exemple & votre zèle ont animé
„ & même encouragé nos propres Citoyens, &
„ vous ne nous avez point quittés que l'objet de
„ nos vœux n'ait été assuré. Recevez, Monsieur,
„ cette marque de notre reconnoissance pour
„ tous les services que vous nous avez rendus
„ dans les camps & dans le cabinet. — Puisse
„ votre

» votre séjour en Amérique ; vous être aussi
» agréable qu'il le sera à une Nation qui ne
» pourra jamais oublier la belle conduite & les
» grands talens du Marquis de la Fayette ».—

RÉPONSE de M. de la Fayette.

» LES témoignages d'approbation dont le
» Corps législatif de la *Pensilvanie* m'honore,
» me sont aussi touchans que flatteurs. Ma ré-
» ception dans cette bonne ville, le souvenir
» des grandes obligations que j'ai à cet Etat,
» le doux spectacle qu'offre à ma vue le retour
» de la paix & de l'abondance, tout conspire
» dans ce moment à augmenter mon bonheur.
» — Je suis très-sensible, Messieurs, à la bonté
» que vous avez de rappeler mes foibles efforts;
» — Je me rappelle bien aussi l'impression que
» firent sur mon esprit, à cette époque, votre zèle,
» votre patriotisme & votre persévérance. —

» Aujourd'hui que notre grand œuvre est
» accompli, félicitons-nous ensemble de l'union
» féodale que la paix vient de consolider;
» — c'est sur cette base que sont fondées l'im-
» portance, la puissance & les richesses com-
» mercielles de ce beau pays; — cette union est
» le lien qui maintiendra parmi les citoyens de

„ tous ces Etats une communication fraternelle
„ & une amitié réciproque. — Je ferai heureux
„ de recevoir, dans tous les tems de ma vie,
„ & dans quelque pays que j'habite, les ordres
„ de cette République; mon zèle pour sa prospé-
„ rité ne peut être égalé que par mon respect &
„ ma reconnoissance ».

Le même Corps législatif ayant érigé en comté, le 4 Mars précédent, une partie des terres ultramontaines (1) de la République qui étoient cultivées depuis vingt-ans, ayant ordonné par une loi spéciale que ce district seroit nommé *Comté de la Fayette*, & la lettre que le Gouverneur fut chargé par les Etats de lui écrire à ce sujet, ne lui étant parvenue que peu de jours avant son départ de France, c'est ici le moment de la citer, ainsi que la réponse qu'il envoya à ce Gouverneur, dès le soir du jour de son arrivée.

---

(1) Situées à l'ouest des *Montagnes d'Alleghény*, jusqu'à *l'Ohyo* ou *Belle-Rivière*: tout ce que cet état possède au-delà de ces Montagnes, est divisé en trois Comtés, à savoir *Washington, la Fayette* & *Bedford*. — Il faut bien distinguer ce Comté de celui du même nom, dans le pays de *Kentukey*, situé à deux cents soixante-dix lieues plus bas sur les bords de *l'Ohyo*.

Philadelphie, 6 Mars 1785.

Monsieur,

» L'Assemblée Générale a dernièrement
» érigé une partie considérable de cet Etat en
» Comté, sous le nom *de la Fayette*. — C'est
» sous cette nouvelle dénomination que son
» Gouvernement vient d'être organisé.

» La promulgation de cette loi m'a causé la
» plus vive satisfaction, parce qu'elle est le fruit
» du respect que mes Compatriotes ont pour
» vous; — elle sera bien plus grande encore,
» lorsque j'apprendrai que cette preuve du sen-
» timent général, inspiré par vos talens & votre
» conduite, vous a été agréable. — Comme Gou-
» verneur de cet Etat, il seroit peut-être con-
» venable dans ce moment, que je vous fisse
» le détail des raisons qui ont déterminé le
» Corps législatif, à vous décerner cette mar-
» que extraordinaire de son estime; — mais les
» expressions d'usage seroient au-dessous de ce
» que je voudrois dire; — d'ailleurs la grande
» idée que nous nous sommes faite de votre
» caractère, ne permet pas de nous expliquer
» sur ce sujet. — C'est à l'univers à juger le
» mérite de vos actions & la justice de notre

X ij

» reconnoissance. — Vous avez défendu notre
» liberté; l'assemblée législative se félicite donc
» en jouissant de cette liberté, de ce que votre
» nom sera dorénavant inscrit sur les différens
» actes de justice qui en seront les titres & les
» preuves ».

J'ai l'honneur d'être, &c.

JOHN DICHKENSON.

Réponse de M. de la Fayette.

» Je reçus la lettre de votre Excellence du 6
» Mars, peu avant mon départ de France;
» — dès ce moment je me félicitai de ce que
» j'aurois l'honneur de présenter moi-même le
» tribut de ma reconnoissance à l'assemblée légis-
» lative de cette République. — Les plus foibles
» marques de son attention ne peuvent qu'être
» extrèmement flatteuses pour moi; — mais
» l'honneur qu'elle a daigné me faire en donnant
» mon nom à un des Comtés de cet Etat, est
» une preuve si distinguée de son estime, que
» mes expressions ne peuvent pas peindre ma
» reconnoissance —.
» Depuis que j'ai eu le bonheur de connoître

„ cette République, ses droits civils & poli-
„ tiques m'ont été chers ; — je vous avoue que
„ je suis sensiblement touché, en pensant que
„ mon nom vient d'être uni à l'administration
„ de ses Lois, dont l'esprit est si favorable aux
„ droits de l'humanité —.

„ Je supplie votre Excellence de vouloir bien
„ présenter le tribut de ma vive reconnoissance
„ & de mon profond respect à l'Assemblée légis-
„ lative de cet Etat, & recevoir en même tems
„ mes remerciemens particuliers, pour la ma-
„ nière obligeante & polie avec laquelle elle
„ a bien voulu m'annoncer la faveur dont ce
„ Corps vient de m'honorer ".

J'ai l'honneur d'être, &c.

Mais desirant ardemment accomplir l'objet de son voyage si cher à son cœur, & jouir le plutôt possible du plaisir touchant de revoir l'illustre *Washington*, il quitta *Philadelphie* dès le 14; — le lendemain il coucha à *Baltimore*, & le 19 il arriva enfin au *Mont-Vernon*, sous ce toît devenu si renommé par la présence & les vertus de celui qui l'habite —.

Qu'on se rappelle les principales nuances de la vie de ces deux illustres personnages, la différence de leur âge, & de leur nation, la distance qui les séparoit, les circonstances qui les ont rapprochés, l'importance des scènes dans lesquelles ils ont parus, le succès glorieux de leurs efforts & de leur courage, l'impatience mutuelle de se revoir, la tendresse mêlée d'estime, & vraiment paternelle de l'un, le respect, l'admiration & l'attachement filial de l'autre; tout contribuoit à donner à cette intéressante entrevue un caractère sublime & frappant, dont on auroit peine à trouver de modèle, & plus fait encore pour être senti que décrit ——.

Après y avoir passé douze jours, dont le souvenir leur sera long-tems cher, M. de *la Fayette* quitta le *Mont-Vernon* le 28, & arriva le 31 à *Baltimore* (1);—les principaux habitans, instruits de son départ de *Virginie*, furent à sa rencontre & le pressèrent de rester vingt-quatre heures parmi eux; — dès que cela fut connu, comme si une impulsion générale eût agité tous les esprits, chacun s'empressa de venir lui offrir les preuves & les marques de son amitié; —l'adresse qui lui fut présentée au nom de tous les citoyens par un comité des Principaux, & celle des Irlan-

_____

(1) Capitale de l'Etat de *Maryland*, bâtie à l'embouchure de la riviere de *Patapsco*, à peu de distance de la *Susquéhannah*.

dois nouvellement arrivés, suffiront pour vous faire connoître l'impression que fit sa présence dans *Baltimore*, & avec quelle véritable joie ses habitans revoyoient parmi eux un jeune homme à qui, comme habile Général, ils devoient la conservation de leur Ville ; — mais, placé à une si grande distance de ce continent, vous ne pourrez jamais donner à ce sentiment toute l'amplitude qu'il exige ; — ce jour ressembla à une fête. — Quelle fête en effet que celle qui fut inspirée par l'énergie des plus beaux sentimens, sanctifiée par l'affection & la reconnoissance, & célébrée au sein de la joie & du plaisir ! — Ce fut dans la grande salle de l'Hôtel de Ville (où on lui donna un dîné de trois-cent couverts), que ces adresses lui furent présentées —.

Adresse des Citoyens de Baltimore (1) *à M. de la Fayette.*

« Les citoyens de *Baltimore* saisissent avec
» empressement cette occasion favorable de
» renouveller publiquement les témoignages
» de la reconnoissance qu'ils vous doivent pour
» les services importans que vous avez rendus à

---

(1) Le premier Septembre.

» leur patrie ; — ils n'oublieront jamais que
» vous épousâtes leur cause dans le moment le
» plus critique ; — ils n'oublieront jamais la per-
» sévérance, & le courage avec lequel vous avez
» partagé les fatigues, les privations & les dangers
» de leur armée patriotique, — & sur-tout que
» c'est à vos talens supérieurs, à cet amour, à cette
» confiance, que vous avez sû inspirer à nos
» troupes pendant votre commandement im-
» portant en Virginie, que nous devons la
» conservation de notre Ville. — Mais votre
» affection pour ces Etats n'a pas fini avec la
» guerre. — Les nouveaux services que vous nous
» avez dernièrement rendus en Europe, nous
» ont fait contracter envers vous de nouvelles
» obligations ; — quant à celles que nous avons
» à votre illustre Monarque, & à votre nation
» généreuse, la mémoire en sera éternellement
» gravée sur les cœurs de tous les vrais Améri-
» cains. — Recevez nos vœux sincères pour la
» conservation de votre santé, & pour que vous
» puissiez jouir long-tems de la gloire que vous
» avez si justement acquise — ».

RÉPONSE *de M. de la Fayette.*

» Vos bonnes félicitations augmentent infini-

» ment le bonheur dont je jouis aujourd'hui
» à la vue de cette jeune Ville dont j'admire le
» prompt accroissement. — J'aime à me rappe-
» ler ces tems d'épreuves, marqués par le zèle,
» & l'énergie qui vous excitèrent à faire les
» préparatifs les plus propres à repousser l'en-
» nemi. — Je me rappelle aussi avec la plus vive
» sensibilité, les secours généreux que vous
» envoyâtes à l'armée que je commandois à
» une époque antérieure. — C'est à la bravoure
» & à la persévérance de cette armée, & non à
» mon foible mérite, que nous devons nos
» succès, ainsi que la conservation de votre Ville.
» — Soyez persuadés de l'intérêt que mon cœur
» prendra toujours à sa prospérité — ».

Adresse des Irlandois nouvellement arrivés.

« Dans ce moment où nos nouveaux
» compatriotes vous environnent, & s'em-
» pressent de vous donner les preuves les plus
» sincères de leur reconnoissance & de leur
» affection, il seroit indigne de véritables Irlan-
» dois de ne pas joindre à ce tribut général,
» celui de leurs louanges & de leurs félicitations

» particulières ; — nous qui avons depuis plu-
» sieurs années contemplé avec un intérêt si vif,
» & si particulier, le grand spectacle qu'a offert
» ce continent dans ses efforts pour repousser la
» tyrannie. — Quoiqu'à douze cents lieues de
» distance, nous avons connu & admiré les
» grandes qualités, qui vous ont placé sur la
» liste des fondateurs de l'indépendance de ces
» Etats ; — devenus par l'émigration membres
» de celui-ci, permettez-nous de partager avec
» nos nouveaux concitoyens leur respect & leur
» reconnoissance. »

RÉPONSE de M. de la Fayette.

« Je sens tout le prix des marques d'attention
» dont vous m'honorez aujourd'hui ; — s'inté-
» resser au bonheur de l'humanité, est le premier
» sentiment de toutes les ames honnêtes ; —
» heureux ceux, à qui les circonstances ont
» permis d'unir leurs efforts à leurs désirs ! — ce
» n'a pas été un de nos moindres encouragemens
» pendant nos longs & pénibles démêlés, de
» savoir que les généreux Irlandois prenoient
» part à nos succès. — C'est avec plaisir que je
» vois l'Amérique acquérir des citoyens aussi
» utiles, &c. ».

Il faut en avoir vu les effets conſtans, il faut en avoir été le témoin pendant le cours de cette révolution, pour bien concevoir l'aſcendant ſingulier & preſque merveilleux que ce jeune homme obtint ſur tous les eſprits; — je pourrois vous en citer bien des preuves, & pluſieurs, entr'autres, que je tiens du Général *Washington*. — Cette influence s'étendit même juſques aux Nations confédérées (1), avec leſquelles il avoit traité pluſieurs fois pendant la guerre. — Elle étoit ſi bien connue des membres du Congrès, qui venoient d'être nommés par ce corps pour conclure un traité de paix & d'amitié avec eux au *Fort Schuyler* (2), qu'ils l'invitèrent de ſe joindre à eux —.

En conſéquence de cette invitation, il revint ici le 12 Septembre, où il reſta trois jours avant de s'embarquer pour *Albany* (3); — le lende-

---

(1) Les *Mohawks*, *Séneccas*, *Cayugas*, *Onéidas*, *Onondagas* & *Tuſcaroras*.

(2) Situé dans le voiſinage des ſources de la rivière des *Mohawks* & de celle d'*Onéida*; il a été conſtruit pour commander ce portage, qui n'eſt que de trois mille.

(3) Bâtie à ſoixante-douze lieues de *New-York*, ſur la rivière de *Hudſon*, à l'extrémité de la navigation maritime de ce fleuve.

main de son arrivée le Corps municipal de cette Ville (1) s'assembla, & lui ayant unanimement décerné les privilèges de citoyen, députa un Comité pour lui en présenter le diplôme dans une boête d'or, avec une adresse, à laquelle il répondit, & qui, suivant l'usage, fut insérée dans les gazettes. — Les Officiers de l'armée continentale, précédés du Major-Général *Macdougal*, lui en présentèrent une autre, aussi expressive que touchante, & l'invitèrent à un grand dîné, dont les santés furent bues au bruit du canon. — Le lendemain le Corps des citoyens jouit du même plaisir, en le plaçant à la tête d'une table qui réunissoit tout ce qu'il y avoit ici de plus respectable parmi les Américains & les Etrangers. —J'omets malgré moi mille détails, dont les nuances & le coloris embelliroient cependant beaucoup le tableau de ce voyage instructif. — Le 20 il s'embarqua sur la rivière d'*Hudson*, accompagné de plusieurs personnes curieuses de voir le spectacle singulier & nouveau qu'alloit offrir au *Fort Schuyler* (2), cette nombreuse Assemblée de sauvages alliés & ennemis, dont un grand nombre, excités par les

---

(1) *New-York.*
(2) A cent douze lieues de cette ville.

Anglois, avoient contribué à dévaster nos frontières —.

Quelle dût être la nature des souvenirs, la mesure des sensations différentes qui assaillirent son esprit, en parcourant ces rivages escarpés, dont plusieurs endroits avoient été fortifiés sous ses yeux, en observant les bacs qui l'avoient si souvent conduit d'un côté du fleuve à l'autre pendant le cours de la guerre ; — & sur-tout lorsqu'en traversant les montagnes (1), il revit cette chaîne immense de fortifications tracées par le génie (2), exécutées par le zéle, & la persévérance la plus extraordinaire, construites avec tant d'art, & de dépenses pour fermer le passage de ce fleuve ; — quand il se rappela les imparfaites ébauches, l'état de foiblesse dans lequel étoient toutes ces défenses, lorsque pour la première fois, il parcourut & examina ces lieux sauvages (3) ? — Quelles dûrent être ses sensations

---

(1) Si bien connues sous le nom de *Highlands*.

(2) Elles furent tracées par deux Ingénieurs François, à qui l'*Amérique-Unie* à de grandes obligations, Messieurs *du Portail* & *Govion*; ce sont eux qui ont conduit & dirigé ces travaux immenses.

(3) *Voyez* la belle & frappante description qu'en a faite M. le Marquis de *Chatelux*, dans le journal de son voyage en *Amérique*.

en revoyant l'endroit où étoit mouillé le vaisseau de guerre (1), à bord duquel le traître *Bénédict Arnold*, se réfugia après avoir vendu aux Anglois la reddition de ces postes importans, — le jour même qu'il l'attendoit à dîner chez lui, ainsi que les Généraux *Washington* & *Knox* ?

Aussi-tôt que l'assemblée des Sauvages eût été ouverte, par le discours d'un des membres du Congrès, — voici celui que leur adressa M. de la Fayette (2).

« En me rapprochant de mes enfans, je rends
» grâces au grand esprit, qui m'a conduit dans
» ce lieu, où je les trouve assemblés autour de
» ce feu nouveau, fumant ensemble le calumet
» de paix & d'amitié. — Si vous reconnoissez la
» voix de *Kayewla* (3), rappelez-vous aussi ses
» conseils, & les colliers qu'il vous a si souvent
» envoyés. — Je viens remercier mes enfans
» fidels, les chefs des nations, les guerriers, les
» porteurs de mes anciennes paroles, — & si la

---

(1) *Le Vautour*, vaisseau de guerre Anglois.

(2) Le 26 Septembre.

(3) Nom que les Sauvages avoient donné à M. de la Fayette dès l'année 1777.

» mémoire paternelle n'oublioit pas plutôt le
» mal que le bien, je pourrois punir ceux qui,
» en ouvrant les oreilles, ont fermés leurs cœurs,
» & qui, levant aveuglément la hâche, ont
» risqué de frapper leur propre père —.

» La cause Américaine est juste, vous di-
» sois-je alors, c'est la vôtre. — Restez au
» moins neutres, & les braves Américains dé-
» fendront leur liberté ; — vos pères (1) les
» prendront par la main ; — les oiseaux blancs
» viendront & couvriront les rivages de cette
» grande île ; — *Ononthio* (2), semblable au
» soleil, dissipera les nuages qui vous environ-
» nent, & les projets contraires s'évanouiront
» comme un brouillard qui tombe. — N'écoutez
» pas *Kayewla*, vous crioit-on d'ailleurs ; une
» armée, dans le nord, entrera triomphante
» à *Boston* ; — celle du sud prendra la *Virginie* ;
» — le grand chef de guerre *Washington*, à la
» tête de vos pères & de vos frères, sera forcé
» de quitter le pays ; — ceux qui mettoient la
» main sur vos yeux, oublioient cependant
» d'ouvrir les leurs : — la paix est faite ; — vous
» en savez les conditions, & j'obligerai quel-

---

(1) Les François.

(2) Nom que les Sauvages du Canada donnoient au Roi de France.

» ques-uns d'entre vous, en m'abstenant par
» pitié de les répéter.

» Mes prédictions étant accomplies, écoutez
» les nouveaux avis de *Kayewla* ; — & que ma
» voix retentisse parmi toutes les nations,
» comme celle du vent salutaire qui, dans l'été,
» annonce & précède la pluie. — Qu'avez-vous
» jamais gagné, mes enfans ? que n'avez-vous
» pas perdu, au contraire, aux querelles des
» Gens du *point du jour* (1) ? — Soyez plus sages
» que les Blancs ; — conservez la paix entre
» vous, & puisque le Grand Conseil des Etats-
» Unis veut bien traiter, profitez de ses bonnes
» dispositions ; — n'oubliez pas que vos frères (2)
» sont les amis des enfans du grand *Ononthio* ;
» — cette alliance sera heureuse & durable ;
» — il les a pris par la main, ils vous tendent
» aujourd'hui la leur ; — prenez-là donc, &
» formons ensemble une chaîne forte & bril-
» lante. — Pour vous en assurer, commercez
» avec les Américains & avec ceux de vos
» pères qui ont traversé le grand lac ; — vous
» connoissez d'ancien tems leurs manufactures,
» elles deviendront pour vous le signe de la
» nouvelle alliance. — En vendant vos terres,

---

(1) Européens.
(2) Les *Américains*.

» ne consultez pas un barril d'eau-de-vie pour
» les livrer ; — mais que les chefs, parmi vos
» frères & vos *Sachems* (1), réunis autour du
» même feu, fassent des marchés raisonnables ;
» — dans le moment actuel, vous savez que si
» plusieurs ont droit à la reconnoissance du
» Congrès, il y en a beaucoup dont la seule
» ressource est dans sa clémence, & dont les
» fautes passées exigent des réparations.

» Si vous avez ouvert les oreilles, & bien
» entendu mes paroles, je vous en ai dit
» assez. — Répétez-les les uns aux autres,
» tandis que sur l'autre bord du grand lac,
» je recevrai avec plaisir de vos nouvelles, &
» jusqu'au moment où nous fumerons en-
» semble, où nous coucherons encore sous la
» même écorce, je vous souhaite bonne santé,
» chasses heureuses, union, abondance, & le
» succès de tous les rêves qui vous promettront
» du bonheur ».

J'ai parlé.

Tocksicanéhiou, chef des *Mohawks*, se leva, & dit :

» Que les oreilles de *Kayewla*, chef de

___
(1) Chefs ou anciens.

« guerre du grand *Ononthio*, soient ouvertes
« pour recevoir nos paroles. — Mon père,
« — nous avons entendu ta voix, & nous nous
« réjouissons que tu aie visité tes enfans, pour
« leur donner des avis justes & nécessaires ;
« — tu nous as dis que nous avions mal fait de
« prêter l'oreille aux méchans, & de fermer
« nos cœurs à tes conseils ; — cela est vrai,
« mon père ; — nous, la nation des *Mohawks* (1),
« avons quitté le bon chemin ; — nous recon-
« noissons avoir été égarés & enveloppés dans
« un nuage noir ; — nous revenons à présent,
« afin que tu retrouves en nous de bons & fi-
« dels enfans —.

« Vraiment, mon père, nous aimons à en-
« tendre ta voix parmi nous ; — sans blesser nos
« cœurs, elle nous a fait beaucoup de bien ;
« — il semble que le grand esprit ait dirigé
« tes pas sur ce lieu de paix & de conseil, pour
« y fumer le calumet d'amitié & de bon accord
« avec tes enfans retrouvés ; — mon père,
« — quant à notre situation, tu nous as parlé
« vrai ; — mais nous espérons que *Kitchy-Ma-*
« *nitou* (2), qui nous a protégés jusqu'ici, nous
« conduira dans ce nouveau sentier, — que nos

---

(1) Une des six Nations confédérées.
(2) Le bon génie de la nature.

» fautes passées seront oubliées ; pour que nous
» puissions être unis comme des frères.—*Kayewla*,
» mon père, — nous sentons que tes paroles
» sont celles de la vérité ; — l'expérience nous
» a montré que tes prédictions ont été accom-
» plies. — Ton discours inspire un esprit de
» paix ; — c'est notre objet, — c'est celui qui
» nous a conduits ici : — c'est une règle ancienne,
» que les enfans doivent obéir à leur père ;
» — qu'il a droit de les gronder, & de les
» punir quand ils font des fautes ; — nous l'a-
» vons mérité, mais nous espérons que l'esprit
» d'en haut purifiera nos cœurs, de telle ma-
» nière que tu te féliciteras d'avoir, dans ta
» bonté, rendu à tes enfans la vie qu'ils ont
» mérité de perdre. — Mon père, — tu nous as
» avertis de ne pas prendre conseil des fortes
» liqueurs, dans la vente de nos terres ; — nous
» avions bien besoin de cet avis salutaire ;
» car, c'est delà d'où viennent toutes nos mi-
» sères & tous nos malheurs : — & nous sou-
» haitons bien qu'il ne survienne pas de fo-
» lies (1) dans ce grand conseil de paix. — Mon
» père, — nous nous rappelons les paroles que
» tu nous a dites & envoyées il y a sept ans ;

---

(1) C'est ainsi qu'ils s'expriment quands ils veulent parler des mauvais effets de l'ivrognerie.

„ — il n'y en a pas une, qui ne foit vérifiée:
„ — Oui, mon père, nous voyons que tout
„ ce que tu nous as dit eſt vrai. — Que l'al-
„ liance, entre l'*Amérique* & la *France* ſeroit
„ une chaîne indiſſoluble, & que ceux qui en
„ douteroient pourroient paſſer le grand lac, &
„ voir par eux-mêmes. — Mon père, — les
„ paroles que tu as prononcées aujourd'hui
„ ſeront publiées parmi les ſix nations (1); elles
„ vont fortifier la chaîne d'amitié que nous
„ déſirons voir durer toujours. — Comme il
„ ne nous convient pas de multiplier les pa-
„ roles, nous allons aſſiſter au Grand Conſeil
„ des Etats-Unis, dont nous félicitons les
„ Membres; — ſi nous avons quelque choſe à
„ ajouter, nous te le communiquerons demain
„ ſous ta *Wigwham* ».

J'ai parlé.

Le lendemain la *Sauterelle*, Orateur des Nations *Amies*, prononça le Diſcours ſuivant:

« KAYEWLA, mon père; — Je prie toutes
„ les Nations ici préſentes d'ouvrir les oreilles;
„ & toi, grand Chef de guerre de notre ancien

---

(1) Les ſix Nations confédérées.

» père *Ononthio*, je te prie de m'écouter.—Ton
» difcours d'hier contient des félicitations, des
» reproches & des confeils ; — nous les recevons
» avec d'autant plus de plaifir, que nous nous
» rappelons tes paroles il y a fept ans ; ce font ces
» paroles qui nous ont empêchés de nous égarer.
» —Tu vois ce collier (lui donnant celui qu'il
» avoit reçu de M. de *Montcalm*), il nous fut
» donné, il y a vingt ans, par nos pères qui nous
» dirent que chacun devoit en tenir un bout,
» & qu'un jour leurs voix feroient encore enten-
» dues parmi nous ; —*Kayewla*, mon père,
» toutes tes anciennes paroles ont été vérifiés par
» les événemens de cette grande Ifle, & nous
» recevons avec plaifir ce que tu viens de nous
» dire—».

En lui rendant le collier, M. de la Fayette
lui dit : « Qu'il fe réjouiffoit de voir qu'on
» eût fi bien gardé ce collier, & de penfer
» que fon influence fur quelques Nations, les
» eût empêchés de fe déclarer contre les Etats-
» Unis ; que la France en tiendroit toujours un
» bout,—qu'il feroit auffi tenu par l'Amérique.
» Il les remercia de leur fidélité à fuivre fes
» confeils, &c.—».

HOKTAWITCHY, Chef *Huron*, fe leva &

après lui, *Towanéganda*, Chef des *Sénécas*; mais leurs difcours n'exprimant, à peu de chofes près, que les mêmes fentimens, je ne vous les envoye pas; d'ailleurs, ils font publiés dans nos gazettes. — Les Sauvages ayant appris que M. le Chevalier de Caraman étoit auffi un militaire, ils lui donnnèrent le nom de *Skana-Houchy*.

PRESSÉ de fe rendre à Bofton (1) M. de la *Fayette* partit pour retourner à *Albany*, d'où il fut vifiter *Saratoga*, endtoit devenu fameux par la capitulation de l'Armée Angloife; —en traverfant l'état de *Connecticut*, il fut rencontré à quelque diftance de *Hartford* (2) par un grand nombre des principaux Habitans qui le conduifirent dans leur ville, au bruit du canon, & des acclamations. — Dès le lendemain les Magiftrats (3) lui préfentèrent au nom des Habitans, les expreffions du plaifir que leur infpiroit fon retour parmi eux, & lui donnèrent un grand dîné, où ils pafsèrent les momens les plus heureux à fe rappeler leurs anciens jours de fatigues, de privations & de dangers,

---

(1) A cent trente lieues de diftance.
(2) Capitale de cet Etat.
(3) *Selectmen*.

à les comparer avec la paix, l'abondance & la tranquillité dont ils jouissoient. — La lettre suivante, imprimée dans les gazettes de plusieurs Etats (1), vous instruira de ce que le Corps législatif fit peu après son départ —.

« Vous savez, sans doute, que notre Assem-
» blée générale, vient de promulguer une loi (2)
» pour naturaliser M. le Marquis de la *Fayette*,
» ainsi que son fils, *George-Washington la Fayette*;
» nous pouvons donc, avec vérité, les appeler
» nos Concitoyens; s'ils ne possèdent aucune
» plantation dans l'étendue de cette Répu-
» blique, ils y jouissent cependant d'un *Franc-*
» *aleu* bien étendu, plus agréable, peut-être,
» & certainement bien préférable à la posses-
» sion des terres & des maisons. — Je veux dire
» notre estime, notre reconnoissance, celle de
» tout un Peuple —. Le souvenir de sa belle
» conduite, de ses talens militaires, de son
» attachement à notre cause, au milieu de tant
» de troubles, & cela avant que le duvet
» de la jeunesse eût quitté son menton, a

___

(1) *Voyez* les gazettes de *New-York*, du 12 Janvier 1785.

(2) Passée à *New-Haven* le 7 Janvier 1785.

Y iv

» fait fur nos cœurs une impreffion indélébile.
» —Quel eft l'Etat dans l'Union qui ne défire-
» roit voir le nom de cet excellent Jeune-
» Homme, enrolé fur les regiftres de fes
» Citoyens, comme il l'eft déjà fur le cata-
» logue des Fondateurs de notre Indépendance?
» —Je me glorifie que celui de *Connecticut* ait
» donné fur cet hémifphère le fecond exem-
» ple (1) d'un Etat fouverain, offrant, fans folli-
» citation, tous fes priviléges à un étranger ;
» mais fon zèle, le vif intérêt qu'il a pris à la
» gloire, à la profpérité des Etats-Unis, & non-
» moins notre affection fincère, l'ont depuis
» long-tems naturalifé parmi nous, & l'ont
» rendu notre frère & notre ami—».

J.... W—Th.

Peu de tems après, la ville de *Hartford* ayant été incorporée par la même Affemblée légiflative, ce nouveau corps municipal, dans fa première féance, lui conféra le droit de citoyen, ainfi qu'à Monfieur fon fils (2).

(1) La loi de l'état de *Maryland* avoit été promulguée dès le commencement de l'année 1783.

(2) Les diplômes font datés du premier de Juin, & lui furent envoyés en Europe, peu de tems après.

De *Hartford* il dirigea sa course vers *Worcester* dans l'Etat de *Massachussets* (1) : « aussi-tôt que » ses amis furent informés (2) de son arrivée, » & du moment où il devoit en partir, les » Généraux, les Officiers de l'ancienne armée » continentale, qui lui étoient tendrement » attachés, furent au-devant de lui jusques à » *Water-Town* (3). — Après l'avoir cordialement » félicité sur son heureuse arrivée, ils le con- » duisirent à l'auberge de cette petite Ville, où » ils lui avoient fait préparer un grand dîné. » — La joie & le plaisir animèrent tous les » esprits, gonflèrent tous les cœurs, & se mani- » festèrent sur tous les visages ; — ce repas » sembla resserrer encore plus étroitement entre » tous ces Officiers, les liens de cette amitié » fraternelle, qui avoit été cimentée plusieurs » années auparavant, au milieu des dangers, » & des fatigues de la guerre ; — dans leur » marche vers *Boston* ils furent rencontrés à » *Roxbury* par les compagnies d'artillerie, & » indépendantes, portant les étendards de

---

(1) Ces détails sont tirés des gazettes de *Boston*, du 22 Décembre 1784.

(2) Ils avoient placé, pour cet effet, des Couriers de distance en distance.

(3) Petite ville à trois lieues de *Boston*.

» l'Amérique & de la France ; elles le saluerent
» de treize coups de canon. — A ce cortège
» militaire se joignit bientôt après un grand
» nombre des Citoyens de la ville. — Environné
» de cette foule, chacun s'empressoit de l'ap-
» procher, de lui serrer les mains, & de se
» rappeller à son souvenir ; — aussi-tôt qu'ils
» arrivèrent à la partie occidentale de l'isthme,
» qui sépare *Boston* du continent, ils se for-
» mèrent dans l'ordre suivant : 1°. Les Pionniers ;
» 2°. les compagnies d'Artillerie, & indépen-
» dantes ; 3°. fifres & tambours ; 4°. corps de
» musique ; 5°. le Marquis de *la Fayette* accom-
» pagné de M. le Comte de *Grandchain*, com-
» mandant la frégate du Roi *la Nymphe*, de
» M. le Chevalier de *Caraman*, & du Major-
» Général *Henri Knox* ; 6°. les Officiers de la
» ligne de *Massachussets* ; 7°. M. de *Létombe*,
» Consul général de France ; 8°. grand nombre
» de citoyens dans leurs voitures ; 9°. dernière
» division d'Officiers. — A peine eut-il parcouru
» la moitié de cet isthme, que les Habitans de
» la ville, informés de son arrivée par le bruit
» du canon (1), & de toutes les cloches, vin-

―――――――――――

(1) Celui de l'île du Château qui couvre & défend l'entrée du *Havre*.

» rent en foule au-devant de lui, & le saluèrent
» de mille manières différentes, en primant
» toutes également le plaisir qu'ils avoient à le
» revoir ; — l'entrée du Général *Washington*,
» tout grand & vénéré qu'il l'est, n'auroit pas
» causé une sensation plus vive, & plus géné-
» rale. — Les rues où il devoit passer, étoient
» remplies de spectateurs, ainsi que les maisons
» jusques sur les toîts. — Aussi-tôt que cette
» procession immense fut arrivée à la souche de
» l'ancien Orme (1), que les Anglois avoient
» coupé, & sur laquelle les Américains avoient
» élevé le pavillon des Etats-Unis, ils firent
» retentir l'air de cris de joie, & à son entrée
» dans la grande rue de l'Etat, l'Artillerie le
» salua de treize coups de canon; — ayant enfin
» mit pied à terre à l'auberge des Whigs, il fut
» invité à monter sur le balcon, afin qu'on
» pût mieux le voir; — de cet endroit il
» remercia les citoyens avec sa politesse, sa
» modestie, & son affabilité ordinaires, & on lui
» répondit par de nouveaux cris de joie; — sa
» conduite simple, noble, modeste, & enga-
» geante pendant tout ce jour, sembla ajouter
» encore, s'il est possible, à l'affection, & à la
» haute opinion qu'on avoit de lui; — en le

---

(1) Si bien connu sous le nom de *Liberty-Tree*.

» voyant, chacun se disoit; « Voilà celui qui
» embrassa notre cause à l'âge de dix-neuf ans,
» dans l'époque la plus critique, & la plus dou-
» teuse, & qui depuis nous a voué toute l'énergie
» de ses talens & de son courage ». — Tant que
» la reconnoissance sera regardée comme une
» vertu parmi les hommes, il n'existera point
» de vrai citoyen dans ces Etat, à qui le nom
» de *la Fayette* ne soit cher; — les lanternes de
» la Ville, qui n'avoient point encore été allu-
» mées depuis la paix, recommencèrent à l'être
» dès ce même soir (1). — Que les Rois reçoivent
» l'applaudissement de leurs sujets, les accla-
» mations de leurs vassaux, ce ne sont souvent
» que les fruits de l'adulation, ou les accens de
» la servitude, & non l'hommage pure & libre
» de l'affection & de la reconnoissance; — mais
» quelle doit être la mesure du mérite, l'éclat
» des vertus d'un étranger pour animer & exciter
» les citoyens de treize grandes Républiques (eux
» qui ne considèrent que l'homme, & non les
» titres) à l'aimer, à le respecter comme le plus
» cher de leurs compatriotes —. »

---

(1) Il est digne d'observer que ce jour est le seul où tous les ouvriers & les journaliers aient, comme d'un commun accord, quitté leurs ouvrages.

Dès le lendemain de ce beau jour, l'adresse suivante lui fut présentée par le Major-Général *Henry Knox* (1).

 „ Nous, les Officiers, qui dernièrement cons-
„ tituoient la partie de l'armée continentale,
„ fournie par cet Etat, saisissons avec empres-
„ sement le premier moment de votre arrivée
„ dans cette Ville, pour vous féliciter sur
„ votre heureux retour parmi-nous, & vous
„ renouveller notre affection fraternelle ;—nous
„ nous rappelons que cette tendre & vive affec-
„ tion commença dans les momens les plus
„ lugubres & les plus douteux de notre ré-
„ sistance à la tyrannie angloise ; — elle s'est
„ accrue & fortifiée depuis à travers les vicis-
„ situdes de cette longue guerre. — Permettez-
„ nous de retracer ici les occasions si fréquentes
„ que nous avons eues d'être témoins de vos
„ talens militaires ; — combien de fois n'avons
„ nous pas unis nos suffrages à l'approbation
„ que notre cher & grand Général a si sou-
„ vent donnée à votre conduite ? Nous n'ou-
„ blierons jamais l'importance & la mesure des

―――――――――――――――――――――――――

(1) Extrait des gazettes de *Boston*, du 16 Octobre 1784.

» services que vous avez rendus à notre Pa-
» trie ; — nous nous flattons qu'un jour quelque
» Historien, patriote & éclairé, rendra justice
» à vos vertus, en traçant le tableau de vos
» actions & de votre conduite à la tête de nos
» troupes, & en célébrant les efforts généreux
» que vous avez faits depuis, pour augmenter
» le bonheur de ces Etats —.

» Jamais nous n'oublierons les secours que votre
» Auguste Souverain, & votre nation généreuse,
» nous envoyèrent dans le moment le plus
» triste de cette révolution, lorsque nous étions
» prêts à succomber sous les efforts d'un ennemi
» puissant ; — c'est à l'heureuse coopération de
» ses forces de terre & de mer, que nous de-
» vons le bonheur d'avoir vu terminer la guerre,
» & la paix nous apporter la liberté & l'indépen-
» dance, beaucoup plutôt qu'il n'étoit possible
» de l'espérer.

» Une âme comme la vôtre, distinguée par
» son attachement aux droits de l'humanité,
» doit jouir, dans ce moment, d'un plaisir bien
» transcendant, en vous retrouvant au milieu
» d'un peuple pour lequel vous avez tant fait,
» jouissant de ce repos, de cette paix qu'ils
» avoient tout risqué pour obtenir —.

» Animé par la vertu la plus pure, guidé par
» la splendeur de votre réputation, puissiez-

» vous ajouter encore à la célébrité de votre
» caractère, ainsi qu'à la gloire de votre Patrie,
» & puisse la chaîne des évênemens placer un
» jour votre nom sur la même liste des *Condés*,
» des *Turennes*, & de tant d'autres Héros Fran-
» çois »—!

Au nom des Officiers de la ligne de Massachussets,
HENRI KNOX.

―――――

RÉPONSE de M. de la Fayette.

« DEPUIS le moment où je fus obligé de vous
» quitter, une de mes plus agréables pensées, a
» constamment été de prévoir celui dont je jouis
» aujourd'hui. — Je m'en rapporte à votre cœur,
» mes bons amis, pour connoître & partager
» avec moi, tout ce que le mien éprouve dans
» ce moment. — Heureux dans la possession de
» votre confiance & de votre affection! — qu'il
» me soit permis de reconnoître ici, que je dois
» les marques d'approbation de notre cher &
» grand Général, à la bravoure des Troupes
» que j'avois l'honneur de commander : — mais
» si quelque chose dans ma conduite peut justi-
» fier votre partialité, il m'est doux de penser
» que c'est au milieu de vous que j'ai pris mes

» premières leçons; — que chacun de vous étoit
» alors, ainsi qu'aujourd'hui, mon frère & mon
» ami; — que j'eus le bonheur d'être adopté
» comme le fils & comme le disciple de notre
» illustre *Washington*. — Personne n'a dû jouir
» plus que moi du plaisir de voir les secours de
» notre Auguste Souverain, arriver à une époque
» où ils étoient si nécessaires; ce fut alors que
» tous les François unirent leurs efforts à ceux
» d'un Roi patriote, & sanctifièrent, par leurs
» vœux, la nouvelle alliance qu'il venoit de faire
» avec vous. — Ses Troupes ont depuis suffisam-
» ment démontré l'affection & l'attachement de
» la Nation —.

» Comme anciens Membres de l'armée con-
» tinentale, nous sommes à jamais séparés;
» — mais les liens de notre amitié réciproque
» sont indissolubles. — Aujourd'hui que la paix
» a terminé nos travaux, je me réjouis de vous
» voir chérir & adopter ces grands principes,
» pour lesquels vous avez si vaillamment com-
» battu : — cette conduite vous place parmi les
» plus utiles Citoyens de cette grande répu-
» blique » —.

―――――――――――

Le Gouvernement, non moins attaché à M. de
la Fayette, que le Corps des Habitans, s'empressa
de

de lui donner aussi le témoignage le plus distingué de sa reconnoissance & de son estime. — Pour cet effet le 19 Octobre, jour à jamais célèbre par la prise du Lord *Cornwallis*, & le surlendemain de la capitulation de *Saratoga* (1), fut expressément choisi pour rendre au Marquis *de la Fayette* de nouveaux honneurs publics. — En conséquence il fut ordonné que le Gouverneur (2), le Président du Sénat, l'Orateur de la chambre des Représentans, l'inviteroient à se trouver le lendemain à midi dans la grande salle d'audience, où devoit être le Conseil exécutif & les Membres des deux Chambres, pour le féliciter sur son heureuse arrivée en *Amérique*. — Aussi-tôt que M. *de la Fayette* y fut introduit, le Gouverneur, au nom de tous les Corps du Gouvernement, lui témoigna dans les termes les plus éloquens & les plus expressifs, la haute estime & la reconnoissance que l'Etat de *Massachussets* lui devroit toujours, pour les services importans qu'il avoit rendus à l'*Amérique-Unie*, dans un âge où rarement se manifestent une prudence aussi consommée, & des talens aussi utiles : — il l'assura que les impressions & le souvenir ne s'en

---

(1) Lorsque l'Armée Angloise, commandée par le Général *Burgoyne*, fut forcée de capituler.

(2) Son Excellence *Jean Hancock*.

effaceroient jamais, &c. — M. le Marquis répondit à ce discours d'une manière modeste, affectueuse & expressive : après quoi il se retira dans l'appartement voisin.

Mais le bruit de cette cérémonie s'étant répandu dans la ville, une foule d'Habitans s'assemblèrent & remplirent les rues voisines. — Au milieu de cette multitude, les Officiers trouvèrent cependant le moyen de former une haie depuis cet édifice jusqu'à la maison de ville (1), avec les soldats des Compagnies d'artillerie & indépendantes : — aussi-tôt que cette opération fut terminée, on vit paroître M. *de la Fayette* accompagné du Gouverneur, des Membres des deux Chambres, des Généraux, des Officiers, des Pasteurs des différentes religions & des principaux Citoyens, qui le conduisirent dans la grande salle de cet hôtel, autour de laquelle on avoit disposé des tables pour cinq cents couverts, & dont le fond étoit décoré de treize arcades; on le fit asséoir sous celle du milieu, au centre de laquelle étoit suspendue une fleur de lys. — Après le repas, treize toasts patriotiques furent proposées, & chacune fut célébrée par treize coups de canons, placés dans le milieu du grand marché : — à peine la santé du Général *Washington* fut-

---

(1) *Fanneuill-Hall.*

elle prononcée, qu'un rideau placé derrière M. *de la Fayette*, tombant incontinent, découvrit aux yeux des spectateurs le portrait de ce grand homme, couronné de lauriers & de fleurs, accompagné des drapeaux de France & d'Amérique; dès qu'il s'en fut apperçu, il se leva, le regarda attentivement avec un mélange de surprise, de plaisir & d'attendrissement : — après quelques momens passés dans le silence de l'admiration, le premier il proclama, *vive Washington*; — cette exclamation favorite, répétée par toute la compagnie, produisit mille applaudissemens qui durèrent plusieurs minutes : — le même soir la maison de madame *Hayley* (1) fut illuminée, & elle y donna, en honneur de M. *de la Fayette*, un bal & un beau feu d'artifice. — Le lendemain l'Assemblée législative vota & lui envoya le privilège d'assister à ses séances, dont il fit usage plusieurs fois pendant son séjour à *Boston* —.

Quelques jours après, accompagné de M. le Chevalier de *Caraman* & de M. le Comte de *Grandchain*, il partit pour aller visiter les villes de *Salem, Cape-Anne, Marblehead, Beverley, Newbury-Port* (2) & *Portsmouth*, capitale du

---

(1) Sœur de M. *Wilkes*, ancien Maire de Londres.
(2) Villes Maritimes de l'Etat de *Massachussets*.

Nouveau Hampshire, dans lesquelles un grand nombre d'Officiers, de ses anciens amis, s'étoient retirés au sein de leurs familles ; — par-tout les Habitans le revirent avec les mêmes expressions de joie & de satisfaction que leur inspiroit sa présence ; — par-tout il fut reçu au son des cloches & aux acclamations des Habitans qui alloient au devant de lui, l'accompagnoient à la sortie des villes, & s'embloient lui savoir gré de la bonne & amicale visite qu'il leur faisoit.

— Par-tout, les Corps lui présentèrent des adresses pleines d'affection, lui donnèrent des repas publics, des fêtes, & n'oublièrent enfin aucuns de ces témoignages, d'autant plus chers & précieux, qu'ils consistent moins dans la pompe, l'éclat & l'ostentation, que dans l'énergie du zèle & la sincérité de l'amitié. — De toutes les adresses qui lui furent présentées, je ne vous citerai qu'un trait qui suivit celle de la ville de *Marblehead* : — l'Orateur s'étant apperçu que M. *de la Fayette* voyoit avec quelque surprise le grand nombre de femmes mêlées avec les hommes qui étoient venus le féliciter, lui dit : — " Ce sont les veuves de ceux qui ont péri
" pendant la guerre, & les mères des enfans,
" pour la liberté desquels vous avez combattu (1) ;

---

(1) Suivant le dénombrement qui vient d'en être fait

» elles ont voulu aujourd'hui remplacer leurs
» maris, dont vous avez connu un grand nom-
» bre —».

RÉPONSE de M. de la Fayette.

« Au moment où je jouis du bonheur de vous
» revoir, de revoir cette ville fameuse dès son
» origine, par l'induſtrie & l'intrépidité de ſes
» hardis navigateurs, l'intérêt le plus vif & les
» ſentimens de la plus tendre ſympathie, viennent
» en diminuer la meſure. Je ne vois que trop
» diſtinctement, par le nombre des femmes qui
» ſe ſont jointes à vous, quelle perte elle a faite.
» — Je n'en ſuis point étonné, lorſque je me
» rappelle le courage & la perſévérance que ces
» braves Marins, devenus de braves Soldats,
» ont montrés dans toutes les occaſions —.

» Les juſtes regrets que méritent tant de
» Citoyens qui ont eu l'honneur de périr en dé-
» fendant la cauſe de leur Patrie, ſont cepen-
» dant allégés, en contemplant les heureux effets
» de cette induſtrie qui continue de diſtinguer

par ordre du Gouvernement, cette ville a perdu exactement la moitié de ſes Habitans en état de porter les armes.
Extrait des gazettes de *Salem*, du 7 Novembre 1784.

» ceux qui ont survécu aux malheurs de la
» guerre. — Puissent les bénédictions de la paix
» & de l'abondance, vous récompenser au cen-
» tuple de toutes vos pertes ! Puisse votre nom-
» breuse postérité ne cesser de respecter la mé-
» moire de leurs ancêtres, aux efforts desquels
» elle devra la liberté pour laquelle ils ont si
» glorieusement combattu ! — Egalement flatté
» de votre estime & de votre amitié, je vous
» remercie de vos bons souhaits ainsi que de
» votre bonne réception, &c. (1) — ».

Peu de jours après son retour à *Boston*, il partit pour *Providence* & l'isle de *Rhodes*; il fut rencontré, à quelque distance de la première de ces villes, par les Officiers & un grand nombre des Habitans, par la Compagnie d'artillerie, & y entra au bruit du canon & des cloches. — Le Gouverneur, le Député-Gouverneur, les deux Chambres du Corps législatif & les principaux Citoyens, lui donnèrent un grand dîné, & le lendemain les Officiers, ainsi que le Gouvernement, lui présentèrent chacun leur adresse; voici la traduction de la dernière —

___

(1) Extrait des gazettes de *Salem*, du 7 Novembre 1784.

« L'Assemblée législative de l'état de l'isle
» de *Rhodes* & des *plantations de Providence*,
» vous présente ses sincères félicitations sur votre
» arrivée dans cette ville, elle n'a cessé d'ad-
» mirer, & n'oubliera jamais les grands services
» que vous avez rendus à l'Amérique pendant
» la guerre.

— En examinant la liste de ces Héros patriotes
» qui nous ont aidés à secouer le joug *Britan-*
» *nique*, nous y distinguons, avec un plaisir
» singulier, le nom *de la Fayette*; — nous ne
» cesserons de vous chérir comme un de nos
» libérateurs, comme sujet d'un Roi généreux,
» notre grand & bon allié, & comme Membre
» d'une Nation à laquelle nous avons tant d'obli-
» gations, &c ».

RÉPONSE *de M. de la Fayette.*

« Je viens partager avec vous les bénédic-
» tions de la paix, dont vous jouissez aujour-
» d'hui —. Ce sentiment cher & précieux, est en-
» core augmenté par le souvenir de nos anciennes
» difficultés, & particulièrement de celles de
» cette République. — En mettant un trop
» grand prix à mes services, vous avez rendu

» justice à mes sentimens ; —puissent ces jeunes
» Etats unir leur sagesse pour le bonheur des
» hommes, comme ils ont unis leurs efforts
» pour défendre leurs droits ! —puisse leur prospérité & leur importance future, fondée sur
» l'union féodale, tromper le calcul de la
» jalousie, & remplir les vœux de tous les
» honnêtes gens ! — C'est ici où l'Armée Françoise a reçu les premières marques de vos
» soins & de votre attention, & où nos soldats
» sont devenus vos amis » !

Quelque-tems après il partit pour *Newport* (1) où il reçut les félicitations du Corps municipal, & après avoir passé deux jours avec ses amis, il revint à *Boston*, & s'embarqua sur la frégate du Roi la *Nymphe*, qui le conduisit à l'embouchure de la rivière d'*York*, dans la baie de *Chésapeak* —.

Pour vous former une juste idée du plaisir que ressentirent les Virginiens en revoyant parmi eux ce jeune homme à qui ils avoient tant d'obligations, il faut bien connoître la géographie de cet Etat, celle des grandes rivières qui le traversent, & qui, en temps de guerre, ren-

---

(1) Capitale de l'île de *Rhodes*.

dent les communications d'une extrémité à l'autre si difficiles ; — il faut bien connoître les dégats horribles qui avoient été commis par les troupes Angloises, sous les Généraux *Mathews*, *Arnold*, *Phillips* & *Cornwallis*, lorsque M. *de la Fayette* prit le commandement de la petite armée, avec laquelle il éluda les manœuvres de ce dernier Général, & l'attira dans la ville de *York* (1). — Les habitans de *Williamsbourg* vinrent le recevoir, le saluer à son débarquement, & l'escortèrent dans leur ville, où il fut reçu avec tous les honneurs & toutes les marques d'amitié qu'ils purent lui montrer : — il logea chez son ami le Général *Neilson*, & dès le lendemain, le Corps de cette ville lui présenta l'adresse suivante.

Adresse de la Ville de Williamsbourg.

« Votre heureuse arrivée dans cette ville
» procure enfin à ses Habitans, l'occasion flat-
» teuse, quoique tardive, de vous exprimer la
» profonde reconnoissance avec laquelle ils sen-
» tent le prix des nombreux & importans ser-
» vices que vous avez rendus à l'*Amérique-Unie*.

---

(1) Sur la rivière du même nom —.

» — Quand nous contemplons la glorieuse fin
» de la campagne de 1781, nous aimons à nous
» rappeler le courage & la sagesse qui, dès le
» commencement de cette année mémorable,
» caractérisèrent votre conduite à travers les dif-
» ficultés sans nombre que vous avez eues à
» vaincre comme Général commandant dans
» cet état —.

» Votre attention particulière & constante
» pour nos droits civils, les talens, le courage &
» le succès avec lesquels les forces confiées à vos
» soins, ont été conduites, seront toujours l'ob-
» jet des souvenirs les plus chers de tous les
» *Virginiens*.

» Notre attachement pour votre Patrie, fondé
» sur nos intérêts politiques, cimenté ensuite
» par la reconnoissance, n'est pas peu augmenté
» par notre vénération pour le caractère d'un
» jeune François, qui dès l'âge le plus tendre, a
» si noblement & si constamment consacré ses
» efforts, en unissant les travaux du cabinet à
» ceux de la guerre, pour le bonheur général de
» l'*Amérique*; — puisse votre Auguste Souverain
» vous combler d'honneurs égaux à votre mé-
» rite, & le ciel vous accorder une vie longue,
» fortunée & glorieuse — » !

Réponse de M. de la Fayette.

« Parmi les différentes jouissances que cette
» visite ne pouvoit manquer de me procurer,
» ces témoignages si touchans de votre amitié
» & de votre estime, sont pour moi une nou-
» velle source de satisfaction & de bonheur;
» — à l'époque de la malheureuse situation de
» *Williamsbourg*, pendant laquelle se manifesta
» si évidemment le zèle de ses Habitans, ainsi
» qu'au moment plus décisif encore qui termina
» cette campagne & la guerre, vos intérêts
» m'étoient devenus si chers, que mon cœur
» partagea avec les meilleurs Citoyens de cette
» ville & de cet état, la joie & le plaisir qu'ils
» ressentirent lorsqu'elle cessa d'être le quartier
» général de l'ennemi, & lorsque nous le for-
» çâmes enfin quelque tems après de mettre bas
» les armes. — Les droits du Citoyen sont tou-
» jours chers à ceux qui combattent pour la
» liberté; mais plus d'une fois, malgré tous
» mes efforts, l'impérieuse nécessité a souvent
» frustré mes meilleures intentions; — pendant
» l'espace de tems que mes Compatriotes ont
» été unis aux vôtres par les liens de la plus par-
» faite harmonie, combien de raisons n'ont-ils

» pas eues de fe louer de l'hofpitalité & de la
» politeffe des Habitans de cette ville & de cet
» état? — Je vous remercie, Meffieurs, de vos
» bons fouhaits, avec toute la fincérité d'un cœur
» qui partagea bien vivement les calamités aux-
» quelles vous fûtes expofés en 1781, & qui
» vient aujourd'hui fe réjouir avec vous de la
» tranquillité & du bonheur dont vous jouiffez:
» puiffe-t-il durer long tems — » !

Je me flatte que vous me faurez bon gré, avant de quitter *Williamsbourg*, pour accompagner M. *de la Fayette* à *Richemond* (1), d'introduire dans cette efquiffe, la traduction de la lettre fuivante, qui après avoir été publiée dans les gazettes de la *Virginie*, du 24 Novembre, fut réimprimée dans celles de plufieurs autres Etats. — Ces preuves de l'affection particulière vous paroîtront, je l'efpère, auffi précieufes que les témoignages de l'eftime & du refpect des Gouvernemens & des Corps publics —.

« Savez-vous que nous poffédons le bon;

---

(1) Capitale de la *Virginie*, conftruite fur la rivière de *James*, à trente-deux lieues de fon embouchure.

» l'excellent Marquis? Il vient d'arriver de *Bof-*
» *ton* dans une Frégate Françoise de quarante
» canons ; car pendant son premier séjour au
» *Mont-Vernon*, nous ne pûmes pas le voir ;
» — parmi les braves coopérateurs de cette révo-
» lution, il n'y en a qu'un très-petit nombre à
» qui les *Etats-Unis* aient autant d'obligations :
» — vous vous réjouirez avec nous, j'en suis
» sûr, en apprenant par nos gazettes les preuves
» multipliées d'affection & de reconnoissance
» qu'il a reçues par-tout où il a passé : — il faut
» avouer que si, d'un bout du continent jusqu'à
» l'autre, nous l'appelons notre ami, il l'a bien
» mérité ; — il a partagé avec nous la bonne &
» la mauvaise fortune ; — il n'a voulu aucune
» récompense ; — il a traversé la mer pour se
» charger de nos négociations ; — il a mérité
» l'approbation de notre cher & grand Général,
» & celle de tous les Officiers qui ont servi sous
» ses ordres ; — il s'est fait aimer de ceux qui
» l'ont connu, — & ceux qui n'ont pas eu ce
» bonheur, n'en ont pas moins ressenti l'affec-
» tion générale : — telle est la foible esquisse
» d'une conduite qui lui a mérité une place aussi
» distinguée dans l'histoire future de cette révo-
» lution. — Quel plaisir pour ceux qui lui ont
» autant d'obligations, que celui de le revoir
» parmi eux ! — Ce n'est plus la gloire & les

» dangers qui l'y amènent, c'est l'amitié, c'est
» l'attachement qu'il a pour nous, pour un pays
» que ses talens ont servi avec autant de gloire que
» de modestie & de désintéressement. — Quelle
» récompense l'*Amérique-Unie* peut-elle lui of-
» frir pour tant de services? — Sa plus belle
» récompense est de contempler par-tout où il
» passe, les heureux effets de notre indépen-
» dance, l'activité avec laquelle nous réparons
» les ravages de la guerre, le progrès de notre
» agriculture, de notre commerce & de notre
» population, &c. P. B. — ».

Pressé de se rendre à *Richemond*, où il venoit d'apprendre que le Général *Washington* l'attendoit, il prit congé de ses amis, & y arriva le 15. — Le lendemain, la Chambre des Délégués, le Sénat (car les Etats y étoient assemblés) le Maire & les Echevins de la ville, le Corps des Citoyens, lui présentèrent chacun leurs adresses de félicitations, qui, suivant l'usage, furent publiées dans les gazettes. — La traduction de la première sera suffisante pour vous donner une idée du respect & de la haute opinion que cette République conserve pour lui. —

Du 16 Novembre 1784.

RESOLUTION de la Chambre des Délégués.

« LA Chambre, informée de l'arrivée de
» M. le Marquis *de la Fayette* dans cette ville,
» résolut unanimement qu'un Comité com-
» posé de cinq de ses Membres, seroit nommé
» pour lui présenter le témoignage public de
» l'affection & du respect de cette Chambre,
» & lui exprimer combien son voyage en *Vir-*
» *ginie* lui est agréable; — pour l'assurer qu'elle
» se souviendra toujours de l'époque où il s'unit
» à la fortune incertaine de l'Amérique; — qu'elle
» ne peut passer en revue les scènes de dévasta-
» tion & de danger au prix desquelles les béné-
» dictions de la paix ont enfin été achetées,
» sans être également touchée des services im-
» portans qu'il a rendus aux Etats-Unis, & de sa
» conduite prudente, calme & intrépide pen-
» dant la campagne de 1781, qui lui a donné
» un si juste titre à la reconnoissance de cet
» Etat. — Que frappée de l'éclat de son carac-
» tère, cette Chambre desire qu'il puisse
» devenir le modéle de ceux, qui, émules de

» sa gloire, voudront poursuivre une carrière
» aussi utile aux intérêts de l'humanité —.

REPONSE de M. de la Fayette.

» JE présente à cette honorable Chambre
» mes remerciemens & mes respects pour la fa-
» veur particulière dont elle m'honore aujour-
» d'hui, ainsi que pour l'attachement constant
» & la confiance illimitée que j'ai si souvent
» éprouvée pendant les crises les plus violentes
» de la guerre. — Si en traversant ce Continent,
» comme je viens de le faire, j'ai joui du bon-
» heur le plus sensible en revoyant mes amis,
» en nous félicitant mutuellement, — qu'elle
» doit être la mesure de ce même sentiment,
» aujourd'hui que je suis en *Virginie*, dont
» pendant la guerre j'ai aussi progressivement
» contemplé & si vivement ressenti la détresse,
» & dont je viens partager avec vous le triom-
» phe & la tranquillité ! C'est sur cette terre
» que ce grand différent a été enfin terminé.
» — Je n'ai pas oublié cette époque où nos trou-
» pes furent obligées de se retirer; mais vos
» cœurs patriotiques restèrent inébranlables; — je
» ne puis vous exprimer toutes les obligations

» que je vous ai eues, soit dans ces momens
» critiques, soit dans des jours plus heureux.
» — Permettez-moi de rappeler à votre souve-
» nir la persévérance, la bravoure & la pa-
» tience avec laquelle vos milices se comportè-
» rent alors. — Tant que je vivrai, je ne cesserai
» de faire des vœux pour le bonheur de cette
» République. — Puisse la fertilité de son sol,
» contribuer à réparer les malheurs de la guerre !
» puissent tous ces beaux fleuves devenir les
» canaux d'un commerce avantageux, & cet
» Etat, par la sagesse de ses loix, & l'usage de
» ses richesses, donner à l'univers des leçons
» instructives, & des preuves de son amour pour
» les droits de l'humanité —.

Après avoir passé plusieurs jours dans cette ville, les deux amis (1) retournèrent enfin au *Mont Vernon*, accompagnés de M. le Chevalier *de Caraman*, & de M. le Comte de *G. C.* — Une partie de leur tems y fut employée à jouir des fêtes que les Habitans d'*Alexandrie* & d'*Annapolis* leur donnèrent. — Que n'ai-je le loisir de vous les décrire ! — Le Gouverneur & le Sénat du *Mariland*, ainsi que l'Assemblée des Repré-

---

(1) C'est ainsi qu'on les appeloit.

sentans, qui tenoient leurs séances dans cette dernière ville, s'empressèrent de marquer à deux Personnages aussi distingués toute leur reconnoissance & leur respect par des adresses pleines de la véritable éloquence du cœur; — ils souhaitèrent aux appuis de leur liberté, & aux fondateurs de leur Empire, la longue continuation de jours aussi précieux, & leur donnèrent une fête très élègante, à laquelle se trouva le célèbre (1) *Henri Lawrens*, ancien Président du Congrès. —

Vous savez, sans doute, que plusieurs de ces Etats ont promulgué des loix, pour naturaliser M. *de la Fayette* & ses Descendans mâles; — quoique celle-ci ait été passée un an auparavant pendant son séjour en France, je crois cependant devoir la placer ici, persuadé qu'il pourra vous être intéressant d'en connoître la forme —

„ L'Assemblée générale de l'Etat de *Ma-*
„ *riland* désirant perpétuer un nom qui lui est
„ devenu si cher, & reconnoître le Marquis *de*

―――――――――――――――

(1) Le même qui, après avoir été envoyé auprès des *Etats Belgiques*, comme Ambassadeur Plénipotentiaire, fut pris sur mer par les Anglois, & long-tems détenu à la Tour de *Londres*.

» *la Fayette* pour un de ſes Citoyens ; — lui
» qui, à l'âge de dix-neuf ans, quitta ſa Patrie
» & riſqua ſa vie dans les viciſſitudes de la Ré-
» volution ; — lui qui, après avoir été élevé par
» le Congrès au grade de Major Général de
» l'armée continentale, avec un déſintéreſſe-
» ment rare, refuſa les émolumens ordinaires
» de ce commandement & ne combattit que
» pour mériter ce qu'il a ſi amplement obtenu,
» le caractère d'un Soldat patriote ; — lui qui,
» quand il fut nommé pour commander une
» expédition deſtinée contre le *Canada*, mérita
» par ſa prudence conſommée, & ſa modération
» extraordinaire, l'approbation du Congrès (1) ;
» — lui qui, à la tête de l'armée, dans la *Virgi-*
» *nie*, éluda les manœuvres d'un Général diſ-
» tingué, & mérita l'admiration des Officiers
» de la plus grande expérience ; — lui qui, dès
» la première époque de ſon arrivée ſur ce Con-
» tinent, obtint l'attention particulière, & a
» depuis mérité par ſes talens & ſa conduite
» l'amitié de l'illuſtre *Washington* ; — lui qui a
» contribué à élever, à répandre l'honneur & la
» réputation des Etats-Unis de l'Amérique : —

» C'eſt pourquoi, qu'il ſoit promulgué par
» l'Aſſemblée générale de l'Etat du *Mariland*,

---

(1) *Voyez* les journaux du *Congrès*.

» que le Marquis *de la Fayette* & ſes deſcendans
» mâles à jamais ſeront, comme chacun d'eux,
» eſt, par cette loi, reconnus & jugés pour être des
» Citoyens nés de cet Etat, & dès ce moment
» jouiront de tous les droits, privilèges & im-
» munités de Citoyens nés, pourvu toutefois
» que chacun d'eux ſe conforme à la conſtitu-
» tion & aux loix de cet Etat, dans la poſſeſſion
» & jouiſſance des ſuſdits droits, privilèges &
» immunités » —.

Ce fut à *Annapolis* (1) qu'il reçut les derniers embraſſemens & la bénédiction paternelle du Général *Washington*, & qu'il prit congé de ce grand nombre d'amis qui s'y étoient raſſemblés pour lui ſouhaiter un heureux retour dans ſa patrie —.

Je laiſſe à votre imagination la tâche de vous peindre cette ſcène pathétique & touchante, ces adieux qui, dans les tems héroïques ſeroient devenus le ſujet du chant des Poëtes —.

Après avoir traverſé *Baltimore* & *Philadelphie*, il arriva à *Trentown* dans *le Nouveau Jerſey*, le 8 Décembre, (2) pour prendre congé du

(1) Ville du *Maryland* le 30 Novembre.

(2) Devenu célèbre par la première victoire du Général *Washington*.

Congrès qui, depuis quelques mois, y avoit fixé sa résidence. — Dès le lendemain il reçut les adresses & les félicitations du Corps Législatif de cet Etat, qui ordonna qu'un Comité de ses Membres les lui présenteroit, & le salueroit au nom de cette République —.

***

„ (1) Le Congrès informé de l'arrivée du
„ Marquis, ainsi que de son prochain départ pour
„ l'Europe, ordonna qu'un Comité formé d'un
„ Représentant de chaque Etat de l'Union, se
„ trouveroit le 11 Décembre dans la salle d'au-
„ dience pour le recevoir en cérémonie, lui sou-
„ haiter un heureux retour dans sa patrie, &
„ l'assurer, au nom des treize *Etats-Unis*, de
„ leur estime & de leur considération pour lui,
„ ainsi que du sentiment continuel & personnel
„ que ses talens & son zèle pour le bonheur de
„ *l'Amérique* leur avoit inspiré ; — & pour lui
„ dire combien cette haute opinion que le Con-
„ grès a si souvent manifestée, étoit encore
„ confirmée par ses nouvelles marques d'atten-
„ tion à leurs intérêts politiques & commer-
„ ciels. — Le Président fut aussi chargé de lui
„ dire, que de même que son attachement

***

(1) Extrait des journaux du *Congrès*.

» conſtant & uniforme pour leur proſpérité,
» avoit reſſemblé à celui d'un Citoyen patriote,
» de même auſſi les *Etats-Unis* le conſidé-
» roient avec l'affection la plus particulière,
» & ne ceſſeroient jamais de partager tout ce
» qui pourroit intéreſſer ſa gloire & ſon bon-
» heur ; — que leurs vœux les plus vifs & les plus
» tendres l'accompagneroient toujours. — Le
» Congrès le chargea auſſi d'une lettre pour
» S. M., dans laquelle les *Etats-Unis* expri-
» moient leurs ſentimens pour lui. — Les Jour-
» naux de ce Corps, en rendant compte de
» cette cérémonie touchante, donnent auſſi la
» réponſe ſuivante du Marquis —.

RÉPONSE *de M. de la Fayette.*

» JE ne ſais comment exprimer aux *Etats-*
» *Unis aſſemblés en Congrès*, toute la reconnoiſ-
» ſance que je leur dois pour la réception favo-
» rable qu'ils m'accordent aujourd'hui, & le
» plaiſir que je reſſens en contemplant l'heu-
» reuſe ſituation dont ils jouiſſent ; — depuis le
» moment où j'ai revu ce Continent, j'ai ar-
» demment deſiré pouvoir les en féliciter per-
» ſonnellement. — J'avoue que le premier inté-
» rêt que je pris à leur cauſe, n'étoit, ſi je puis

» m'exprimer ainſi, qu'inſtinctif & involon-
» taire ; — J'étois bien éloigné de prévoir alors
» les liens qui devoient m'attacher à leur proſ-
» périté & à leur gloire ; mais j'ai vu les *Améri-*
» *cains* exécuter de ſi grandes choſes, & dé-
» ployer de ſi grandes vertus, que cet attache-
» ment durera autant que ma vie —.

» J'embraſſe avec joie cette occaſion favora-
» ble de remercier le Congrès de la confiance
» dont il m'a honoré pendant tout le cours de
» la révolution. — Elle commença lorſque jeune
» encore & ſans expérience, je ne pouvois récla-
» mer que l'adoption paternelle dont mon il-
» luſtre & reſpectable ami m'avoit cru digne ;
» — elle m'a été continuée avec la plus touchante
» bienveillance, dans toutes les circonſtances
» politiques & militaires de la guerre. J'avouerai
» cependant que j'ai ſouvent trouvé dans l'ami-
» tié perſonnelle, & dans la confiance des Ha-
» bitans, les plus grandes reſſources contre les
» difficultés publiques ; — ce ſouvenir précieux
» me rappelle dans ce moment ſolemnel, &
» m'enhardit à parler au Congrès, aux *Etats de*
» *l'Union*, à tous leurs Citoyens, de mes chers
» compagnons d'armes, à la bravoure & aux
» ſervices deſquels leur patrie a tant d'obli-
» gations. — Après avoir profondément ſenti

» l'importance des secours que vous envoya
» notre illustre Monarque, je me réjouis en pen-
» sant que cette alliance va devenir réciproque-
» ment avantageuse par les liens du commerce
» & par les heureux effets d'une affection mu-
» tuelle ; — le souvenir du passé nous en répond,
» & l'avenir semble aggrandir cette douce pers-
» pective. — Je désire bien sincérement voir la
» confédération consolidée, la foi publique pré-
» servée, le commerce réglé, les magasins con-
» tinentaux établis, les frontières fortifiées, un
» système général & uniforme de milice adopté,
» & la marine en vigueur. — C'est sur ces seuls
» fondemens que peut être établie la véritable
» indépendance de ces Etats. — Puisse leur pros-
» périté & leur bonheur, faire connoître les
» avantages de leur Gouvernement, devenir une
» leçon aux oppresseurs & aux opprimés, &
» réjouir dans les siècles futurs les ombres de
» leurs braves Fondateurs, &c......... — ».

Après avoir passé plusieurs jours à *Trentawn*, il revint ici le 15 Décembre pour la troisième fois, où la Frégate *la Nymphe* l'attendoit ; il y passa dix jours au sein de l'amitié & des plaisirs de la société ; — enfin après avoir traversé dix de ces Etats, après avoir parcouru l'espace de six cents trente-huit lieues dans celui de quatre mois & vingt-un jours (1), après avoir visité les lieux devenus si intéressans, & revu ce grand nombre d'Officiers & d'amis que ses talens, sa douceur & sa jeunesse lui avoient si justement acquis, — après avoir joui du spectacle enchanteur que présentoit sur ce Continent le retour de la paix & de l'industrie, — comblé des bénédictions d'un peuple libre & reconnoissant, — emportant avec lui les vœux de tous les cœurs, l'estime & l'affection que le Congrès & les Corps publics lui avoient voués aussi solemnellement, il s'embarqua le 25 à *White-Hall* (2), sur le canot de *la Nymphe*, où il fut accompagné par le Gouverneur, les Officiers, le Consul de France & un grand nombre de Citoyens qui étoient venus lui réitérer leurs adieux. — Le Pavillon des Etats-Unis fut hissé sur l'extrémité de la grande batterie, qui le salua de treize coups de canons,

---

(1) Ayant quitté Paris le 18 Juin 1784, & y étant retourné le 25 Janvier 1785, il a deux fois traversé l'Océan & voyagé par terre près de sept cents lieues dans l'espace de sept mois & onze jours.

(2) Quai d'embarquement : M. le Chevalier *de Caraman* étoit avec lui.

auxquels la Frégate répondit par le même nombre, dès qu'il fut à son bord. — Telle fut la dernière scène d'un voyage aussi nouveau qu'instructif, également honorable aux deux Nations, ainsi qu'à M. *de la Fayette* —.

En parcourant les journaux du Congrès, vous y verrez avec plaisir, j'en suis sûr, combien de fois, pendant le cours de la guerre, ce Corps a approuvé la conduite de ce jeune homme ; vous y verrez, entr'autres, les résolutions du 21 Octobre 1778 & du 23 Novembre 1781. — La première pour le remercier, au nom des *Treize-Etats-Unis*, & lui décerner une Epée que le petit fils de M. *Franklin* lui présenta au *Havre*, & dont vous serez peut-être bien aise de trouver ici la description. — Sur les quatre parties de la coquille, sont gravées la retraite de *Barren-Hill*, celle de *Rhode-Island*, l'affaire de *Glocester* dans le *Nouveau-Jersey*, & la bataille de *Monmouth* : — d'un côté de la poignée, le Marquis est représenté blessant le Lyon *Britannique*, & de l'autre recevant une branche de Laurier de l'*Amérique*, sous la figure d'une Femme, dont les chaînes sont brisées : — sur un côté du pommeau, on voit ses armes, sur l'autre l'*Amérique*, sous l'emblême d'un Croissant éclairant un pays à moitié sauvage ; — on y voit aussi une Renommée, portant les Armes de la France & la repréſentation du Vaiſſeau ſur lequel M. *de la Fayette* paſſa en *Amérique*; — & ſur la branche eſt gravée cette inſcription — :

DE la part du Congrès, à M. le Marquis de la Fayette.

LA ſeconde réſolution eſt pour ordonner le paiement des engagemens qu'il avoit pris pendant ſon commandement en *Virginie*, — pour l'équipement d'une Frégate qui devoit le tranſporter en France, — & pour le charger de pluſieurs négociations —.

Peut-être des perſonnes indifférentes ou frivoles trouveront-elles dans les détails que je viens de mettre ſous vos yeux, un retour trop fréquent des mêmes tableaux & des mêmes félicitations ; — mais ces répétitions recueillies ſur un Continent auſſi étendu, dans ſeize entrevues & dans dix Etats différens, portent avec elles quelque choſe de ſi rare, de ſi frappant & de ſi honorable pour celui qui en eſt l'objet, qu'elles m'ont ſemblé devoir faire paſſer dans votre ame les mêmes nuances de plaiſir & d'admiration quelles m'ont inſpirées. — Quel cœur peut reſter inſenſible à tant de jeuneſſe, tant de modeſtie, d'énergie & de travaux couronnés & payés par une telle reconnoissance —! L'historien qui s'occupera un jour de cette révolution, recueillera, sans doute, les faits intéressans dont elle a été accompagnée, peut-être si jamais il lisoit cette lettre, feroit-il usage de ceux-ci, dont la mémoire m'a paru digne d'être conservée; si comme l'a dit un illustre Ecrivain *(M. Helvetius)*, la véritable gloire n'est que le cri de la reconnoissance publique, quel homme a dû mieux goûter ce charme, que M. *de la Fayette*, dans le voyage que je viens de citer ?

J'ai l'honneur d'être, &c.

Saint-John.

L'Éditeur croit faire quelque chose d'agréable au Public, en terminant ces détails par les anecdotes suivantes.

Le 27 Septembre 1786.

EXTRAIT d'une Lettre adressée à MM. les Prévôt des Marchands & Echevins de la Ville de Paris, par son Excellence M. Jefferson, Ministre Plénipotentiaire des Etats-Unis.

« Les *Etats de Virginie*, en reconnoissance
» des services du Major Général le Marquis *de
» la Fayette*, ont résolu de placer son Buste dans
» leur Capitole (1). — Leur intention d'ériger
» un monument à ses vertus & aux sentimens
» qu'ils lui ont voués dans le pays auquel ils sont
» redevables de sa naissance, leur a fait espérer
» que la Ville de Paris consentiroit de devenir
» la dépositaire de ce second témoignage de leur
» reconnoissance (2). — Chargé par les Etats de
» l'exécution de la délibération qu'ils ont prise,

---

(1) C'est ainsi qu'est nommé l'édifice où se tiennent les *Etats de Virginie*.

(2) Le second Buste est destiné à être envoyé *en Virginie*, avec la statue du Général *Washington*, & doit être placé dans le Capitole, à côté de cette Statue.

» j'ai l'honneur de folliciter MM. les Prévôt
» des Marchands & Echevins d'accepter le
» Bufte de ce brave Officier, & de le placer dans
» un lieu qui puiffe rappeler toujours cet hom-
» mage honorable, & attefter le dévouement
» des Alliés de la France —.

» Monfieur le Baron de *Breteuil*, Miniftre &
» Secrétaire d'Etat au département de Paris,
» a écrit à MM. les Prévôt des Marchands &
» Echevins, que le Roi, à qui il en avoit été
» rendu compte, approuvoit que ce Bufte fût
» accepté par la Ville. — En conféquence la
» Ville étant affemblée le 28 Septembre M. *Short*,
» ancien Membre du Confeil des *Etats de Vir-*
» *ginie* (M. *Jefferson*, Miniftre Plénipotentiaire,
» étant retenu chez lui par une indifpofition)
» eft arrivé à l'Hôtel-de-Ville pour y préfenter
» le Bufte exécuté par le fieur *Houdon*, & pour
» remettre à MM. les Prévôt des Marchands
» & Echevins une lettre de M. *Jefferson*, ainfi
» que les délibérations des *Etats de Virginie*.
» M. *le Pelletier de More-Fontaine*, Confeiller
» d'Etat, Prévôt des Marchands, ouvrit la
» féance pour annoncer le motif & l'objet, &
» remit à M. *Veytard*, Greffier en chef, toutes
» les pièces dont il s'agit pour en faire lecture.

» — Après quoi M. *Ethis de Corny*, Avocat &
» Procureur du Roi, & Chevalier de l'Ordre de
» *Cincinatus*, prononça un discours dans lequel
» il rappela, d'une manière fort intéressante,
» les services de M. *de la Fayette* dans *l'Améri-*
» *que septentrionale*, la confiance de l'armée,
» l'attachement des Peuples pour ce Général.
» — Comme Procureur du Roi de la Ville de
» Paris, il donna les réquisitoires & les conclu-
» sions nécessaires pour la réception de ce Buste,
» conformément aux intentions du Roi ; & en
» conséquence de ses conclusions, le Buste a été
» placé dans une des salles de l'Hôtel-de-Ville,
» au bruit d'une musique militaire. — Cette cé-
» rémonie dont l'objet étoit aussi nouveau qu'in-
» téressant, produisit sur les spectateurs des
» vives impressions de plaisir & d'attendrisse-
» ment. — Un Homme de lettres qui en a été
» témoin, a heureusement appliqué à M. *de*
» *la Fayette* ce que dit Tacite *de Germanicus :*
» *Fruitur famâ sui.*

TRADUCTION d'une lettre de Nantuket (1), *du 19 Septembre 1786, imprimée dans les gazettes de New-Plymouth le 27 du même mois.*

» Quoique féparés du Continent, les Ha-
» bitans de ce petit monceau de fable n'en ont
» pas moins partagé avec le refte de leurs com-
» patriotes le jufte tribut de reconnoiffance que
» méritent les grands fervices rendus par M. le
» Marquis *de la Fayette* aux *Etats-Unis.* —Auffi
» fage, auffi utile, auffi éclairé pendant la paix
» que brave & habile pendant la guerre, il a
» cherché à rapprocher les deux Nations déjà
» unies par la raifon & la politique.. — Pour cet
» effet il a jeté les yeux fur les liens d'un com-
» merce qui leur feroit mutuellement avanta-
» geux. — A deffein de l'établir fur une bafe
» folide & durable, & de nous procurer les
» moyens de payer les marchandifes que nous
» avions envie de tirer de la France, il vient
» d'obtenir que nos huiles de baleines, (qui
» comme on le fait, ainfi que nos troupeaux,

_____

(1) Petite Ifle dans le voifinage du *Cape-Codd.*

constituent

» conſtituent nos ſeules richeſſes) ne payeront
» d'autres droits d'entrée que celles des villes
» Anſéatiques : cette conceſſion généreuſe du
» Gouvernement françois, eſt devenue pour
» nous autres pêcheurs, un bienfait ſignalé,
» puiſqu'il ranime notre induſtrie découragée, &
» nous fixe ſur cette île, notre ancienne Patrie,
» dont le nouvel ordre des choſes alloit nous
» forcer d'émigrer (1). Pénétré de reconnoiſ-
» ſance pour un auſſi grand ſervice, les habitans
» de *Nantuket* s'étant municipalement aſſemblés,
» votèrent & réſolurent, il y a quelque tems,
» — que chacun d'eux donneroit le lait de ſa
» vache pendant vingt-quatre heures ; — que ce
» volume entier ſeroit converti en un fromage
» de cinq cents livres peſant, qui ſeroit envoyé
» à M. le Marquis *de la Fayette*, comme un
» témoignage bien foible, à la vérité, mais bien
» ſincère de l'affection & de la reconnoiſſance
» des habitans de *Nantuket*—».

M. DE VOLTAIRE, peu avant ſa mort, fut invité chez M. le Duc *de Choiſeul*, à une nombreuſe aſſemblée, & y fut reçu avec les accla-

---

(1) Pluſieurs de ces Familles ſe préparoient en effet, & étoient à la veille de paſſer à la *Nouvelle-Ecoſſe*.

mations qui le fuivoient par-tout : appercevant parmi les dames la Marquife *de la Fayette*, il courut à fes pieds rendre, en fa perfonne, l'hommage le plus flatteur à fon mari, alors en *Amérique*; hommage qu'elle reçut avec l'embarras le plus touchant de la modeftie & de la joie : ainfi ce vénérable Vieillard, au bout de fa carrière, eut encore le mérite & le plaifir d'annoncer à fon pays *Monfieur de la Fayette*.

A Louis-Ville, le 26 Août 1784.

Esquisse du Fleuve Ohyo & du Pays de Kentuckey (1).

JE profite de l'occasion de M.***, qui porte au Congrès le résultat de ses négociations avec les Sauvages des Fleuves *Muskinghum* & *Scioto*, pour vous envoyer le détail de mon voyage & celui de mes foibles observations. — Partir de *New-York*, traverser le *Jersey* & la *Pensylvanie*, franchir les *Allé-Ghénys*, descendre l'*Ohyo* pendant deux cents trente-cinq lieues ; contempler un pays si différent du nôtre, est, je crois, un voyage aussi frappant pour un Américain de l'*Isle-Longue*, comme il peut l'être pour un Euro-

_____

(1) Ville nouvellement fondée auprès des chûtes-ou rapides de l'*Ohyo* (Belle-Rivière), située sous le trente-huitième dégré vingt-cinq minutes de latitude, à trois cents soixante-quinze lieues de *New-York*, trois cents quarante-deux de *Philadelphie*, deux cents trente-cinq de *Pittsbourg*, trois cents de *Richmond*, Capitale de la *Virginie*, cent soixante-une de l'embouchure de l'*Ohyo* dans le *Mississipi*, quatre cents vingt-cinq de la *Nouvelle-Orléans*, & quatre cents soixante du *Golphe du Mexique* : elle a été ainsi appelée du nom de Sa Majesté Louis XVI.

péens de passer la mer, & de parcourir nos Etats Maritimes ; — n'étant qu'un simple Cultivateur, mon unique dessein est de vous présenter avec la plus grande précision, autant d'objets neufs & intéressans qu'il me sera possible —.

Mon voyage depuis *New-York* jusqu'à *Pittsbourg*, ne contenant rien d'extraordinaire, je ne vous en citerai que le simple itinéraire :

J'employai pour aller de New-York A Philadelphie, ...	3^{jours}	94^{milles}
De Philadelphie à Lancaster, ...	2	66
De Lancaster à Middletown, ..	1	26
De Middletown à Carlisle, ...	1	27
De Carlisle à Shippenbourg, ..	1	21
De Shippenbourg à Chembertown, ...	1	23
De Chembertown au Fort Littleton, ...	1	18
Du Fort Littleton à Bedford par la Juniata, ...	2	33
De Bedford au pied des Allé-Ghénys, ...	1	15
Du pied des Allé-Ghénys à la rivière Pierreuse, ...	1	15
De la rivière Pierreuse au côté		
	14^{jours}	338^{milles}

Ci-contre, ...	14^{jours}	338^{milles}
oriental de la chaîne du Laurier, ...	1	12
De la chaîne du Laurier au Fort Ligonier, ...	1	9
Du Fort Ligonier à Pittsbourg, .	2	54
	18^{jours}	413^{milles}

J'aurois pu faire cette route en beaucoup moins de tems ; — mais j'aime à examiner les objets qui me frappent & m'intéressent, & sur-tout à faire beaucoup de questions. — Il y a déjà long-tems, comme vous le savez, que l'industrie Pensylvanienne a converti tous ces anciens Forts (jadis les Protecteurs de nos frontières) en beaux Etablissemens ; — ils sont déjà si contigus, que je n'ai couché qu'une seule nuit dans les bois ; d'ailleurs je montois une jument qui m'étoit très-précieuse ; — car, ainsi que moi, elle alloit se trouver à l'origine d'un nouvel Etablissement, & notre importance devoit augmenter en proportion de notre éloignement des anciennes Sociétés ; — quelques milles avant d'arriver à la chaîne du Laurier,(1) je rencontrai un François cheminant lentement ; — je fus très-surpris lorsque je m'apperçus qu'il

_____

(1) Une des branches des Montagnes d'*Allé-Ghénys*.

ne favoit pas un mot de notre Langue; — & où
» allez-vous, lui demandai-je en mauvais latin ?
» — Je vins de *France* à *Philadelphie* l'année
» dernière, me répondit-il, pour y faire for-
» tune. —(Ce furent ces propres paroles) &
» comme j'y ai été malheureux, on m'a conseillé
» d'aller à *Kentuckey*. — Vous avez bien raifon,
» lui dis-je ; — c'eſt le Pays où on a befoin
» d'hommes & de bras, j'y vais auſſi ; — quel
» eſt votre métier ? — Métier ! me répondit il
» en rougiſſant ; — j'ai été placé par ma naiſſance
» dans un rang de la Société qui n'admet ni la
» connoiſſance, ni la pratique d'aucun art, pas
» même le travail des mains. — Naiſſance ! lui
» répliquai-je ; eſt-ce que vous êtes venu dans
» ce monde d'une manière différente des autres?
» — N'êtes-vous pas né d'une femme ? — Pour-
» quoi n'auriez-vous pas appris un bon métier,
» & pourquoi ne vous ſerviriez-vous pas de vos
» mains, ſi vous n'avez pas d'autres reſſources ?
» — Parce que j'aurois été deshonoré dans mon
» Pays. — Quoi ! deshonoré, couvert d'infamie,
» que voulez-vous dire ? — Oui, dégradé, rendu
» indigne du nom que je porte. — Du nom que
» vous portez ! Je vous entends, ſans vous com-
» prendre ; ſavez-vous que dans les bois, chacun
» y devenant un être iſolé, ne peut plus compter
» que ſur ſa force, ſon adreſſe & ſon bonheur?

» —Qu'allez-vous donc faire à *Kentuckey*, puis-
» que vous me dites que votre nom & votre
» naiſſance vous empêcheront d'y travailler ?
» Vous y allez donc comme Philoſophe, vous êtes
» donc bien riche ? — Tant s'en faut, me dit-il,
» je n'ai pour tout bien que trente-ſept piaſtres,
» que je tiens de la bienfaiſance de mes Com-
» patriotes ; — & vous ne vous êtes pas cru des-
» honoré de les recevoir » ? Je fus tenté de me
fâcher & de laiſſer là cet *Européen*, qui alloit à
Kentuckey pour y faire fortune, ſans entendre un
mot de notre Langue, & ſans avoir le projet
d'y travailler ; — mais il me parut jeune, fort,
& vigoureux, je finis par prendre pitié de lui,
je m'en fis même un ami, en le faiſant monter
de tems en tems ſur ma jument, & depuis j'ai
eu le bonheur de lui être utile, en le perſuadant
de ſe ſervir de ſes bras. — Enfin, à force de voir
tout le monde occupé, il s'eſt accoutumé peu à
peu à travailler, non ſans me dire quelquefois ;
» — que diroient mes Parens, s'ils ſavoient que
» je ſoigne votre Moulin à ſcie, ſur les bords de
» *l'Ohyo*, & que je vous aide à abattre des
» arbres, pour les convertir en planches? » —J'eſpère dans quelque tems en faire un bon *Américain*,
qui ne ſe croira plus deshonoré que quand il ſera
oiſif.

A la Paix de 1763, les ruines du *Fort Duqueſne*

furent remplacées, comme vous le favez, par de nouvelles fortifications angloifes, & fon ancien nom changé en celui de *Fort Pitt*,—après avoir été plufieurs années une Frontière importante. Cette petite Fortereffe aujourd'hui tombe en ruine ; — on ne s'occupe que de la conftruction d'une jolie Ville (1), dont la difpofition, & les rues reffemblent beaucoup à *Philadelphie*. Elle eft fituée fur la belle *Péninfule* formée par les Rivières *Allegheny* & *Monongahe'la*. — C'eft fous les murs de cette Ville nouvelle que commence ce grand Fleuve fi bien connu fous le nom d'*Ohyo*, qui après avoir parcouru un des plus beaux Pays de la Terre pendant un efpace mefuré de trois cents quatre-vingt-feize lieues, après avoir reçu le tribut de plufieurs Fleuves, auffi grands, & auffi majeftueux, & celui de plus de foixante Rivières fecondaires, verfe ce volume immenfe d'eau dans le *Miffiffipi*, fous les trente-fix, quarante-trois degrés de latitude, à deux cents foixante-quatre lieues de la nouvelle *Orléans*, & trois cents du Golphe du *Mexique*, & fi à cette diftance immenfe, vous ajoutez encore celle de près de cent lieues, pendant lefquelles on

---

(1) Appellée *Pittsbourg*. Elle eft fituée fous les 40 d. 31' 44" de latitude nord, & a 5 d. de longitude occidentale de *Philadelphie* : elle fut commencée en 1765.

peut naviguer huit mois de l'année fur *l'Allegheny*, (1) vous obferverez une Navigation intérieure de fept cents quatre-vingt-feize lieues depuis les fources de cette Rivière jufqu'à la Mer, un des plus beaux phénomènes Geographiques qu'il y ait fur ce Globe; — mais fi à cette idée, déjà trop étendue peut-être, vous ajoutez encore qu'un jour il fera poffible de couper un canal qui unira les eaux du *Tiogo*, & du *Cayuga*, (2) avec celles de *l'Allegheny*, vous concevrez, non fans le plus grand étonnement, la poffibilité d'aller un jour par eau à travers ce Continent de *Baltimore*, fitué au fond de la Baie de *Chéfapeak*, jufqu'à la *Nouvelle-Orléans*, fituée au fond du Golphe du *Mexique*, pendant un efpace de plus de neuf cents cinquante lieues.

Sachant combien vous êtes attachés à tous les détails de notre Géographie, je vous envoie la copie du livre d'arpentage que firent de *l'Ohyo*, en 1766, Meffieurs *Hutchins* & *Hooper*; — c'eft un des plus beaux monumens de patience & d'in-

---

(1) Je connois un *Ecoffois* établi à *Lancafter*, qui m'a dit qu'autrefois il avoit fouvent traverfé dans un canot d'écorce, une des branches de l'*Allé-Ghény*, dans le *Cayuga*, fans aucun portage.

(2) Branches occidentales de la grande rivière de *Sufquéhannah*.

duſtrie géographique dont les *Américains* puiſſent ſe vanter. — Ils en parcourent les deux rives le graphomètre à la main. — Au moyen de ce livre & de l'eſquiſſe de pluſieurs Fleuves qui y verſent leurs eaux, il vous ſera aiſé de deſſiner le cours entier de ce beau Fleuve, d'en obſerver les fondes, la poſition des îles, l'embouchure des Rivières, la qualité des terreins, & mille autres remarques inſtructives qu'ils y ont réunies.

L'Ohyo eſt la grande Artère de cette partie ultramontaine de *l'Amérique*; c'eſt le centre où aboutiſſent toutes les eaux qui, d'un côté, découlent des Montagnes d'*Allegheny*, & qui de l'autre, viennent de la hauteur des terres, dans le voiſinage des Lacs *Erié* & *Michigan*.

On a calculé que la Région arroſée par toutes ces eaux, & compriſe entre *Pittsbourg* & le *Miſſiſſipi*, contient au moins deux cents ſoixante mille milles quarrés, égales à cent-ſoixante-ſix millions neuf cent-vingt mille acres. — C'eſt, ſans contredit le Pays le plus fertile, le ſol le plus varié, le mieux arroſé, celui qui offre à l'Agriculture & au Commerce, les reſſources les plus abondantes, & les plus faciles, de tous ceux que les *Européens* ont jamais découverts & peuplés.

Il n'y a pas encore vingt ans que l'induſtrie & la charrue ont franchi les Montagnes, & qu'on a commencé à défricher les beaux terreins qu'arrosent les Rivieres de *Redstone*, de *Cheat*, de *Monogah'ela*, de *Youg-Youg-Gh'eny*, &c. — en parcourant cette partie ultramontaine de la *Pensylvanie* (1); j'ai observé dans la plupart de leurs champs, que les souches des premiers arbres n'y existoient plus ; — depuis long-tems l'abondance de leurs Bestiaux, & de leurs Comestibles a beaucoup contribué à alimenter les premiers Colons d'*Indiana*, ou de la partie ultramontaine de la *Virginie* (2) & de *Kentuckey* ; — & même pendant la guerre, qui le croiroit ? Plusieurs bateaux chargés de farine, ont été envoyés de *Pittsbourg* à la *Nouvelle-Orléans*, pour l'usage des *Espagnols*, à six cents soixante lieues de distance.

_____

(1) Les limites de la *Pensylvanie* ne s'étendent qu'à une petite distance de *Pittsbourg*, en descendant l'*Ohyo*. — Tout ce que cet état a cultivé au-delà des Montagnes, est divisé en trois Comtés, à savoir ceux de *Washington*, la *Fayette* & *Bedford*—.

(2) Les Colons de cette partie ultramontaine de la *Virginie*, dans laquelle est comprise la petite concession appelée *Indiana*, commencent déjà à transporter à *Kentuckey*, par le moyen de l'*Ohyo*, du bétail, des farines, des planches, des chevaux, des salaisons, du cidre, de l'eau-de-vie de pêches. Quant à leurs pelleteries & au *Ginseng* qu'ils recueillent dans leurs bois, il les envoyent par terre à *Philadelphie* & à *Baltimore* —.

La ville de *Pittsbourg* est composée de soixante-dix-huit maisons, dont la plupart sont bâties en briques, & plusieurs en bois, revêtues de planches bien peintes; — j'y ai vu un beau quai, & un chantier, dans lequel ils construisent tous les bateaux qui jusqu'ici ont servi à la navigation de ce fleuve; — leurs fonds sont un peu arrondis, sans cependant avoir de quilles, & il y en a depuis cinquante jusqu'à soixante-dix tonneaux.

Un Imprimeur établi à *Pittsbourg* il y a près de quatre ans, procure aux Habitans de ces cantons éloignés le plaisir d'apprendre, quoiqu'un peu tard, tout ce qui se passe dans nos Etats maritimes, ainsi qu'en Europe; — son frère vient de partir avec sa presse pour *Kentuckey*, où on lui offre de l'encourager & de payer les frais de son voyage; — qui s'imagineroit voir des gazettes imprimées à une aussi grande distance de la mer.

Telle est cependant la marche ordinaire des choses parmi nous; la boussole fraye le chemin, marque les champs & aligne les villes; — la hache renverse les arbres, essarpe les buissons, élève les maisons & les granges; — la charrue prépare la terre à rapporter des moissons, & l'Imprimerie vient ensuite consoler, amuser, instruire les Colons —.

J'admire comment le commerce constamment suit, anime, encourage l'Agriculture, & comment cette dernière, protégée par l'heureuse liberté, le fait naître & l'étend,—& comment de leurs secours mutuels il résulte une célérité d'accroissement dans tous ces établissemens ultramontains, un air de fraîcheur & de prospérité dont la contemplation est à la fois instructive & agréable.— Déjà les endroits les plus éloignés sont liés par la navigation de l'*Ohyo* & du *Mississipi*; déjà cette petite ville, devenue la métropole de ces cantons, contient des assortimens de marchandises, qui d'un côté vont alimenter le commerce des pelleteries, par *Vénango*, & la presqu'île du *lac Erié*, par les rivières *Miamis*, *Muskinghum*, *Scioto*, &c. & de l'autre descendent l'*Ohyo*, pour fournir aux besoins des Colons d'*Indiana* (1), de

---

(1) Ce nom fut donné à un petit territoire contenant trois millions cinq cents milles acres, concédé, en 1765, au Docteur *Franklin* & à plusieurs autres personnes, par les Sauvages, en réparation de déprédations faites sur des bateaux chargés de marchandises qui descendoient le fleuve. — La validité de cette concession n'a jamais, je crois, été reconnue par le Gouvernement de *Virginie*. — Les limites de ce district, telles qu'elles furent marquées par les Sauvages, s'étendent depuis celles de la *Pensylvanie* sur l'*Ohyo*, jusqu'à l'embouchure du petit *Kanhaway*; il est aujourd'hui compris dans les possessions ultramontaines de ce grand Etat, qui s'étendent sur l'*Ohyo*, comme vous pouvez le voir par la carte, depuis la ligne de démarcation qui

Kentuckey, du *Wabash*, & même des *Illinois*, le bétail, les provisions, le fer, la chaux, les

---

le divise de la *Pensylvanie* jusqu'au méridien qui traverse l'embouchure du grand *Kanhaway*. — Sans égard à cette ancienne dénomination & aux limites de cette concession, le Gouvernement Virginien a divisé toute cette région en cinq Comtés ; savoir celui de l'*Ohyo*, de *Monongalia*, de *Harrisson*, de *Greenbryar* & de *Montgommery*. Ce beau pays qui a plus de quatre cents trente-cinq mille sur l'*Oyo*, est singulièrement fertile, salubre & beaucoup mieux boisé que celui de *Kentuckey*. — Les terres humides sont couvertes du grand *Sicamore*, du *Peuplier Tulipier*, dont on fait des Canots d'une seule pièce, depuis trente-cinq jusqu'à cinquante pieds de long ; le *Marronnier sauvage*, l'*Orme pleureur* & ordinaire, trois espèces de *Frênes* ; le *Papayer*, le *Cerisier sauvage*, l'*Erable à sucre* de la plus grande élévation : on trouve en abondance sur les terreins plus élevés, toutes les espèces de *Chênes*, les plus beaux *Pins*, le *Châtaignier sauvage*, tous les *Hycoris*, le *Cèdre rouge* & *blanc*, le *Genevrier*, le *Mûrier* & la *Vigne* : déjà on fait des essais de soie dont on fabrique une espèce de *Florence*. — Les Habitans de cette partie de la *Virginie* cultivent avec le plus grand succès, le *Blé*, le *Seigle*, l'*Avoine*, le *Maïs*, le *Lin*, le *Chanvre*, &c. ; le *Pêcher* dont il font l'Eau-de-vie, le *Pommier* dont ils font du Cidre ; déjà ils abondent en bestiaux, *Cochons* & *Volailles*. — Le boisseau de soixante livres pesant de Blé, se vend 70 sols, & le quintal de Farine, 8 livres. — Tout ce pays est traversé par un grand nombre de ruisseaux & de rivières, sur lesquelles ils ont construit beaucoup de moulins à scie & d'usines : on compte déjà planches, la brique, que l'on fait à *Pittsbourg* s'embarquent journellement pour *Louis Ville*, & si je ne l'avois pas vu, j'aurois de la peine à croire que les maisons de ce dernier établissement, fussent en partie construites avec des matériaux venant de deux cents trente-cinq lieues (1); sans toutes ces ressources & mille autres que je ne puis vous décrire, le pays de *Kentuckey* n'auroit pas avancé comme il a fait dans l'espace de douze ans de la foiblesse d'un enfant à la force de l'âge virile (2). — Cependant l'esprit pensant & calculateur de nos Compatriotes commence déjà à leur indiquer que les marchandises tirées de la *Nouvelle-Orléans*, (quoiqu'à quatre cents quarante-six lieues de *Louis Ville*, en remontant une partie du *Mississipi* & de l'*Ohyo*,) reviendroient à meilleur marché que de *Pittsbourg*, qui

---

plus de quatre milles familles dans ces cinq Comtés *Virginiens* : on y voit dans la plus grande abondance, deux espèces de Vignes; la première appelée *Fox-Grape*, produit un raisin gros, blanc & amer; — la seconde appelée *Fall-Grape*, en donne qui est rouge & passable : — on en trouve une troisième espèce sur toutes les îles de l'*Ohyo*, depuis *Pittsbourg* jusqu'à la rivière de *Tottéry*, qui ne vient nulle part ailleurs, & dont le fruit est sucré & agréable.

(1) On en exporte aussi beaucoup d'*Indiana* depuis quelque tems —.

(2) Le premier sillon fut labouré le 27 Avril 1775.

n'en est distant, il est vrai, que de deux cents trente-cinq lieues; mais ou il faut premièrement transporter cent sept lieues par terre ces mêmes marchandises, si elles viennent de *Philadelphie*, & quatre-vingt-treize, si elles viennent de *Baltimore*.

On est si peu accoutumé à contempler, même en imagination, une rivière d'une aussi prodigieuse longueur; un si petit nombre de personnes connoissent la géographie intérieure de notre Continent, que si je voulois parler de l'*Ohyo* à un Européen, lui expliquer les communications immenses que ce fleuve procurera un jour aux hommes, depuis les sources du *Missouri* jusqu'à celles de la *Susquehannah* (1), je serois fort embarrassé pour le faire; il n'en est pas de même avec vous. — Cependant, pour donner une base plus étendue à mes méditations, & les asseoir sur l'inspection même des objets qui les excitent, j'ai souvent choisi l'extrémité de cette fameuse péninsule pour venir m'y reposer, la carte de *Hutchins* (2) à la main; — me voilà donc, me

---

(1) A plus de douze cents lieues de distance —.

(2) Il est aujourd'hui premier Ingénieur-Géographe du Congrès, & dans ce moment occupé à tracer les limites des Etats de *New-York* & de *Pensylvanie* : sa carte des pays Ultramontains est la meilleure qui existe —.

dis-je,

dis-je, à une petite distance du point, où deux grandes rivières se réunissent pour en former une troisieme (1), telle qu'il y en a peu sur la surface de ce globe. — Celle qui coule sur ma droite (2) arrose un pays qui a plus de cent lieues d'étendue, ses sources placées non loin de celles du *Tiogo* & du *Cayuga* (3) pourront se communiquer un jour; — un jour les Colons des Etats de *New-York*, de *Pensylvanie*, du *Maryland*, pourront parcourir tous ces cantons, naviguer jusqu'au *Mississipi*, & mutuellement échanger leurs productions, leurs marchandises & leurs connoissances; un jour, par cette même voye, les richesses de *l'Érié* (4) pour-

---

(1) L'*Ohyo*.

(2) La rivière de *Monongahéla*.

(3) Une des branches occidentales de la *Susquéhannah*.

(4) Ce lac a deux cents vingt-cinq milles de longueur, depuis le Fort de ce nom, au haut de la chûte de *Niagara*, jusqu'à l'embouchure du détroit de *Sainte-Clair*. — De ce détroit on compte cinquante milles jusqu'au fond de ce Lac, où se décharge la grande rivière des *Miamis* : — il a soixante milles de largeur; — des Vaisseaux de deux cents tonneaux y naviguent même jusques dans les lacs *Michigan* & *Huron*; mais les havres y sont rares & les dangers de la navigation assez grands, sur-tout pendant l'automne; quand le vent est fort & contraire, il faut mouiller dans le milieu de ce lac, & y essuyer la tempête; la *presque-île* pourra devenir un jour un excellent havre. — Les Canots naviguent

Tome III. Cc

ront aborder fur ce quai, par le moyen d'un canal très-court que la nature a déjà indiqué, qui unira les eaux de ce lac avec celles de la rivière françoise à *Vénango*. — Sur ma gauche coule la *Monongahèla* (1), dont les principales branches arrofent un pays déjà bien cultivé. — Si jamais l'induftrie américaine les uniffoit avec celles du petit *Kanhawa* (2), alors en partant du point où je fuis, on pourroit entreprendre une circomnavigation intérieure de trois cents lieues. — La *Monongahèla* reçoit dans fon cours, le *Redftone*,

aifément des deux côtés, en fuivant les rivages; mais les eaux de ce lac fouvent s'élèvent pendant la nuit & fubmergent le pays de trois à quatre cents toifes. — La plus grande partie de ces rivages font plats & fablonneux, particulièrement à l'eft de la grande péninfule; fur la côte fud, ils font au contraire très-efcarpés & inabordables, particulièrement entre les rivières *Cayahoga* & *Huron*. — La grande péninfule s'avance de cinquante-quatre mille dans le lac, & n'en a que cinq dans fa plus grande largeur : on ne compte que cent toifes où elle touche au continent : on y pêche, dans la plus grande abondance, de l'Efturgeon, des Anguilles, la groffe Perche, le Poiffon blanc, la Truite faumonée, &c. —.

(1) Ce nom fignifie en langue *Shawanefe*, rivière *marneufe*.

(2) Le véritable nom fauvage de cette rivière eft *Kanhawa-Seipfi*, qui veut dire longue rivière. Les *Américains* n'en ont confervé que l'adjectif longue ou *Kanhawa*.

le *Cheat*, le *Youg-Youg-Gheny*, &c. & cette dernière l'*Indian-Crek*, dont heureusement la nature a placé les sources principales, non loin de celles du grand fleuve *Potawmak*. — Il faut espérer que les efforts, l'activité, l'énergie des Virginiens, assistés de l'heureux génie de l'immortel *Washington*, accompliront cette jonction (1), qui deviendra à jamais célèbre par son importance & son utilité. — Alors il est probable que le commerce des pelleteries prendra cette nouvelle route pour aller à *Alexandrie*, qui est cinq cents milles plus proche des pays d'où ils viennent, que *New-York*, & beaucoup plus près encore que *Quebec*. Telle je me représentois l'importance future du point sur lequel je m'édi-

---

(1) *Lisez* avec attention les *notes sur la Virginie* de M. *Jefferson* (pour me servir du titre modeste qu'il a donné à cet ouvrage intéressant), vous aurez alors l'idée la plus précise de l'importance de cette communication future : il a été Membre du premier Congrès qui traça, déclara & accomplit la révolution ; Gouverneur de l'*État de Virginie*, dans lequel il est né, & aujourd'hui Ministre Plénipotentiaire des *États-Unis* à la Cour de France. — Il est auteur de l'histoire dont je viens de vous parler ; sa qualité d'excellent Citoyen & d'homme d'Etat, ainsi que l'étendue & la variété de ses connoissances, le rendent également utile à sa Patrie, & recommandable aux autres Nations.

tois tous les matins pendant mon séjour à *Pittsbourg*.

Mais si quittant l'extrémité de cette fameuse Péninsule, je descends lentement ce beau Fleuve pour considérer sa largeur, sa profondeur, la hauteur de ses crûes, l'élévation de ses rivages, &c. ; — si je m'arrête à l'embouchure de toutes les Rivières qui versent dans son sein le tribut de leurs eaux, pour en parcourir le cours & les ramifications, j'apperçois avec l'admiration la plus vive, le grand nombre de communications nouvelles qu'elles préparent de tous côtés à l'industrie des hommes, les facilités presque inconcevables qu'elles promettent à l'agriculture des cantons qu'elles arrosent ; — telles sont du côté du nord le *Miamis*, le *Beaver*, le *Hockhocking*, le *Muskinghum*, le *Scioto*, le *Wabash*, &c., dont les sources ne sont séparées de celles qui coulent dans les Lacs *Michigan* & *Erié*, que par un intervalle de deux à trois lieues, & dans un pays très-plat. — Telles sont, du côté sud-est, les deux *Kanhawa*, le *Kentukey*, le *Liking*, le *Tottery*, le *Cumberland*, le *Cherokee*, le *Shawanèse*, &c—.

L'anatomie de cette grande artère, celle des veines qui y apportent leurs eaux, & des branches dont la réunion en forme le cours, est ce que la Géographie Américaine offre de plus utile à connoître dans ce moment; — & si on pouvoit joindre à cette description, l'analyse de tous les terreins qu'elles traversent, celle des plaines immenses qu'elles fécondent, des plantes & des arbres, jusqu'ici inconnus, qu'elles produisent, des carrières de minéraux que contiennent ces régions nouvelles, alors ce tableau Géographique considéré sous tous ces rapports deviendroit un des plus intéressans, aux yeux d'un bon citoyen —.

L'homme que la nature a fait naître ici plutôt que dans les vieilles sociétés de l'ancien monde, à qui elle a permis d'être témoin d'une époque aussi intéressante; — celui qui voit poindre l'aurore de ce grand jour, qui bientôt éclairera ce beau pays, jusqu'ici sauvage, ne doit-il pas remercier sa destinée? En effet, quel bonheur plus marqué pouvoit-elle lui accorder, que celui de le placer au commencement de cette nouvelle création? — Car c'est ainsi que j'appelle l'établissement des Américains au-delà des Montagnes. — Ils ne deviendront un grand peuple, que lorsqu'ils parcourront librement tous ces Fleuves qu'ils auront unis par des canaux; — que lorsqu'ils en auront couvert les rivages, de Colons heureux & industrieux; — & enfin, après qu'ils auront ouvert une on deux communications entre les pays maritimes & ceux-ci—.

Les sources de population, qui déjà paroissent sur les rives de *l'Ohyo*, ne sont encore que de foibles germes il est vrai ; — mais leur développement sera dix fois plus étonnant & plus rapide que ne l'a été celui de nos Etats maritimes qui ont eu si long-tems à lutter contre la misère, l'ignorance des moyens, l'âpreté du climat, & l'ingratitude du sol ; — si l'enfant que nourrit la femme du citoyen, chez qui je logeois à *Pittsbourg*, vit jusqu'à quatre - vingt ans, il verra une partie de ce beau spectacle, qui se prépare & s'agrandit de jour en jour; — il est d'autant plus digne d'être observé, que la destinée semble l'avoir marqué d'un sceau particulier. — Ces progrès sont indépendans, & à l'abri de toutes les révolutions qui peuvent affliger le reste de l'univers. — Il n'y a point d'endroit sur la terre, où le même nombre d'années puisse produire une succession d'évènemens aussi importans & aussi utiles à l'humanité, comme le sera la population, le défrichement & l'embellissement de la fertile & immense Région qui est traversée par *l'Ohyo*, & par les rivières qui y versent leurs eaux—.

Après avoir resté vingt-deux jours à *Pittsbourg*,

je profitai du premier bateau qui partoit pour *Louis Ville*; (1) il avoit cinquante-cinq pieds de long, douze de large, six de profondeur, & tiroit trois pieds d'eau. — On avoit élevé sur son pont une maison basse; — mais très-décente, divisée en plusieurs appartemens, & sur le gaillard d'avant, les bœufs & les chevaux étoient logés comme dans une écurie. — Il étoit chargé de briques, de planches, de madriers, de fer en barres, de charbon minéral, d'instrumens de labourage, de charriots démontés, d'enclumes, de soufflets, de marchandises sèches, d'eau-de-vie, farines, biscuits, jambons, lard & bœuf salé, &c. Objets dont une partie venoit du pays situé dans les environs de *Pittsbourg* & d'*Indiana*. — J'observai que le plus grand nombre des Passagers étoient des jeunes gens qui venoient de presque tous les Etats du milieu; gais, contens, pleins des plus belles espérances, ayant avec eux l'argent provenant de la vente de leurs anciennes plantations, ou de la légitime qu'ils avoient reçue de leurs parens, ils alloient à *Kentuckey*, y exercer leur industrie, leurs métiers, acquérir & fonder de nouveaux établissemens; — quelle singulière mais heureuse manie, que

___

(1) La plupart de ces bateaux ne portent que cinquante tonneaux.

celle qui nous fait sans cesse désirer d'être mieux que nous sommes, & nous pousse d'une extrémité du continent vers l'autre. — Cependant, tout en causant & en voguant ensemble, nous étions heureusement occupés de la pêche qui est très-abondante (1); — vous ne sauriez croire le singulier charme que ce plaisir ajoutoit à cette nouvelle manière de naviguer; — le soir après le mouillage, les plus habiles chasseurs alloient à terre, tuer des *Dindes* sauvages qui, vous le savez, attendent toujours les derniers rayons du soleil, pour se percher sur la cime des plus grands arbres —.

Ce fut le 10 Avril, à huit heures du matin, que nous quittâmes le quai de *Pittsbourg*, & que nous nous abandonnâmes au courant de *l'Ohyo*; — cette navigation n'exige ni efforts ni travail; — mais seulement l'art de bien gouverner, celui de connoître & d'éviter les remoux, & de tenir le milieu du chenal; — sans voiles ni rames nous voguions à raison de trois à cinq milles par heure, suivant la disposition des vents, & des

___

(1) La *Perche*, le *Brochet*, le *Barbet* ou *Catfish* pesant quatre-vingt livres; le poisson *Buffle* pesant vingt livres, le meilleur de tous. — On a pris plusieurs fois à *Louis Ville*, au-dessous des chûtes, de l'*Esturgeon*, du *Harrang* & des *Tortues vertes*.

différentes sinuosités du Fleuve qui presque partout conserve une largeur de deux à trois cents toises; nous étions au commencement des crûes; — déjà ses eaux avoient monté de neuf pieds au quai de *Pittsbourg*, & je n'en trouvai jamais moins de douze, toutes les fois que je sondai.

Cette navigation douce & tranquille me parut comme un rêve agréable ; chaque moment me présentoit des perspectives nouvelles, qui étoient sans cesse variées par l'apparence des îles, des pointes & des sinuosités du Fleuve, sans cesse changées par ce singulier mélange des rivages plus ou moins boisés, d'où l'œil s'échappoit de tems en tems pour parcourir les grandes prairies naturelles qui les intersectent ; — sans cesse embellies par des promontoires de hauteurs différentes, qui pendant un moment semblent cacher, & qui ensuite graduellement développent aux yeux du navigateur, les baies, les anses plus ou moins étendues, formées par les Creeks (1) & les ruisseaux qui tombent dans *l'Ohyo*. — Quelle majesté dans l'embouchure des grandes rivières, devant lesquelles nous passâmes ! — Leurs eaux sembloient être aussi vastes & aussi profondes que celles du Fleuve sur lequel nous voguions —.

Jamais auparavant, je ne m'étois senti autant

---

(1) Petites rivières navigables.

disposé à la méditation & à la rêverie ; — involontairement mon imagination s'élançoit dans l'avenir, dont l'éloignement n'étoit point affligeant, parce qu'il me paroissoit prochain. — Je voyois ces beaux rivages (1) ornés de maisons décentes, couverts de moissons, & de champs bien cultivés ; — dans les côteaux exposés au nord, je voyois des vergers alignés, dans les autres des vignobles, des plantations de mûriers, d'acacias, &c. — J'y voyois aussi, dans les terreins inférieurs, le cotonnier & l'érable à sucre dont la sève étoit devenue un objet de commerce. — Je conviens cependant que tous ces rivages ne me parurent pas être également propres à la culture ; — mais les différens massifs d'arbres dont nécessairement ils resteront couverts, ajouteront encore à la beauté, à la variété de ce spectacle futur. — Quelle chaîne immense de plantations ! — Quelle longue suite d'activité, d'industrie, de culture, & de commerce est offerte aux Américains ! — Je considère donc l'établissement des terres que baigne ce grand Fleuve, comme une des plus belles conquêtes qui se soient jamais présentées à l'homme. — Elle sera d'autant plus glorieuse, qu'elle sera légalement acquise des anciens pro-

---

(1) Ils ont de vingt à ving-cinq pieds de hauteur dans les eaux basses, & ne se dégradent point.

priétaires, & qu'elle n'exigera pas une seule goutte de sang ; — elle est destinée à devenir la source de la force, de la richesse & de la gloire future des États-Unis —.

Tous les bois qui avoisinent ce Fleuve, sont remplis de *Faisans*, de *Gelinottes*, de *Ramiers*, de *Poules-d'Inde*, de *Cerfs*, de *Buffles* (ou *Bisons*), d'*Elans*, &c. (1) qui paissent en grands troupeaux dans les plaines & dans les prairies naturelles : on y voit aussi le *Chevreuil*, le *Loup*, la *Panthère*, le *Renard* noir & rouge, le *Blaireau* & le *Castor*; — pendant six mois de l'année ; les rivières sont couvertes d'*Oyes* & de *Canards* sauvages.—Quant aux arbres qui forment les forêts à travers lesquelles nous avons navigué, ce sont le chêne noir, rouge & blanc, l'hycoris, le noyer noir, le mûrier rouge & blanc, l'érable à sucre, plusieurs espèces de frênes, l'orme, le sycomore, le grand peuplier, le platane, le cerisier sauvage, le hêtre l'acacia portant le miel, l'acacia noir, & la vigne dont plusieurs terreins sont entièrement couverts;—en approchant de *Kentuckey*, j'observai que la plus grande partie des arbres du nord,

---

(1) *L'Elan* a la tête, le col & le corps de l'Orignal & le bois de Cerf : on en distingue de deux espèces, l'une à *bois rond*, & l'autre à *bois plat* : sa chaire est exquise —.

étoient remplacés par les *Magnolias*, *l'arbre Café*, (1) le *Paw-Paw* (2), le *Wycopick*, le *Shinwood* (3), le *Moose-Woool*, le *Buck-Eye*, ou *Horse-Chesnut*, le *Cerisier*, le *Pommier*, le *Prunier sauvage*, le *Persimmon*, le *Noyer Pacan*, le *Hackberry*, l'*Hycoris à écorce d'écaille*, le *Prunier des Cherokees*, le *Chataignier sauvage*, le *Chinquapin*, &c. & un très-grand nombre de buissons portant des fleurs odoriférantes ——.

Les hirondelles de *l'Ohio*, m'ont procuré un plaisir si nouveau, si doux & si constant, que leur présence entre pour beaucoup dans le tableau que je ferois de ce fleuve, si j'étois peintre; — on en voit des milliers, dans tous les endroits où le sol des rivages leur permet de creuser leurs nids; —sans cesse elles voltigent, sans cesse elles planent & semblent glisser sur la surface des eaux en mille manières différentes, pour y attrapper les nombreux insectes dont elles se repaissent ——.

Vers le midi du troisieme jour, nous mouillâmes

---

(1) Grand arbre qui rapporte un fruit un peu semblable au café, quand à la forme.

(2) *Annona-Tribola*.

(3) Je ne suis point assez botaniste pour vous indiquer les vrais noms de ces arbres qui, jusqu'ici, ne sont connus que sous les noms que les Sauvages leur ont donnés.

Tome III.me Page 418.

ESQUISSE DU MUSKINGHUM.

ESQUISSE DES RIVIE

MUSKINGHUM ET GRAND C.

que j'ai tirée du Journal du Général G.
des Papiers que m'ont confiés M. M
et Hooper, & des Détails géographiques
vage Shawanese, le Capt.e White
Sur une Echelle de 15 Miles par

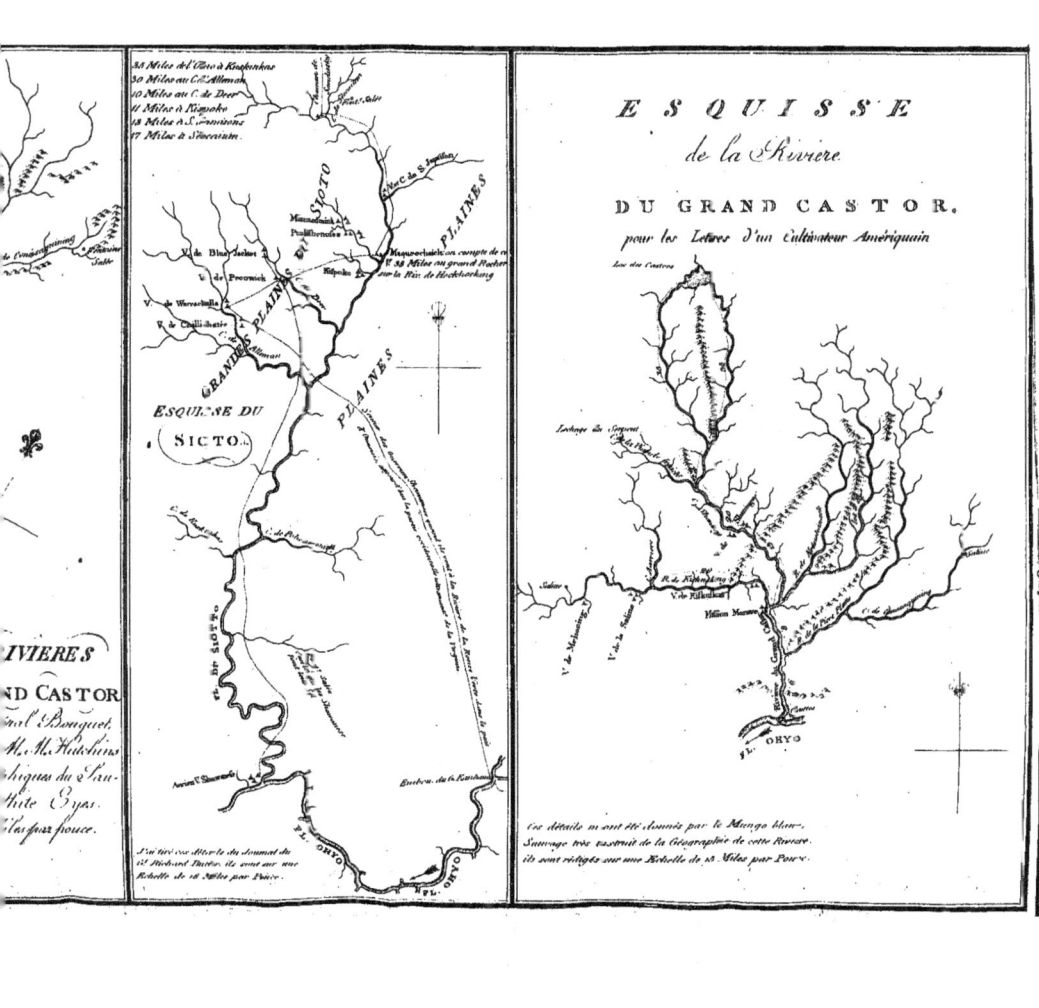

à l'embouchure du *Muskinghum* par deux brasses & demie d'eau. — Pour vous donner une foible idée de ce que j'appelle l'anatomie de *l'Ohyo*; je veux vous parler de cette rivière, & vous faire entrevoir quelle sera un jour l'utilité de toutes ses branches.

Elle tombe dans *l'Ohyo* à cent soixante-douze milles de *Pittsbourg*, & elle a cent vingt toises de large; — elle est profonde & navigable pour des grands bateaux, jusqu'à cent quarante-sept milles dans l'intérieur des terres; — ses crues sont modérées, & ne débordent jamais ses rivages, qui sont élevés sans être escarpés. Une de ses branches s'approche tout à la fois de la plus grande des sources du *Scioto*, appelée le *Seccaium*, & de la rivière *Sandusky*; cette dernière tombe, comme vous le savez, dans la grande baye du même nom, au fond du lac *Érié*; — c'est vers une des principales branches du *Muskinghum*, qu'est bâti le grand village sauvage de *Tuscaraway*, d'où un portage de deux milles seulement conduit à la rivière de *Cayahoga*, profonde & un peu rapide, dont l'embouchure dans le lac *Érié*, forme un havre excellent pour des vaisseaux de deux cents tonneaux. — Cet endroit semble être désigné pour l'emplacement d'une ville; & plusieurs personnes de ma connoissance y ont déjà pensé; — tous les voyageurs & les chasseurs m'ont parlé avec admiration de la fertilité des plaines & des collines arrosées par le *Muskinghum*, ainsi que des fontaines excellentes, des salines, des mines de charbon de terre, particulièrement celle de *Lamenchicola*, des pierres de taille, des terres à foulon, &c. qu'on trouve partout —.

Le lendemain à la pointe du jour, nous levâmes l'ancre, & dans l'espace de trois jours d'une navigation douce & tranquille, nous vînmes mouiller devant le *Scioto*, à deux cents dix-huit milles du *Muskinghum*, & à trois cents quatre-vingt-dix de *Pittsbourg*, pour y recevoir à bord le général *Richard Butler* qui venoit de terminer quelques négociations avec les *Shawanese*. — C'est de lui que je tiens les détails suivans ce beau fleuve, sur les bords duquel il a résidé pendant les cinq dernières années de la guerre. — « Le *Scioto* est
» presque aussi large que *l'Ohyo*; son courant est
» navigable pour des bateaux de moyenne gran-
» deur, jusqu'au village de *Séccaium*, à cent onze
» milles de son embouchure; — c'est à ce village
» que commence le grand portage de *Sandusky*
» qui n'a que quatre milles; — jugez de l'impor-
» tance de cette communication toujours très-
» fréquentée par les Blancs & par les Sauvages;
» — ces derniers qui ont des chevaux & des char-
» riots transportent les marchandises pour tant
» le cent; — ce fleuve arrose un pays très-étendu,

» & très-fertile, mais un peu plat; — ces vastes
» terreins, si bien connus sous le nom de plaines
» du *Scioto*, commencent à quelques milles au
» dessus de la rivière *Kuskinkas*, & continuent
» presque jusqu'à *Séccaium*; ils sont arrosés par
» les jolies *Creeks d'Alaman*, de *Deer*, *Kispoko*, &c[.]
» & par un grand nombre de ruisseaux considé-
» rables; — c'est vers leurs sources qu'on voit
» les beaux villages de la nation *Shawanèse*; plu-
» sieurs de ces plaines ont vingt-cinq à trente
» milles de circonférence, & comme si la nature
» eût voulu les rendre encore plus utiles aux
» hommes, elle les a parsemées de collines, de
» monticules isolés, sur lesquels elle a planté
» les plus beaux arbres; — ces plaines ne sont
» jamais inondées, & leur fertilité est admirable;
» — tout ce que les sauvages ne cultivent point,
» est annuellement couvert de l'herbe des *Buffles*
» qui vers le mois de Septembre devient très-
» haute, & ressemble à de grands roseaux; — si
» un pauvre homme qui n'a que ses bras, me
» demandoit, où irai-je m'établir pour vivre plus
» à mon aise, sans le secours de bœufs ni de
» chevaux? — Je lui dirois, allez-vous-en sur
» les bords d'un des ruisseaux des plaines du
» *Scioto*; — tout ce que vous aurez à faire, sera;
» 1°. d'en obtenir la permission des Sauvages du
» village voisin; 2°. d'égratigner la surface de la

» terre, en Avril, d'y déposer votre blé, votre
» maïs, vos patattes, vos haricots, vos choux,
» votre tabac, &c., & laissez faire la nature;
» — pendant cet intervalle, amusez-vous à la
» pêche & à la chasse; — si j'avois quelques con-
» noissances botaniques, je pourrois vous faire
» l'énumération d'un grand nombre de plantes &
» d'arbustes que je n'avois jamais vus dans la
» *Pensylvanie*; — tous les ans vers la mi Oc-
» tobre, ces plaines ressemblent à des forêts
» épaisses de roseaux auxquelles les *Shawanese* ne
» manquent jamais de mettre le feu pour préve-
» nir l'approche des ennemis, & rendre l'herbe
» plus tendre & plus abondante au printems —.
» Quel spectacle ces vastes incendies n'offrent-
» ils pas? — Il est à la fois intéressant & terrible;
» intéressant par l'apparence imposante, par le
» bruit & l'éclat des flammes, par les tourbillons,
» les masses de fumée noire & épaisse, ainsi que
» par les autres phénomènes curieux & extraor-
» dinaires qui les accompagnent; — il est terrible
» par le sentiment involontaire du danger que
» présente cette grande scène de dévastation, &
» par la crainte que quelques voyageurs malheu-
» reux ne traversent ces plaines à ces époques,
» car tous les ans il en périt plusieurs: — je n'ai
» point d'expressions pour vous peindre la vélocité
» de ces feux dévorans: — bientôt ils raréfient

l'air

» l'air des environs, & agitent la tranquillité de
» l'atmosphère : — alors se manifeste un vent
» furieux au milieu du jour le plus calme ;
» — dans certains endroits, il éleve les flames en
» colonnes spirales, à une hauteur prodigieuse,
» — dans d'autres, il semble les comprimer &
» les rouler en masses de différens diametres —.

» Souvent des étincelles détachées par l'impé-
» tuosité de ce même vent, sont transportés jus-
» qu'où sa force n'est point encore parvenue.
» — Là, elles deviennent imperceptiblement les
» principes de nouveaux incendies qui n'éclatent
» & ne se déployent qu'au moment où le grand
» moteur les a atteints ; — alors de toutes parts, un
» second embrasement paroît, une seconde ligne
» de feu s'éleve, brille & roulant sur elle-même,
» comme celle qui la suit, dévore tous les objets
» combustibles ; — si elles rencontrent sur leurs
» passages des îles boisées, elles en consument
» les buissons, comme la tempête qui les accom-
» pagne, en brise & en renverse souvent presque
» tous les arbres — ».

» Les tourbillons de fumée noire & épaisse qui
» s'élèvent sous mille formes différentes, annon-
» cent de loin au voyageur le danger de sa situa-
» tion ; — il est perdu s'il ne se trouve pas dans
» le voisinage des terres hautes ou d'une rivière ;
» — j'ai vu ces torrens parcourir la largeur de

Tome III.   D d

» ces plaines, dans un espace de tems très-
» court, & je vous assure que je n'ai jamais
» attentivement considéré cette grande image de
» la destruction, sans être pénétré d'une frayeur
» involontaire. — Je sais que ces effets terribles
» sont produits par la combinaison des deux plus
» puissans élémens de la nature, qui mutuelle-
» ment accroissent leur pouvoir destructeur » —.

» Allant un jour du village de *Waccachala* à
» celui de *Chillichatée*, j'apperçus le commen-
» cement d'un de ces grands incendies. — Quelle
» fut ma terreur, & mon effroi, lorsque peu de
» minutes après, une seconde & une troisième
» ligne de conflagration se manifesta à un mille
» de distance ! —je ne sais d'où le feu y étoit venu,
» & quoique je fusse bien monté, & que je
» n'eusse plus que six à sept cent toises à parcou-
» rir, cependant à peine mon cheval put-il me
» sauver » —.

« Tous les Printems un nombre prodigieux de
» cigognes viennent habiter ces plaines; — elles
» ont au moins six pieds de haut, & plus de sept
» d'envergures; jamais je ne les ai vues paître,
» sans qu'elles ne fussent entourées de senti-
» nelles qui veilloient autour d'elles, pour
» annoncer l'approche des ennemis, — Quelque
» tems avant leur départ, elles s'assemblent en
» grandes troupes, & le jour fixé, toutes s'éle-

» vent en tournant lentement ;—confervant
» toujours la même forme, elles décrivent de
» longues fpirales jufqu'à ce qu'elles foient
» arrivées à perte de vue »—.

Enfin, le dixième jour depuis notre départ de *Pittsbourg*, nous mouillâmes devant *Louis Ville*, ayant fait fept cents cinq milles en deux cents douze heures & demie de navigation. —Quelle fut ma furprife, lorfqu'au lieu de ces huttes, de ces tentes & de ces cabanes primitives, conftruites, placées au hafard, & environnées de paliffades, dont on m'avoit tant parlé il y a cinq ans, j'apperçus plufieurs maifons à deux étages, élégantes & bien peintes, & lorfque je vis (autant que les fouches me le permirent) que toutes les rues devoient être fpacieufes & bien alignées—!

Peu après mon débarquement, j'appris que ce terrein appartenoit au Colonel *Campbel*, qui avoit lui-même tracé le plan de fa nouvelle ville, & l'avoit divifé en lots d'un demi-acre chacun ;— (1) les maifons les plus voifines de la rivière, non feulement étoient peintes, mais

---

(1) Il les vend trente *pounds*, argent *penfylvanien*, 420 livres tournois.

même avoient des piazzas, (1) dans toute leur longueur; celles qui étoient un peu plus éloignées me parurent n'être qu'encloses, sans carreaux aux fenêtres; la charpente des autres sembloit attendre un toît & des planches, & les plus distantes étoient de simples cabanes d'écorce & de feuillages, alignées & placées sur les limites du terrein concédé; — les plus aisés avoient déjà fait enclorre leur demi-acre, où je vis le commencement de jardins, si on peut donner ce nom à des choux, des haricots, des pommes de terre, de la salade, &c., plantés au milieu des souches qu'ils n'avoient pas encore eu le tems d'arracher. — Celui qui trouveroit le moyen de transporter ici une grande pepinière d'arbres fruitiers, rendroit un service important à cette jeune colonie, & feroit sa fortune; je sais qu'on en a déjà semé plusieurs dans l'intérieur du pays; — mais il leur faut encore quelques années —.

Je ne saurois vous peindre l'impression particulière & neuve que fit sur mon esprit le spectacle de ces rues, dernièrement percées à travers les bois, & encore pleines de souches, au

---

(1) Projection du toît qui met le devant des maisons à l'abri du soleil & de la pluie.

milieu desquelles les hommes & les voitures circuloient avec difficulté; — rues qui peut-être, dans l'espace de dix ans, seront pavées, ornées d'arbres, de trottoirs & de pompes. — La vue de cette gradation instructive, de maisons finies, imparfaites, ébauchées, & de cabanes adossées contre les arbres; l'aspect du berceau de cette jeune ville, destinée par sa situation à devenir la métropole de ces cantons, tous ces objets me pénétrèrent d'un sentiment de vénération & de respect que je ne puis bien vous définir. — Je me félicitois d'être enfin arrivé sur ce théâtre nouveau, où mes compatriotes étoient venus de si loin exercer leur courage, leur énergie, leurs forces & leur activité créatrice. — Jamais auparavant je n'avois éprouvé ce sentiment qui doit, ce me semble, accompagner ceux qui se trouvent à l'origine d'un grand établissement, ou d'une ville nouvelle, & les dédommager de leurs peines & de leurs privations —

Telle est l'esquisse des foibles commencemens de *Louis Ville*; — j'ai eu d'autant plus de plaisir à les examiner, que c'est l'industrie & non le hasard qui y a présidé, que c'est la géométrie & la boussole qui en tracent journellement les fondemens, & non la servitude féodale & l'ignorance barbare. — Quelles obligations la postérité ne devra-t-elle pas aux généreux fondateurs de ce beau pays (1)? Ce sont eux qui ont frayé les premiers sentiers à une si grande distance de leur patrie, qui ont lutté contre tant d'obstacles, surmonté tant de difficultés, jeté les ponts, construit les villes ; ce sont eux qui ont creusé les puits, introduit tous les grains, imaginé la culture qui convient le mieux au climat & au terrein, &c.

J'y comptai soixante-trois maisons finies, trente-sept imparfaites, vingt-deux élevées sans être encloses, & plus de cent cabanes. Toutes les rues ont & doivent avoir soixante pieds de largeur —.

Quel mouvement, quelle activité sur ce petit théâtre de *Louis Ville !* — Je ne crois pas qu'il y ait un seul État dans l'Union, dont on ne trouve ici des Habitans ; — ce pays est si éloigné des anciens établissemens, que l'argent est tout ce que les émigrans peuvent y apporter. — Vous

────────────

(1) *Voyez* l'ouvrage de M. *John Filson*, sur la découverte, l'acquisition, l'établissement, la description topographique du territoire de *Kentuckey*, la relation du Colonel *Boon*, &c. C'est le premier livre qui ait été composé sur les rives de l'*Ohyo*. — Ce pays nouveau ne seroit-il pas bien digne d'être parcouru & observé par quelques-uns de vos savans Naturalistes — ?

ne sauriez croire combien ce métal vivifie, anime & accélère le progrès de toutes leurs entreprises. — Malgré les incursions des sauvages qui, regrettant de leur avoir vendu ce beau pays, continuent de leur faire une guerre sourde, & de guetter les émigrans dans les gorges des montagnes, ils étendent & perfectionnent leurs établissemens de plus en plus; — ils ont construit des forts de pieux dans les endroits les plus exposés, & y entretiennent un certain nombre d'hommes en armes. — En dépit de la distance, des fatigues & des dangers, on arrive ici de tous côtés, comme à une terre promise; — & si ce goût dure encore quelques années, *Kentuckey* deviendra bientôt riche, peuplé & puissant. — Déjà ils comptent plus de quarante mille habitans, dans les trois comtés de la *Fayette*, de *Jefferson* & de *Lincoln*; Déjà ils ont jeté les fondemens de plusieurs villes qui, par leur situation, promettent de devenir considérables —.

On trouve ici dans toutes les familles un esprit doux & social que je crois être fondé sur l'analogie de leurs goûts & de leurs opinions, ainsi que sur la grande distance où ils sont de leurs parens & de leurs anciennes connoissances; conduits ici par les mêmes motifs, remplis des mêmes vues, ils communiquent volontiers leurs affaires & leurs desseins. — Jamais auparavant je n'avois tant entendu parler de projets agricoles & commerciels ; — jamais auparavant je n'avois vu l'esprit & le goût des entreprises développés sous tant de nuances différentes ; — les uns y sont venus pour acheter & défricher des terres, les autres pour disposer des cargaisons qu'ils attendent de *Pittsbourg* ou de la *Nouvelle-Orléans*, les autres pour introduire de nouvelles cultures, (1) ou enfin pour y exercer leur industrie & leurs métiers. — On ne parle, on ne rêve ici que d'emplacemens de villes, de bacs, de ponts, de moulins, de chemins, de communications nouvelles, de défrichemens, d'essais d'agriculture, de constructions de maisons, &c.

Ce grand établissement est non-seulement un phénomène d'audace, de courage & de persévérance, mais même de génie & d'industrie. — Rempli d'hommes dont les esprits ont été

---

(1) Je ne crois pas qu'il y ait sur la terre de pays plus convenable à la propagation des chevaux, température de climat, abondance de fourrages, rareté des insectes, grand nombre de petites plaines dans lesquelles ils peuvent paître toute l'année, tout lui est favorable; aussi n'a-t-on pas oublié d'en faire une spéculation : déjà ils ont fait venir plusieurs étalons virginiens, de la fameuse race des premiers arabes qu'on y importa il y a plus de trente ans.

éclairés par une bonne éducation américaine, ainsi que par une guerre civile de huit ans, il n'aura presque point d'enfance ; les voitures, les charrues, les instrumens dont ils se servent, me parurent être aussi bien faits que les nôtres ; — les usines auprès desquelles je passai en allant à *Denville*, etoient aussi bien construites, quoique plus petites que celles de la *Pensylvanie*. — Déjà même, dans plusieurs cantons, ils ont fondé & doté des églises pour le service desquelles ils ont fait venir des Prêtres de la *Virginie*. — On parle aussi d'un établissement pour y instruire la jeunesse, qu'ils ne tarderont pas d'ériger en Université. — Je puis vous assurer qu'il y a peu d'améliorations utiles à une société naissante, auxquelles ils ne pensent déjà. — Je ne vous en citerai qu'une, & elle sera suffisante, j'espère, pour vous prouver cette maturité merveilleuse ; — la grande quantité de bois de construction, de goudrons, de mâtures que fournit ce pays, sur-tout celui d'*Indiana*, les a déjà fait penser à l'architecture navale, & je ne serois point étonné si dans quelque tems (c'est à-dire aussi-tôt que leurs usines de fer seront exploitées (1), ils construisoient ici des vaisseaux

___

(1) On a déjà trouvé plusieurs mines de fer & une de plomb sur la rivière Verte.

de deux à trois cents tonneaux. Que penseront alors les Européens de la hardiesse du génie des *Américains* & des habitans de *Kentuckey*, si dans quelques années, ils voyoient arriver ces vaisseaux dans leurs ports, chargés des productions de ce nouveau pays, quoique situé à quatre cents soixante lieues dans la profondeur de ce Continent ? (1)

_____

(1) *Extrait d'une lettre écrite*, en 1770, *au Lord* Hillsborough, *alors Secrétaire d'État au département des Colonies*.

Il n'y a point de pays dans le monde, ni même dans l'*Amérique septentrionale*, qui promette une abondance & une variété aussi grande, dans les articles nécessaires à la marine, ainsi que dans les matières premières, utiles aux manufactures de ce royaume, comme l'immense région qui est arrosée par l'*Ohyo*, & les rivières qui y portent le tribut de leurs eaux. — Un jour les îles y trouveront des ressources inappréciables qui pourront bien manquer partout ailleurs. — Les bois de construction de la meilleure qualité, tels que les Chênes de plusieurs espèces, le Cèdre, le Mûrier, l'Acacia à deux épines, le Pin pour les mâtures, le Cèdre blanc, le Fer, les provisions, les farines, les bordages, le vin, le coton, la potasse, la soie, l'alun, &c., y seront produits dans la plus grande abondance, pendant bien des siècles : — les terres y sont excellentes & leurs qualités singulièrement variées : — la nature semble avoir pris plaisir à disséminer par-tout l'origine des productions les plus utiles : — par-tout depuis le grand *Kanhawah* jus-

En allant à *Denville* dans le comté de *Jefferson*, je logeai chez une famille Angloise arrivée de Londres depuis un an. — Le chef avoit apporté avec lui trois mille guinées qui étoient les débris d'une fortune beaucoup plus considérable. — Tout en me donnant l'hospitalité la plus cordiale, il me raconta l'histoire de ses malheurs, & la résolution qu'il avoit formée, à Londres même, de venir s'établir ici. Je lui serrai les mains en admirant son courage, ce courage qui excite les bons pères à tout entreprendre pour le bien-être de leurs enfans ; — mais je n'ai jamais compris comment il avoit pu persuader à sa femme de s'attacher aux plaisirs, aux douceurs

---

qu'au *Mississipi*, on trouve des mûriers & des cotonniers : — le chanvre, le lin, le seigle, le riz sauvage croissent spontanément dans les vallées & bas fonds : — quoique ce pays ne soit encore que peu connu, on y a cependant déjà trouvé des mines de fer, de plomb, de charbon de terre, d'alun, &c. Quelle quantité prodigieuse de tabac cette immense région ne fournira-t-elle pas à l'Europe ? Il est arrosé par un nombre infini de fleuves & de rivières navigables à de grandes distances, qui, au moyen de quelques canaux, ouvriront des communications faciles depuis la mer, jusqu'aux grands lacs, & même jusqu'aux sources du Mississipi & du Missoury ; — alors *New-York*, *Alexandrie*, & la *Nouvelle-Orléans*, recevront par eau les productions de plus de la moitié de ce continent, pris dans toute sa profondeur, &c. —

de la société, de ses parens, de ses amis, pour venir habiter les forêts de *Kentuckey*. — Il avoit semé dès la première année, trente-trois boisseaux de blé sur une partie de la plaine de *Bardstown*, dans le voisinage de laquelle son habitation étoit placée. — Telle avoit été son industrie, que déjà même il avoit un puits. — Sa maison étoit petite, mais décente & commode; — elle étoit construite avec des poteaux de cèdre, aplatis & placés perpendiculairement en terre; — en dedans ils étoient proprement plâtrés & blanchis, & en dehors revêtus de planches bien jointes qu'il comptoit peindre. — Sans être naturaliste, je puis cependant vous assurer que l'apparence des choses ici m'a singulièrement frappé; — J'ai beaucoup admiré l'encaissement de plusieurs rivières; — quelles superbes cavernes on trouve dans leurs rivages escarpés ! — Les fontaines salées répandues avec tant de profusion à une si grande distance de la mer, — m'ont paru comme un don particulier de la nature; (1) — quelles ressources inappréciables, ces plaines si belles & si fertiles n'offrent-elles-pas aux

---

(1) On en a trouvé cinq dans la circonférence de deux cents milles; outre la grande quantité de sel que contient l'eau de ces fontaines, on y trouve beaucoup de nître, dont il faut purifier ce sel avant de l'exporter.

cultivateurs ? — (1) Pour avoir de belles récoltes, ils n'ont qu'à détruire les roseaux (2) qui les couvrent, labourer & semer. — Il en est bien autrement dans nos anciens Etats. — Que d'arbres ne nous faut il pas renverser, que de buissons ne faut-il pas essarper, amonceler & brûler, avant que la charrue puisse tracer une seule raie ? — J'ai observé par tout où j'ai été que ce pays rapportera un jour en grande abondance du vin, du coton, du tabac, de la soie, des munitions

---

(1) Les terreins de ce pays peuvent être divisés en six classes ; la première est infiniment supérieure aux meilleures terres de nos Etats maritimes ; chaque classe produit des bois particuliers ; sur la première on y voit le Cerisier sauvage, cinq espèces de Noyers, l'Acacia blanc & noir, l'Acacia portant le miel, le Buckeye, le Hack-Berry, le Moose-Wood, presque tous ces arbres sont chargés de vignes : — on trouve sur la seconde classe, l'Erable ordinaire, l'Erable à sucre, le Frêne noir & blanc, le Mûrier & quelques Chênes ; sur la troisième, des Noyers-Hycoris, des Magnalias de trois espèces, l'Erable à sucre grand & petit, & le Spicewood : — sur la quatrième classe, des beaux Chênes, le Pin, le grand Peuplier, le Hêtre, l'Orme, &c. ; le Cotonnier-Buisson, &c.

(1) Le mot anglois *Cane* qui signifie roseau quand il n'est pas précédé de celui de *Sugar*, à induit en erreur plusieurs traducteurs qui ont cru que ces plaines n'étoient remplies que de Cannes à Sucre —.

navales, ainsi que la plupart de nos grains *septentrionaux* —.

J'ai vu dans plusieurs des Cantons situés au-dessus des rivières *Bigs-Andy*, *Tottéry* & grand *Kankaway*, des forêts entières couvertes d'érables à sucre; ces arbres sont aussi élevés que le chêne, — déjà sa seve fournit aux habitans peut-être la moitié du sucre qu'ils consomment; — on m'a assuré que les sauvages en apportoient annuellement au marché du détroit (1), plus de deux cents milliers. — Un particulier de *Lexington* (2), chez qui j'ai logé, me dit qu'il seroit bientôt en état d'en extraire de l'eau-de-vie, ainsi que de la quantité prodigieuse de raisins sauvages, dont certaines plaines & certains arbres sont couverts (3), hardis, éclairés, industrieux & actifs, il n'y a point de spéculations utiles en fait d'agriculture & de commerce, auxquelles ils ne soient bientôt en

---

(1) Ville construite par les *Canadiens*, il y a un siècle, entre les lacs *Érié* & *Huron*.

(2) Nouvelle ville du pays de *Kentuckey*, ainsi nommée d'après un village situé à six lieues de *Boston*, où les Anglois répandirent le premier sang Américain —.

(3) Seize livres de la seve de l'Erable, donnent une livre de sucre en général : on en tire environ dix pots de chaque arbre.

état de se livrer.—*Kentuckey* va devenir un centre de lumière, de force de population & de richesse, d'où de nombreux essaims sortiront dans quelques années, pour aller plus loin fonder de nouveaux établissemens, & propager les lumières & les connoissances utiles.—Partout j'ai vu l'abondance des choses de première nécessité;—dans tous leurs marchés, la viande de *Busle* (1) ne se vend que trois sols la livre, & dans cinq ans au plus ils seront bien logés, & jouiront de tous les avantages que peuvent procurer à des hommes industrieux un sol aussi fertile, aussi varié, & situé sous un si beau ciel. —Vous jugez bien que la pêche & la chasse sont dans ce moment d'une très-grande ressource. —Ce fut un dimanche que nous arrivâmes devant *Louis Ville*. A peine fûmes-nous mouillés, qu'un bateau qui portoit dix-sept personnnes, nous aborda; j'observai que tous les hommes étoient en bas de soie, & que toutes les femmes avoient des parasols (2)—.

Peu de jours après mon arrivée ici, je ne tardai pas à m'appercevoir que de toutes les

---

(1) Bison, ou Bœuf bossu : déjà ils en ont apprivoisés & mis à la charrue.

(2) Depuis cette époque il s'est formé dans plusieurs endroits, des sociétés où se donnent de petits concerts—.

spéculations auxquelles je pouvois me livrer, celle d'un moulin à scie étoit la plus avantageuse & la plus analogue au métier que j'avois appris dans ma jeunesse; —Que de grâces n'ai-je pas à rendre à mon père de m'avoir donné celui de charpentier! —Je me le rappelle bien encore; —dès notre plus tendre jeunesse il nous disoit: "—mes petits amis, il faudra choisir un métier, quand vous serez assez grands; je vous ferai apprendre celui que vous préférerez; —C'est une richesse qu'on ne peut vous enlever, une ressource dans les malheurs; on ne sçait jamais qu'elle peut être notre destinée. —Je ne vous en donnerai pas moins à l'âge de vingt-un ans, la légitime que je vous ai promise, si vous êtes de bons enfans (1) —".

Les charpentiers sont si rares ici, (car il en faut pour tant de gens) que j'ai entrepris la construction de plusieurs maisons; — mais pour les bâtir avec plus de facilité, j'ai acheté un bel emplacement sur un *Créek* qui tombe dans l'*Ohyo*, à onze lieues d'ici, sur lequel il y a une chute de neuf pieds, & dans lequel les

---

(1) Ceci est à-peu-près ce que disent les Pères Américains à leurs enfans, quand ils ont l'âge convenable pour entrer en apprentissage, dans les Etats du nord —.

bateaux

bateaux pourront remonter jusque sous ma digue.
— J'espère avec cent guinées, mon travail & mon industrie, construire un moulin qui portera trois scies, & qui sciera des planches & des madriers de quarante-six pieds de long; — Je me propose de construire, aussi suivant l'usage, une grande boutique pour la menuiserie, dont je simplifierai le travail, en faisant exécuter à mon moulin les opérations les plus pénibles. J'ai loué à très-hauts gages plusieurs personnes, entr'autres, le François dont je vous ai parlé; — ainsi me voilà devenu franc-tenancier, &, j'espère, un bon Citoyen du nouveau pays de *Kentuckey*.

Ayant été chargé par un de mes amis de *Philadelphie* d'examiner les terreins qu'il avoit achetés du Général *Washington* vers l'embouchure du grand *Kanhawa* (1), je profitai, peu de semaines après mon arrivée ici, de l'occasion favorable d'un bateau chargé de plusieurs familles qui alloient s'y établir. — La distance est de quatre cents vingt-deux milles de *Louis Ville*, en remontant la rivière; — cependant

---

(1) Cette rivière est une de celles qui arrosent le pays d'*Indiana*. — Peu après sa retraite, le Général mit en vente toutes les concessions de terres qu'il possédoit sur ce fleuve, comme vous avez pu le voir dans le recueil des gazettes que je vous ai fait passer.

à l'aide des remoux, qui ont toujours une vélocité égale à celle du courant principal, avec l'affiftance de rames & de perches, nous arrivâmes le quatorzième jour.

Prefque tous les matins nous mettions à terre des chaffeurs qui rarement manquoient de nous faire un fignal de fumée, au bout de quelques heures, & de nous apporter du gibier ; — C'eft ainfi que vivent tous les bateaux qui naviguent fur le *Miffiffipi*, & dans certains cantons de l'*Ohyo* (1). Le grand *Kanhawa* tombe fur le rivage fud-eft de ce fleuve, à deux cents quatre-vingt-deux milles de *Pittsbourg*. — Ses eaux font tranquilles & profondes jufqu'au commencement des Collines à dix ou douze de fon embouchure ; mais depuis cette diftance jufqu'au pied des grandes chûtes (2), fon courant eft plus rapide, & les terres baffes plus entrecoupées de promontoires fort élevés, qui font couverts des plus beaux cèdres rouges que j'aie jamais vus ; — nous y parvînmes cependant affez aifément, & nous mouillâmes dans une grande baie, où je crus que tout le poiffon de cette rivière s'étoit raffemblé pour

―――――――――――――――――

(1) Ces Chaffeurs font fi néceffaires, qu'ils font toujours une partie de l'équipage.

(2) A quatre-vingt-dix milles de diftance. Ce grand fleuve eft remarquable par l'excellence des terreins qu'il traverfe.

y vivre, fans doute des débris qui étoient entraînés par les chûtes, & dépofés par les remoux. —Encouragé par nos chaffeurs, je les fuivis à travers les rochers pour confidérer attentivement ce grand phénomène. Si j'en crois mes fenfations, ce fpectacle exige de la hardieffe, de la perfévérance & même du courage. — Imaginez un volume immenfe d'eau, arrêté par mille obftacles, & devenu pendant l'efpace de trente-quatre milles, une longue fuite de chûtes tombant de mille hauteurs différentes, quelquefois perpendiculaires, quelquefois inclinées, paroiffant tantôt comme des nappes confolidées; tantôt produifant des flots bouillonnans, qui bientôt après font convertis en courans impétueux, ou en remoux tournoyans. —Telle eft l'idée majeftueufe & impofante que je conçus du grand *Kanhawa*, en le voyant franchir les montagnes, d'*Ouafioto*. —Affis fur un rocher élevé, occupé à contempler ce fleuve immenfe, tombant de précipices en précipices, entraînant à travers ce long & tortueux efpace tant de débris différens, je crus être fur les bords de l'Eternité—.

Dans certains endroits ce fleuve eft divifé, & quelquefois même arrêté par des rochers contre lefquels il fe brife avec une violence extrême. —Dans d'autres, il femble être foulevé par des couches de roches inférieures qui forment son lit. —Ce grand conflit remplit l'atmophère de vapeurs, qui souvent obscurcissent la lumière du Soleil. —Les montagnes énormes qui bordent cet affreux précipice pendant l'espace de trente-quatre milles, sont d'une hauteur peu commune. —Elles sont les plus âpres, les plus brisées, & les plus perpendiculaires, que j'aie jamais vues (1).

Je ne puis vous expliquer combien je fus pénétré d'admiration & de respect, en contemplant attentivement cette masse énorme d'eau, qui d'aussi loin que ma vue pouvoit s'étendre, produisoit les apparences les plus bisarres & les plus variées, en franchissant les innombrables obstacles que lui opposent les angles des promontoires, les contours des isles, la surface des rochers isolés, & les autres parties saillantes de ces affreux rivages; tel est le volume & la force avec laquelle le grand *Kanhawa* précipite ses eaux, que je ne puis concevoir comment ces masses de granit, toute puissantes qu'elles sont, ont pu résister pendant tant de siècles, à une impulsion aussi forte & aussi continuelle—.

_____

(1) Elles ont au moins quatorze cents pieds d'élévation—.

Avec quelle énergie je fus pénétré de la fublimité de la nature, dans la grandeur de fes ouvrages, lorfqu'affis fur la pointe élevée d'un de ces antiques promontoires, je contemplois au-deffous de moi cet épouvantable chaos. — Mais mon ame abforbée par mille réflexions différentes, rétrécie par le bruit déchirant des eaux & par l'effet de la hauteur confidérable où j'étois placé, n'éprouva bientôt plus qu'un fentiment profond, d'étonnement & d'effroi, fuite d'une contemplation vague & peu fructueufe —.

D.... P....

New-York, 12 Juin 1785.

FRAPPÉ depuis long-tems des grands inconvéniens qui réfultoient de leur prodigieux éloignement de la Virginie, affaillis de tous côtés par les fauvages, obligés par conféquent de paffer la moitié de leur tems fous les armes, les habitans de ce pays furent obligés, quelques mois après l'époque où cette lettre fut écrite, de former une *convention*, dont je vous envoie l'extrait. — Je vous tranfmettrai dans la fuite le détail intéreffant de la belle & noble conduite qu'a tenue à leur égard le Gouvernement de la Virginie, dont ils dépendent, — imaginez un père fage &

tendre, qui offre à fes enfans de les émanciper en leur donnant, avec fa bénédiction, les confeils les plus utiles —.

MINUTE de la première convention tenue à Denville dans le pays de Kentuckey, le 27 Décembre 1784, & continuée par ajournement jufqu'au Mercredi 5 Janvier de cette année.

1º RÉSOLU que la fituation éloignée de ce canton, du Gouvernement de la Virginie, affujettiffe les habitans à une multitude d'inconvéniens civils & politiques qui ne peuvent qu'augmenter journellement.

2º. Réfolu qu'il foit recommandé aux habitans de ce canton, de confidérer mûrement fi il ne leur feroit pas avantageux de demander à notre métropole que ce pays fût érigé en un *Nouvel Etat* confédéré avec les autres *Etats-Unis*.

3º. Réfolu qu'il foit recommandé aux bons habitans de ce canton de choifir un certain nombre d'entre eux pour former une *convention* qui continuera fes féances pendant l'efpace de trois mois, dont l'objet fera de voir fi la féparation proposée est vraiment nécessaire, utile & indispensable, & de discuter les différentes mesures & objets qui seront proposés & soumis à leur jugement, pour l'intérêt & l'avantage de ce canton.

4°. Résolu que tous les districts de ce pays auront un droit égal à la représentation, dans le choix de leurs membres de *convention*, suivant le nombre des habitans, francs-tenanciers des différens districts.

5°. Résolu que cette convention sera composée de vingt-huit Membres choisis dans la proportion suivante; à savoir : douze pour le comté de *Lincoln*, huit pour celui *de la Fayette*, & huit pour celui de *Jefferson*, ils seront choisis au mois d'Avril prochain, & trois personnes des plus respectables dans chacun des susdits comtés, seront les Inspecteurs des élections.

6°. Résolu que cette *convention* se tiendra à *Denville*, dans le comté de *Jefferson*, le premier lundi du mois prochain, —vu que plusieurs objets de la plus grande importance seront probablement soumis à la discussion & au jugement de cette *convention*.

7°. Résolu qu'il soit expressément recommandé & particulièrement enjoint aux bons habitans du pays de *Kentuckey*, de choisir pour membres représentans leurs districts, les hommes de la plus grande probité, & possédant les lumières & les connoissances les plus étendues.

WILLIAM FLÉMING, *Ecuyer*,
Président.

J'IGNORE dans quel état sont les choses aujourd'hui : je ne manquerai pas de vous en instruire.

J'ai l'honneur d'être, &c.

SAINT-JOHN.

New-York, 12 Octobre 1786.

Vous me demandez quelques détails sur les progrès que les Américains (1) ont fait dans la civilisation. — C'est un sujet auquel j'ai souvent réfléchi ; — j'avois même formé le dessein de promener vos regards d'un bout du Continent jusqu'à l'autre, pour vous faire observer l'organisation des différentes constitutions, les nuances de la Société dans les villes maritimes & dans les campagnes, la différence de ces mêmes nuances dans le sud & dans le nord, l'état actuel des connoissances, des arts, des manufactures & des machines, les progrès du commerce, de la population, de l'agriculture & de l'industrie particulière à chacune de ces Républiques, &c. ; mais je me suis bientôt apperçu qu'un travail aussi étendu étoit au-dessus de mes forces, & que je ne pourrois, sans témérité, entreprendre de tracer un tableau qui exigeroit le pinceau d'un *Tacite* ou d'un *Adams* (2) : contentez-vous donc de cette légère esquisse.

---

(1) J'entends par ce mot, les Habitans des *Treize-États-Unis*.

(2) Son excellence *John Adams*, aujourd'hui Ministre Plénipotentiaire à la Cour de Londres.

Je crois vous avoir déjà parlé dans mes lettres antérieures de l'époque à laquelle ce Continent fut découvert, ainsi que des opinions & du caractère des hommes qui les premiers y abordèrent, & qui successivement ont peuplé ces différens Etats. — Long-tems victimes des calamités produites par le fanatisme, la tyrannie, l'oppression féodale, & par les guerres qui ensanglantèrent l'Europe pendant plus de la moitié du seizième siècle, ils soupiroient après la liberté & le repos, lorsqu'ils apprirent qu'un nouveau Continent venoit d'être découvert; — frappés de son étendue, de la variété, de la fécondité de son sol, de la beauté de ses forêts, de la grandeur de ses havres, de l'abondance du poisson, dont toutes ses rivières & ses côtes étoient remplies, ils s'adonnèrent à la culture & à la pêche; — la pêche les conduisit bientôt à la construction des vaisseaux, à la navigation & au commerce. — Instruits dans la grande Ecole d'où ils sortoient, ils abjurèrent la plupart des anciennes opinions & des préjugés funestes, dont ils avoient été si long-tems les victimes: — éclairés d'une lumière nouvelle par leur émigration, ils sollicitèrent & obtinrent des Rois de la Grande Bretagne, que les bases de leurs nouvelles Loix seroient assises sur la justice & l'humanité. — Dès ce moment, ces foibles affociations devinrent des gouvernemens doux & juftes, auxquels tous les Citoyens participèrent. — Dès ce moment, leur Agriculture, leurs pêches & leur commerce devinrent les premiers objets de la protection, de l'encouragement & de la fageffe de ces mêmes Gouvernemens ; — le bonheur & la profpérité qui accompagnèrent le berceau, & l'accroiffement de ces jeunes colonies, en démontrent bien l'heureufe influence ; — ils fondèrent des colléges, établirent des écoles dans tous les diftricts, divisèrent leurs terres avec beaucoup de fageffe, & ne tardèrent pas à obtenir de leurs pêches & de leur agriculture, une furabondance dont ils commencèrent à nourrir les ifles à fucre—.

L'exiftence & la réunion de tant de caufes & d'évènemens extraordinaires qui, vers cette époque, conduifirent les Européens à la découverte de ce Continent, & qui ont contribué depuis au développement de ce nouveau germe de population, offre à l'efprit un fujet de méditation auffi inftructif que confolant ; — peut-il exifter, en effet, parmi les hommes un fpectacle plus intéreffant que celui de les voir, après tant de fiècles d'aveuglement & de malheurs, infenfiblement fe réunir fur ce Continent, fonder de nouvelles Sociétés, former de nouveaux Gouvernemens, & manifester enfin, sous les auspices de Loix sages & justes, les vrais principes du bonheur civil, en les établissant sur l'égalité, la possession de la terre, l'agriculture, le commerce & la liberté —.

Les Américains habitent & possèdent un Continent immense, dont la surface, couverte des plus belles forêts, n'attend que l'accroissement, la marche de leur population & le progrès de leur industrie, pour récompenser leurs travaux; la portion de cette surface, nécessaire à la subsistance d'une famille, est aisément acquise, & les droits de Citoyen, attachés à ces possessions, les rendent encore plus chères & plus précieuses —.

L'Américain tire de la nature du Gouvernement sous lequel il vit, plusieurs avantages inappréciables; — il est maître du choix de ses occupations, de l'emploi de son tems, de ses talens & de la combinaison de ses projets. — Nulle institution bisarre & exclusive, nulle préjugé de naissance n'arrêtent, ni n'étouffent ses desseins & ses entreprises; il n'a besoin de consulter que son goût & ses espérances. — Si son intérêt l'excite, si son énergie l'éguillonne, les Loix lui accordent tout ce qu'il peut exiger, liberté & protection. — Peut-il exister des motifs plus propres à conduire les hommes au travail, à l'induſtrie, aux entrepriſes ? — Peut-il exiſter des cauſes plus propices au développement de leurs facultés & de leurs talens — ?

De cet ordre de choſes naît une maſſe de connoiſſances utiles, répandues dans toutes les claſſes de ces ſociétés, un eſprit de recherche & d'information, ſouvent pouſſé juſqu'aux détails les plus minutieux ; — un goût pour le bon, pour la perfection dans les métiers, dans les inſtrumens, dans la mécanique, &c. —

De la nature de ces Gouvernemens réſulte auſſi la connoiſſance des Loix, la lecture des pamphlets politiques, & des diſcuſſions des Corps légiſlatifs, auxquelles tous s'intéreſſent. — La vie d'un Américain eſt celle d'un homme qui ſe trouve placé à l'origine d'une nouvelle population, fondée ſur les principes les plus favorables, deſtinée à cultiver un Continent immenſe ; — il peut parcourir la carrière des expériences, & tenter tous les avantages que les circonſtances, le ſol & le climat lui offrent ; il peut émigrer d'un *Etat* à un *autre*, & partout jouir des droits de Citoyen —.

La localité particulière de ſon exiſtence contribue auſſi beaucoup à animer, exciter ſon génie ; — ici le cultivateur & l'artiſan ont toujours beaucoup plus à faire qu'ils ne peuvent exécuter ; la rareté des hommes rend le prix du travail extrêmement cher ; — pour suppléer à ce défaut de bras & de tems, il faut donc qu'il invente , qu'il imagine quelques nouveaux moyens d'augmenter sa puissance. — Voilà pourquoi, au milieu de leurs travaux, souvent leurs esprits sont occupés, & la sphère de leurs connoissances s'étend par des nouvelles expériences, ainsi que par le récit de ce qu'on fait ailleurs ; — car ils s'intéressent beaucoup à tout ce qui les environne, & à tout ce qui se passe dans le monde —.

Les gazettes, originairement établies pour propager les nouvelles, remplissent aujourd'hui, & depuis long-tems, un objet plus étendu & plus utile. — Elles sont devenues des entrepôts circulans, dans lesquels on lit, non-seulement les discussions de leurs assemblées, les loix récemment promulguées, les Sentences des différentes Cours de judicature, les instructions contenues dans les discours que les Gouverneurs prononcent à la rentrée des Corps législatifs, les nouvelles extraites des gazettes de l'Europe & des Etats de l'Union; mais aussi des faits historiques, des détails intéressans sur l'agriculture, la médecine, le commerce, la mécanique, les mathématiques, &c. On y voit toujours un endroit consacré à la poésie, appelé *The Pœt's Corner*; elles sont devenues des publications journalières & volumineuses, où chacun peut faire insérer ses idées. — Quelque méthode nouvelle ou instructive a-t-elle été découverte dans la *Géorgie*, dans la *Caroline*, par exemple ; les papiers Européens annoncent-ils l'invention de quelques machines, de quelques remèdes, les Imprimeurs, jaloux de faire lire leurs gazettes, les remplissent de tout ce qu'ils croient pouvoir exciter la curiosité & être utile. — Depuis la paix, plusieurs Imprimeurs ont consacré la première page de leurs feuilles à la publication suivie & régulière de livres intéressans, tels que le *Voyage du Capitaine Cook*, l'*Histoire de l'Amérique* par *Robertson*, &c. — Je ne sais si je me trompe, en vous assurant que la multiplicité de ces gazettes peut être considérée comme une des causes qui répandent par-tout quelques degrés de lumières & de connoissances (1) ; — il en existe cependant plusieurs autres, telles que l'établissement d'Ecoles dans tous les cantons, celui de Colléges dans tous les Etats, des Postes aux lettres, de charriots qui circulent depuis une extrémité du Continent jusqu'à l'autre, celui d'un grand nombre de *Packet-Boats* qui lient

---

(1) L'abonnement de la plupart de ces gazettes ne coûte que 10 livres 10 sols par an.

toutes les Villes maritimes de ces *Treize-Etats*, &c. — D'un autre côté, l'égalité des conditions, la considération obtenue par les talens, & sur-tout par ceux de l'éloquence, l'éducation utile que reçoit la jeunesse, l'énergie sans cesse entretenue par leur goût pour les discussions politiques, pour les spéculations du commerce, pour les voyages, l'exemple général, enfin, contribuent, plus que je ne puis vous le dire, à répandre les lumières, & à donner à ces Sociétés naissantes une énergie, une nuance nouvelle & particulière —.

Voilà pourquoi un si grand nombre d'hommes de génie ont soudainement parus sur le théâtre de la dernière révolution ; — Voilà pourquoi, parmi les grands cultivateurs, s'est trouvé un homme comme *Washington*, *Gates*, *Putnam*, &c. ; — parmi les Imprimeurs, un homme comme *Franklin* ; parmi les Négocians, un homme comme *Green*, comme *H. Lawrens*, *H. Middleton*, &c. ; — parmi les Libraires, un homme comme *Knox* ; — parmi les Avocats, un homme comme *Jean Adams*, *Jay*, *G. H. Drayton*, *Rutledge*, *Gasden*, &c. —.

L'industrie angloise & la patience inventive des Allemands, greffées sur cette nouvelle tige, semblent promettre les fruits les plus heureux. — Qui peut prévoir jusqu'à quel point le pouvoir

de

de l'homme s'étendra un jour, quand ces Gouvernemens, quittes de leurs dettes & de leurs difficultés actuelles, feront devenus affez riches pour exciter l'émulation, en récompenfant les découvertes utiles ? — Jufqu'ici, leur induftrie n'a été pouffée que vers la perfection des chofes appartenantes à l'agriculture, à l'architecture navale, à la conftruction des maifons, des voitures, des ufines, des moulins à fcie, à foulon, à huile, papeteries, groffes forges, pêches, imprimeries, tonnellerie, charpente, menuiferie, ébénifterie, tannerie, manufactures de farine, &c. — Depuis long-tems, les cultivateurs fabriquent dans leurs maifons une grande partie des étoffes néceffaires à leurs ufages; — dans le nord, ils y employent leurs lins & leurs laines; dans le fud, leurs cotons; — auffitôt que les campagnes commenceront à fe remplir, alors l'exubérance d'une population auffi rapide (1) fe tournera d'un côté vers les

---

(1) Il y avoit dans cet Etat . . . . en 1756, 83,233
en 1771, 148,124 } Habitans.
en 1786, 219,996

Malgré la guerre, la population de cet Etat a donc

pays Ultramontains, de l'autre vers les manufactures des articles les plus utiles & les plus indispensables, dont ils possèdent les matières premières ; alors tout s'avancera avec rapidité ; alors les ressorts de l'esprit humain, le cercle de l'industrie & de l'invention, acquerront une grande étendue —.

Vous connoissez assez les constitutions de ces Etats, pour qu'il ne soit pas nécessaire de vous en parler ; — elles se ressemblent toutes dans les principes ; — dans toutes, le peuple, devenu souverain par l'indépendance qu'il a acquise,

augmenté, dans la proportion de cinq à deux. Voici le détail du dénombrement qui vient d'en être fait :

	Habitans.
Hommes au-dessus de 60 ans . . 4,731	
Idem, entre . . . . . 60 & 16, 52,927	112,465
Idem, au-dessous de . 16 54,807	
Femmes au-dessous de 16 ans . . 55,765	
Idem, au-dessous de . 16 51,766	107,531
Il y avoit d'Esclaves en 1756 13,542	
Idem, en . . . 1771 19,883	
Cette (mâles . . 9521) année (femelles 9368)	18,889
Sauvages domiciliés, ...	12
Total de la population de l'Etat de *New-York*, .	238,897

confie fon autorité, pour un certain tems, à des Repréfentans qui forment, fous différens noms, les Corps légiflatifs de ces *Treize-Républiques* ; — Toutes font préfidées par un Gouverneur chargé de la repréfentation & du pouvoir exécutif —.

Ces Etats font divifés en Comtés, terme emprunté de leur ancienne Métropole, fans cependant en avoir adopté le titre ; ces Comtés font fubdivifés en *Précincts* ou Paroiffes (1), & ces derniers en petits cantons appelés *Townships* ou *Diftricts* ; — vers le centre de chaque Comté on a conftruit un édifice, grand, fpacieux, & même fouvent élégant (2), où font tenues les affifes des Cours fupérieures & inférieures, & où font détenus les prifonniers ; — les premières, compofées des Juges qui réfident dans les Capitales, fe tiennent à des époques fixes & régulières, indiquées dans les almanachs, lorfque ces mêmes Juges parcourent tous les Comtés ; — les fecondes, attachées à leur conftitution civile, font compofées du Shériff, des Juges de cette Cour inférieure, du Greffier & des Juges de paix de ces différens diftricts. — Le Shériff, le Colonel de Milice, le Tréforier,

---

(1) Dans les Etats méridionaux.
(2) Bien connu fous le nom de *Court-Houfes*.

ainsi que ces derniers Juges, sont nommés, & reçoivent leurs commissions du Gouvernement ; — d'un autre côté, le Corps des francs-tenanciers choisissent annuellement un *Superviseur*, & le nombre d'*Assesseurs*, de *Collecteurs*, de *Connétables* (1), de *Pères des pauvres*, d'*Inspecteurs des chemins*, qui a été fixé par la Loi, ainsi que les membres de l'Assemblée & les Sénateurs qui doivent les représenter dans ces deux Corps législatifs —.

Depuis l'origine de ces Colonies, le gouvernement a établi dans chaque Comté un Greffier, chargé d'enregistrer les contrats d'achat & de vente, les titres des terres, les concessions, testamens, hypothèques, &c., il est en même tems Secrétaire de la Cour inférieure des plaids communs & des sessions générales des Juges de Paix (2) —.

Les francs-tenanciers de chaque district choisissent aussi un Clerc ou Secrétaire qui enregistre les délibérations de leurs petites assemblées, leurs résolutions, leurs marchés particuliers, la *marque* de leurs bestiaux, &c. ; elles ne sont point légales, à moins qu'elles ne soient présidées par le

_____

(1) Huissier.
(2) C'est ainsi qu'est nommée, suivant l'expression de la loi, la Cour inférieure.

Shériff du Comté ; — chaque petit canton, ou district de ces *Précincts*, a un Juge de Paix, qui veille à la sûreté publique, & à l'exécution des loix ; — il décide avec un Juré de francs-tenanciers, des causes civiles, jusqu'à la somme de soixante-dix livres ; — mais si quelqu'erreur dans sa procédure est reconnue par un des Juges de la Cour suprême (1), alors il y a appel au premier ainsi qu'au second de ces Tribunaux, qui est le dernier ressort ; — toutes les affaires de justice & testamentaires sont portées devant celui de la Chancellerie ; — ces mêmes Juges de Paix font arrêter aussi les malfaiteurs —.

L'intention du Gouvernement étant que les prisonniers ne soient pas détenus trop long-tems dans les prisons, le Gouverneur, suivant l'exigeance des circonstances, institue, par une commission particulière, sous le grand sceau de l'Etat, une Cour appelée *Oyer & Terminer*, devant laquelle le Procureur Général ou ses Substituts, dans les différens Comtés, poursuivent, au nom du peuple, les coupables, suivant les principes du code criminel d'Angleterre, avec quelques modifications —.

Chaque secte de chrétiens a fait bâtir, dans les villes & dans les campagnes, des Eglises,

___

(1) C'est ainsi qu'on appelle aussi la Cour supérieure.

pour le service desquelles leurs différentes Congrégations entretiennent des Ministres ; — les unes sont dotées d'une glèbe considérable, les autres sont entretenues par la contribution volontaire de ceux qui en suivent les rites ; presque toutes ont reçu du Gouvernement, des chartres d'incorporation ; — chacun de ces Ministres enseigne, baptise, console les malades de sa secte, & prêche deux fois tous les dimanches ; — leur tâche est très pénible dans certains cantons, surtout lorsque les Membres de leurs Eglises vivent à de grandes distances les uns des autres, comme cela arrive très-souvent —.

C'est un troupeau épars qu'il faut surveiller avec le plus grand soin ; — ces Ministres sont choisis & appelés au service de ces Eglises par les *anciens* de la Congrégation qui eux-mêmes ont été nommés à la pluralité des voix ; — ils sont soumis à la discipline des synodes, dont ils ont reçu les pouvoirs de l'ordination, car il n'y a que ceux du rite anglican & luthérien qui les reçoivent des Evêques ; — souvent il arrive que pour se rendre plus utiles, ces Ministres unissent les connoissances médicinales à la prédication de l'Evangile ; — tous en général sont mariés, & beaucoup d'Eglises se font un principe de ne point en appeler qui ne le soient —.

Chaque individu ayant le droit d'adorer Dieu de la manière qu'il lui plaît, le Gouvernement ne fait aucune avance pour la conſtruction des Egliſes; — elles ſont bâties aux frais des Membres de chaque ſecte, & ces contributions ſont volontaires; — Mais tel eſt l'eſprit de tolérance univerſelle, que tous les Habitans du canton ſe font un devoir d'y contribuer, quoique ce ne ſoit point pour l'Egliſe à laquelle ils vont; — étant conſtruites pour la commodité du plus grand nombre, elles ſont en général ſituées à l'embranchement de pluſieurs chemins, & leur grandeur proportionnée à la quantité des fidèles qui doivent y venir; — elles ſont pour la plupart ſpacieuſes, bien éclairées, revêtues de planches peintes en déhors & en dedans, les croiſées en ſont ceintrées & à petit bois. — On a eu ſoin de laiſſer devant pluſieurs de ces Egliſes de campagne, quelques-uns des anciens arbres dont toute la terre étoit couverte, pour la commodité des Habitans qui s'y repoſent à l'ombre, entre les deux ſervices, s'il n'y à point de maiſons dans le voiſinage, & pour ſervir pendant l'été d'abri aux chevaux, car tous y viennent en charriot ou à cheval —.

En traverſant ces Etats à quelque diſtance de la mer, on ne rencontre en général que peu de bourgardes, excepté dans les quatre provinces de la Nouvelle-Angleterre (1); — chaque Cultivateur aime à vivre sur sa plantation, & se trouve mal à l'aise, aussi-tôt qu'il est resserré. — Ces assemblages de maisons ne sont en général habités que par des marchands & des artisans; — quelque fois l'origine en est due à une grande chûte, sur laquelle on a construit des moulins *marchands*, à *scie*, à *foulon*, &c., & où par conséquent se réunissent plusieurs chemins; — ces emplacemens alors deviennent le centre de beaucoup de commerce, des espèces de marchés où chacun vient apporter ses denrées, & les échanger pour du fer, de l'acier, du sel, sucre, thé, étoffes européennes, clous, serrures, indigo, épingles, &c. Le voisinage de ces grands moulins, ou grosses forges, ne manque jamais d'y attirer des tonneliers, des charrons, charpentiers, selliers, maréchaux, un ou deux aubergistes, une école, une Eglise peut-être; — l'origine de ces bourgades vient quelquefois aussi de la position des montagnes & des grands chemins du voisinage, d'un pont très-fréquenté, ou d'un bac dans le voisinage duquel on a établi un quai, des magasins, d'où les denrées sont transportées aux villes mari-

_____

(1) Le *Nouveau-Hampshire*, *Massachussets*, *Rhode-Island* & *Connecticut*.

times. — Telle eſt en général l'origine de ces aſſemblages de maiſons qu'on rencontre de tems en tems, & qui ſont quelquefois déſignées ſur les cartes ſous le nom de villes; — ſouvent il arrive auſſi que des circonſtances imprévues leur procurent un accroiſſement conſidérable. — Alors les Habitans ſollicitent & obtiennent aiſément des immunités, tels que le privilège de choiſir parmi eux des Officiers Municipaux, &c.; car auſſi-tôt que les hommes ſe raſſemblent, il leur faut une police plus exacte & plus ſévère. — La plupart des maiſons de ces jeunes bourgades ſont accompagnées d'un petit verger & d'un jardin, ce qui ajoute beaucoup à ce coup-d'œil rural & champêtre qu'elles conſerveront long-tems, & qui contribue beaucoup à la beauté de leur apparence; — tout eſt encore ſi récent dans ce pays, que ces premières époques ſont bien connues; — ces ſortes d'informations, dont autrefois j'ai fait une ample collection, ſont un des plus grands charmes de mes voyages —.

Les habitans des villes & des campagnes attachent une grande importance à l'éducation de leurs enfans, je veux dire à leur faire apprendre à lire & bien écrire, l'orthographe, & ſouvent l'arpentage, les comptes. — C'eſt pour eux l'affliction la plus vive, quand quelques circonſtances les privent de cet avantage; — cette heureuſe disposition se manifeste depuis les villes maritimes jusques aux cantons les plus récemment cultivés. — Les quatre provinces de la Nouvelle-Angleterre, ainsi que plusieurs autres, fondèrent dans l'origine de leurs premiers établissemens, des écoles de lecture, d'écriture, & même de latin dans tous les districts ; — quels avantages inappréciables n'en ont-elles pas tirés depuis — ?

Dans les Etats où la loi n'y a point pourvu (1), les habitans des différens voisinages se cotisent & s'assemblent pour en construire dans les endroits les plus commodes, & y entretenir à frais communs, les maîtres qui enseignent à leurs enfans, à lire, écrire, l'orthographe, souvent les premiers principes de l'arpentage, & de la navigation ; —.

Il existe peu de pays traversés d'un plus grand nombre de rivières, qui soient arrosés par un plus grand nombre de creeks & de ruisseaux ; — la manière dont les terres sont concédées, la quantité que chacun possède, l'éloignement souvent considérable des établissemens, ont nécessairement occasionné un très-grand nombre de chemins (2). — Avant la guerre, les principaux

---

(1) Depuis la paix, presque tous ces Gouvernemens se sont occupés d'en établir.

(2) Nos chemins, vous le jugez bien, ne ressemblent

étoient divisés par des pierres millières dans les États de *Mariland*, de *Penſylvanie*, de *Newjerſey*, & de *New-York* ; — des poteaux de direction bien peints étoient érigés à tous les embranchemens ; tel eſt en général l'état actuel de nos chemins, qu'on peut aujourd'hui parcourir le continent depuis le nouveau *Hampshire* juſqu'à la *Géorgie*, pendant l'eſpace de près de cinq cents lieues (1) ; — il

───────────────────────────────

point à vos grandes routes ; ne faiſant que d'arriver ſur ce continent, nous *manquons de bras & d'argent* ; — il faut plutôt vous étonner de tout ce que nous avons déjà fait, que de ce que nous n'avons pu encore entreprendre ; on a conſtruit des ponts de bois ſur les rivières où cela a été praticable ; mais nous avons à lutter contre les glaces. On trouve ſur celles qui ſont trop larges, des quais d'embarquement & de débarquement, ingénieuſement imaginés pour être également commodes à toutes les hauteurs d'eau, & des bateaux ſolides & bien faits. Avant la guerre, les auberges étoient en général aſſez bonnes, meilleures cependant pour le coucher, que pour la table. On s'occupe beaucoup, dans ce moment, à perfectionner cette branche d'adminiſtration intérieure dont je vous enverrai des détails dans ma première lettre.

(1) On peut même aiſément parvenir à cheval depuis *Auguſta*, dans ce dernier Etat, juſqu'aux *Natchés*, ſur le *Miſſiſſipi*, à trois cents lieues de diſtance : ce nouveau ſentier commence à être très-fréquenté, ſur-tout depuis que ce grand & fertile établiſſement a été incorporé dans l'Etat de *Géorgie*, ſous le nom de Comté de *Bourbon* ; on y

n'y a que peu d'endroits habités où l'on ne puisse parvenir en voiture ; — tous ces chemins, dont un grand nombre ne sont fréquentés que par les cultivateurs qui les avoisinent, & auxquels ils servent de débouchés, sont entretenus par les habitans des différens districts qui sont obligés d'y travailler six jours par an, ou de payer le prix fixé par la loi.

Des charriots publics d'une construction solide, légère & élégante, établis depuis la paix, transportent les voyageurs & les malles de lettres d'une extrémité jusqu'à l'autre ; — ce service ordonné & organisé par le Congrès, se fait avec beaucoup d'exactitude & de célérité ; ce même Corps vient d'établir aussi un embranchement de cette poste, d'*Alexandrie* à *Pittsbourg*, (1) —.

Outre les charriots, il y a des diligences suspendues sur quatre ressorts, depuis *Providence* jusqu'au nouveau *Hampshire*, & bientôt on en établira aussi depuis *New-York*, jusqu'à *Petersbourg*

───────────────

compte près de trois mille familles, Françoises, Angloises, & Américaines.

(1) Je ne vous cite ce nouvel arrangement que pour vous faire observer l'origine de la première correspondance régulière entre les Pays maritimes & ultramontains. Cette poste doit aller par *Lees'bourg*, *Winchester*, Fort *Cumberland*, *Bedford* & *Pittsbourg*, de *Bedford* dans les Montagnes ; on en a établi une à *Philadelphie*.

en Virginie, qui passeront par *Philadelphie, Baltimore, Alexandrie* & *Richmond*.— Cette longue chaîne d'Etats est liée en outre par un grand nombre de packet-boats, qui pendant presque toute l'année transportent les marchandises & les passagers, d'une ville maritime à une autre; — comme vous ne connoissez qu'imparfaitement la géographie de nos côtes, il m'est impossible de vous donner une idée exacte de cette admirable navette; — on s'est servi dans leur construction, de tout ce qui pouvoit contribuer à la force, à la marche, à la commodité, & à l'élégance de ces charmans vaisseaux, qui sont peints & entretenus avec tout le soin & la propreté possibles —.

La différence des sols, des climats & des productions de tous ces Etats, en rend le cabotage une branche de navigation très-importante, & forme une pépinière d'excellens matelots & pilotes côtiers; — ce cabotage maritime n'est pas le seul qui les occupe; toutes les denrées de l'intérieur de plusieurs Etats, sont transportées sur les rivières, jusqu'aux capitales, d'où elles sont exportées ensuite aux isles & en Europe.

La perfection du mécanisme, la grandeur, la commodité, l'élégance même avec laquelle on construit ici les grands *moulins marchands*, dont je vous ai parlé, les rendent des établissemens très-intéressans à voir; ils sont mus, suivant la force du courant, par une, deux, trois ou quatre roues, & en général ont cinq étages. — D'un côté on voit des espèces de blutoirs de quinze pieds de long, inclinés à un certain angle, faits d'un tissu de fil d'archal, à travers lesquels le bled qui descend dans les meules, circule lentement; — cette opération divise le pesant, du léger, fait disparoître le seigle & l'ivraie; — la poussière en est chassée par le moyen d'un ventilateur placé à la partie inférieure, qui tourne avec la plus grande vîtesse. — Des cylindres artistement fixés entre les planchers, communiquent le mouvement aux différens bluteaux à farines de tous ces étages, qui sont séparément susceptibles d'être retardés, accélérés ou arrêtés; — le premier principe ne vient cependant que d'une petite roue, mue par un filet d'eau, qu'on proportionne à l'impulsion qu'elle doit communiquer; — aussi-tôt que les caisses sont remplies des farines qui sortent de dessous les meules, une machine fixée à un des grands arbres des roues, les élève jusqu'au haut de l'édifice. — Là elles sont déposées, répandues, aérées, rafraîchies & tournées pendant quinze jours: — c'est de ce vaste plancher qu'elles redescendent ensuite graduellement par de petits canaux, pour être tamisées au degré de finesse convenable; — les grandes boîtes qui les renferment sont divisées en trois parties; — de ces divisions, trois espèces de farines se précipitent dans des blutoirs inférieurs, d'où elles tombent enfin dans un appartement au rez-de-chauffée, uniquement approprié à cet usage ; — là des hommes, pieds & jambes nues, les reçoivent dans des barrils, les compriment sous des écrous d'une grande force, replacent la tête de ces mêmes barrils avec le nombre de cercles & de clous prescrits par la loi (1) ; — aussi-tôt qu'ils sont sortis de cet appartement on les timbre du nom du propriétaire du moulin, avec un estampille de fer rouge. — Ces farines ne peuvent point être exportées des capitales, avant d'avoir été scrupuleusement examinées par des experts jurés, à qui le gouvernement donne des salaires considérables; — si elles n'ont pas la beauté & le degré de finesse requises, on les consomme dans le pays. — Les roues de presque tous les grands moulins dans les Etats septentrionaux, sont mises à l'abri des gelées, par le moyen d'une grosse muraille, sur laquelle sont posés les étages supérieurs ; — on place dans ce sombre vide un grand poêle, dont la chaleur & la fumée empêchent la formation des glaces, & dont la bouche sert en même tems à échauffer l'appartement dans lequel se

---

(1) Qui prescrit aussi que chaque baril contiendra un cent & trois quarts pesant de farine.

tiennent ceux qui ont apporté, en traîneau, leurs grains & leurs denrées. —Ces grands moulins sont toujours accompagnés de magasins, dans lesquels on dépose les bleds destinés à être moulus ;—pour simplifier ce travail, ils sont conduits par le moyen de tuyaux, dans les grands *blutoirs à ventilateurs*, d'où ils descendent ensuite dans les meules ; — plusieurs de ces moulins convertissent en farines quinze à vingt-cinq mille boisseaux de blé par an. Jugez des capitaux & du mouvement que doit occasionner une entreprise aussi considérable, de l'adresse & de l'intelligence nécessaires pour la conduite d'une manufacture aussi étendue. —Je vivois dans le voisinage d'un établissement pareil, (1) dont les écluses, les digues nécessaires pour les mettre à l'abri des glaces, les débouchés pour les trop pleins, les canaux qui conduisent l'eau aux roues, le corps du moulin, les magasins nécessaires, &c. avoient coûté 61,000 liv. tournois; c'est d'après ce bel ouvrage, que j'ai esquissé ce détail; — on voit des moulins semblables dans la *Virginie*, le *Mariland*, la *Pensylvanie*, le *nouveau Jersey*, *l'état de la Délaware*, celui de *New-York*, &c.

Le nombre de ruisseaux & de rivières est si

---

(1) Celui de Messieurs *Joseph Thorn*, & Compagnie, à *Blooming-Green*, dans le précinct de *Cornouailles*.

considérable

considérable dans la plupart de ces Etats, qu'on y a construit un grand nombre, non-seulement d'usines, mais aussi de moulins à huile, à foulons, à scie, &c.; — on transporte sur la neige, à ces derniers, les troncs d'arbres qu'on veut convertir en madriers, ou en planches; — plusieurs de ces moulins sont construits avec beaucoup d'industrie; — j'en connois dont la force est également employée à scier, & à élever en même tems, l'arbre qui doit succéder; — on y adapte un nombre de scies proportionné à la force du courant & à la hauteur de la chûte; — les seconds foulent & préparent les étoffes, que l'industrie des femmes fabrique dans leurs maisons; — les propriétaires sont toujours de bons teinturiers, qui trouvent dans les bois une partie des teintures dont ils ont besoin; — depuis plusieurs années on a établi des papeteries, des moulins à huile, à chocolat, à broyer les couleurs; &c.; — pendant la guerre on en avoit construit pour la fabrication des poudres —.

Les lacs & les rivières que la nature a placés dans les montagnes, dont elle a couvert la surface des plus beaux bois, & rempli l'intérieur d'excellent minerai, (1) ont procuré aux habi-

---

(1) On trouve ici deux espèces de minerai : le premier

tans de ces Etats tant d'avantages, qu'ils y ont établi depuis long-tems des fonderies, des grosses forges, des ancreries, des manufactures d'acier, des machines à platiner & à fendre le fer en baguettes; — ils ont uni & combiné dans la construction de tous ces ouvrages, leur propre génie avec la perfection du mécanisme anglois & allemand; — les soufflets dont ils se servent sont d'une grandeur énorme, (1) & ne sont que de bois, sans fer ni cuir; chaque état fournit du fer d'une qualité particulière —.

Dans les endroits montueux ou pierreux, comme dans les Etats de Massachussets, de Connecticut, &c., on laboure avec quatre, six, & souvent même huit bœufs; — la même opération se fait dans les terreins plus légers, avec un attelage moins nombreux, souvent avec deux bœufs & deux chevaux; — dans les terres franches au contraire, les Américains ne se servent que de trois chevaux attelés de front, de manière que celui de la droite marche toujours dans la raye, & que les deux autres ne tirent pas plus que ce premier; — cette combinaison, quoique fort simple, est cependant très-ingénieuse; un seul homme à

---

en grosses masses dans les terres basses, le second dans les montagnes.

(1) J'en connois qui ont quarante pieds de long.

l'aide de cordeaux, les guide avec sa main gauche & conduit en même tems avec sa droite la charrue qui n'a qu'un manche; — quand ils labourent ce qu'on appelle ici *terres basses*, plusieurs cultivateurs se servent de celles qui ont des roues; rien n'est plus intéressant à voir, pour l'adresse du laboureur, que la première de ces opérations, les charrues sont construites d'une manière simple, forte & légère, elles soulèvent & renversent la terre parfaitement plat, de la largeur entière de la raie, qui en général est de six à sept pouces; — on se sert dans les districts de *Neuw-Town* & de *Flushing l'Isle Longue*, de charrues d'une nouvelle invention, qui, quoique presqu'entièrement de fer, sont cependant très légères, & labourent avec la plus grande précision à la profondeur qu'on veut.

Les cultivateurs de ce pays emploient deux espèces de herses, la première, d'une construction foible & armée de dents de bois, est destinée à couvrir la semence; la seconde, plus pesante & armée de dents de fer, sert à atténuer la terre; on considère deux de ces herfages comme égaux à un labourage.

Je crois vous avoir déjà dit que les charriots de ce pays, quoique très légers, sont cependant parfaitement bien adaptés à toutes les opérations rurales, — en y plaçant des côtés élégamment peints fuivant l'ufage, & des fieges pofés fur des refforts de bois, elles deviennent des voitures propres & commodes; — ces charriots ne font point fufceptibles de verfer, & font conduits par deux chevaux, avec la plus grande facilité. — Tout le commerce intérieur de la *Penfylvanie*, & des États méridionaux, eft fait par le moyen de ces voitures, conftruites fur les mêmes principes, mais beaucoup plus grandes; — les premiers font ceux dont tous les cultivateurs fe fervent pour l'exploitation de leurs terres, ainfi que pour le tranfport de leurs denrées & pour les petits voyages qu'ils entreprennent fouvent avec leurs familles; ils portent commodément cinq perfonnes.

Depuis un grand nombre d'années, les *Virginiens* ont fait venir de *l'Arabie* & de *l'Angleterre* des étalons, dont la poftérité s'eft parfaitement bien naturalifée avec leur fol & leur climat; cet Etat pofsède aujourd'hui, à ce que je crois, les meilleurs chevaux de felle du *Continent* —.

Les Allemands ont introduit & cultivé avec le plus grand foin dans la *Penfylvanie* une excellente race de chevaux de trait; — permettez-moi de vous rappeler que le commerce intérieur de cet Etat en occupe plus de douze milles; — les étalons anglois mêlés avec plusieurs autres espèces (1), commencent déjà à perfectionner les anciennes races dans les Etats Septentrionaux; — il n'y a point ici de harras; — achète qui veut un étalon, qu'on a soin de choisir suivant le goût & les besoins du voisinage, & dont les propriétaires ne manquent pas de faire annoncer, dans les gazettes, la qualité & le caractère; — les courses établies dans plusieurs endroits, l'attention scrupuleuse, les soins particuliers & l'importance qu'on met à la beauté & à la bonté de ces animaux, l'humanité avec laquelle on les traite, tout annonce que dans quelques années, les Treize-Etats produiront d'excellens chevaux —.

Les matériaux & la manière dont les Américains construisent leurs maisons, dans les villes & dans les campagnes, prête beaucoup à la symétrie & à la décence; — je dirois même à l'élégance; — les premières sont presque toutes de briques, & les autres, de pièces de charpente bien équarries (2),

---

(1) La Canadienne & celle des premiers chevaux importés dans les quatre Provinces de la *Nouvelle-Angleterre*, dans l'origine de leur établissement, &c.

(2) On a soin de donner à ces *pièces* & *piliers*, la largeur des briques (c'est-à-dire sept pouces), avec lesquelles on remplit tous les intervalles, ce qui donne aux maisons le plus grand degré de solidité —.

revêtues en dehors avec des planches de cèdre ou de pin blanc, jointes d'une manière particulière, lattées & plâtrées en dedans; — un grand nombre font peintes, toutes sont éclairées par des fenêtres à petit bois, dont les carreaux sont en général de sept pouces sur neuf. — Dans les *Etats méridionaux*, elles sont préservées des pluies, ainsi que du soleil, par la projection considérable des toits, nommées *Piazzas* (1); toutes ont un vestibule élégamment décoré, qui pendant les chaleurs de l'été sert d'appartement frais, étant ouvert aux deux extrémités; ces maisons étant toujours doubles, elles ont quatre appartemens à chaque étage, & sont élevées de quelques pieds sur les murailles des caves, pour les mettre à l'abri de l'humidité, & donner à ces mêmes caves toute la lumière nécessaire —.

Il n'est pas rare de voir chez les bons cultivateurs, des chambres lambrissées ou couvertes de papiers peints; — presque toutes sont plafonnées, & les

―――――――――――――――――

(1) La plupart de ces *Piazzas* étant élevés de six pouces au-dessus de la surface de la terre, ont des planchers : ces espèces de galeries, qui souvent règnent tout au tour des maisons, servent de sallons de compagnie pendant l'été; en changeant de place on est toujours sûr de jouir de l'ombre & de la fraîcheur; les femmes s'en servent aussi souvent, pour filer & faire filer leurs laines & leurs cotons —.

planchers faits de pin blanc, ainsi que les marches des escaliers dont les rampes sont souvent d'*Acajou* où de *Cerisier sauvage* ; — les maisons & les fenêtres sont lavées tous les samedis, avec le plus grand soin, & les plafonds annuellement blanchis; le degré plus ou moins grand de recherche dans les ameublemens & dans la propreté, dépend de l'aisance de la famille & du goût de la maîtresse. Je ne connois point dans les *Etats du Milieu*, de plantation sans verger (1) ni jardin ; les granges construites de charpente & revêtues de bardeaux de chênes ou de cèdre blanc, sont vastes & très-élevées (2), les portes en sont toujours assez larges pour qu'un charriot chargé puisse entrer par l'une & sortir par l'autre, leur distribution est très-ingénieuse ; — dans les *Etats du nord*, elles sont environnées de cours, autour desquelles sont pratiqués des hangars & des divisions pour l'usage des bestiaux pendant l'hiver —.

Il n'y a que peu de districts dans les cantons anciennement cultivés, où on ne trouve un mé-

---

(1) Ils produisent annuellement une grande quantité de cidre —.

(2) Leurs dimensions ordinaires sont depuis cinquante jusqu'à soixante-dix & même cent pieds de long, sur vingt, trente & quarante-quatre pieds de largeur —.

decin ou deux; ils visitent leurs malades à cheval ou en cabriolet qu'on fait ici très-légers; — ils doivent être examinés par les professeurs en médecine, établis dans les collèges, & en avoir obtenu des lettres. — Il n'est pas rare de trouver dans beaucoup de cantons, de petites sociétés composées de médecins, de marchands, d'avocats & de cultivateurs instruits, qui s'assemblent les uns chez les autres une ou deux fois par mois, — quant aux autres cultivateurs, ils sont si occupés qu'ils ne se voyent en général que les Dimanches, à leurs différentes Eglises, à moins qu'ils ne soient appelés comme jurés, ou comme témoins à quelques procès ou que quelqu'affaire publique ne les oblige de s'assembler; — alors c'est toujours dans une grande auberge, où souvent il arrive qu'ils profitent de ces momens de société pour boire ensemble; les femmes attachées aux soins de leurs enfans & de leurs ménages, sortent rarement, à moins que ce ne soit pour aller passer l'après midi, & prendre le thé chez leurs voisines; alors elles se servent, dans certains cantons d'une espèce de *cabriolet* très-léger qu'elles conduisent elles-mêmes, ou bien elles montent sur leurs jumens, tenant dans leurs bras le plus jeune de leurs enfans; — si je pouvois vous peindre la sphère de leurs occupations, le cercle de leur industrie, leur propreté, vous connoîtriez alors combien elles sont précieuses, utiles & estimables. — On rencontre peu de familles qui n'aient au moins cinq enfans.

L'inoculation a été infiniment simplifiée depuis qu'elle a été connue dans ce pays, les enfans subissent cette opération de très-bonne heure ; aussi ne voit-on personne ici, qui soit marqué de petite vérole —.

Les taxes imposées sont réparties par les *Asséffeurs* de chaque comté, d'après le détail exact que chacun est obligé de donner de sa propriété. — Tous les articles qui la composent, sont évalués par la loi, à un prix très-modique, & les taxes prélevées, d'après une proportion également fixée par la loi, — elles sont ensuite payées aux *Collecteurs* & versées par eux dans les mains du trésorier du comté, — qui après avoir arrêté le compte de dépenses, pour l'entretien des chemins, celui des pauvres, la réparation des ponts, des *maisons de justice* (1), des têtes de loups (2) &c., devant le bureau des *Superviseurs*, transmet au trésorier général de l'Etat, le montant de la somme qu'exige le Gouvernement. — Cette contribution est toujours dans la même proportion avec celles

---

(1) *Court-Houses.*

(2) Le Gouvernement de cet Etat accorde 50 livres par tête —.

des autres comtés, comme la taxe de chaque individu l'est avec celle du comté dans lequel il réfide. — Le tréforier général foumet tous les ans à fon tour, le détail de fes recettes & de fes dépenfes à l'Affemblée légiflative, qui après les avoir examinées & approuvées, les fait imprimer dans fes journaux, d'où elles ne tardent pas à paroître dans les gazettes. — Ceux qui fe croyent léfés dans leur affeffement, ont droit de fe plaindre & d'en fufpendre le paiement pendant quinze jours; — alors ils appellent trois Juges de paix & deux Francs-Tenanciers, qui forment un petit Tribunal auquel ils foumettent le détail de leurs propriétés; *l'affeffeur* eft obligé d'y comparoître auffi; — fi ce dernier prouve que le colon n'a pas déclaré tout ce qu'il pofsède, alors le plaignant eft obligé de payer double taxe; fi *l'affeffeur* a fait une erreur, elle eft corrigée; tout cela fe fait fans frais —.

Pour éviter la trop grande perte de tems, occafionnée fouvent par les élections des Repréfentans du peuple, dans le Sénat & dans l'Affemblée, les Habitans s'affemblent par diftrict, & donnent leurs voix devant des Infpecteurs particuliers, chargés d'en tranfmettre les rôles au *Shériff*, qui après avoir déclaré quels font les Candidats choifis, envoie leurs noms au Gouverneur. — Il en eft de même pour le choix de ce premier Magiftrat. — Telle eft l'efquiffe de l'Adminiftration intérieure de l'Etat de *New-York* ; — quoique celle de chaque Etat de l'Union ait quelques nuances différentes, celle-ci sera suffisante pour vous donner une idée générale & succinte de l'ordre civil qui est observé dans ces Etats —.

Quoique le goût pour l'Agriculture, & la facilité d'acquérir des terres, procure en général l'aisance & souvent l'abondance à tous ceux qui veulent travailler, — cependant ici, comme partout ailleurs, on voit quelques familles ou moins heureuses, ou moins industrieuses. Ceux qui sont réduits par l'âge & les infirmités, à ne pouvoir plus se soutenir, s'adressent à l'Assemblée municipale de leur canton ; alors *les Pères des Pauvres* vont les voir, & les mettent en pension chez un Cultivateur, qui s'engage de les bien vêtir & nourrir pour une somme convenue, qui va à-peu-près à 470 livres —.

Je crois vous avoir déjà dit que toutes les terres sont libres, qu'elles ne paient ni dixmes, ni redevances seigneuriales ; (1) — on en voit

───────────

(1) Il y avoit dans cet Etat, avant la révolution, plusieurs concessions d'une grande étendue, qui ressembloient beaucoup à des seigneuries, telles que celle de *Philipsbourg*, *Rhinebeck*, *Clermont*, *Levingston*, *Ranslaerwich*, &c. ; mais, depuis la révolution, toutes ces loix de substitution ont été anéanties —.

cependant une assez grande quantité dans cet Etat, qui ont été concédées à raison d'un écu par cent acres ;—ce cens, jadis royal, subsiste encore, & est annuellement payé au nouveau Gouvernement ; — les loix ne reconnoissent d'autres distinctions personnelles, que celles qui sont attachées à la Magistrature, & il y a quelques différences; le titre d'*Excellence* est donné au Gouverneur ; celui d'*Honorable* à un Délégué en Congrès ; celui de *Votre Honneur* à un Maire de Ville ; & enfin celui d'*Ecuyer* est attaché à toutes les autres Commissions ▬.

Il n'est pas rare de rencontrer ici de grands Propriétaires Cultivateurs qui, à la simplicité des mœurs champêtres unissent l'urbanité du langage, le goût de la lecture, & souvent même les lumières acquises par les voyages ; je conduisis, il y a quelques années, un Anglois chez un de mes voisins; (1) — sa belle maison, sa vaste grange, la prairie immense qui est située devant sa porte, tout annonçoit un Etablissement respectable & opulent ; — quelle fut la surprise de cet Européen, lorsque je le menai au moulin, d'y voir le Maître de cette Plantation, à qui ce moulin

---

(1) M. C. *Colden*, fils du Lieutenant-Gouverneur : il étoit Colonel de Milice & un des Juges de la Cour inférieure ; c'étoit en 1774.

appartenoit aussi, blanc de farine, & occupé avec ses gens à remuer des barrils ; — la bonne chère & la conversation instructive, les livres bien choisis qui composoient sa bibliothèque, la longue hospitalité que nous y reçûmes, ébranlèrent un peu ses préjugés, & contribuèrent à lui prouver que la culture de la terre, parmi nous, n'est point incompatible avec les connoissances utiles & agréables —.

Les Villes sont gouvernées par des *Elus*, dans certains Etats, & par des *Maires & Echevins*, dans d'autres ; — ces Corps jouissent des plus grands priviléges ; — les Maires sont nommés par les Gouvernemens, les Citoyens des différens quartiers choisissent les Echevins. — Chacun d'eux, investi du pouvoir de Magistrat, juge les délits commis dans l'étendue de sa Jurisdiction, ainsi que du recouvrement des dettes, jusqu'à la somme de 70 livres ; ils composent une Cour, présidée par le Maire, qui tient ses séances tous les mois dans les Hôtels-de-Villes —.

Ces Corps veillent à la sûreté, à la police, au bon ordre, & à la paix des Villes ; — ils ordonnent le pavement, le nettoiement, l'alignement & l'illumination des rues, ils ont l'inspection des *Maisons d'industrie*, de *l'asyle des pauvres*, des *quais*, &c. — Ils possèdent les terreins vagues jusqu'à mer basse, dans toute l'étendue des banlieues ; ils veillent à l'entretien & à l'ordre des marchés, à celui des ponts, des édifices publics, des pompes placées dans les rues de distance en distance. — Le Gouvernement confie aux soins d'un certain nombre de Citoyens les plus respectables (1) la Surintendance du Port, des Pilotes, des Phares & des Balises. — Le Tribunal de l'Amirauté veille à la sûreté individuelle des Navigateurs —.

Dans presque toutes les grandes Villes, il y a des Hôpitaux pour les malades & les matelots, ainsi que des Ecoles gratuites pour l'éducation des Enfans pauvres & des Orphelins ; — les Prisons sont construites avec beaucoup de soin, dans des endroits isolés & bien aérés; (2) — le Gouvernement accorde aux prisonniers treize sols par jour; — ils sont sous l'inspection du *Grand Shériff*. — La garde des Villes est commise pendant la nuit à un certain nombre d'individus, qui ne ressemblent point à ce qu'ils devroient être : — ils parcourent les rues, donnent l'alarme du feu, & arrêtent comme ils peuvent ceux qui font du bruit ; — avant la guerre tout étoit en paix & en silence à onze heures du soir ; mais le grand nombre de vaisseaux étrangers qui arrive

―――――――――

(1) Port *Wardens*.
(2) Telles sont celles de *Philadelphie* & de *New-York*.

aujourd'hui dans nos Ports, obligera bientôt ces Corps municipaux à employer un peu de sévérité, pour réprimer la turbulence des matelots, accoutumés à ne craindre chez eux que le fusil & la baïonnette. — Avant la guerre il y avoit des Bibliothèques dans presque toutes les Villes capitales, — les unes avoient été léguées au Public par des Citoyens, — les autres avoient été formées par souscription & achetées par les Corps municipaux ; — d'autres enfin étoient ce qu'on appelle circulantes (1) —.

Les chantiers les plus considérables, sont toujours placés dans le voisinage des grandes villes ; — c'est là où l'on voit la perfection du mécanisme anglois dans les instrumens, les outils & les machines, unie à la patience, à l'adresse & aux connoissances des Américains ; — tous les Etrangers que j'ai vus ici, conviennent qu'il n'y a point de Nation en Europe qui pousse plus loin la finesse de la coupe, l'élégance de la forme, la vélocité qu'ils savent donner à leurs vaisseaux ; — on ne peut s'empêcher d'admirer le goût avec lequel ils les peignent, les entretiennent & finissent les ornemens du dehors & du dedans ; le goût pour la Marine est excité &

---

(1) *Circulating libraries.*

entretenu par le grand nombre de havres, de rivières & de baies, qui de toutes parts arrosent & interfectent ce Continent, ainsi que par l'abondance de leurs bois & de leur fer ⸺.

Les fréquens incendies auxquels leurs Villes font exposées (1), ont forcé les Habitans de perfectionner l'art de les éteindre ; ⸺ chaque quartier dans les Villes a ses pompes, qui tous les quinze jours font mises en exercice pour les entretenir ; ⸺ chaque Corps de Ville a ses feaux de cuir élégamment peints, ainsi que tous les Particuliers, qui par une Loi très-expresse, font obligés d'en avoir deux, & de les suspendre dans le vestibule de leurs maisons (2) ; ⸺ c'est lors de ces incendies qu'on voit en tremblant, sur les toits des maisons, ce que peut faire le courage, la hardiesse, le sang froid & l'intelligence réunis ; ⸺ aussi-tôt que l'alarme du feu est donnée, tous les Habitans font obligés de mettre des lumières en-dedans de leurs fenêtres, & d'aller

―――――――――――――――――――――

(1) Les toits en sont couverts avec des bardeaux de cèdre blanc.

(2) La forme de ces feaux est très-élégante, & la manière dont le cuir est cousu, très-ingénieuse ; chacun les fait peindre à son gré, avec son nom, & le numéro de sa maison, & souvent une épigraphe, telle que celle-ci : *In angustis amicus*, &c.

au

au feu avec deux *seaux* & *deux sacs* ; — sans désordre, confusion ni bruit, ils savent former la chaîne, & les *puits à pompes*, dont toutes les rues sont remplies, fournissent dans peu de tems la plus grande abondance d'eau —.

La tolérance universelle a rempli les Villes d'un grand nombre d'Eglises des différentes sectes de la chrétienté ; — ce sont autant de petites démocraties établies par la Loi, gouvernées par des *Anciens* (1), choisis à la pluralité des voix de chaque Congrégation ; — toutes sont singulièrement propres & bien entretenues ; il y en a même de très-élégantes, & chacune d'elles a ses Cimétriers ; — l'heureuse innovation qu'on doit en France à la sagesse des Parlemens, n'est point encore parvenue jusqu'ici, quoique par la voie des gazettes, le public ait été plus d'une fois instruit des conséquences fatales de cette coutume antique & barbare ; — chacun va paisiblement adorer Dieu dans l'église de sa secte, sans cependant croire que son culte soit exclusivement bon ; — Tel est l'esprit fraternel & tolérant, inspiré par l'éducation que reçoivent les enfans, & par le mélange de ce grand nombre de sectes, que souvent le mari appartient à l'une, & sa femme à l'autre —.

---

(1) *Elders, Deacons, Vestrymen*, &c.

Tome III.

Les morts font traités avec le plus grand respect; leurs parens, leurs amis vont les voir pour la dernière fois, avant qu'on les ait déposés dans leurs cercueils; ceux des riches font, pour la plupart, d'*Acajou* dans les *Etats Septentrionaux*, & de *Cèdre rouge* dans ceux du *Midi*; — on les place ensuite dans un second fait de *Bois de Pin*; — presque tous les tombeaux font distingués par des pierres sépulcrales, sur lesquelles, le nom, l'âge, la filiation du défunt, font gravés, & souvent aussi des vers, ou quelques passages de l'écriture; — dans presque tous les testamens, (& il est rare de mourir *intestat*) les testateurs y indiquent le lieu où ils veulent que leurs corps soient déposés, tantôt dans le tombeau de leurs femmes ou de leurs maris, tantôt dans l'endroit où reposent les cendres de leurs parens ou de leurs amis (1); — ces dispositions regardées comme sacrées, font toujours religieusement observées. — On voit dans les cimetières des villes un grand nombre de caveaux destinés à cet usage, dans les-

---

(1) « Je veux être porté en terre sans nulle pompe ni
» dépense, & être déposé dans le même caveau à côté de
» mon père, de mon très-honoré grand-père, de mes
» autres parens & de ma femme, dont la mémoire m'a
» toujours été si chère , &c. ». *Testament du Docteur Mather, Recteur d'une des premières Paroisses de Boston, qui vient de mourir à l'âge de quatre-vingt-un ans.*

quels les survivans ne manquent jamais de descendre à la mort de quelques membres de la famille, pour se rappeler la mémoire de ceux qu'ils ont perdus. Telles sont les raisons qui rendent la plûpart des cimetières de ce pays instructifs, & qui les font souvent visiter ; — ces coutumes pratiquées principalement dans les *Etats Septentrionaux*, ne cesseront d'être observées & d'être édifiantes, que quand les mœurs des Américains seront dépravées —.

Le goût démocratique a produit un grand nombre d'associations, de fondations & d'établissemens utiles dans presque toutes les villes, — tels qu'hôpitaux, écoles, sociétés de marine, de médecine, académies, bibliothèques, chambres d'assurance, de commerce, exécution de projets utiles, &c. Aussi-tôt qu'on est sûr d'obtenir du Corps législatif une *charte d'incorporation*, — alors la confiance remplit bientôt les souscriptions, & l'objet proposé est entrepris, accompli ou maintenu, sous l'inspection des directeurs, trésoriers & secrétaires nommés & choisis annuellement par la majorité des souscripteurs, qui peuvent transmettre ce premier droit par leur testament. — La plûpart des maisons dans les villes, sont bâties en briques & peintes en dehors, ce qui leur donne un air de propreté & de fraîcheur qui plaît beaucoup.

— Toutes sont élevées de quelques marches pour donner du jour aux caves, & ont des portes élégamment décorées, dont le marteau est de cuivre, ainsi que la plaque, sur laquelle le nom du propriétaire & le numéro de la maison sont gravés. — L'intérieur brille moins par la richesse des ornemens & le luxe des ameublemens, que par la belle simplicité, & sur-tout par la perfection de la menuiserie dans les vestibules, les escaliers, les portes & les fenêtres; — tout y est entretenu avec une propreté constante & régulière; ce sentiment auquel on attache une grande importance morale, est enseigné comme une vertu nécessaire, par l'exemple & par les préceptes. — Dans beaucoup de cantons il paroît même être instinctif ; — voilà pourquoi il se manifeste dans la maison de l'artisan, comme dans celle du négociant, dans les églises comme dans les hôpitaux, dans les petites comme dans les grandes auberges ; & n'étant point inspiré par l'ostentation, il répand son heureuse influence en général, sur tout ce qui appartient & environne l'Américain; il tient ce goût distinctif de la souche d'où il dérive. — De là naît la décence, l'entretien des bâtimens publics & particuliers, des prisons, des églises, des vaisseaux, &c. — Cette heureuse disposition; ce premier devoir social est, je crois, un des effets de la civilisation le plus salutaire, le plus utile à la société, & le plus indispensable. — Un des plus grands reproches qu'on puisse faire à une fille, à une femme, ou à une famille, est celui de la malpropreté, soit sur ses vêtemens ou dans la maison; — on attache toujours à cette idée, celle d'une mauvaise économie, de l'ignorance, & d'une éducation imparfaite; — il y a même dans la langue un mot vulgaire qui y est consacré (1). — Parmi les familles aisées, la plus grande partie des tables, des chaises, bureaux, secrétaires, rampes d'escaliers, &c. (2) sont en bois d'*acajou*, qu'on tire de la baie de *Honduras*, & les planchers sont faits du plus beau pin de *Weymouth*. Dans un grand nombre de maisons, ils sont couverts de tapis ou de toiles peintes à l'huile; on répand du sable fin, qu'on lave & renouvelle tous les matins sur ceux qui sont fréquentés par beaucoup de monde; — les noms des rues sont gravés à toutes les encoignures —.

Jusqu'ici les Américains n'avoient point pensé aux promenades publiques; — leur genre de vie, leurs mœurs, leurs occupations, les préjugés religieux de certaines provinces les en avoient éloignés. — On commence cependant

---

(1) *Slut* ou *Slutish*.
(2) Souvent aussi le petit bois des fenêtres.

à en planter; — dans plusieurs capitales, une grande partie des *quais* ou *jetées* sont construits, comme je vous l'ai déjà dit, à angle droit avec le courant, pour mettre les vaisseaux à l'abri des glaces pendant l'hiver, & décharger les marchandises plus commodément pendant l'été —.

Toutes les voitures dont on se sert pour les voyages, sont en général à deux roues, & unissent l'élégance à la solidité; — celles qui sont destinées aux transports, sont des charriots d'une construction forte & en même tems légère, surtout dans les Etats méridionaux. — On voit encore quelques charrettes dans les quatre provinces de la Nouvelle-Angleterre, tirées par des bœufs, à cause des mauvais chemins & des montagnes. On observe cependant que plus ils deviennent meilleurs, & plus l'usage des charriots s'y introduit. — J'ai oui dire à plusieurs connoisseurs que les carrosses faits à *Philadelphie* étoient aussi bons que ceux de Londres —.

Avant la guerre les maisons de campagne, situées dans les environs de *Boston*, de *New-York* & de *Philadelphie*, étoient très-nombreuses & plus élégantes que je ne puis vous le dire. — C'étoit sous ces toits charmans, souvent environnés des beaux arbres primitifs de la nature, conservés par leurs ancêtres, que les citoyens de ces villes alloient se délasser des fatigues de leurs occupations, accompagnés de leurs femmes, de leurs enfans, de leurs amis, y exercer l'hospitalité la plus douce & la plus édifiante. — C'étoit dans ces jardins que se préparoit l'introduction des bons fruits & des bons légumes de l'Europe, & d'où ils étoient ensuite graduellement répandus & propagés dans les campagnes. Ici tous les fruits croissent en plein vent & ne sont point inférieurs à ceux de l'Europe, d'où ils sont originairement venus. — Le prix excessif de la main d'œuvre arrête une foule d'améliorations; — mais d'un autre côté, l'ample récompense que les ouvriers reçoivent, répand l'aisance & l'abondance parmi ceux qui sont sobres & industrieux. — La grande quantité de comestibles produites dans un pays agricole comme celui-ci, assure à tout le monde une subsistance certaine & aisée qui se manifeste par le grand nombre de mariages, & par celui des enfans qui en proviennent. — Ce coup d'œil de la société, ne dédommage-t-il pas bien suffisamment de la privation d'espaliers, de jets d'eau, de belles charmilles, &c —.

La plupart des choses de première nécessité sont faites ici avec autant de perfection, & sont souvent meilleures qu'en Angleterre, mais les raisons dont je viens de vous parler les rendent beaucoup plus chères; — ici tous les artisans sont un apprentissage régulier, avant d'exercer leurs métiers, quoiqu'il n'y ait ni jurandes ni corps; — cette heureuse coutume s'est également introduite parmi les médecins, les avocats, les capitaines de navires, les marchands &c., ce qui procure des débouchés faciles & honnêtes à un grand nombre de jeunes gens; — à l'étude de ces différentes professions & métiers, ils unissent l'exemple, la pratique & les leçons journalières, qu'ils reçoivent de leurs maîtres, par qui ils sont traités comme les enfans de leurs amis, de leurs voisins & souvent de leurs parens. Ces conventions sont toujours faites devant un Magistrat.

Vous connoissez déjà les loix de naturalisation, telles qu'elles étoient du tems des Anglois; — depuis la révolution, elles sont devenues plus faciles & plus simples encore; — rien n'est si aisé aujourd'hui que de devenir citoyen d'un de ces États. — Les Européens viennent ici de deux manières; — les uns payent leur passage, les autres, dénués de toutes ressources, s'engagent pour un certain tems avec le capitaine, qui afin de se rembourser de ses frais, cède à un colon, pour un prix convenu, cet engagement ratifié devant un magistrat; il est plus ou moins long suivant l'industrie & les talens de celui qui veut se faire transporter ici. Les villes sont remplies de négocians, d'avocats, des prêtres qui desservent les églises, d'artifans, de marchands en détail, d'armateurs, de beaucoup d'ouvriers & de marins. — Je ne connois pas dix familles opulentes dans les villes de *Boston*, de *New-York* & de *Philadelphie* qui ne s'occupent de quelques affaires ; car ici perfonne n'est oisif ; les richesses semblent n'être désirables qu'autant qu'elles sont employées à quelques spéculations utiles ; — les jeunes gens dont l'éducation est simple, se destinent de bonne heure, les uns à l'état de marchands, d'artisans, d'avocats, de marins ; les autres vont sur les terres que leurs pères ont acquises, former des établissemens, construire de grands moulins, introduire dans un canton nouvellement défriché, quelque branche de commerce, ouvrir de nouveaux débouchés, &c. Les autres pénétrant plus avant, font le commerce des pelleteries, spéculent sur l'achat & la vente de terres boisées, s'adonnent à l'arpentage qui est ici une occupation lucrative & décente ; — dans les *Etats Septentrionaux*, la jeunesse, profitant de l'excellente éducation qu'on lui donne, émigre dans ceux du Midi (1), y deviennent quelquefois les correspondans de leurs parens, & par leur in-

---

(1) Les Etats de *Massachussets*, *New-Hampshire*, *îles de Rhodes* & de *Connecticut*, n'ont que peu d'étendue, en comparaison de ceux du midi ; le sol, d'ailleurs, n'en est pas aussi fertile, & le climat en est très-dur.

dustrie, y forment souvent d'heureux établissemens; — d'autres sont employés par les gouvernemens dans les charges de l'État. — Tels sont en général les débouchés pour les jeunes gens des villes; ceux des campagnes suivent presque tous l'exemple de leurs pères, ils se marient de bonne heure, & cultivent les plantations qu'ils leurs donnent; ou exercent les métiers (1) qu'ils leur font apprendre, & qui dans certains cantons de l'état de *New-York*, sont considérés dans les testamens comme équivalens à cent acres de terres; ceux qui se destinent à la mer, étudient dans les écoles la théorie de la navigation, la trigonométrie sphérique, &c. Tous apprennent à bien lire, bien écrire & à bien calculer; mais beaucoup plus encore que leur éducation, le spectacle journalier de l'industrie & de l'activité générale, la honte de n'être bons à rien, les petits échanges de propriété qu'ils font souvent, leur inspirent de bonne heure le goût & la disposition pour les affaires. — Je connois un jeune homme qui à l'âge de dix-sept ans, chargea deux vaisseaux pour

---

(1) A mesure que les Cultivateurs défrichent de nouveaux cantons, ils sont toujours suivis de tous les Artisans nécessaires à la Société, tels que Charpentiers, Menuisiers, Charrons, Cordonniers, Tonneliers, Maréchaux, Marchands, Meûniers, Chapeliers, Tailleurs, &c.

l'Irlande, fit nettoyer la graine de lin qu'ils devoient y transporter, en fit faire tous les boucauds, en dressa lui-même les expéditions, & entra en société avec son père l'année suivante. — Je conduisis un françois très-instruit, il y a quelque tems, à un chantier d'où l'on venoit de lancer un vaisseau de trois cents tonneaux; — quel fut son étonnement lorsque je l'introduisis au constructeur qui n'avoit pas encore vingt-deux ans (1)! Ce goût précoce pour les affaires, prévient les funestes dangers de l'oisiveté, & est très-édifiant. — Je crois que dans ce moment, l'activité nationale se tourne trop vers les éxpéditions maritimes, & les spéculations du commerce. — Quoique rien ne soit plus attrayant que le spectacle d'un grand havre rempli de vaisseaux, ni plus imposant que les affaires qu'ils occasionnent, — ce mouvement ne peut cependant être vraiment utile à de jeunes sociétés agricoles, que lorsqu'il est destiné à encourager les productions de l'agriculture, & à en exporter la surabondance; — cette grande & première source de la prospérité de ces États, ne peut augmenter que par la confection des chemins, des communications & des canaux, que par l'augmentation des champs bien enclos, de

---

(1) Il est frère du brave Major *Cheeseman*, qui fut tué devant *Québec*, à côté du Général *Montgomery*.

forêts défrichées, de vergers bien plantés, de marais defféchés, que par l'invention de machines propres à fimplifier le travail des hommes, enfin par une induftrie éclairée & fuivie, — ce qui exige une partie de leur crédit & de leurs capitaux —.

La fociété des villes, à quelques nuances près, (occafionnées par la diférence du fol & du climat) eft la même dans tous les *Etats Septentrionaux*; le matin eft deftiné aux affaires; ils dînent tard afin de pouvoir confacrer le refte du jour aux plaifirs des difcuffions politiques de la converfation, qui quelquefois eft animée par un peu de vin; mais cet abus a fes avantages chez un peuple auffi phlegmatique, & eft beaucoup plus pardonnable dans un pays républicain, que dans toute autre. — Pendant la belle faifon, les Samedis font régulièrement confacrés aux *clubs*, aux parties de pêches & de campagne; d'ailleurs les femmes aiment à être feules, pendant cet intervalle, deftiné au nettoiement des maifons —.

Je crois que vous connoiffez l'ufage du thé; — c'eft ici un des grands liens de la fociété, ce font des collations dans l'arrangement defquelles il entre beaucoup plus de goût & de recherche, que vous ne pouvez l'imaginer; — je ne connois point d'ameublement dont l'apparence foit plus élégante & plus frappante pour un étranger; c'eft une belle table ronde d'*Acajou*, luifante comme un miroir, sur lequel est placé un beau cabaret, dont le centre est occupé par une urne pyramidale, d'argent ou de bronze (1), elle est toujours environnée d'un nombre de tasses de porcelaine, égal à celui des convives, & accompagnée de tous les vases nécessaires à contenir le sucre, la crême, les confitures, le bœuf fumé, le beurre frais, le biscuit, &c., ainsi que les pincettes & cuilliers d'argent; — la distribution de toutes ces choses, exige une phraséologie, une foule de petites attentions techniques & particulières, auxquelles les jeunes filles attachent une grande importance & auxquelles elles mettent beaucoup de graces & d'agrément —.

Quoique ces collations soient des repas journaliers dans toutes les maisons, il y en a cependant de plus particulières, où les amis & les étrangers sont invités. Si je n'étois pas persuadé que la décoction de cette herbe, & l'usage de l'eau chaude est pernicieuse à la santé, je dirois que le thé est un des plus charmans repas qu'on puisse faire; — Puisse le luxe introduit dans les villes par la guerre & les étrangers, n'être qu'un mal éphémère, qui disparoîtra dans peu d'années!

---

(1) Dans les campagnes, l'urne est remplacée par une théière d'argent.

— ces espérances commencent déjà à se réaliser par la rareté des espèces, qui diminuant le prix de la main-d'œuvre, tend à augmenter l'industrie, & non moins par plusieurs associations considérables instituées dans différens États, pour en arrêter les progrès (1).

J'ai l'honneur d'être, &c.

SAINT-JOHN.

---

(1) Telles que celles de Boston, de Hartford, de Richmond, &c.

New-York, 28 Décembre 1786.

LÉGERE esquisse de ce que les Américains ont fait de plus intéressant depuis la paix.

APRÈS avoir passé huit ans au milieu des agitations & des dangers, après avoir montré un degré de persévérance & de courage, une suite de talens proportionnés à la grandeur de l'entreprise, à l'importance de l'objet, à la nature des différens événemens qui ont accompagné la dernière révolution, les habitans de ces Etats viennent enfin de rentrer dans le sein du repos ; — déjà les cultivateurs commencent à ensemencer leurs champs; déjà leurs ports commencent à se remplir de vaisseaux; ils vont jouir enfin sur la terre qu'ils viennent d'affranchir, de la juste récompense due à leurs efforts & à leurs travaux.

Mais l'esprit des hommes se soumet difficilement aux changemens trop rapides. — Après tant de mouvemens & d'inquiétudes, il leur faut un certain espace de tems pour apprécier & sentir l'étendue de leur nouveau bonheur & celle des nouveaux devoirs qu'il exige; — mais telle est la malheureuse disposition de l'esprit humain, que la perfection de ce bonheur semble être encore éloignée; — le funeste changement que les guerres civiles occasionnent dans les mœurs d'une nation, en est toujours une des plus affligeantes calamités. — Le nouvel esprit quelles inspirent, fait perdre de vûe le respect qu'on avoit auparavant pour les sentimens & les opinions qui paroissoient si belles pendant la paix ; le spectacle continuel des malheurs & des accidens émousse les sensations, pervertit les anciennes idées, & la nécessité de les supporter nous les rend familières ; les Américains ont donc besoin d'un certain espace de tems pour apprendre à bien connoître leur véritable situation, & sentir l'importance du rôle auquel ils sont appelés—. Il faut bien remarquer que quoiqu'ils forment aujourd'hui des sociétés très-nouvelles, seize cents lieues à l'ouest de l'*Europe*, un grand nombre cependant de ceux qui les composent, ont émigré de cet ancien *Continent*, — que les autres conservent encore plusieurs préjugés de ces vieilles sociétés, — & que leurs villes sont remplies d'un grand nombre d'Européens.

Ils subissent dans ce moment une épreuve plus difficile peut-être, & plus dangereuse, que celle des armes dont ils viennent de sortir; — qui sait si ils ne sont pas même destinés à quelques nouveaux malheurs, & si même ces malheurs ne deviendront pas pour eux un remède salutaire? Le
moment

moment critique de leur émancipation approche & un petit nombre d'années décidera des conséquences de cette révolution; — le luxe & la dissipation; — le commerce & l'appât trompeur du crédit, tels sont les ennemis redoutables que les *Américains* ont à combattre, surtout dans les *Etats Méridionaux*; — beaucoup moins de frugalité & d'industrie qu'avant la guerre, une fausse idée de la liberté qui vient de leur coûter si cher, dont il est si facile & si dangereux d'abuser, une méfiance jalouse des représentans & des chefs qu'ils choisissent eux-mêmes, tels sont les grands inconvéniens auxquels les habitans du *Nord* sont exposés; — je ne lis qu'avec frayeur cette partie de l'histoire, dans laquelle je vois l'effet semblable que la révolution de *Cromwel* eut sur les mœurs des Anglois.

Plusieurs années doivent donc s'écouler avant que les blessures profondes que ces Etats ont reçues puissent être guéries, avant que leur gouvernement fédéral & leurs constitutions particulières soient bien consolidées; — pendant cet intervalle, leur population prendra des racines profondes, leurs gouvernemens acquierront de la force & de l'énergie; — maîtres de tous les avantages qui résultent de leur situation & de la possession d'un sol aussi étendu qu'il est varié, protégés par des loix justes & douces, excités par l'égalité, par

Tome III. I i

l'émulation, il ne tiendra qu'à eux d'étendre les limites des connoissances humaines; alors l'immense *Continent* sur lequel ils vont se répandre, deviendra un trésor nouvellement découvert, dont les productions jusqu'ici inconnues, produiront un jour des conséquences politiques & des objets de commerce infiniment importans; — il est donc à espérer que cette masse de connoissances, déjà si considérable, sera sans cesse augmentée par l'application constante de leurs esprits calmes & observateurs, par la liberté illimitée de communiquer leurs idées, par l'encouragement d'une industrie libre & protégée, ainsi que par l'introduction des nouvelles découvertes de l'*Europe*.

Cette marche peut même être accélérée par les effets d'un heureux hasard, supérieur à tous les pouvoirs de l'invention; par la naissance de ces génies destinés à éclairer les hommes, qui naissent plus fréquemment dans des sociétés nouvelles, non encore assujetties à l'empire des antiques opinions & des préjugés; — ces espérances sont fondées sur le caractère & la nation des premiers Européens, qui ont découvert & successivement peuplé cette partie du *Continent*, sur l'époque, l'origine & les diférentes causes du développement rapide de toutes ces colonies, sur la marche de l'esprit humain, & le progrès des lumières qui les a constamment suivis, progrès si évidemment démontré par l'état de perfection, où étoient les arts, les inventions, les établissemens utiles, &c. quand la guerre a commencé —.

Elles se réaliseront pour le bonheur de l'humanité, à moins que le mauvais génie de notre race n'étouffe le germe d'espérances si belles & si consolantes, à moins qu'en leur inspirant l'esprit de désunion & de vertige, il ne les plonge dans l'anarchie & fasse regretter que tant d'efforts aient été faits, & tant de sang ait été répandu.

Votre approbation à la collection que je vous ai transmise, des loix promulguées par tous les États depuis la paix, des journaux du Congrés, & des pamphlets politiques, m'a donné une autre idée; — c'est celle d'une légère esquisse de ce que les Améticains ont fait de plus intéressant depuis cette époque. — Si la forme de leurs gouvernemens, si la foiblesse de la confédération, si plusieurs autres raisons qui bientôt vont disparoître, ont nécessairement occasionné des lenteurs dans l'arrangement de leurs finances, vous conviendrez cependant, après avoir parcouru ce foible tableau, que l'industrie nationale & l'énergie particulière marchent à grand pas, & que dans peu d'années, leur population, leur force, leur industrie, leurs connoissances & la masse des améliorations nouvelles, démontrées par la confection des communications, des canaux, par le défrichement de

I i ij

tant de nouveaux cantons, & par un grand nombre d'établissemens utiles, attestent l'heureuse influence que l'indépendance de ces États a eue jusqu'ici —.

A peine fut-elle reconnue & la paix signée, que tous les Corps législatifs s'occupèrent du sort de leurs nègres, & s'empressèrent de consacrer les premiers momens de leur liberté à chercher les moyens de l'adoucir; — jamais depuis la fondation de ces Etats, les intérêts de cette race n'avoient été discutés avec autant de zèle & de raison; les uns les ont entièrement affranchis, les autres ont pris des mesures pour encourager l'émancipation, & alléger leur servitude. — La *Virginie* vient d'en défendre l'importation avec une sévérité extraordinaire; — déjà on a institué dans plusieurs villes, des écoles pour les instruire, des sociétés pour les protéger & les défendre contre l'avidité & la tyrannie de leurs maîtres, &c. — Ce premier pas mérite bien votre attention; — c'est, je l'espère, le commencement d'une révolution, qui dans moins de cinquante ans, détruira parmi nous l'esclavage de cette race.

Quoique la tolérance religieuse fût reconnue dans toutes ces colonies avant la révolution, & que même depuis plus d'un siècle, elle servît de base à presque tous leurs gouvernemens, — on en voyoit cependant encore quelques-unes au commencement de la guerre, dans lesquelles elle n'avoit point été légalement admise; — les premiers efforts de leurs Corps législatifs, aussi-tôt après la paix, ont été employés à promulguer sur ce sujet important, les loix les plus sages; — tous ont placé cette grande vérité politique au nombre des premiers principes de leurs législations, tous l'ont mise au rang de leurs loix fondamentales (1).

Sachant combien les sciences & les arts augmentent le bonheur des hommes, & contribuent en même tems à l'honneur & à la dignité des gouvernemens qui les protègent, presque tous ces Etats ont publié des loix particulières pour assurer aux Auteurs la propriété de leurs ouvrages —.

C'est en conséquence du même esprit, que les Citoyens de *Boston* fondèrent une Académie pour cultiver & encourager les sciences & les arts utiles, dès l'année 1780 (2) — Cette nouvelle institution ne tarda pas à recevoir du Corps législatif une chartre d'incorporation qui lui accorda les droits & les privilèges les plus propres à exciter le génie; — déjà elle possède un fonds

---

(1) *Voyez* le *Courier de l'Europe*, du 17 Mars 1786, & la loi dernièrement promulguée par la *Virginie*, dans l'*Encyclopédie méthodique* : ce sont les seules qui aient été traduites en françois —.

(2) Avant que la guerre fût terminée. Cette Académie

considérable pour récompenser les inventions utiles & encourager l'agriculture (1) — Depuis la paix on a institué aussi dans la même ville une société de médecine, dont le plan est très-étendu ; — non-seulement elle embrasse l'étude & la perfection des connoissances médicinales, mais aussi celles de la Chimie & de la Botanique; — elle est chargée d'examiner tous les sujets qui s'établiront dans les différens comtés de cet Etat. — Déjà, à sa réquisition, le Corps législatif a fondé dans l'Université de *Cambridge*, une chaire de chimie & de médecine; il est même question d'un jardin & d'une école de botanique —.

C'est au même esprit libéral & éclairé à qui les Royalistes doivent la magnanimité avec laquelle tous ces Gouvernemens viennent d'émousser le glaive des loix sévères, que l'aigreur de la guerre civile avoit dictées contr'eux. — Puisse cette générosité leur faire oublier ces anciennes opinions qui, malheureusement, les avoient rendus les ennemis de leur patrie —.

Outre un grand nombre de gazettes instructives qui paroissent presque journellement à *Bos-*

---

vient d'entreprendre l'Histoire naturelle de cette partie de l'*Amérique*.

(1) *Voyez* le premier volume des Transactions de cette Académie, qui vient de paroître —.

ton & dans les autres villes de cet Etat, on vient d'établir deux journaux ou mercures qui sont publiés tous les mois (1) ; — ils contiennent à la fois l'amusement & l'instruction —.

Avant la guerre on comptoit dans cet Etat plus de deux mille vaisseaux depuis soixante jusqu'à deux cents cinquante tonneaux ; ils formoient une partie des richesses de ces habitans, dont ils ont perdu plus des deux tiers pendant la guerre. — Cette perte est d'autant plus affligeante que les hommes devenus rares, vendent leur travail très-cher. Cependant au milieu de ces difficultés, ils construisent aujourd'hui dans tous leurs ports ; — les Cultivateurs qui habitent les bords des petites rivières, souvent même unissent les travaux de l'architecture navale avec les soins de l'agriculture. — J'ai admiré plusieurs fois cette double énergie, en voyant des *baleiniers* & des *grosses barques* mises en construction à côté de leurs granges. — Pour éviter pendant la guerre le feu de l'ennemi, ils construisoient des vaisseaux au milieu des bois, sur des *bergs* d'une forme particulière, d'où, pendant la saison des neiges, à l'aide de quatre-vingt & même de cent paires de bœufs, ils les traînoient & les déposoient sur la glace d'une rivière voisine —.

---

(1) L'un à *Boston* & l'autre à *Worcester*.

Un homme de *Boston* qui s'est occupé toute sa vie à faire des essais pour trouver une forme qui accélerât leur marche, y a enfin réussi. — Dès le commencement de la guerre, il fut chargé par le Congrès d'en construire plusieurs sur ses nouveaux principes (1); — leur force, leur vîtesse, la manière dont ils portoient la voile, &c., en ont amplement démontré l'excellence. — Cette découverte peut être regardée comme un grand pas vers la perfection de l'architecture navale —.

Un jeune homme de la même ville, vient d'exécuter une machine pour perfectionner les cardes à carder la laine & le coton ; — elle coupe & en même tems donne l'angle convenable à un grand nombre de dents, & perce avec une exactitude mathématique, les cuirs à travers lesquels elles doivent être passées. — Encouragé par les récompenses de l'Académie, il les vend déjà à cinquante pour cent meilleur marché que celles qui viennent de l'Europe —.

On s'est beaucoup occupé depuis la paix, de la perfection des communications, & de la construction des ponts. — On en a dernièrement

---

(1) Tels que le *Hasard*, le *Bélisaire*, le *Washington*, le *Gustave*, l'Impératrice de la Chine, &c. ; & pour le Roi de France, le *Dragon*, commandé par M. le Chevalier de *l'Epine*, &c.

exécuté un très-beau à *Newbury-Port* (1). Une société des principaux habitans de *Boston*, vient d'en faire construire un second non moins utile, sous la protection du Gouvernement, qui communique de cette capitale à la petite ville de *Charles-Town*, réduite en cendres le jour de l'affaire de *Bunkershill*(2); il a quinze cents trois pieds de long & quarante-deux de large; sa plus grande hauteur depuis le fond de la rivière, est de quarante-neuf pieds neuf pouces; — on y a placé des deux côtés des voies de pied élevées, & défendues des voitures. — Ce beau pont est éclairé par quarante lampes; — on va en construire un autre au bac de *Penny*, à celui de *Winésimet*, & un troisième de *Salem* à *Beverley*. (3); de manière que la communication vers le *Nouveau Hampshire*, va devenir plus courte & plus commode —.

Le Colonel *Enoch Hales*, qui a bien servi sa patrie pendant toute la guerre, vient d'en faire construire un autre très-hardi & très-élevé sur une des chûtes de la rivière du *Connecticut*. —— Par cette entreprise, ce généreux citoyen a

---

(1) Grand port de mer dans l'Etat de *Massachussets*.

(2) Tous ces Ponts sont construits en bois.

(3) Autre port de mer dans le même Etat, d'où sortent annuellement un grand nombre de vaisseaux pour la pêche des bancs de *Terre-Neuve*.

rendu un service inappréciable aux Etats de *Massachussets*, de *Connecticut* & de *Vermont*. — Une personne de *Boston* (1), dont malheureusement j'ai oublié le nom, a dernièrement inventé une nouvelle pompe pneumatique sans soupape, qu'on exécute dans ce moment à Londres —.

La population de ce dernier District (non encore reconnu comme Etat), augmente avec une rapidité singulière ; il s'est trouvé quinze mille hommes de milices dans le dénombrement de l'année passée (2), & déjà ils se sont établis sur toutes les îles du lac *Champlain* ; — il fut question dans la dernière séance de leurs Etats, de l'institution d'un Collége, d'une nouvelle division des anciens Comtés, de la fondation de plusieurs Villes, ainsi que d'exprimer la reconnoissance publique, en leur donnant le nom des personnes qui ont le plus contribué à la révolution. — Le Général *Ethan Allen* de cet Etat, vient de publier un ouvrage dont le titre est : — *La Raison, le seul oracle de l'homme* —.

---

(1) Suivant un dénombrement nouveau, cette ville contient deux mille cent maisons, & seize mille huit cents Habitans.

(2) 1785.

Je crois vous avoir déjà parlé de la jetée de *Boston*, qui a douze cents pieds de long & foixante de large ; — pour la rendre encore plus commode, les propriétaires viennnent d'y ajouter un fupplément de trente pieds, dans toute fa longueur ; revêtu en pierres comme le refte, fur lequel ils ont fait conftruire une fuite de magafins uniformes & élégamment peints, — c'eft un des plus beaux coups-d'œil qu'on puiffe voir. — Les propriétaires de ce fuperbe ouvrage viennent d'achever un puits à l'extrémité de cette jetée ; — quoique fondé à plus de vingt-cinq pieds d'eau falée, ils y puifent cependant de l'eau d'une excellente qualité. — Je crois qu'ils l'ont fait avec un taraud, à l'aide duquel ils font parvenus à faire monter les eaux centrales, comme cela fe pratique dans plufieurs quartiers de cette ville —.

Ils ont fortifié avec un foin extrême toutes les îles qui défendent l'entrée de leur havre, & entr'autres *celle du château* ; — par le moyen d'une combinaifon de fignaux, ils favent quel eft le nombre, la force & l'efpèce de vaiffeaux qui s'approchent de leurs côtes. — Ils ont réparé avec le même foin tout ce qui avoit été détruit par la guerre ; les édifices publics & les églifes ; — leur promenade, dont il n'exiftoit plus que quelques arbres, vient de renaître plus étendue, plus belle & plus commode quelle ne l'étoit auparavant : — les mêmes progrès se font observer à *Charles-Town* (1). Une Société vient d'établir un moulin à platiner le fer à *Attlebourg* (2), d'où sont tirées une partie des baguettes dont on commence à faire une grande quantité de clous (3) —.

Pour faciliter le commerce, on a établi des banques dans plusieurs Capitales, & comme elles sont toutes fondées sur les mêmes principes, toutes sont gouvernées par un Président, douze Directeurs & un Caissier, choisis par les Souscripteurs ; — elles escomptent les lettres de change à trente jours de vue —.

Les habitans de l'Etat de l'*Isle de Rhodes*, n'ayant que peu de terre à cultiver, sont obligés, pour s'en dédommager, d'avoir recours à la pêche du grand banc, à celle de la baleine, & aux spéculations du commerce. — Pendant les

---

(1) Petite ville bâtie sur la côte orientale de la rivière *Charles*, à une portée de canon de *Boston*, dont elle doit être considérée comme le fauxbourg.

(2) Etablissement ou *Township* de l'Etat de *Massachussets*, sur le chemin de *Providence* à *Boston*.

(3) Qui croiroit que les Etats-Unis consomment annuellement en clous & en carreaux de vitres, depuis sept pouces sur neuf, jusqu'à treize sur quinze, pour plus d'un million de livres tournois.

trois années que les Anglois possédèrent leur Capitale (1), toute l'industrie nationale se porta à *Providence*, située, comme vous le savez, au fond de la baie du même nom. — C'est à cette circonstance que cette ville doit son accroissement singulier. — Qui croiroit qu'elle arme annuellement près de cent vaisseaux de différentes grandeurs! — J'ai été voir dans ce voisinage une invention qui m'a paru très-intéressante, & qui mérite bien d'être connue (2). — Un particulier ayant perdu pendant la guerre la chaudière de sa pompe à feu, a trouvé le moyen de la remplacer par un vase d'une grandeur égale, construit avec des douves de pin blanc (3) & des cercles de fer; — il a aussi trouvé celui d'en faire bouillir l'eau par le moyen d'un poêle, placé en dedans de cette cuve, couvert de plomb; dont la plaque de devant, fondue un peu circulairement, est incorporée dans sa circonférence au moyen de grands cercles de fer (4). — Cette

___

(1) *Newport.*

(2) On doit cette heureuse invention à M. *Joseph Brown*, un des premiers négocians de cette ville.

(3) Elles ont près de trois pouces d'épaisseur.

(4) Cette plaque est environnée d'un cintre de briques.

invention vient d'être imitée dans plusieurs distilleries; d'où elle se répandra bientôt dans tout le Continent. — Les citoyens de *Providence* sont occupés dans ce moment à construire une jetée de sept cents pieds de long, à l'extrémité de laquelle ils auront dix-huit pieds d'eau —.

Les liaisons qui se sont formées pendant la guerre, entre les Citoyens de tous ces Etats, la connoissance plus particulière qu'ils ont acquise de leurs productions réciproques, a établi entr'eux une correspondance, un commerce & une communication qui augmentent tous les jours, & qui deviennent infiniment intéressans; — c'est ce qui a donné lieu à l'établissement de cette chaîne de charriots & de packet-boats dont je vous ai déjà parlé; — ils lient par mer & par terre toutes les parties du Continent, & font perpétuellement la navette de *Charles-Town*, à *Philadelphie*, *New-York*, *Providence* & *Boston*. — C'est dans le printems & l'été sur-tout qu'on voit arriver des parties méridionales du Continent & des Isles, un grand nombre de personnes, qui viennent chercher parmi nous la fraîcheur & la santé; — à dessein de prolonger cette chaîne jusqu'au *Nouveau-Hampshire*, on a établi à *Providence* des diligences légères & commodes, suspendues sur des ressorts, qui conduisent les passagers arrivés par les packet-boats, à *Boston*, *Portsmouth* (1), *Falmouth*, &c.

Après avoir lu attentivement les loix du *Connecticut*, passées depuis la paix, pour l'établissement de la tolérance, l'émancipation des Nègres, l'incorporation de plusieurs Villes, auxquelles le Gouvernement a accordé les plus beaux droits, pour l'encouragement de l'industrie nationale, & celui du commerce, pour planter des mûriers, &c. Vous serez convaincu que cet Etat est digne de la liberté & de l'indépendance qu'il a acquises—.

Aussi-tôt que la ville de *New-Haven* eut reçu sa chartre d'incorporation, & que le Corps municipal fut établi, il offrit les priviléges de Citoyen à tous ceux qui viendroient demeurer chez eux, quelques fussent leurs opinions politiques; — ils agrégèrent même aux droits de leur nouvelle citoyenneté, plusieurs personnes éminentes en Europe, par leurs vertus (2), leur mérite & leurs talens; — ils ordonnèrent que les rues (3) seroient plantées avec des ormes, comme

---

(1) Capitale du *Nouveau-Hampshire*.

(2) *Voyez* les gazettes de *New-York*, du 17 Avril 1785.

(3) Toutes les rues sont percées à angle droit; elles ont soixante-dix pieds de largeur, & plusieurs sont déjà plantées avec des Ormes pleureurs. — Cette jolie ville contient

le beau plateau du centre de cette Ville, dans le milieu duquel ils ont bâti leur Collége & leur Eglife; — à deffein de fe procurer une plus grande profondeur d'eau, ils comptent pouffer leur jetée un demi-mille plus avant dans le Havre; — ils ont ordonné que tous les chemins qui conduifent à leur Ville, feroient alignés & plantés dans l'étendue de leur banlieue; — déjà même ils ont penfé à introduire, par le moyen d'un canal, une partie des eaux de la rivière *Farmington* dans celle qui baigne les murs de leur Ville. — Une Société de Médecine a été établie fous la protection du nouveau Gouvernement municipal, & je crois même qu'ils penfent à un Jardin Botanique; — le même efprit s'eft répandu dans plufieurs autres Villes de cet Etat, & par-tout l'induftrie & l'émulation renaiffent;—un jeune homme a dernièrement chanté la découverte de ce Continent, les progrès de fa population, & la révolution qui vient d'affurer l'indépendance, dans un Poëme en neuf chants (1). — M *** a établi l'année paffée, dans le voifinage de *Middle-Town* une tannerie, fur des principes qui, dit-on, ten-

---

quatre cents maifons & trois mille deux cents Habitans; prefque toutes ont leurs granges & leurs vergers, fur-tout à quelque diftance du port.

(1) M. *Barlow*, intitulé *la Vifion de Columbus*.

dent

dent à en simplifier toutes les opérations ; il a trouvé que l'écorce de *Hemlock* (1) étoit bonne à cet usage, ainsi que la poudre de chêne qui sort des moulins à scie. — Un Particulier de la *Nouvelle-Londres* (2), inventa pendant la guerre une machine, qu'il appela *vaisseau submarin* (3), pour incendier & détruire les vaisseaux ennemis ; — il le conduisit lui-même, sous le *Liverpool*, de quarante canons, & il s'en fallut bien peu qu'il ne le détruisît ; — telle fut la terreur que cette explosion inspira aux Anglois, que depuis ils n'ont jamais osé venir mouiller devant cette Ville. Je sai que le Général *Washington* en approuva le mécanisme —

Un autre individu du même endroit a imaginé une machine pour relever les vaisseaux du fond de l'eau, les vider & les conduire à terre ; — j'en ai vu plusieurs coulés au commencement de la guerre, qu'il a replacés sur les chantiers ; — pour leur procurer une plus grande capacité, il les scie en deux, les dépouille de leur ancien bordage, y greffe une pièce de quille, & les reconstruit aussi bons & aussi forts que s'ils étoient neufs —

---

(1) Espèce de Sapin.
(2) Capitaine *David Bushwell*.
(3) *Submarine-Vessel*.

Tome III. Kk

On voit à *Stradford*, dans le même Etat, un moulin destiné à extraire l'huile de la graine de lin, qui est extrêmement ingénieux; — la réputation de ce beau mécanisme procura à l'Inventeur une lettre de la Société, établie à *Londres* pour encourager les Arts, accompagnée d'un présent de trente guinées; — sur une rivière voisine le sieur *Hoel Harvey* a construit un moulin à blé, fort extraordinaire & très-admiré de tous les connoisseurs; — le froment est moulu dans le premier appartement; les blutoirs sont mis en mouvement dans le second; le blé est battu dans le troisième & vanné dans le quatrième; — les autres sont consacrés au broiement & au nettoiement du lin, & cependant tous ces mouvemens différens ne viennent que de deux roues d'eau. — Le Ministre *Elliot* (1) trouva, il y a quelques années, le secret de faire de l'acier avec le sable d'une des rivières de cet Etat; mais le prix de la main-d'œuvre est encore si considérable, qu'un grand nombre de ces découvertes resteront enfouies & oubliées pendant bien des années.

La *Nouvelle-Londres* (2), dont plus de la

---

(1) Si bien connu par son excellent traité d'Agriculture, ainsi que par ses grandes lumières.
(2) Ville considérable de l'Etat de *Connecticut*, à l'eau

moitié fut réduite en cendres en 1779, comme vous le savez (1), est entièrement rebâtie, plus régulière & plus belle qu'auparavant; on y construit un grand nombre de vaisseaux, & son commerce est beaucoup plus considérable qu'en 1775. — A quatorze milles, en remontant la rivière, elle se divise en deux branches (2), c'est sur cette péninsule qu'est bâtie la ville de *Norwich*, dont l'industrie & la prospérité sont devenues très-remarquables depuis la paix; — on y compte trois cents trente maisons (3), elle expédie pour les isles dix vaisseaux tous les ans. — Un M. *Nibes* vient d'y ériger une machine propre à tirer le fil de fer, & une autre non moins utile, pour faire des cardes à carder la laine & le coton, ainsi qu'un moulin à chocolat, un autre à scie d'une construction fort ingénieuse, une grande usine & une distillerie; — tout cela est presque sous le même toit, & est mis en mouvement par le moyen d'un petit canal de cinq cents toises, qui

---

bouchure de la *Nouvelle-Tamise* : elle contient aujourd'hui trois cents maisons, & deux mille cinq cents soixante Habitans.

(1) Par le traître *Bénédict Arnold*.

(2) L'une appelée la *Branche Septentrionale*, & l'autre l'*Orientale*, ou la rivière de *Shétuket*.

(3) Et deux mille trois cents dix Habitans.

amène l'eau d'une chûte perpendiculaire de soixante pieds de hauteur (1); — à un quart de mille plus haut, on voit avec le même intérêt un moulin à huile, dernièrement construit; un autre moulin à farine, & une grande meule pour aiguiser les faux & les faucilles qu'on fait aussi dans ce voisinage; — ces ouvrages appartiennent à M. *J. Huntington*; — un demi-mille plus haut encore, on voit quatre moulins appartenans à M. *Leffingwel*; & sous le même toît, à savoir un à farine, à papier, à chocolat & à foulon; — plus haut une forge construite par M. *E. Backus*, où se font les ancres nécessaires au commerce de *Norwich* & de la *Nouvelle-Londres*; — c'est dans ce voisinage qu'on vient d'établir aussi une *clouterie*, qui commence à fournir aux besoins de tout le pays —.

Sur la branche Septentrionale, à douze milles de *Norwich*, M. *W. E. Lathrope*, vient de faire construire un double moulin à farine & une immense boulangerie, où l'on fait la plus grande partie du biscuit nécessaire à l'armement des vaisseaux de *Norwich* & de la *Nouvelle-Londres*;

---

(1) L'immense rocher d'où tombe cette singulière chûte, ressemble à une muraille; ils l'ont percé à vingt-cinq pieds au-dessous du niveau supérieure, afin que l'eau ne gelât point pendant les rigueurs de l'hiver.

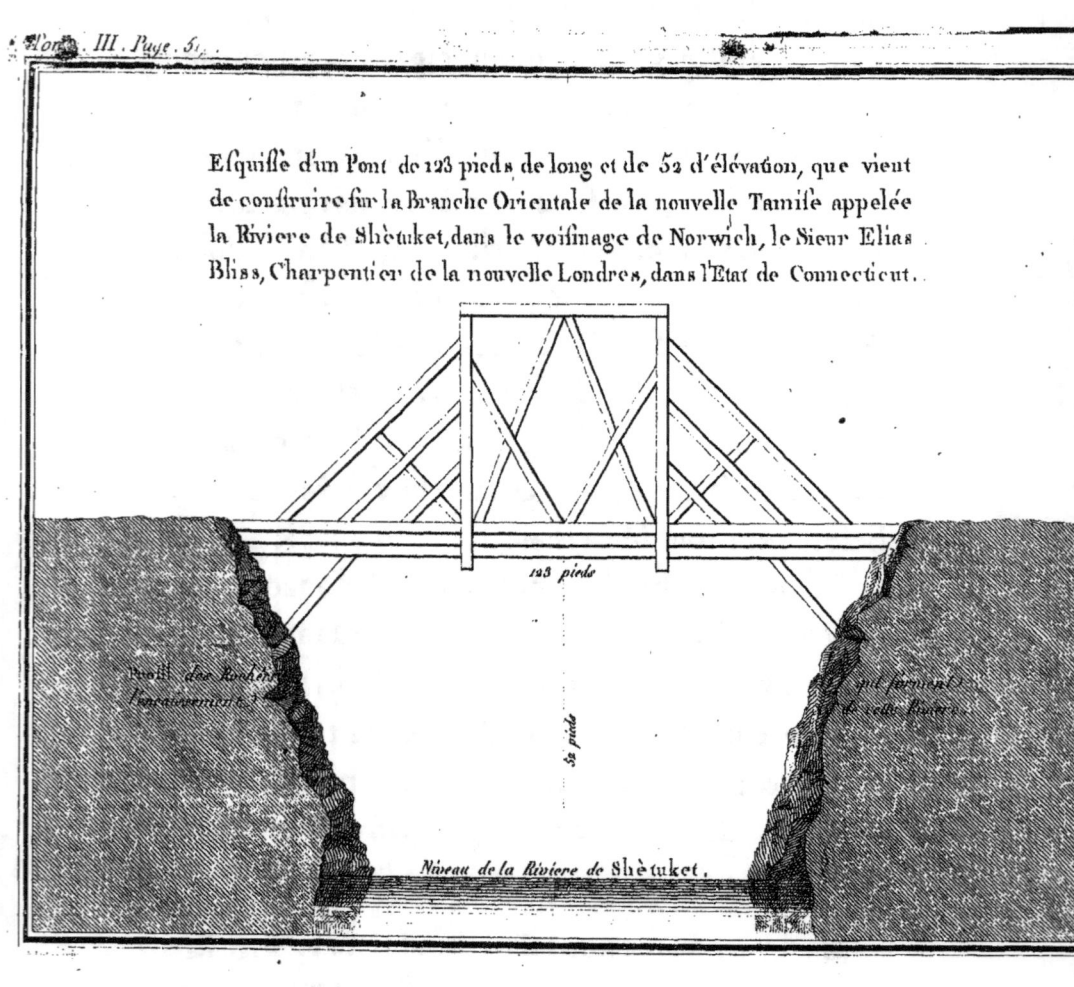

Esquisse d'un Pont de 123 pieds de long et de 52 d'élévation, que vient de construire sur la Branche Orientale de la nouvelle Tamise appelée la Rivière de Shètuket, dans le voisinage de Norwich, le Sieur Elias Bliss, Charpentier de la nouvelle Londres, dans l'État de Connecticut.

& enfin une grande diftillerie, où des bateaux de vingt-cinq tonneaux peuvent remonter; — mais ce qui m'a le plus frappé dans tout ce canton, eft un pont fort extraordinaire, dont je vous envoie une foible efquiffe ; — il eft conftruit fur la branche de *Shétuket* (1), entre deux rochers, qui, dans cet endroit, font éloignés de cent vingt-trois pieds, & élevés au-deffus du niveau de la rivière de cinquante-deux ; il eft fupporté fans le fecours d'aucuns piliers ; — il fut imaginé & conftruit l'année dernière (2) par M. *Elias Bliff*, fimple Charpentier du voifinage, doué de grandes connoiffances naturelles en mécanique. — C'eft lui qui, par fon génie, a beaucoup contribué à la perfection des différens moulins dont je viens de vous parler —.

Pour diminuer la dépenfe dans la conftruction des vaiffeaux, quelques Armateurs viennent de faire ébaucher plufieurs brigantins, dans les forêts de *Plainfield*, à quatorze milles au-deffus de *Norwich* ; — auffi-tôt que les membrures font complettées, ils numérotent les pièces & les abandonnent au courant de la rivière ; — après avoir refté dans l'eau pendant un certain tems, & avoir été mifes fous des hangars pour y fécher,

---

(1) L'*Orientale*.
(2) Il a été fait par foufcription.

on les place sur les chantiers, & dans peu de tems ces vaisseaux sont achevés —.

Un jeune homme de *Litchfield* inventa il y a deux ans, l'art de faire des horloges, qui n'ont besoin d'être remontées que tous les quatorze ans ; — plusieurs des petites Villes de cet Etat lui en ont fait faire, il les vend cent pistoles —.

L'Etat de *New-York* ayant beaucoup plus souffert que les autres, il ne vous paroîtra pas étonnant qu'il soit plus long-tems à guérir ses blessures ; — sa Capitale a été, comme vous le savez, pendant sept ans au pouvoir de l'ennemi, qui en avoit fait le centre de sa puissance ; — la moitié de ses maisons ont été embrasées, ses plus beaux établissemens sur les frontières ont été dévastés ; — cependant sa position au centre de l'Amérique septentrionale, la beauté de son havre, la rivière de *Hudson*, navigable soixante-douze lieues dans les terres, pour des vaisseaux de deux cents tonneaux (1) ; — l'industrie de ses Habitans, tout annonce qu'elle ne tardera pas à se relever. — Ainsi que les autres Etats, celui-ci a promulgué des loix pour adoucir la servitude des Nègres, pour établir la tolérance religieuse, assurer aux auteurs la propriété de leurs ouvrages, &c. & beaucoup d'autres, également nécessaires au rétablissement

---

(1) Jusqu'à *Albany*.

de l'ordre & de l'industrie dans toutes les campagnes —.

Le beau Collége de cette Ville, jadis le séjour des Muses, qui avoit servi d'Hôpital aux Anglois pendant toute la guerre, demandoit les premiers soins du Corps legislatif; — il a été entièrement rétabli, & a reçu une nouvelle constitution, plus analogue aux principes de la révolution que celle qui lui avoit été donnée lors de son origine; — à dessein de réparer autant qu'il est possible, l'injustice de la destinée, qui a voulu que *Christophe Columbus* eût le bonheur de découvrir ce Continent, sans avoir eu celui de lui donner son nom, le Gouvernement a ordonné, que dorénavant ce Collége ne seroit connu que sous le nom de l'*Université de Columbia*; — des Ecoles vont être établies dans tous les Comtés, où les Ecoliers seront tenus de faire leurs premières études; — vers la même époque une Dame *Farmer*, descendue d'une des premières familles Hollandoises qui fondèrent cet Etat (1), présenta au Corps législatif un ancien portrait original, sur bois, de ce grand Navigateur, qu'on voit aujourd'hui dans sa Salle d'assemblée —.

Vous avez su, sans doute, que le Congrès

---

(1) Ce fut la Compagnie des Indes occidentales qui y envoya les premiers Colons en 1610.

fit ériger, il y a quelque tems, un monument à la gloire du Général *Montgomery*; cet Etat, pour joindre sa reconnoissance à celle de ce Corps, a ordonné, par une loi particulière, que son nom seroit donné au Comté de *Tryon* (1), & présenta en même tems une belle plantation au célèbre *Thomas Payne* (2) —.

Plusieurs familles *Quakers* de *Providence* & de *Nantuket*, privées par la guerre des ressources nécessaires à l'équipement de leurs vaisseaux *baleiniers*, se sont établis depuis la paix sur la péninsule de *Claverack*, au bord de la rivière de *Hudson*, à cinquante-quatre lieues de *New-York*, & dix-huit au-dessous d'*Albany*; — ils y ont fondé une Ville, dans laquelle on voit déjà quarante maisons, des magasins & des quais très-commodes (3); — l'abondance des bois de construction, de mérin, de salaisons, de comestibles, &c. les dédommagent amplement de

---

(1) Ce Comté avoit été ainsi nommé, d'après le dernier Gouverneur royal.

(2) Auteur du fameux Pamphlet, connu sous le nom de *Sens-Commun*, ainsi que de plusieurs autres ouvrages marqués au coin de son génie.

(3) A l'aide d'un petit canal, déjà ils y ont fait venir l'eau d'une grande fontaine, de plus d'une lieue de distance.

leur éloignement de la mer ; — les dignes & sages fondateurs de ce nouvel établissement se sont conduits avec tant de sagesse & de prudence, qu'ils ont obtenu du Corps législatif de cet Etat, non-seulement une chartre d'incorporation, mais aussi la justice d'être nommés les premiers Officiers municipaux de leur nouvelle Ville, à laquelle ils ont donné le nom de *Hudson*.—

Peu après la restauration du Gouvernement, les Marchands de cette Ville expédièrent un vaisseau pour *Canton*, & les premiers ont eu la gloire de déployer le pavillon Américain dans ce grand port Chinois ; — trois mois avant que la paix fût signée, un autre particulier expédia au Cap de *Bonne-Espérance*, un petit brigantin entièrement chargé de *Gingsing*, dont nos bois sont remplis. — Je ne vous parle de cette expédition, que parce qu'il acheva sa traversée en soixante-trois jours, & en revint en soixante-cinq ; — plusieurs vaisseaux chargés de salaisons, en bœuf & en lard, fromages, beurre, jambons, langues fumées, morue sèche & verte, biscuits de mer, goudrons, &c. qui avoient été expédiés au Cap de *Bonne-Espérance*, & aux isles de *France* & de *Bourbon*, viennent d'en arriver ; — non-seulement ils ont très-bien vendu leurs cargaisons, mais les Habitans les ont encouragés à revenir —.

Cette Ville vient de donner aux autres un exemple bien digne d'être imité ; — au lieu de punitions insuffisantes, infligées par les anciennes loix, pour les petits vols, &c., on condamne aujourd'hui les coupables aux travaux publics, pendant un tems proportionné à la grandeur de leur délit, c'est à la Société des *Quakers* qu'on doit cette heureuse innovation (1) —.

Les Citoyens de *New-York* persuadés, ainsi que tous les autres Américains, que la culture des Sciences & des Arts, contribue essentiellement au bonheur des hommes, ouvrirent l'année dernière une souscription, dont le but étoit de former un fonds pour établir une Société, destinée à encourager l'étude des connoissances utiles ; — elle fut bientôt remplie, & quoique les Souscripteurs n'aient point encore sollicité une chartre du Gouvernement, ils s'assemblent régulièrement, & ont fait des réglemens très-sages ; — déjà ils ont commencé une Bibliothèque, &

---

(1) Peu après la restauration du Gouvernement à *New-York*, le Corps Municipal de cette ville connoissant bien l'ordre, la douceur, la propreté & l'humanité que les *Amis* savent introduire dans tous les établissemens qu'ils gouvernent, pria les principaux Membres de cette Société, de se charger de l'administration de l'*asyle des pauvres* & de la *maison d'industrie*.

ont fait venir de l'Europe, plusieurs instrumens de mathématiques; — le but de cette Académie est d'exciter l'émulation, de proposer des encouragemens & des récompenses pour la perfection des choses utiles —.

Plusieurs Nègres qui étoient devenus libres pendant la guerre, ayant, depuis la paix, éprouvé des réclamations de la part des héritiers de leurs Maîtres, ont cherché des protecteurs, & ils en ont trouvés parmi les *Quakers*, ainsi que parmi les autres Citoyens; ils se sont réunis, & ont formé une association, appelée aujourd'hui, *Société pour encourager la manumission des Nègres, pour protéger ceux qui ont reçu ou qui pourront recevoir leur liberté*; — elle a déjà obtenu des fonds considérables, & les sages réglemens qu'elle a publiés, & l'Ecole qu'elle vient d'instituer pour l'instruction des Noirs, annoncent tout le bien qu'on doit en attendre; — M. *Jean Jay*, anciennement Président du Congrès, dernièrement Ministre Plénipotentiaire à Paris, & aujourd'hui à la tête des affaires étrangères, en est le Président —.

On s'occupe de convertir en promenade publique, un espace très-étendu, qui est situé au milieu de la Ville (1), ainsi que la grande

---

(1) Appelé *Saint-George's-Fields*.

batterie construite sur l'extrémité de la péninsule formée par le *Sonde* & la rivière de *Hudson*; cette dernière deviendra un des plus charmans lieux de récréation, dont on puisse se former une idée, par le spectacle intéressant du grand nombre de vaisseaux & de barques qui sans cesse traversent la baie de *New-York*, descendent ou remontent la rivière de *Hudson*, &c —.

Je dois à l'amitié d'un Membre du Congrès la connoissance des nouvelles découvertes qui viennent d'être faites dans l'intérieur du Continent, par *Pierre Pond* & *James Henry*; — tous deux ont mis sous les yeux du Congrès, l'esquisse des pays nouveaux qu'ils ont traversés : — il paroît certain que le *Lac des Bois* ne communique point avec le *Mississipi*, mais verse ses eaux dans la *Baie de Hudson*, à travers cette chaîne immense de petits lacs qui, sous cette latitude, semblent occuper presque toute la surface du Continent; — toutes ces découvertes annoncent quelle en doit être la profondeur énorme, & combien le nord de l'Amérique est plus froid que celui de l'Europe —.

La chaîne des évènemens avoit conduit ces hommes depuis quinze ans, d'une Tribu sauvage à une autre; — aujourd'hui munis d'instructions, & autorisés par le Congrès, ils vont entreprendre un second voyage qui doit durer trois ans;

— leur surprise & leur étonnement ont été bien grands, lorsque de retour chez eux, ils apprirent que leur Patrie qu'ils avoient quittée en 1769, comme Colonies de la *Grande-Bretagne*, étoit devenue des Etats souverains & indépendans, pendant qu'ils voyageoient à plus de quatorze cents lieues au nord-ouest de *New-York*. — Il faut espérer qu'en unissant nos découvertes avec celles de l'immortel Capitaine *Cook*, & des navigateurs Russes, nous parviendrons enfin à trouver un passage de la *Baie de Hudson* au détroit de *Bering*, & à faire le tour peut-être de cette partie du Continent —.

Peu de tems après que les habitans de cette ville en furent redevenus paisibles possesseurs, ils établirent une banque gouvernée, ainsi que celle de *Boston*, par douze directeurs, que les souscripteurs choisissent annuellement: cet établissement a rendu depuis de grands services au commerce de cette ville. — Encouragés par la promulgation de la loi de tolérance (1), le petit nombre des habitans catholiques François & Irlandois viennent de faire construire une église qui est située au coin de deux rues de soixante pieds de largeur; — l'in-

_____

(1) Avant la révolution, cette religion étoit la seule qui ne fût pas tolérée par la loi.

cendie de toute la partie du nord-ouest de cette ville, ayant permis au Corps Municipal d'aligner les plus tortueuses, on en fait une aujourd'hui qui a un mille de long & soixante-dix pieds de large; mais en la traçant, on a été obligé de la continuer à travers un coude assez considérable de la rivière de *Hudson*; ce coude n'a pas tardé à être rempli par le moyen d'encaissemens, aujourd'hui devenus des quais très-commodes, qu'on a facilement remplis avec les décombres & les défoncemens de plusieurs rues; — on compte aujourd'ui dans cette ville, trois mille six cents maisons & vingt-huit mille huit cents habitans, en y comprenant le grand nombre d'étrangers que la présence du Congrès y attire; — parmi les différens établissemens faits depuis la paix, je ne puis passer sous silence celui d'une école pour les enfans à qui les parens ne sont pas en état de donner une éducation convenable, ainsi que pour les orphelins; — les garçons habillés de bleu, portent une étoile orange sur l'épaule gauche, les filles habillées de la même couleur, ont toutes des guimpes & sont tenues avec la plus grande propreté; — rien ne me touche ni ne m'attendrit autant que le spectacle dont je jouis tous les Dimanches, en les voyant aller deux à deux de leur petit séminaire à l'Église; jamais auparavant on n'avoit vu un pays se remplir d'habitans aussi promptement que la partie nord-ouest de cet Etat, vers les sources des rivières *Mohawks* & *Susquéhannah* ; vous auriez de la peine à croire les détails intéressans que ce nouveau canton fournit dans ce moment ; — je n'en suis pas étonné, car c'est un des plus salubres & des plus fertiles que je connoisse.

Le Congrès vient de prendre la résolution de faire battre des monnoies dont voici les principes ; — le taux de l'or & de l'argent sera de onze parties de fin & d'un douzième d'alliage.

La monnoie *unie* des *Etats-Unis* sera la piastre qui doit contenir trois cents soixante-quinze grains & soixante-quatre centièmes d'argent fin ; — la monnoie de compte pour correspondre avec cette division, sera dans une proportion décimale, à savoir :

Pièces de cuivre. { *Milles*, dont un mille composera la piastre fédérale ;
Cents, dont cent feront égaux à la piastre fédérale.

Entre la piastre & les milles, il y aura trois monnoies d'argent, à savoir :

Pièces d'argent. { *Demi piastre fédérale*, contenant cent quatre-vingt-sept grains & quatre-vingt-deux centièmes d'argent fin ;

Pièces d'argent. { *Double-dime*, contenant soixante-quinze grains cent vingt-huit millièmes d'argent fin;
Dîme, contenant trente-sept grains cinq cents soixante-quatre millièmes d'argent fin.

Il y aura deux monnoies d'or, à savoir :

Pièces d'or. { L'*Aigle*, contenant deux cents quarante-six grains deux cents soixante-huit millièmes d'or fin, égal à dix piastres fédérales;
Le *Demi-Aigle*, contenant cent vingt-trois grains cent trente quatre millièmes d'or fin, égale à cinq piastres fédérales.

Deux livres & un quart de cuivre, *avoir du poids*, constituera cent *cents*.

Le Congrès vient d'ordonner un monument à la mémoire du général *Nathaniel Green* avec cette inscription.

« Consacré à la mémoire de *Nathaniel Green*, écuyer de l'État de *l'isle
» de Rhodes*, mort le 19 Juin 1786;
» anciennement

» anciennement Major général dans
» l'armée des *Etats-Unis* & Comman-
» dant en chef dans le département
» du *Sud* — ».

Les *Etats-Unis* assemblés en Congrès ont fait ériger ce monument comme un hommage rendu à son patriotisme, à sa bravoure & à ses grands talens.

Nouveau-Jersey.

APRÈS avoir été pendant toute la guerre, le théâtre des dévastations & de la rapine, le *Nouveau Jersey* répare ses pertes, avec une rapidité singulière; — bientôt il redeviendra ce qu'il étoit avant la révolution, le jardin de l'*Amérique Septentrionale*; quoique plusieurs de ces établissemens aient été détruits, ainsi que les pompes à feu de ses mines de cuivre, & qu'un très-grand nombre de ses colons aient été tués, il a cependant beaucoup moins perdu qu'on ne l'imagineroit, parce qu'il n'avoit point de richesses concentrées dans un endroit particulier (1) d'où la violence pût les arracher; — avant la guerre, cet Etat étoit l'image

---

(1) Les villes de cet Etat sont peu riches & peu peuplées.

de l'industrie récompensée par l'aisance agricole, & par l'heureuse abondance ; — ses richesses ne consistoient que dans le nombre & le bonheur de ses habitans, la fertilité de son sol dans ses récoltes, ses grosses forges, ses moulins à platiner le fer, ses fonderies de potain, ses mines de cuivre, son commerce de bestiaux, son heureuse situation, &c. —.

Depuis la paix, ce Gouvernement a fait tous ses efforts pour faire renaître l'industrie, le bon ordre, & pour fixer le commerce de cet État dans ses ports ; — c'est avec ces vues salutaires, que les villes d'*Amboy*, de *Brunswick* & de *Burlington* ont été *incorporées*, & qu'on leur a accordé les plus beaux droits municipaux ; — mais le cours des rivières, la situation particulière de cet État entre les villes de *Philadelphie* d'un côté, & celle de *New-York* de l'autre, semblent s'opposer invinciblement à ce nouvel ordre de choses ; — le commerce, ainsi que les eaux, suit constamment la pente la plus naturelle, à moins qu'il ne soit arrêté par les entraves ou la tyrannie. — Le moulin construit sur la rivière de *Basking-Ridge* (1), pour broyer & nettoyer le lin, mérite d'être attentivement considéré : — depuis la paix, on a établi à *New-Ark* & à *Elisabeth Town*, des charriots

---

(1) Par le Lord *Stirling*.

commodes & légers, qui transportent les passagers à *Philadelphie* dans un jour (1); — pour accélérer la marche de ces voitures, ils ont fixé des relais sur la route; — les fonderies de potain détruites par la guerre sont entièrement rétablies —.

Comme je vous l'ai déjà dit, un grand nombre de ces charriots circulent actuellement depuis une extrêmité de ces États jusqu'à l'autre. — Un françois qui vient de faire ce voyage (2), m'a dit qu'à l'exception de quelques endroits dans la *Caroline Septentrionale*, il avoit trouvé pendant un route de plus de cinq cents lieues, tout ce que peut demander un voyageur qui n'exige que le nécessaire. — Il est question aujourd'hui d'établir entre *Petersbourg* (3), *Richmond*, *Alexandrie*, *Baltimore*, *Philadelphie* & *New-York*, des diligences qui seront suspendues sur des ressorts, semblables à celles qui vont de *Providence* à *Boston* & dans le nouveau *Hampshire* —.

Le Congrès semble désirer depuis longtems de construire une *Ville fédérale* vers le centre de

---

(1) La distance est de trente-trois lieues.
(2) Depuis *Portsmouth*, dans le *Nouveau-Hamsphire*, jusqu'à *Savannah*, dans la *Georgie*.
(3) Situé au pied des premières chûtes, sur la rivière *Appamatock*, dans la *Virginie*.

l'Union, dans un endroit d'où il seroit aisé de communiquer avec toutes les parties du *Continent*; cet État, ainsi que la *Pensylvanie*, qui ne sont divisés que par la *Delaware*, ont offert des emplacemens sur leurs territoires respectifs : on parle aussi de *George Town* dans le *Mariland* sur la rivière *Potowmack*, situation qui me paroît encore plus centrale —.

Suivant la résolution du Congrès, ce terrein doit être un quarré de trois milles, qui étant destiné à la résidence de la souveraineté fédérale, ne sera point sujet aux loix du gouvernement qui l'aura cédé : — ce Corps a déjà voté cent mille piastres, & on dit que cette nouvelle ville doit être appelée *Colombia* —.

Ce qui rend cet État plus intéressant encore, aux yeux de ceux qui étudient soigneusement la géographie de ce *Continent*, est son heureuse situation : il semble destiné à fournir un jour les moyens d'une communication facile qui, à l'aide de cinq canaux seulement, dans une distance de quatre cents soixante-douze lieues, unira les parties les plus distantes de la *Caroline Septentrionale*, avec les États de *Massachussets* & de *New-Hampshire* —.

Quel spectacle! quand des sources du *Dan*, de *la Nuse*, du *Haw*, &c., & peut-être même du *Yadkin*, on pourra naviguer sur les Sondes de

Pamtico, d'*Albémarle* & de *Currituck*, sans être exposé aux dangers des mers orageuses de la *Caroline*; quand de ces golfes intérieurs on communiquera facilement dans les Baies de *Chesapeak* & de *Delaware*; de-là, en traversant cet État par les rivières *Assumpink* & *Millstone*, on pourra aller jusqu'à *New-Yorck*, *Providence*, &c. — Quel spectacle! — quand du pied des *Allé-Ghénys* au *Nouveau Hampshire* (1), les productions de ces régions si différentes par leur sol & leur climat, pourront être transportées à peu de frais, & réciproquement échangées; — on ne parle ici de ce grand projet, dont j'ai tous les détails, que comme d'une idée proposée à la postérité, & je ne la mets sous vos yeux que pour vous peindre le génie pensant des Américains, & pour vous indiquer, quoique bien imparfaitement, avec quelle facilité les parties les plus éloignées de ce *Continent* pourront un jour être liées; — il est beaucoup question aussi dans ce moment de l'ancien projet dont je vous ai parlé autrefois, pour unir les eaux de la Baie de *Chesapeak* avec celles de la *Délaware*, ce qui éviteroit

---

(1) En coupant un canal très-court par la rivière des *Harrengs*, au fond de la grande péninsule du *Cap-Codd*, on parviendroit aisément de l'Océan dans la baie de *Massachussets*.

à la navigation un circuit, par les caps *Henlopen* & *Charles*, de plus de cent lieues; cette belle entreprise est bien digne des quatre États qui s'y intéressent (1).

Pensylvanie.

Après avoir passé la rivière *Délaware* à *Trenton*, on observe à quelque distance sur la droite, un rapide assez considérable. — C'est-là où se termine la navigation des vaisseaux à quille, & où le Colonel *Bird* a placé les beaux moulins qu'il fait construire. — Il n'y en aura point de semblables dans les Treize-Etats; — d'un côté des chaloupes, portant cinq cents barrils de farines, pourront y venir; de l'autre, tous les bois qui descendront la rivière depuis les *Montagnes Bleues*, tous les grains apportés dans des bateaux plats, pourront être admis jusques sous ces magasins. — Ce bel ouvrage est déjà défendu des crues & des glaces par une isle & des digues construites avec tant de soin, que les rigueurs de l'hiver de 1783 ne lui firent aucun mal. Ce grand système (pour me servir de son expression) doit être composé de dix-sept roues d'eau.

---

(1) Ceux de *Virginie*, de *Maryland*, de *Délaware* & de *Pensylvanie*.

Le bâtiment principal aura quatre-vingt-douze pieds de long, quarante-huit de large, & cinq étages. — Ces roues sont destinées à mettre en mouvement, 1°. plusieurs usines construites d'après les découvertes modernes les plus propres à perfectionner les farines; — 2°. un grand moulin qui sciera des bordages de soixante-trois pieds de long; — 3°. autre moulin pour exprimer l'huile de lin & de chanvre; 3°. papeteries; 5°. moulin à foulon; 6°. à platiner & à fendre le fer; 7°. grosses forges qui doivent annuellement convertir en barres six cents tonneaux de gueuses —.

Vous devez déjà connoître la belle loi passée dès l'année 1780, qui accorde la liberté à tous les Nègres nés depuis la déclaration de l'indépendance. — Le même Corps législatif, à qui l'humanité doit cet édit, sachant combien la construction des moulins & des usines a retardé la navigation intérieure de l'Europe, combien leurs digues ont ôté de champs à l'agriculture, de prairies à la faux, & combien elles ont nui à la salubrité de l'air, vient d'étendre les réglemens faits pour les routes & les grands chemins, aux criques & aux rivières de la République, en les déclarant franches & libres à perpétuité, & incapables de pouvoir jamais être aliénées —.

La trop grande étendue du comté de *Westmoreland* qui, à l'exception de celui de *Washington* & de *Bedford*, comprenoit presque tous les établissemens que la *Pensylvanie* possède au-delà des montagnes, exigeoit depuis long-tems d'être subdivisée. L'année dernière, les Etats saisirent cette occasion favorable, pour donner à M. *le Marquis de la Fayette* un témoignage de leur estime & de leur respect, & élever un monument durable de la reconnoissance que ses services & sa conduite lui ont si justement acquise, en donnant son nom au nouveau Comté qu'ils ont formé. — Je ne connois pas un Etat dont le Gouvernement, ou quelque individu, n'ait consacré les marques de son attachement particulier pour cet illustre jeune homme, en donnant son nom à quelques villes, bourgades ou plantations. — Une partie du Comté de *Lancaster*, détachée de l'ancien, vient aussi d'être nommée *Comté Dauphin* —.

Vous devez assez connoître la géographie de cet Etat & celle du *Mariland*, pour savoir combien la navigation de la rivière *Susquéhannah*, contribuera un jour à leurs richesses & à leur prospérité, non-seulement par la quantité prodigieuse de denrées que produira la région fertile & immense qu'elle arrose, Mais aussi par la communication que ces quatre principales branches occidentales (1) femblent offrir avec les pays ultramontains qui vont devenir fi intéteſſans. Telles font les raiſons pour leſquelles le Corps légiſlatif a formé le projet d'un canal, qui uniroit une partie des eaux de cette grande rivière, avec celles du *Middle-Town-Creek*, & de la *Skullkill*. L'importance de cette communication eſt inappréciable, & mérite bien toute l'attention de ce Gouvernement éclairé ; car juſqu'ici toutes marchandiſes ont été tranſportées de *Philadelphie* & de *Baltimore* à *Pittsbourg*, ſur des charriots qui ſont obligés de franchir les montagnes (2). Les Américains auroient déjà conſtruit un bien plus grand nombre de ponts, s'ils n'étoient pas arrêtés par la crainte des glaces ſur certaines rivières, pendant les crues du Printems. Pour obvier à cet inconvénient, un particulier propoſa, peu de tems après la paix, d'en jeter un ſur la rivière de *Skullkill*, qui feroit ſuſpendu ſur cinq chaînes de fer ; un autre offrit d'en conſtruire avec des troncs de châtaigniers & de pin blanc, qui auroient trois pieds de diamètre, & vingt cinq de longueur. Ses

---

(1) La *Juniata*, l'*Occidentale*, le *Tiogo* & le *Cayuga*.

(2) Montagnes d'*Allé-Ghény* ; *Pittsbourg* eſt ſitué à cent ſept lieues de *Philadelphie*.

propositions furent acceptées, & il vient d'en faire exécuter trois sur cette rivière; — le premier au bac de *Chester*, sur le grand chemin de *Baltimore*; le second au bac du milieu, dans l'alignement de la grande rue du marché de *Philadelphie*; le troisième au bac supérieur. — Les troncs sont liés de la manière la plus simple, & en même tems la plus forte, par le moyen de deux chaînes plates, placées des deux côtés sur toute la longueur de ces ponts; — un grand boulon traversant la maille de la chaîne qui correspond au centre de chaque tronc, y pénètre à plus de quatre pieds; & c'est par ces boulons que les troncs sont liés & suspendus. — Ce singulier pont s'ouvre en deux quand la saison des glaces est venue; & chaque partie poussée par la force du courant, va se loger contre les buttemens de pierre qu'on a bâti, des deux côtés de la rivière. — Rien n'est plus curieux à voir que l'ondulation causée par la pesanteur des voitures qui le traversent. — Quand la marée est basse, la partie de ces troncs qui couvre les deux plages nues, repose sur les vases, pendant que celle du chenal reste toujours flottante. — Chacune de ces parties non-seulement tourne sur un grand pivot placé au centre des buttemens, mais s'abaisse & s'élève suivant la hauteur de la marée. — En y voyant passer de grands charriots à quatre chevaux chargés de farines, j'obſervai que l'eau mouilloit à peine la ſurface ſupérieure des troncs ſur leſquels il n'y a point de plancher —.

L'Univerſité de *Philadelphie* n'étant point aſſez vaſte pour y recevoir tous les jeunes Etudians de la République, & un grand nombre des principaux Citoyens, préférant d'élever leurs enfans dans un lieu plus éloigné du bruit, du commerce & de la diſſipation, ont ſollicité & obtenu du Gouvernement l'établiſſement d'une ſeconde branche de cette Univerſité à *Carliſle* (1), dans l'intérieur de cet Etat, qui a été appelé le Collége de *Dickenſon*, d'après le nom du reſpectable & digne perſonnage qui, depuis trois ans, gouverne la *Penſylvanie* (2); ſa Bibliothèque, ainſi que celle de *Williamsbourg*, ont été dernièrement augmentées par la munificence du Roi —

La ville de *Philadelphie* ne s'eſt pas moins reſſentie des bénédictions de la paix, que le reſte de l'Etat (3), les *chevaux de friſe* placés pour

---

(1) Capitale du Comté du même nom.

(2) Le Docteur *Franklin* ne lui avoit pas encore ſuccédé, quand ces détails ont été écrits.

(3) On compte dans cette ville quatre mille ſix cents maiſons, & trente-ſix mille huit cents Habitans, en y comprenant les étrangers.

obstruer la navigation de la rivière pendant la guerre, ont causé depuis, un dommage très considérable au commerce ; — on ne prévoyoit pas même les moyens de pouvoir les relever, lorsque le génie & les efforts réunis de MM. *Donaldson & Hollingsworth* ont heureusement inventé une machine, dont la force a été suffisante pour les soulever & les mettre hors de l'eau ; — le Conseil exécutif, le Gouverneur, les Citoyens, se sont empressés de leur marquer la reconnoissance qu'ils leur devoient pour un aussi grand service ; — ces mêmes personnes ont inventé depuis, une autre machine (1), par le moyen de laquelle ils tirent du fond de la rivière beaucoup de sable & de gravier ; le Gouvernement à dessein de les dédommager des avances considérables qu'ils avoient faites, leur a accordé le privilége exclusif de vendre ce sable, pour un certain nombre d'années.

Depuis long-tems la salubrité de la Ville exigeoit que le grand égout fût élargi & entièrement voûté ; — ce monument d'utilité publique, vient enfin d'être terminé, ainsi que la belle promenade dont on parloit depuis si long-tems. — Puisse le digne Citoyen (2), au zèle duquel *Philadelphie*

---

(1) Qu'ils appellent *Hyppopotamos*.
(2) M. *Jean Vaughan*.

doit cet ornement si nécessaire & si salubre, jouir long-tems de l'ombre & de la fraîcheur de ces beaux arbres qu'il a plantés avec tant de soin ! que ne doit-on pas à sa destinée, quand elle nous permet de faire autant de bien —!

La Maison d'Industrie (1), qui avoit beaucoup souffert pendant la guerre, vient d'être entièrement réparée, & ses fonds considérablement augmentés par la charité publique ; — les Administrateurs choisis tous les trois ans par les Souscripteurs, sont obligés de publier dans les Gazettes l'état des donations, des revenus & des dépenses annuelles ; — celles de l'année 1784 se sont montées à quatre mille soixante-dix-huit *pounds de Pensylvanie* (2).

A dessein de remédier, autant que possible, aux accidens, toujours trop fréquens dans un Pays maritime, on a établi dans cette Ville une Société, d'après les principes hollandois, pour administrer les secours les plus prompts à ceux qui ont le malheur de tomber dans l'eau ; — je crois vous avoir déjà parlé d'une institution non moins charitable & non moins utile ; — c'est l'Ecole que fonda ici *Antoine Bénézet* en 1781,

───────────────────────────────

(1) Appelée *Bettering-House*.
(2) 56165 livres tournois.

pour l'inſtruction des Nègres ; cet établiſſement s'eſt conſidérablement augmenté depuis ſa mort, par le zèle & la vraie piété d'un grand nombre de Citoyens —.

Pluſieurs perſonnes regardant l'Agriculture comme le premier des Arts, & déſirant perfectionner celle de cet Etat, par le moyen d'inſtructions & d'encouragemens publics, viennent de former une Aſſociation, ſous le nom de la *Société d'Agriculture de Penſylvanie* ; elle a obtenu du Gouvernement, non-ſeulement une chartre d'incorporation, mais auſſi une ſomme d'argent, pour ſervir aux premières récompenſes qu'elle jugera convenable de propoſer —.

L'Imprimerie marche d'un pas égal avec les autres Arts utiles ; — déjà on fond des caractères, & l'impreſſion augmente avec rapidité ; on voit aujourd'hui des Maîtres de Langue Françoiſe dans preſque toutes les Villes & dans preſque tous les Collèges ; — pluſieurs Amateurs viennent de publier un Ouvrage qui paroît tous les mois, ſous le nom du *Licée Américain* ; juſqu'ici c'eſt, je crois, un des Ouvrages périodiques, le plus intéreſſant que je connoiſſe —.

On a ſouvent reproché aux Américains, que leurs vaiſſeaux ne duroient pas auſſi long-tems, que ceux qui ſont conſtruits en Europe ; — de-là on a imaginé que les bois de ce Continent (1), que les goudrons, les brays & les *pins* étoient d'une qualité inférieure ; — quand les Américains seront devenus assez riches pour *flotter* & *emmagasiner* les premiers avant d'en faire usage, alors on verra que leur chêne est au moins aussi durable que l'*Européen* ; — pour éviter ce reproche, on vient d'établir ici un chantier, dans lequel tous les *membres des vaisseaux* qu'on y doit construire, seront de *chêne vert*, qu'ils tirent de la *Géorgie* ; la qualité en est excellente, & son écarrissure très-considérable ; — MM. *Charles & Christophe Marshall* viennent d'établir dans le voisinage de cette Ville, une Manufacture de *sel Glauber & ammoniac*, dont ils ont mis plusieurs échantillons sous les yeux de la Société Philosophique, qui les a approuvés, & a beaucoup encouragé leurs premiers efforts. — Deux Sociétés Philosophiques & Littéraires, avoient anciennement existé à *Philadelphie* ; toutes les deux avoient pour objet l'avancement des connoissances utiles ; — elles s'unirent le 2 Janvier 1769, & convinrent de plusieurs *statuts*, sous l'influence desquels ce nou-

---

(1) Pendant la guerre, les Américains pressés par le désir d'attaquer leur ennemi sur mer, étoient obligés de se servir de bois récemment coupé, qui, en effet, s'échauffoit, & pourrissoit très-vîte.

veau. Corps n'a cessé de continuer ses travaux édifians, jusqu'au commencement de la révolution ; — le 15 Mars 1780, il obtint du Gouvernement une chartre d'incorporation, dont voici le préambule :

« *Vu* que dans tous les âges & dans tous les
» pays civilisés, l'étude des connoissances utiles
» & des Arts libéraux a beaucoup contribué à
» perfectionner l'agriculture & le commerce, à
» augmenter les douceurs & les commodités de
» la vie, le bonheur des hommes, & est devenu
» un des principaux ornemens de la Société ;
» — *Vu* que l'étendue immense, la variété des
» sols & des climats, les trésors intérieurs de la
» terre, jusqu'ici inconnus, la multitude des
» lacs, des rivières, & des autres canaux de
» navigation, répandus sur la surface de ce Continent, que la Providence divine nous a donné
» pour héritage, promet à ces *Etats-Unis* un
» des champs les plus vastes de culture & d'amélioration, qui ait jamais été offert aux hommes ; — *Vu* qu'il est démontré par l'expérience
» de tous les âges, que les Sociétés composées
» de Savans, sans avoir égard à la nation, à la
» secte, ou au parti auxquels ils peuvent être
» attachés, contribuent beaucoup à étendre les
» connoissances & les lumières, à diminuer
» l'empreinte

» l'empreinte des préjugés, à propager l'esprit
» philosophique & humain, à exciter la jeunesse
» dans la poursuite de la sagesse & de la vertu;
» — *Vu* que plusieurs Habitans de la *Pensylva-*
» *nie*, ainsi que des autres Etats Américains,
» animés par l'esprit publique & le vrai patrio-
» tisme, se sont volontairement unis depuis un
» nombre d'années, sous le nom de la *Société*
» *Philosophique Américaine*, & par leurs travaux
» & leurs richesses, ont étendu la réputation de
» leur patrie, jusques chez les Nations les plus
» éclairées de l'Europe, dont plusieurs Savans ont
» désiré s'associer à leurs travaux; — *Vu* que les
» occupations de cette Société, ont été depuis long-
» tems interrompus par les calamités & les dé-
» vastations de la guerre, & que depuis peu les sur-
» vivans se sont de nouveau réunis pour suivre la
» même carrière; — encouragés enfin par la voix
» publique, ils ont supplié, par leur requête de ce
» jour, *Nous*, les Représentans des Hommes
» libres de la République de *Pensylvanie*, que
» cette Société fût constituée & établie en un
» Corps politique, & incorporée à jamais avec
» les pouvoirs, priviléges & immunités néces-
» saires pour remplir les vues & le grand objet
» de cette Société. — Déterminés à les encou-
» rager dans l'amélioration des connoissances
» utiles pour l'avantage de notre patrie & l'hon-

» neur de l'humanité, c'est pourquoi qu'il soit
» promulgué, &c. &c. — ».

Ce même Gouvernement a accordé depuis, un bel emplacement carré à la même Société, sur lequel elle fait construire un bâtiment vaste & élégant, capable de recevoir son Cabinet d'Histoire Naturelle, celui de Physique, la Salle de ses séances, & le logement de son Secrétaire, &c. — M. *F. Hopkinson*, Membre de cette Société, a inventé un nouvel instrument pour mesurer la vîtesse de la marche d'un vaisseau, & une nouvelle boussole, beaucoup moins susceptible d'être agitée dans le mauvais tems; — cette Société a dernièrement publié aussi un nouveau volume de ces transactions, que je vous envoie; — elle vient d'offrir dans son Programme une Médaille d'or de la valeur de dix guinées, qu'elle donnera chaque année à l'auteur de la découverte la plus utile à la Navigation, à l'Astronomie ou à la Physique, de quelque Nation qu'il puisse être; — vous savez que ce Corps est présidé depuis un grand nombre d'années, par le Docteur *Franklin*, Gouverneur de cet Etat; — il s'est dernièrement tenu dans la ville de *Philadelphie*, une convention de tout le Clergé épiscopal des *Treize-Etats*, qui a fait plusieurs changemens dans la *Liturgie Anglicane*; — des trois Symboles, elle n'a conservé que celui des Apôtres —.

Maryland.

Cet Etat occupe, comme vous le savez, une grande partie de la baie de *Chésapéak*, au fond de laquelle la *Susquéhannah* verse le tribut de ses eaux. — Cette rivière est formée par plusieurs branches (1), qui traversent un pays aussi fertile qu'il est étendu ; les unes viennent des montagnes d'*Alléghény*, les autres du grand marais des *Buffles* (2) ; & la plus orientale sort des deux lacs *Otzégé* & *Caniadéragé* ; — la réunion de toutes ses eaux à *Shamoctin*, forme un fleuve très-large, qui coule sans aucuns obstacles jusqu'à vingt-une lieues du fond de la baie, & là se perd dans un lit de rochers ; — c'est à dessein d'éviter ces derniers obstacles, qu'une Compagnie de Souscripteurs a proposé au Gouvernement de couper un canal depuis l'embouchure de la rivière jusqu'aux dernières chûtes ; — ce bel ouvrage commencé dès l'année 1784, doit être accompli dans six ans ; — ils se proposent aussi

---

(1) La *Juniata*, l'*Occidentale*, l'*Orientale*, le *Tiogo* le *Cayuga*, le *Tiénaderha*, le *Cherry-Valley*, &c.

(2) On dit que ce vaste marais contient plus de quatre cents mille acres ; il est situé à la hauteur des terres *Citra* & *Ultramontaines*.

de bâtir une Ville à l'embouchure, qu'ils ont déjà nommée le *Nouveau Havre-de-Grace*.

La navigation de cette rivière deviendra une nouvelle source de prospérité pour la ville de *Baltimore*, qui augmente avec une rapidité étonnante ; — la plupart de ses rues sont déjà pavées & bien éclairées, mais je ne puis entrer dans les détails de tous les projets d'embellissemens & d'utilité publique, dont les bons esprits s'occupent aujourd'hui ; — *Baltimore* deviendra bientôt une des villes du Continent, la plus élégante & la plus commerçante ; déjà on y compte dix-neuf cents maisons de briques, dont les deux tiers ont été construites depuis sept ans, & quinze mille deux cents Habitans, en y comprenant les Etrangers ; — pour vous donner une idée de son commerce d'exportation, je vous dirai que le 27 Mars 1786, il y entra deux cents trente-un chariots à quatre chevaux, portant trois mille cinq cents vingt-cinq barrils de farine ; — par une loi spéciale, on donna le nom de *Washington*, il y a un an, à un des Comtés de ce bel & florissant Etat—.

Ce Gouvernement persuadé, ainsi que les autres, combien il est important de donner à la jeunesse une éducation utile, a dernièrement fondé une Université composée de deux Colléges ; l'un connu sous le nom de *Washington*, doit être construit sur le côté oriental de la Baie (1) ; l'autre qui sera appelé le Collége de *Maryland*, sera sur le côté occidental ; — on n'a rien épargné ni dans sa constitution, ni dans les fonds perpétuels qui lui ont été attribués, pour rendre cette nouvelle Université digne de l'Etat, & de l'époque dans laquelle elle a été fondée (2) ; — la lecture des loix que cette République a promulguées depuis la paix, vous instruira de l'esprit qui anime son Corps législatif, & vous fera le plus grand plaisir. —. Parmi les nouvelles inventions, dont les détails deviendroient trop longs, je ne vous citerai que celui d'un jeune homme, habitant du Comté de *Chester*, qui, jouissant d'une belle plantation située à l'embranchement de plusieurs chemins, & dans un pays singulièrement fertile en blé, n'ayant aucun ruisseau sur lequel il pût élever une usine, résolut d'en construire une, dont les meules & les blutoirs seroient mis en mouvement par un poids de cinq cents livres, élevé tous les cinq jours à la hauteur de quatre-vingt pieds ; — j'ai ouï-dire qu'il avoit parfaitement réussi ; — Une famille du Comté de *Hartford* vient de présenter au Gouvernement une pièce de vingt aunes, faite avec

---

(1) Baie de *Chésapeak*.
(2) Le 27 Janvier 1785.

leur propre soie ; ils ont déjà plus de deux mille vers —.

Virginie.

A peine le Général *Washington* eut-il abdiqué tous ses emplois militaires, que, comme si quelque chose manquoit encore à sa gloire, il tourna son attention vers la perfection de la navigation des fleuves *James* & *Potawmack*, dont les branches pénètrent à des distances immenses dans l'intérieur du Continent. — Le premier semble offrir une communication avec le *Mississipi*, par le moyen du *Ténézée* & du *Thérokée* (1) ; l'autre avec le pays de *Kentuckey*, d'*Indiana*, & surtout de *Pittsbourg*, par le moyen des rivières *Sauvages*, & *Yoh-Yoh-Ghény* ; mais la seconde partie de ce grand projet ne pouvoit être exécutée dans le concours des deux Etats de *Virginie* & de *Mariland*, que le dernier de ces fleuves divise. — Les vues utiles & patriotiques du Général firent un si grand effet sur les esprits, que ces deux Républiques passèrent unanimement la même loi, & promirent l'incorporation & les péages demandés, aussi-tôt que la somme de 30,000 liv. sterling auroit été souscrite pour

_____

(1) Grand fleuve qui tombe dans l'*Ohyo*, à trente lieues de son embouchure, dans le *Mississipi*.

le *Potawmack*, & de 25,000 liv. sterling pour le *James*. — Dès la première semaine 40,000 liv. sterling furent déposées pour le premier de ces fleuves, — & peu de tems après la somme requise pour le second.

Le premier acte des souscripteurs, *devenus compagnies incorporées*, fut d'élire le Général *Washington* pour leur Président. — Il examina tout lui-même, nivellemens, excavations, dépenses; il sembla mettre au progrès & à la perfection de cette grande entreprise, le même zèle, la même persévérance & le même génie qui l'a si heureusement conduit dans sa carrière militaire. — La première de ces compagnies propose de rendre le *Potawmack* navigable depuis sa source jusqu'aux chûtes qui sont deux cents milles au-dessus d'*Alexandrie* (1), en trois ans, & depuis cet endroit jusqu'où la marée monte, dans dix. — Il étoit digne du Général & de l'Etat dont il est citoyen, d'unir l'ancienne *Virginie* avec les pays ultramontains. — Cette nouvelle communication peut obtenir une très-grande influence politique & commerciale, & peut même

---

(1) Très-jolie ville qui augmente très-rapidement, située à soixante-douze lieues de la baie de *Chésapeak* : déjà on y compte trois mille maisons, & près de deux mille quatre cents Habitans.

devenir une des principales chaînes qui contribuera un jour à préserver l'union fédérale, la gloire & le bonheur des habitans des deux pays. — Que penserez-vous du génie & de l'activité américaine, si vingt ans après la confirmation de leur indépendance, vous les voyez aller par eau, de la baie de *Chésapeak* jusqu'à la *Nouvelle-Orléans*, à travers leur Continent, par une communication de plus de cinq cents lieues d'étendue ? — Le canal de la grande rivière *James*, destiné à tourner les chûtes, au pied desquelles est bâtie la ville de *Richmond*, a sept milles de longueur & soixante-dix pieds de pente ; il aura trois pieds d'eau au moins. — Il y en a déjà un tiers de coupé, — son embouchure supérieure commence à *Westham*, l'inférieure se termine dans la ville même. — Depuis *Westham* ce fleuve dans son état naturel est navigable pour des bateaux plats portant deux boucauts de tabac pendant l'espace de quatre-vingt-dix milles, jusques dans le comté de *Bedford*. — Plusieurs autres branches de ce même fleuve sont navigables à des distances plus ou moins grandes. — Cette ville (1) a pris un accroissement considé-

---

(1) On compte aujourd'hui dans la ville de *Richmond*, trois cents quatre-vingt maisons, & trois mille quarante Habitans, en y comprenant les étrangers.

rable; on y a bâti cent seize maisons depuis 1784 jusqu'en 1785; — les rues en ont soixante-pieds de largeur; — les États de *Virginie* y font construire leur *Capitole* dans un très-bel emplacement Au milieu de ce bâtiment, il doit y avoir un dôme, dont le centre est destiné à recevoir la statue du Général *Washington*, & le buste de M. *le Marquis de la Fayette*. — Pour vous donner une foible idée du commerce de cette jeune ville, je vous dirai que dans les trois magasins que le Gouvernement y a fait construire, on a inspecté entre les années 1784 & 1785, dix mille sept cents quatre-vingt boucauts de tabac, pesant chacun 800 liv.; & dans les huit autres magasins de *Pétersbourg*, pendant le même espace de tems, vingt-un mille neuf cents cinquante. — Cette dernière ville, située au pied des chûtes de la rivière *Appomatoc*, (1) est presque entièrement bâtie depuis la paix. Déjà on y compte trois cents quatre-vingt-dix maisons & deux mille sept cents trente habitans. — Je ne puis vous peindre tout le bien que ces nouvelles communications suscitent, l'énergie qu'elles donnent aux Colons, & les améliorations en tout genre qu'elles occasionnent; — elles font augmenter le prix des terres, engagent les riches

---

(1) Une des branches du fleuve James.

à entreprendre des défrichemens, & à créer de grands établissemens, à construire des ponts, &c. — Semblables à une source qui fertilise un terrein aride, elles attirent la population, l'industrie & l'activité. — M. G. *Divers* qui demeure à plus de soixante-dix milles de *Richmond*, sur une des branches de la rivière *James*, dans le voisinage de *Charlotte-Ville* (1), vient de faire construire un grand moulin à quatre roues (2) où il manufacture des farines aussi belles que celles de *Philadelphie*, qu'il pourra transporter par eau à cette Capitale, aussi-tôt que ce nouveau canal sera achevé. — Un particulier de *Richmond*, vient d'entreprendre un pont (3) sur la rivière *James*, pour communiquer de cette ville à celle de *Warwick* (4). — Il le construit sur les mêmes princi-

---

(1) Petite ville nouvellement fondée, non loin du premier cordon des montagnes.

(2) Il est digne de remarque que ce canton est nouvellement défriché, & qu'il l'a été en partie par les soldats de l'armée du Général *Burgoyne*, qui y furent envoyés après la capitulation de *Saratoga* : j'ai ouï dire qu'il y en étoit resté un grand nombre qui sont devenus de bons Colons.

(3) La rivière, dans cet endroit, a un demi-mille de largeur.

(4) Petite bourgade située de l'autre côté du fleuve, vis-à-vis *Richmond* : quand ce pont sera construit, on pourra la considérer comme un de ses fauxbourgs.

pes que ceux de la rivière *Skullkill* ; — Heureusement il se trouve une isle dans le milieu, qui lui procurera un plus grand nombre de points d'appui, ayant à lutter contre un courant impétueux, & rendre plus rapide par les chûtes qu'il vient de franchir. — Rien n'est plus amusant dans le Printems, que de voir le poisson s'élancer pour les remonter. — Avec de l'adresse & de la patience on en prend beaucoup. — Le spectacle de cette superbe cascade ajoute infiniment aux beautés vraiment romanesques de la situation de *Richmond*, & particulièrement à l'agrément des maisons, d'où on peut la contempler à loisir.

Le même gouvernement a repris l'ancien projet qui avoit été conçu, & en partie exécuté avant la guerre, à l'accomplissement duquel le général *Washington* s'étoit beaucoup intéressé ; — en conséquence ils envoyèrent l'année dernière, des commissaires pour examiner de nouveau le terrein à travers lequel doit passer le canal destiné à unir les sources de la rivière *Elisabeth* avec celles de la *Bennet*, qui tombe dans le Sonde d'*Albémarle* ; ils viennent d'en faire le rapport le plus favorable ; — quand cette nouvelle communication sera ouverte, alors toutes les productions de la *Caroline Septentrionale* seront exportées par la Baie de *Chesapeak*, sans être exposées aux dangers des détroits de *Currituck*, d'*Occacock* & de *Roanock* ; — alors la ville de *Norfolk*, située à l'embouchure de la rivière *Elisabeth*, en deviendra l'entrepôt général ; — sa situation à l'entrée des caps de la Baie de *Chesapeak*, lui promet aussi la plus grande partie du commerce des *Indes Occidentales*, avec les productions desquelles, elle fournira un jour tous les habitans de cette Baie, à meilleur marché qu'ils ne pourront aller les chercher eux-mêmes ; soyez-bien sûr que dans moins de vingt ans, *Norfolk* deviendra la première & la plus considérable ville de la *Virginie*—.

Parmi le grand nombre de loix sages que cet État a promulguées depuis la paix, je ne vous en citerai que trois, dont l'esprit vous fera le plus grand plaisir : l'intention de la première est de pourvoir à l'éducation de tous les Citoyens de l'État, sans exception ; car, suivant l'expression de cette même loi, un peuple ignorant ne mérite pas de jouir de la liberté, & si il la possède, bientôt il en est dépouillé ; — elle indique les moyens sùrs & infaillibles dont on va faire usage, pour que tous les jeunes gens dans lesquels on découvrira du génie, quelque pauvres qu'ils soient, puissent être conduits d'écoles en écoles, jusqu'à l'université, aux dépens du Public ; cette belle loi est bien digne du comité de citoyens éclairés qui la proposèrent il y a quelques années (1); — ainsi que de la sagesse & de la grandeur de l'État qui l'a promulguée; — la seconde est pour détruire toutes les anciennes substitutions, &c.; & la troisième pour défendre l'importation des Nègres; — l'importeur est condamné à mille pounds d'amende (2) par chaque esclave, l'acheteur à trois cents, & le Nègre vendu est déclaré libre —.

Un nommé *Jacques Ramsay* a dernièrement inventé un bateau portant dix tonneaux, qui doit naviguer contre le courant d'une rivière, à raison de cinq milles par heure; — après plusieurs observations, & des expériences réitérés, il a obtenu l'approbation du Général *Wood*, grand mécanicien, de Messieurs *Randolph*, *Creig*, & de plusieurs autres membres du Conseil, &c. Mais ce qui vous déterminera encore plus fortement à le croire, est l'attestation que lui donna le Général

---

(1) Vers la fin de la guerre, le Gouvernement chargea un comité de personnes les plus éclairées, de rédiger les anciennes loix & d'en proposer de nouvelles. M. *Jefferson*, aujourd'hui Ministre Plénipotentiaire en France, en étoit un : — si jamais il arrive que la *Virginie* adopte toutes celles que le comité rédigea, elle sera sûre de devenir puissante & éclairée.

(2) 10000 livres tournois.

Washington, telle que je vous la transmet aujourd'hui —.

« J'ai vu le modèle du bateau que le sieur *Ramsay* fait faire pour naviguer & remonter les courants; j'ai soigneusement examiné les principes singuliers de ce nouveau mécanisme, & je ne puis m'empêcher de croire, (quoique j'y eusse peu de confiance auparavant), qu'il a enfin découvert l'art de construire des bateaux qui, au moyen d'une assistance manuelle très-foible, pourront remonter les courants les plus rapides; — je crois cette invention de la plus grande importance pour nos navigations intérieures; — le mérite de ce mécanisme est d'autant plus rare qu'il est très-simple, & qu'après avoir été examiné attentivement, il peut être exécuté par l'artisan le plus ordinaire. — Donné sous mon seing à la ville de *Bath*, comté de *Berkley*, État de *Virginie*, le 7 Septembre 1784. ».

GEORGE WASHINGTON.

Vous avez dû entendre parler du pays de *Kentuckey* situé sur les bords de *l'Ohyo*, à deux cents trente-cinq lieues de *Pittsbourg* (1), cet établisse-

---

(1) Quoique *Louis Ville* soit situé à sept cents cinq

ment est un miracle d'audace, d'industrie & d'énergie; — c'est une Colonie de la *Virginie* dans les limites & sous le gouvernement de laquelle il s'est formé; — mais les inconvéniens résultant du grand éloignement de la métropole (1), la nécessité de se défendre contre des sauvages acharnés, l'accroissement inconcevable de la population, exigeant un pouvoir présent & actif, qui pût distribuer les terres, & plusieurs autres raisons ont dernièrement forcé les habitans à solliciter de leur métropole la permission de se gouverner eux-mêmes; — mais cette cession, non encore ratifiée, n'est ni l'effet de la tyrannie, ni de la révolte; — la conduite des Habitans de *Kentuckey* & de la *Virginie* ressemble à celle d'un fils qui demande, & d'un père qui veut bien lui accorder l'émancipation, en l'exhortant à se conduire conformément aux bons principes d'éducation qu'il lui a donnés; — ce pays nouveau est infiniment intéressant aux yeux du naturaliste, du politique & du citoyen; — c'est une nouvelle création dont le progrès mérite bien d'être suivi; on y compte déjà plus de

---

milles de *Pittsbourg*, cependant le nom de *Kentuckey* est donné à la région qui commence à l'ouest de l'embouchure du grand *Kanhawah*, qui n'est qu'à deux cents quatre-vingt-trois milles de *Pittsbourg*.

(1) A trois cents lieues de *Richmond*.

quarante mille ames & plus de trois mille familles sur le territoire occidental de la *Virginie*, compris entre les limites de la *Penſylvanie* & le méridien qui paſſe par l'embouchure du grand *Kanawah*—.

Qui le croiroit! il n'y a pas ſeize ans que la première charrue y a été conſtruite, ces nouveaux habitans ont diviſé leur pays en trois comtés(1), & y ont jeté les fondemens de pluſieurs villes ; on obſerve avec plaiſir le ſoin que les fondateurs ont pris de tranſmettre leur reconnoiſſance à la poſtérité, par les noms qu'ils ont donnés à ces nouveaux établiſſemens ; — leur capitale qu'ils appellent *Louis Ville*, eſt bâtie ſur les bords de *l'Ohyo*, au bord des chûtes (2), ſes rues ont & doivent avoir ſoixante pieds de large—.

Caroline ſeptentrionale.

PARMI les ſoins que cet État a pris depuis la paix, pour réparer tous les maux que la guerre lui avoit cauſés, on obſerve avec plaiſir combien il s'eſt occupé d'ouvrir des communications nouvelles à travers les parties différentes de ſon domaine, & d'ordonner l'établiſſement de bacs, la

---

(1) *Lincoln, la Fayette & Jefferſon.*
(2) Cette expreſſion ne veut dire qu'un ſimple rapide pendant la ſaiſon de l'été.

conſtruction

construction de ponts, la fondation de villes nouvelles, &c.; dans tous les endroits où l'utilité publique sembloit l'exiger, de même que les autres États, celui-ci s'est attaché à démontrer sa reconnoissance par les noms qu'il a donnés à toutes ses créations; — parmi ceux qui sont devenus chers aux *Américains*, on voit avec le plus grand plaisir celui du *Marquis de la Fayette*, qu'ils ont combiné en autant de manières que la langue angloise l'a permis —.

Voici l'esquisse de quelques loix, que cet État a passées depuis deux ans; — loi pour accorder au Général *Nathaniel Green* une concession de vingt-cinq mille acres de terres, en témoignage de la reconnoissance que cet État lui devra toujours; — pour abolir les substitutions; — pour établir des inspecteurs de tout ce qui sera exporté; — pour réparer les maisons de justice de vingt-huit comtés; — pour perfectionner la navigation de la rivière *Roanoke*, depuis les limites de cet État jusqu'à la jonction des rivières *Staunton* & *Dan*, & de là, jusqu'à leurs sources; — pour perfectionner la navigation de la rivière *Neuse* qui traverse les comtés de *Craven*, *Dobbs*, *Johnston*, & *Wayne*; — pour améliorer la navigation de la rivière *Trent*, depuis les limites du comté de *Jones*, jusqu'à l'embouchure du *Tuckahoe*; — pour établir un collège à *Hillsbourg*, &

une académie à *New-Bern*; — pour fonder une ville sur la rive méridionale du *Trent* dans le comté de *Jones*, qui sera appelée *Trenton* (1); — pour fonder une autre ville sur la rivière de *Cape Fear*, dans le comté de *Brunswick*, qui sera appelée *Walkersbury* (2); — pour établir une ville dans le comté de *Richmond*, qui sera appelée *Rockingham*; — pour fonder une ville dans le comté de *Dobbs*, qui sera appelée *Kinston* (3); — pour fonder une ville sur la rive méridionale de la rivière de *Cumberland*, près de la saline françoise, qui doit être appelée *Nash-Ville*, en mémoire du brave & patriote Général de ce nom (4); — pour donner cinquante-deux lots de plus à la nouvelle ville de *Washington*; — pour fonder une nouvelle ville dans le comté de *Cumberland*, qui sera appelée *Fayette-Ville*; — pour la création de trois comtés nouveaux qui seront appelés *Waren*, *Franklin* & *Nash*; — pour ac-

---

(1) Le Gouvernement donne quarante acres pour la ville, & soixante pour servir de commune.

(2) D'après le nom du Propriétaire, M. *Walker*, qui donne l'emplacement.

(3) Cent cinquante acres donnés pour la ville & la commune.

(4) Tué à la bataille de *Germentown*: l'emplacement & la commune doivent être de deux cents acres.

corder à chacune des veuves des cent trente-deux pères de familles qui ont été tués par les sauvages, dans le comté de *Davidson*, à l'ouest des montagnes (1), six cents quarante-six acres de terres; — pour améliorer la navigation d'un *Clubsfool's-Creek*, jusqu'à *Harlowes-Creek*, &c.

Cet État, ainsi que celui de la *Virginie*, avoit formé depuis quelques années un établissement à l'ouest des montagnes, sur une terre singulièrement salubre, fertile & bien arrosée, connu depuis son origine sous le nom de comtés de *Washington, Sullivan & Green* (2); — il est très-probable que, placé dans les mêmes circonstances, dans lesquelles se trouve le pays de *Kentuckey*, il réclamera un jour les mêmes priviléges; les lettres que les gouverneurs *Carter & Martin* se sont réciproquement écrites, le prouvent assez évidemment; — la population de ce nouvel État, se monte déjà, dit-on, à dix-neuf mille ames —

La situation, la géographie, l'histoire naturelle de la *Caroline Septentrionale* sont infiniment intéressantes; je n'en connois point dont la partie maritime contienne une aussi grande surface d'eau,

---

(1) Nouvelle région connue sous le nom de *Frankland*.

(2) C'est le même pays auquel les Habitans ont dernièrement donné le nom de *Frankland*.

de terres marécageuses, humides & plattes, & dont les côtes soient plus dangereuses. — Quelles superbes rivières en arrosent toute l'étendue ! Jetez vos yeux sur leurs cours, sur les ruisseaux innombrables qui en forment les premières branches; toutes versent leurs eaux dans les Sondes d'*Albémarle* & de *Pamticoe* (1), dont la navigation seroit aussi dangereuse que celle des côtes maritimes, si ces golfes intérieurs n'étoient pas défendus des fureurs de l'Océan, & de la violence des tempêtes, par ce singulier rempart de sable qui protège les rivages de cette partie de l'Amérique pendant près de cent cinquante lieues —.

Je n'en connois point sur lesquelles les naufrages soient plus communs; — il est donc de l'intérêt du Cultivateur ainsi que du marin, du Carolinéen, comme du Virginien, de l'Américain, ainsi que de l'Étranger, que toutes les productions de ce vaste & fertile pays, puissent un jour être conduites à un port tranquille & sûr ; le canal projeté qui doit unir les eaux des rivières *Bennet* & *Elisabeth*, semble être la voie indiquée par la nature ; on espère que ce projet utile sera exécuté avant dix ans —.

―――――――――――

(1) Golfes intérieurs d'une étendue immense.

Caroline Méridionale.

De même que les autres Etats, celui de la *Caroline méridionale* s'est appliqué, depuis la paix, à porter les remèdes les plus convenables à la guérison des profondes blessures qu'il avoit reçues pendant la guerre, dont il a été long-tems le théâtre; — un des premiers objets de l'attention du Corps législatif, a été d'examiner quels pouvoient être les canaux nécessaires à unir les eaux des grandes rivières qui traversent cet Etat, afin de procurer à l'Agriculture & au Commerce tous les avantages dont ils ont besoin; — avec ces vues salutaires, la République retint à son service, lors de la paix, un des Ingénieurs Allemands de l'Armée Continentale, qu'elle a fait voyager depuis en Europe à ses frais, pour s'instruire dans la construction des canaux; — il en a proposé *un*, depuis son retour, pour unir les eaux des rivières *Santee* & *Cooper*; — il doit commencer à un endroit appelé le quai de *Cook*, sur la première, passer à travers le marais de *Greenland*, & unir ses eaux avec la seconde, au pont de *Biggin*; — la Compagnie qui en a entrepris l'exécution, est composée de mille Souscripteurs, incorporés depuis par le Gouvernement, qui leur a accordé un droit de péage, avec privilége de rédemption, quand l'Etat le jugera à propos ; — ce même Gouvernement vient aussi de fonder une Université, composée de trois Colléges ; — le premier sera construit dans le voisinage de *Charles-Town*, le second à *Winn's-bourg*, & le troisième, dans l'établissement éloigné, connu sous le nom de *N°. 96*.

L'ancienne Société du *Mont Sion* qui, avant la révolution, étoit presque le seul établissement littéraire, vient d'être converti en Académie, dont le but est d'encourager, d'éclairer & d'améliorer les Arts, l'Agriculture, & le Commerce de la République.

Qu'il est doux d'observer l'heureuse influence que l'indépendance de ces Etats a eue sur le sort des Nègres. — Tous, aussi-tôt après la paix, se sont hâtés de s'en occuper & de l'adoucir ; — depuis cette époque ils jouissent ici d'une plus grande liberté, ils ont plus de tems pour cultiver leurs terreins, ils sont infiniment moins malheureux ; — les bons esprits ont tenté plusieurs fois, dans l'Assemblée législative, de faire passer une loi, pour en défendre l'importation ; mais cette grande question n'ayant été perdue que par une foible majorité, il est à croire que dans quelque tems d'ici, cet Etat adoptera l'exemple de la *Virginie*, il est dans la nature des choses, qu'un aussi grand bien rencontre de grands obstacles.

L'opération nécessaire pour nettoyer le riz de sa coque, est une des plus pénibles de toutes celles qu'exige la culture de ce grain ; — à dessein de diminuer le travail des Nègres, le Gouvernement vient d'offrir une récompense très-considérable à l'Inventeur d'une machine qui simplifieroit cette opération ; — un *Carolinien* (1), qui ne tient que de la Nature ses grandes connoissances dans la mécanique, vient d'inventer & d'introduire dans cet Etat, trois différens principes pour les pompes ; le premier, pour inonder la surface d'un champ à vingt-six pieds au-dessus du niveau d'une rivière ; le second, pour dessécher des bas-fonds, depuis cent, jusqu'à deux cents pieds de profondeur ; & un troisième qui, dans l'espace de deux ans, doit rendre les prairies salées propres à produire tout ce qui est analogue au climat de la *Caroline* ; — on assure que le Gouvernement l'a encouragé & l'a même récompensé : — déjà plusieurs Colons ont adopté la première de ses pompes dans leurs manufactures d'indigo, &c. ; — ils ont fondé aussi, depuis la paix, plusieurs Villes, dont je n'ai pas les dé-

---

(1) Le sieur Bélin.

tails ; je sais qu'une d'elles est appelée *Colombia :* pressé de finir, je suis obligé d'omettre beaucoup d'autres objets également intéressans —.

C'est ainsi que cet esprit actif & inventeur, qui se manifeste d'une extrémité de ces Etats jusqu'à l'autre, tend par tout à faciliter le travail des hommes, à les unir par des communications nouvelles, & à les éclairer par la participation fraternelle & réciproque des fruits de leurs génies —.

Géorgie.

Quoique la *Géorgie* soit le plus jeune & le plus foible des *Treize-Etats*, ses Habitans ont montré autant de courage & d'énergie pendant la guerre, que d'industrie depuis la paix ; — Pour être plus au centre de leur Gouvernement, ils en ont transporté le siège de *Savannah* à *Augusta*, située cinquante lieues plus avant, & bâtie sur les bords de la même rivière (1). — Depuis cette époque, excité par de nouvelles considérations, ce même Gouvernement vient de nommer trois Commissaires pour choisir un endroit convenable, à vingt milles de *Galphingston*, sur la rivière *Ogéchée*, sur lequel il propose de construire la Ville, qui doit être la Capitale de cet Etat ; en effet, il

---

(1) La rivière de *Savannah*.

sera beaucoup plus central, & plus commode par conséquent aux représentans des différens Comtés; — cet Etat, ainsi que les autres, a singulièrement augmenté en population depuis la paix, la valeur des terres neuves a haussé de plus de moitié dans certains cantons, un grand nombre des Habitans des Etats Septentrionaux y ayant fait des acquisitions considérables; — ce Gouvernement, quoiqu'éloigné du *Mississipi* de trois cents lieues, réclame cependant toute l'étendue du rivage oriental de ce fleuve, comprise dans leurs limites; — en conséquence de ce droit, on a érigé le bel établissement des *Natchés* (1) en Comté, sous le nom de *Bourbon* —.

Vous serez peut-être étonné, en parcourant ces détails, de trouver que non-seulement les côtes maritimes de tous ces Etats, soient déjà remplies d'Habitans, mais que l'industrie & l'activité américaine aient déjà franchi les montagnes, & se soient manifestées dans tant d'endroits éloi-

_____

(1) Ancien établissement originairement fondé par les François, à cent vingt lieues de la *Nouvelle-Orléans*. Il s'est considérablement accru depuis, par l'arrivée des Anglois qui vinrent y apporter leurs richesses & leur industrie, après la paix de 1763. Cette petite Colonie s'est encore beaucoup augmentée par sa propre population, ainsi que par le grand nombre de familles Américaines qui y sont allé depuis la paix : on y compte quinze cents ames.

gnés, sur le *Mississipi*, l'*Illinois*, le *Wabash*, le *Scioto*, l'*Ohyo*, le *Kentuckey*, le *Kanhawah*, la *Monongahéla*, la *Susquéhannah*, &c. — Ces foibles commencemens sont, comme les germes de la population immense, qui doit un jour couvrir tout ce Continent ; ce sont des foibles buissons, qui dans peu d'années s'accroîtront, & deviendront des arbres élevés & touffus —.

Le Corps législatif de cet Etat, a accordé à M. *le Comte d'Estaing* une concession de vingt-cinq mille acres de terres, avec plusieurs avantages particuliers, qui sont exprimés dans le préambule de cette loi, avec autant d'élégance que d'énergie.

Me voilà enfin arrivé à la fin de la carrière que je m'étois proposé de parcourir ; — j'espère que la lecture du Recueil des Loix que je vous envoie en même-tems, suppléera à tout ce que j'ai été obligé d'omettre.

Adieu, SAINT-JOHN.

PRESSÉ par le départ du *packet-boat*, je suis obligé de vous envoyer la traduction de la belle lettre du Général *Washington* que je vous ai promise, telle que l'a traduite un de mes amis, le tems ne me permettant pas d'en corriger le style.

Au quartier général, Newburg le 18 Juin 1783.

LETTRE CIRCULAIRE.

LE grand objet pour lequel j'avois l'honneur d'exercer un emploi au service de mon pays, étant rempli, je me prépare actuellement à le résigner dans les mains du Congrès & à retourner à cette retraite domestique que je n'ai, comme il est bien connu, quittée qu'avec la plus grande répugnance ; retraite pour laquelle je n'ai jamais cessé de soupirer, depuis une longue & pénible absence, dans laquelle, à l'écart du bruit & des embarras du monde, je pusse couler le reste de ma vie dans un état de repos & sans trouble ; mais, avant que je mette cette résolution à exécution, je pense qu'il est de mon devoir de donner ici mon dernier avis officiel, pour vous féliciter sur les glorieux événemens qu'il a plu au ciel de produire en notre faveur, d'exposer mes sentimens sur quelques objets importans qui me paroissent extrêmement liés avec la tranquillité des *Etats-Unis*, & de donner ma bénédiction finale à ce pays, au service duquel j'ai consumé le printems de ma vie, pour le bien duquel j'ai passé tant de jours dans l'inquiétude & tant de nuits dans les veilles; & dont le bonheur, qui m'est extrêmement cher, fera toujours une partie essentielle du mien. Pénétré de la plus vive sensibilité dans ce moment, je demande la permission de m'étendre sur le sujet de nos félicitations mutuelles. Quand nous considérons la grandeur du prix pour lequel nous avons combattu, la nature incertaine de la querelle, & la manière avantageuse dont elle s'est terminée, nous avons les plus grandes raisons possibles de gratitude & d'allégresse : c'est un sujet qui doit procurer des charmes infinis à tous les esprits bienfaisans & libres, soit que l'on considère les événemens qui en résultent comme la source des jouissances présentes, ou comme la cause d'un bonheur futur; & nous aurons également occasion de nous féliciter du partage que la Providence nous a assigné, sous quelque point de vue que nous l'envisagions, naturel, politique ou moral.

Les Citoyens de l'Amérique, placés dans la position la plus digne d'envie, comme les seuls Seigneurs & Propriétaires d'une vaste étendue de ce Continent, contenant tous les sols & climats du monde, abondant dans toutes les choses de nécessité ou d'agrément pour la vie, sont actuellement, par le traité de Paix, reconnus absolument libres & indépendans. Dès cette époque on doit les considérer comme acteurs sur le théâtre le plus brillant que la Providence semble avoir choisi d'une manière particulière, pour le développement de la grandeur & de la félicité humaines : ils ne sont pas seulement environnés de tout ce qui peut contribuer à remplir les jouissances privées & domestiques ; mais le ciel a couronné toutes ses autres faveurs, en leur offrant les moyens de se procurer un bonheur politique, qu'aucune autre nation ait jamais goûté. Rien ne peut rendre ces observations plus frappantes, que le souvenir de l'heureuse conjoncture des tems & des circonstances, sous lesquelles notre république a pris place parmi les nations ; — les fondemens de notre empire n'ont pas été posés dans les siècles nébuleux de l'ignorance & de la superstition ; mais à une époque où les droits du genre humain étoient mieux entendus, & plus clairement déterminés qu'ils ne l'avoient jamais été auparavant. Les recherches de l'esprit humain sur la félicité sociale ont été portées à une grande étendue ; les trésors de connoissances acquises par les travaux des philosophes, des sages, des législateurs, à travers une longue suite d'années, sont ouverts pour l'usage public, & l'on peut y puiser avec succès pour établir sagement nos formes de gouvernement. La libre culture des lettres, l'extension illimitée du commerce, les progrès perfectionnés des mœurs, l'accroiſſement de la liberté de penſer, & ſur-tout la lumière pure & bienfaiſante de la révélation, ont eu un heureux effet ſur l'amélioration du genre humain & augmenté les douceurs de la ſociété. C'eſt ſous ces auſpices favorables que les *Etats-Unis* ont acquis l'exiſtence comme nation, & ſi leurs Citoyens ne ſont pas parfaitement libres & heureux, le blâme ne pourra tomber que ſur eux.

Telle eſt notre ſituation; telle eſt notre perſpective. Mais, quoique la coupe du bonheur ſoit à notre portée, quoique la félicité ſoit notre lot, ſi nous ſommes diſpoſés à profiter de l'occaſion, il me paroît cependant que les *Etats-Unis* ont encore à opter, s'ils veulent devenir reſpectables & heureux, ou mépriſables & malheureux, comme nation; c'eſt le tems de leur épreuve politique; c'eſt le moment où les yeux de tout l'Univers ſont tournés ſur nous; c'eſt le moment d'établir ou de ruiner à jamais notre caractère national; c'eſt le moment de donner au gouvernement fédératif un ton qui le mette en état de répondre aux objets de ſon inſtitution; ce moment fatal peut relâcher les nœuds de l'union, détruire le ciment de la confédération, & nous expoſer à devenir le jouet de la politique Européenne qui pourroit ſoulever un Etat contre un autre, pour empêcher l'accroissement de leur importance & servir ses vues intéressées. Car, d'après le système de politique que les Etats adopteront dans cet instant, ils se soutiendront ou tomberont ; & d'après leur affermissement ou leur chûte, il sera à décider si la révolution doit être, après tout, considérée comme un bonheur ou un malheur ; non pas seulement pour le tems présent ; car notre destin doit entraîner la destinée de millions qui ne sont pas encore nés.

Convaincu de l'importance de la crise actuelle, le silence seroit un crime ; je tiendrai donc à votre excellence le langage de la liberté & de la sincérité, sans déguisement. Je prévois, cependant, que ceux qui diffèrent avec moi d'opinion, pourront observer que je m'écarte de la ligne de mon état ; & peut-être attribueront-ils à l'orgueil & à l'ostentation ce que je sais n'être que l'effet de l'intention la plus pure ; mais la droiture de mon cœur dédaigne ces motifs indignes. Le rôle que j'ai joué jusqu'à présent, la résolution que j'ai formée de ne prendre plus aucune part aux affaires publiques, le désir ardent que j'éprouve & que je continuerai à manifester, de jouir dans la tranquillité d'une vie privée, après toutes les fatigues de la guerre, des douceurs d'un gouvernement sage & libre, convaincront, je m'en flatte, tôt ou tard, mes compatriotes, que je ne pouvois avoir des vues sinistres, en exposant, avec si peu de réserve, les opinions contenues dans cette adresse.

Il y a quatre choses que je regarde humblement comme essentielles au bien-être, & je pourrois hasarder de dire, à l'existence des *Etats-Unis* comme puissance indépendante. 1°. Une indissoluble union des Etats sous une autorité fédérative ; 2°. un respect sacré pour la justice publique ; 3° l'acceptation d'un établissement de paix convenable ; & 4°. parmi les peuples des *Etats-Unis* l'empire de ces dispositions pacifiques & amicales, qui les engagent à oublier leurs préventions & leur politique locale, pour se faire les concessions mutuelles, qui sont nécessaires à la prospérité générale, & pour sacrifier, à quelques égards, leurs avantages individuels à l'intérêt de la communauté.

Voilà les colonnes sur lesquelles l'édifice glorieux de notre indépendance & de notre caractère national doit être soutenu. La liberté en est la base ; & quiconque oseroit en sapper les fondemens ou en bouleverser l'édifice, sous quelque prétexte spécieux qu'il le tente, mériteroit l'exécration la plus amère, & la punition la plus rigoureuse qu'un pays outragé pourroit lui infliger.

Je

Je me bornerai à faire sur les trois premiers articles un petit nombre d'obfervations, laiffant le dernier au bon efprit & à la confidération férieufe de ceux qui y font intéreffés immédiatement.

Quant au premier article, quoiqu'il ne foit ni néceffaire, ni convenable à la place où je fuis, de faire une recherche particulière des principes de l'union, & d'élever la grande queftion, fi fouvent agitée, s'il feroit expédient & requis que les Etats déféraffent une portion plus confirable de pouvoir au Congrès, ou non; cependant il eft de mon devoir, ainfi que de celui de tout vrai patriote, d'affurer fans réferve, & d'infifter fur les propofitions fuivantes; que fi les Etats ne veulent pas permettre au Congrès d'exercer ces prérogatives qui lui font indubitablement dévolues par la conftitution, tout doit s'acheminer rapidement vers l'anarchie & la confufion. Qu'il eft indifpenfable pour le bonheur des Etats en particulier, qu'il y ait quelque part un pouvoir fuprême pour régler & diriger les intérêts généraux de la république confédérée, fans quoi l'union ne fauroit être de longue durée. Qu'il y ait de la part de chaque Etat une complaifance fidèle & ponctuelle aux dernières propofitions & demandes du Congrès, fans quoi les conféquences les plus fatales auront lieu. Que toutes mesures qui tendent à dissoudre l'union, ou contribuent à violer ou affoiblir l'autorité souveraine, doivent être considérées comme ennemies de la liberté & de l'indépendance de l'Amérique, & les auteurs traités comme tels. Et finalement, qu'à moins que le concours des Etats ne nous mette à même de partager les fruits de la révolution & de jouir des avantages essentiels de la société civile sous une forme de gouvernement aussi libre, aussi pure, aussi heureusement garantie contre les dangers de l'oppression, que celle combinée & adoptée par les articles de la confédération, on aura sujet de regretter que tant de sang & de trésors aient été inutilement répandus; que tant de maux aient été soufferts sans récompense, & que tant de sacrifices aient été faits en vain. On pourroit exposer ici plusieurs autres considérations, pour prouver que, sans une entière adhésion à l'esprit de l'union, nous ne pouvons exister comme puissance indépendante. Il me suffira, pour mon objet, de parler de quelques points qui me paroissent de la plus grande importance. Ce n'est que dans notre caractère réuni, comme dans un seul empire, qu'on a reconnu notre indépendance, que notre puissance peut être respectée, ou notre crédit soutenu parmi les nations étrangères. Les traités des puissances Européennes avec les *Etats-*

Unis de l'Amérique n'auront aucun pouvoir pour diffoudre cette union. Nous ferons abandonnés à-peu-près à l'état de nature; nous pourrons voir par notre propre expérience, qu'il y a une progreffion naturelle de l'extrême de l'anarchie, a l'extrême de la tyrannie; & ce pouvoir arbitraire peut s'établir de la manière la plus facile, fur les ruines de la liberté portée jufqu'à la licence.

Quant au fecond article qui regarde l'exécution de la juftice publique, le Congrès, dans fa dernière adreffe aux *Etats-Unis*, a prefque épuifé le fujet; il a expofé fes idées fi pleinement, il a prouvé l'obligation où font les Etats de rendre juftice complette à tous les créanciers publics, avec tant de dignité & d'énergie, que, dans mon opinion, aucun ami fincère de l'honneur & de l'indépendance de l'Amérique ne peut héfiter un moment, fur la néceffité de condefcendre aux mefures juftes & honorables qu'il a propofées. Si ces argumens ne produifent pas la conviction, je ne vois rien qui puiffe avoir plus d'influence, fpécialement quand nous nous rappelons que le fyftême auquel on fe réfère, étant le réfultat de la fageffe raffemblée du Continent, doit être regardé, finon comme parfait, du moins comme le plus fage qui puiffe être imaginé, & que s'il n'est pas mis immédiatement à exécution, une banqueroute nationale aura lieu avec toutes ses déplorables conséquences, avant qu'il soit possible de proposer ou d'adopter quelqu'autre plan ; tant les circonstances actuelles sont pressantes. Telle est l'alternative offerte actuellement aux Etats.

L'habileté du pays à payer les dettes que l'on a contractées pour sa défense est au dessus du soupçon. Je me flatte que la bonne volonté ne manque pas non plus. Le sentier de notre devoir est ouvert devant nous ; la probité, après toutes les épreuves, est encore la meilleure, & la vraie politique. Soyons donc justes comme nation, remplissons les contrats publics que le Congrès a indubitablement eu le droit de faire, à l'effet de poursuivre la guerre, avec la même bonne foi, que nous nous croyons engagés de satisfaire à nos engagemens particuliers. En même-tems qu'une attention à remplir de bon cœur notre propre tâche, comme individus & comme membres d'une société nouvelle, soit sérieusement inculquée aux Citoyens de l'Amérique ; alors ils renforceront les liens du gouvernement & seront heureux sous sa protection. Chacun recueillera les fruits de ses travaux ; chacun jouira de ce qu'il aura acquis, sans trouble & sans danger.

Dans cet Etat de liberté absolue & de sécurité

parfaite, qui voudroit hésiter de céder une portion légère de sa propriété, pour maintenir les intérêts communs de la société & assurer la protection du gouvernement? Qui ne se rappelle les déclarations faites si souvent au commencement de la guerre? Alors nous aurions été complettement satisfaits, si nous eussions pu conserver la moitié de nos possessions aux dépens du reste. Quel homme trouveroit-on qui voulût rester redevable de la défense de sa personne & de sa propriété aux efforts, à la bravoure & au sang des autres, sans faire un effort généreux pour satisfaire à la dette de l'honneur & de la reconnoissance? Dans quelle partie trouverons-nous un homme ou un corps d'hommes, qui ne rougiroit de se lever pour proposer des mesures directement combinées pour dépouiller le soldat de sa solde & le créancier public de sa créance? Et s'il étoit possible qu'il arrivât un pareil exemple d'injustice, n'exciteroit-elle pas l'indignation générale? N'attireroit-elle pas sur les auteurs de ces mesures la juste vengeance du ciel? Si après tout, l'esprit de désunion ou un caractère d'obstination & de perversité se manifestoit dans quelqu'un des Etats; si des dispositions aussi fâcheuses tendoient à faire échouer tous les heureux effets qu'on pourroit attendre de l'union; si l'on refusoit de déférer aux demandes de fonds propres à satisfaire à l'intérêt annuel des dettes publiques, & si ce refus venoit à ressusciter toutes les jalousies & à produire tous ces maux qu'on a si heureusement fait disparoître, le Congrès qui, dans toutes ses transactions, a montré beaucoup de magnanimité & de justice, restera justifié aux yeux de Dieu & des hommes; & l'Etat seul qui s'oppose à la sagesse rassemblée du Continent, & qui suit des conseils aussi erronés & aussi pernicieux, sera responsable de toutes les conséquences.

De mon côté, convaincu d'avoir agi, lorsque j'étois serviteur du public, de la manière la plus propre à favoriser les intérêts réels de mon pays; m'étant, en vertu de mes principes fixes, engagé en quelque façon envers l'armée, que la Patrie lui rendroit justice ample & complette, & ne voulant pas cacher un seul trait de ma conduite officielle aux yeux du monde, j'ai jugé convenable de transmettre à votre Excellence la collection ci-incluse de papiers, relativement à la demi-paye, & aux transports concédés par le Congrès aux Officiers de l'armée : ces communications feront comprendre clairement mes sentimens décidés, ainsi que les raisons persuasives qui m'ont engagé de bonne heure à recommander l'acceptation de cette mesure, de la manière la plus sérieuse & la plus pressante. Comme les opérations du Congrès, de l'Armée & de moi-même, sont connues de tout le monde, & contiennent, comme je le pense, des informations suffisantes pour faire disparoître les préjugés & les erreurs que quelques-uns peuvent avoir conservés, je juge qu'il est inutile d'en dire davantage, & qu'il est juste d'observer que les résolutions du Congrès, auxquelles on fait allusion, sont indubitablement & absolument obligatoires pour les Etats-Unis, comme étant les actes les plus solemnels de la confédération ou de la législation.

Quant à l'idée qui, j'en suis informé, a prévalu à quelques égards, que la demi-paye & le transport ne sauroient être envisagés que sous la dénomination de pension ; c'est ce qu'on doit rejeter à jamais. Que la provision soit regardée, comme elle étoit réellement, comme une compensation raisonnable offerte par le Congrès, dans un tems où il n'avoit rien autre chose à accorder aux Officiers de l'armée pour des services à remplir ; c'étoit alors le seul moyen de prévenir un abandon total du service ; c'étoit une portion de leur salaire, & l'on peut me permettre d'ajouter, c'étoit le prix de leur sang & de leur indépendance ; c'est donc plus qu'une dette commune ; c'est une dette d'honneur ; on ne sauroit plus la considérer comme une pension, une gratification, ni la retenir jusqu'à ce qu'elle soit bien acquittée.

Quant à la distinction entre les Officiers & les soldats, il suffit que l'expérience constante de toutes les nations du monde, combinée avec la nôtre, prouve l'utilité & la convenance de cette distinction. Des récompenses proportionnées au secours que le public retire d'eux, sont indubitablement dues à tous ceux qui le servent. A quelques égards les soldats ont eu peut-être une récompense aussi ample pour leurs services, par les primes considérables qu'on leur a accordées, que leurs Officiers en recevront dans le transport mentionné; pour les autres, si outre la donation des terres, le paiement des arrérages d'habits & de gages, articles sur lesquels toutes les Parties qui composent l'armée doivent être sur le même pied, nous faisons entrer dans l'estimation les primes que plusieurs des soldats ont reçues, & la gratification de la paye entière d'une année qu'on a promise à tous, peut-être leur situation (toute circonstance dûment considérée) ne sera pas regardée comme moins avantageuse, que celle des Officiers. Si toutefois on jugeoit de l'équité d'accorder une récompense ultérieure, je hasarderai d'assurer, que personne ne goûtera une satisfaction plus grande que moi, ſi une exemption de taxes pour un tems limité que l'on a demandée pluſieurs fois, ou quelque autre indemniſation ou immunité, étoit accordée aux braves défenſeurs de la cauſe de leur pays: mais ni l'acceptation ni le refus de cette propoſition, n'affectera en aucune manière ni ne militera contre l'acte du Congrès, par lequel il a offert une paye entière pendant cinq ans, au lieu d'une demi-paye pour la vie qui avoit été promiſe auparavant aux Officiers de l'armée. Avant que j'achève le ſujet de la juſtice publique, je ne puis m'empêcher de faire mention des obligations que doit ce pays à cette claſſe méritante de vétérans, les Officiers & ſimples particuliers, qui, ſans être revêtus de commiſſions, ont été déchargés pour cauſe d'inhabilité, en conſéquence de la réſolution du Congrès du 23 Avril 1782, avec une penſion annuelle pour la vie: leurs ſouffrances, leur mérite & leurs prétentions particulières à cette proviſion, n'ont beſoin que d'être connus, pour intéreſſer les ſentimens d'humanité en leur faveur: un ſimple paiement ponctuel des conceſſions annuelles qu'on leur a faites, ne peut les délivrer de la miſère la plus compliquée; il n'y auroit pas d'aſpect plus mélancolique & plus déſaſtreux, que de voir ceux qui ont répandu leur ſang ou perdu leurs membres au service du pays, sans asyle, sans amis, & sans les moyens d'obtenir aucune des consolations ou des choses nécessaires à la vie, contraints à mendier leur pain de porte en porte. Permettez-moi de recommander ceux de cette classe qui sont de votre état, à la protection la plus vive de votre Excellence & de votre législature. Il n'est besoin que d'ajouter quelques paroles sur le troisième sujet qui a été proposé & qui regarde particulièrement la defense de la république. Comme il n'est pas à douter que le Congrès ne recommande un établissement de paix convenable pour les *Etats-Unis*, où l'on donnera l'attention due à l'importance de placer la milice de l'union sur un pied régulier & respectable; je demanderai alors la liberté d'en exposer le grand avantage dans les termes les plus forts. La milice du pays doit être considérée comme le *Palladium* de notre sécurité & le premier ressort essentiel en cas d'hostilités : il est donc essentiel que le même système se répande généralement; que la formation & la discipline de la milice du Continent soit absolument uniforme, & que la même espèce d'armes, d'habits, & d'appareil militaire soit introduite dans toutes les parties des *Etats-Unis*. Personne, à moins qu'il ne l'ait appris par l'expérience, ne pourra concevoir la difficulté, la dépense & la confusion qui résultent d'un système contraire ou des arrangemens vagues qui ont prévalu jusqu'ici.

Si, traitant des matières politiques, on s'est étendu plus que de coutume dans cette adresse, l'importance & la grandeur des objets en discussion doivent servir d'apologie. Ce n'est cependant ni mon souhait ni mon attente, que les observations précédentes exigent aucune attention, excepté autant qu'elles paroîtront dictées par une bonne intention, conformément aux règles immuables de la justice, combinées pour produire un système libre de politique, & fondées sur tout ce que l'expérience peut avoir acquis, d'une attention exacte & longue aux affaires publiques. Je pourrois ici parler avec plus de confiance, d'après mes observations actuelles; & si ce n'étoit la crainte de grossir cette lettre, déjà trop prolixe, au-delà des bornes que je me suis prescrites, je pourrois montrer à tous les esprits ouverts à la conviction, qu'en moins de tems & avec beaucoup moins de dépense que nous n'en avons faite, la guerre auroit pu être amenée à la même issue heureuse, si les ressources du Continent eussent été développées convenablement; que les détresses & les revers qui souvent sont survenus, ont trop souvent résulté plutôt d'un manque d'énergie dans le gouvernement continental, que d'un défaut de moyens dans les Etats particuliers; que l'inefficacité des mesures résultant du manque d'une autorité convenable dans le pouvoir suprême, d'une condescendance partielle aux réquisitions du Congrès dans quelques-uns des Etats, & d'un manque d'exactitude dans d'autres; ce qui tendant à ralentir le zèle de ceux qui étoient de bonne volonté, a servi également à accumuler les dépenses de la guerre, & à faire échouer les plans les mieux concertés ; & que le découragement occasionné par les difficultés & les embarras compliqués où nos affaires se trouvoient plongées par ce moyen, auroient depuis long-tems produit la dissolution de toute autre armée, moins patiente, moins vertueuse & moins persévérante que celle que j'ai eu l'honneur de commander. Mais pendant que je fais mention de ces choses, qui sont des faits notoires, comme des défauts dans notre constitution fédérative, particulièrement pour la poursuite de la guerre, je demande qu'on entende que, comme j'ai toujours pris plaisir à reconnoître avec gratitude les services que m'ont rendus toutes les classes de Citoyens, ce sera toujours une satisfaction pour moi de rendre justice aux efforts des Etats particuliers dans plusieurs occasions intéressantes.

C'est ainsi que j'ai découvert, avec franchise,

ce que je désirois faire connoître avant de rendre le dépôt public qu'on m'a confié : la tâche est actuellement finie ; je dis actuellement adieu à votre Excellence comme magistrat en chef de cet Etat : dans le même-tems je dis un éternel adieu aux offices & à tous les emplois de l'homme publique. C'est encore ma seule & dernière requête, que votre Excellence communique ces sentimens à votre législature, à la première assemblée, & qu'ils soient considérés comme le legs d'un Citoyen qui a desiré ardemment, dans toutes les occasions, d'être utile à sa patrie, & qui même, à l'ombre de la retraite, ne manquera pas d'implorer la bénédiction divine sur elle. C'est actuellement ma prière la plus ardente que Dieu vous ait, ainsi que l'Etat sur lequel vous présidez, dans sa sainte protection ; qu'il veuille engager les cœurs des Citoyens à cultiver un esprit de subordination & d'obéissance au gouvernement, d'entretenir un amour fraternel l'un pour l'autre, ainsi que pour leurs Concitoyens des *Etats-Unis* en général, & particulièrement pour leurs frères qui ont servi dans leurs campagnes, & finalement qu'il ait gracieusement la bonté de nous disposer tous à rendre justice, à aimer la miséricorde, & à nous conduire avec cette charité, cette humilité & cette disposition pacifique d'esprit, qui caractérisoient le divin auteur de notre sainte religion, sans l'imitation de l'exemple duquel nous ne pouvons jamais être une nation heureuse.

J'ai l'honneur d'être &c.

Signé, George Washington.

A son Excellence N. Green, Gouverneur de l'Etat de l'Isle de Rhodes & des Plantations de Providence.

Fin du troisième Volume.

TABLE
DES LETTRES
CONTENUES DANS CE VOLUME.

Première Lettre, *écrite de Boston le 28 Mars 1784*, page 1

Deuxième Lettre. *Esquisse du grand Cohos de la rivière de Connecticut*, 34

Troisième Lettre. *La femme Allemande*, 40

Quatrième Lettre. *Combat d'Oiseaux Mouches & de deux Serpens*, 47

Cinquième Lettre. *Origine de l'établissement de Socialbourg*, 56

Sixième Lettre. *Quarante-neuf Anecdotes*, 97

Septième Lettre. *Lettre circulaire de l'Assemblée des Quakers, Eloge de Bénezet*, &c. 151

Huitième Lettre. *Esquise d'un voyage de Ménessink sur la Délaware, &c.; à Wioming, sur la Susquéhannah*, &c. 161

Neuvième Lettre. *Esquisse de la destruction des établissemens des Habitans de Connecticut, sur la branche orientale de la Susquéhannah*, 209

Dixième Lettre. *Histoire de l'établissement connu sous le nom de la Vallée des Cerises, par le fils d'un des premiers Colons*, 216

Onzième Lettre. *Détail de plusieurs circonstances intéressantes qui ont précédé & suivi l'entrée triomphante du Général Washington, dans la Ville de New-York. Départ des Anglois; — Restauration du Gouvernement américain;*

— *le Général résigne sa Commission ; son retour à la vie privée*, &c, &c. 250
DOUZIÈME LETTRE. *Licenciement de l'Armée Américaine*, &c. 303
TREIZIÈME LETTRE. *Relation de quelques circonstances relatives au voyage que M. le Marquis de la Fayette vient de faire parmi nous*, 314
QUATORZIÈME LETTRE. *Esquisse du Fleuve Ohyo & du pays de Kentuckey*, 387
QUINZIÈME LETTRE. *Esquisse de la civilisation dans les Treize-Etats-Unis*, 441
SEIZIÈME ET DERNIÈRE LETTRE. Idem. *De plusieurs choses utiles faites par les Américains, depuis la Paix*, 495
Lettre circulaire du Général Washington, 571

Fin de la Table du troisième volume.

___

ERRATA

Du troisième Volume.

PAGE 51, *note* 1, squirretts, *lisez* squirrels.
— 102, *ligne* 15, dans rade, *lisez* dans la rade.
— 103, *note* 1, Darmouth, *lisez* Dartmouth.
— 106, *ligne* 6, Scarcedale, *lisez* Scarsdale.
— 107, *ligne* 3, madame Cadewel, *lisez* madame Cadwell.
— 260, *ligne* 12, les riches Forics & les Wigs aisés, *lisez* les riches Torys & les Whigs aisés.
— 321, *ligne* 21, féodale, *lisez* fédérale.
— 347, *ligne* 2, en primant, *lisez* exprimant.
— 360, *ligne* 6, féodale, *lisez* fédérale.
— 412, *ligne* 3, Moose-Woool, *lisez* Moose-Wood.

D° 01026

www.ingramcontent.com/pod-product-compliance
Lightning Source LLC
Chambersburg PA
CBHW060305230426
43663CB00009B/1597